짓기와 거주하기
Building and Dwelling

도시를 위한 윤리

Building and Dwelling: Ethics for the City
by Richard Sennett

Copyright ⓒ 2018 by Richard Sennett
Korean translation copyright ⓒ 2020 by Gimm-Young Publishers, Inc.
All rights reserved including the rights of reproduction in whole or in part in any form.

This translation is published by arrangement with Janklow & Nesbit Associates through
Imprima Korea Agency.

도시를 위한 윤리
짓기와 거주하기

1판 1쇄 발행 2020. 1. 3.
1판 4쇄 발행 2023. 2. 27.

저자 리처드 세넷
역자 김병화

발행인 고세규
편집 이승환 | 디자인 정윤수
발행처 김영사
등록 1979년 5월 17일(제406-2003-036호)
주소 경기도 파주시 문발로 197(문발동) 우편번호 10881
전화 마케팅부 031)955-3100, 편집부 031)955-3200 | 팩스 031)955-3111

값은 뒤표지에 있습니다.
ISBN 978-89-349-9966-9 03300

홈페이지 www.gimmyoung.com   블로그 blog.naver.com/gybook
인스타그램 instagram.com/gimmyoung   이메일 bestbook@gimmyoung.com

좋은 독자가 좋은 책을 만듭니다.
김영사는 독자 여러분의 의견에 항상 귀 기울이고 있습니다.

리처드 세넷

RICHARD SENNETT

도시를 위한 윤리

짓기와 거주하기

김병화 옮김 | 임동근 해제

Building and Dwelling:
ethics for the city

김영사

일러두기

1. 본문의 괄호 안에 있는 글 중 옮긴이 표기가 없는 것은 지은이의 글이다.
2. 희곡을 포함한 책 제목은《 》로, 논문, 시, 신문, 잡지, 영화 등은〈 〉로 묶었다.

리키와 미카 버넷에게

① 들어가는 말: 비틀린, 열린, 소박한

비틀린　　　　　초기 기독교에서 '도시city'는 두 개의 도시, 그러니까 신의 도시와 인간의 도시를 의미했다. 아우구스티누스는 도시를 신이 설계한 신앙의 은유로 사용했지만, 고대 로마의 골목과 시장과 광장을 배회하던 아우구스티누스의 독자들은 신이 어떻게 도시계획가로서 활약했는지를 전혀 이해하지 못했다. 이 기독교적 은유가 시들어버린 뒤에도 '도시'에 다른 두 가지 의미가 담겨 있다는 생각은 계속 살아남았다. 물리적 장소로서의 도시와 지각知覺, 행동, 신념으로 편집된 정신적 도시. 프랑스어는 빌ville과 시테cité라는 단어를 사용해 이 둘의 차이를 가장 먼저 구분했다.[1]

원래 이 두 단어는 큰 것과 작은 것에 붙은 이름이었다. 빌은 전체 도시를 가리킨 데 반해 시테는 특정한 장소를 가리켰다. 16세기에는 시테가 동네 한 곳에서 영위되는 생활의 성격, 이웃과 낯선 사람들에 대해 사람들이 품고 있는 감정, 장소에 대한 애착을 의미하게 되었다. 이 오래된 구분법은 지금은 사라졌다. 적어도 프랑스에서는 그렇다. 오늘날 시테라고 하면 대개 가난한 사람들을 수용하는 시 외곽의 우중충한 지역을 가리킨다. 그렇기는 해도 그 단어의 옛날식 용법은 부활시킬 가치가 있다. 왜냐하면 그것은 건설 환경built environment(자연환경 이외의 모든 환경을 가리키는 용어 – 옮긴이)과 그 속에서 사람들이 어떻게 거주하는가 하는 것은 별개의 일이라는, 기본적인 차이를 설명해주기 때문이다. 오늘날 열악하게 설계된 뉴욕의 어느 터널에서 발생하는 교통 정체는 빌의 문제이며, 수많은 뉴요커를 새벽에 터널을 지나 달음질치게 만드는 무한 경쟁은 시테의 문제다.

이런 인류학적 설명 외에, 시테는 일종의 의식을 지칭하는 말일 수 있다. 프루스트는 캐릭터들이 거주하는 전체로서의 파리라는 그림 안에 있는 다양한 상점, 아파트, 거리, 궁전에 대한 그들의 인식을 조합해, 일종의 집합적 장소 의식place-consciousness을 창조한다. 이것은 발자크와는 대조적이다. 발자크는 자신의 캐릭터들이 무슨 생각을 하든 상관없이 도시에서 실제로 무슨 일이 벌어지는지를 말해준다. 시테 의식cité-consciousness은 또한 사람들이 어떻게 집단적으로 살고 싶어하는지를 나타낼 수도 있다. 19세기 파리의 소요 기간 동안, 혁명에 참여한 사람들은 낮은 세금이나 빵 값 같은 구체적인 요구보다는 더 일반적인 열망에 탐닉했다. 그들은 새로운 시테를 주장했다. 그것은 곧 새로운 정치적 사고방식이었다. 실제로 시테는 프랑스어로 시민권을 뜻하는 단어인 citoyenneté의 바로 옆자리에 있다.

'환경'이라는 단어를 살아 있는 도시의 신체를 감싸고 있는 달팽이

껍질 같은 것으로 해석한다면, '건설 환경built environment'이라는 영어 구절은 빌이라는 관념을 제대로 담아내지 못한다. 건물이 외따로 떨어져 존재하는 경우는 거의 없다. 도시의 형태는 건물이 또 다른 건물이나 열린 공간, 지하의 기반시설, 혹은 자연과 어떻게 관련되어 있는지에 따라 저마다의 고유한 내적 역학을 갖고 있다. 에펠탑 건설을 예로 들어보자. 1880년대에 작성된 에펠탑 설계 자료에는 그것이 지어질 장소에서 한참 멀리 떨어진 파리 동부 지역에 대한 조사 내용도 들어 있는데, 에펠탑이 도시 전역에 미칠 영향을 평가하기 위해서였다. 한 가지 더 말하자면, 에펠탑의 건설 비용이 그 디자인을 설명하지는 못한다. 다른 종류의 기념물, 이를테면 에펠의 보수적 동료들이 선호한 개선문 같은 형태를 짓는다고 해도 그 정도의 거액이 소모될 수 있었다. 어쨌든 일단 선택이 끝난 뒤에는 그 탑의 형태는 상황에 휘둘리지 않았다. 곡선 버팀대보다는 직선 버팀대가 훨씬 싸게 먹혔겠지만, 에펠의 비전을 지배한 것은 효율성만이 아니었다. 이 말은 다음과 같은 보다 큰 진실을 의미한다. 건설 환경은 경제나 정치의 반영물 이상의 것이다. 건설 환경의 형태는 이런 조건들을 넘어서는 제작자의 의지의 산물이다.

시테와 빌의 관계가 이음매 없는 매끈한 연결이어야 한다고 생각할 수도 있다. 사람들이 살고 싶어하는 방식이 도시가 건설되는 방식으로 표현되어야 한다는 생각. 하지만 바로 여기에 큰 문제가 있다. 도시에서의 경험은 침실이나 전장에서의 경험처럼 매끈하게 이어지는 경우가 드물다. 모순으로 가득 차고 가장자리들은 온통 들쭉날쭉하게 어긋나는 경우가 훨씬 더 많다.

이마누엘 칸트는 1784년에 쓴 코즈모폴리스에서의 삶을 다룬 논

짓기와 거주하기

문에서 "인간이라는 비틀린 재목으로는 곧은 물건을 절대 만들어낼 수 없다"고 주장한 바 있다. 도시는 수십 개의 언어를 쓰는 다양한 성분의 이주자들로 가득하기 때문에 비틀려 있다. 또 그 속의 불평등성이 너무나 확연하기 때문에 비틀려 있다. 날씬하고 세련된 여성들이 점심식사를 하는 장소에서 바로 몇 블록 떨어진 곳에 지친 청소부가 있고, 젊은 졸업생 수는 너무 많은데 일자리 수는 너무 적다. 물리적 빌이 이런 문제들을 해결할 수 있을까? 도로를 보행자 전용으로 만들려는 계획이 주택 위기를 감소시킬 수 있을까? 건물에 강화 단열 유리를 사용하면 사람들이 이민자들에게 더 관대해질까? 도시는 시테와 빌이 비대칭성이라는 고난을 겪는다는 점에서 비틀려 있는 것 같다.[2]

건축가 자신의 가치와 대중의 가치가 가끔은 일치하지 않는 것이 옳다. 이 불일치는 사람들이 자신들과 다른 이웃과 함께 살기를 거부한다면 일어날 수밖에 없다. 수많은 유럽인이 무슬림 이주자들을 견디기 힘들어한다. 앵글로아메리카인들 상당수는 멕시코 이주자들이 본국으로 송환되어야 한다고 생각한다. 또 예루살렘에서 뭄바이에 이르는 지역에서 각자 다른 신에게 기도하는 사람들은 서로 같은 장소에 살기가 어렵다고 느낀다. 이런 사회적 퇴보가 낳은 결과 중 하나가 빗장 공동체gated community(출입구가 있고 차량과 보행자의 출입이 엄격하게 통제되는 주택단지로, 주로 중상층 이상이 거주한다-옮긴이)다. 그것은 오늘날 세계 전역에서 가장 인기 있는 새로운 주거 개발 형태가 되었다. 그러나 도시계획가들은 빗장 공동체 건설을 거부하고 그것을 원하는 사람들의 의지와 반대로 가야 한다. 정의의 이름으로 편견은 거부되어야 한다. 하지만 정의를 물리적 형태로 직설적으로 번역해낼 방법은 없다. 나는 도시계획 일을 하면서 이 사실을 일찌감치 깨달았다.

1960년대 초반에 보스턴 노동계급 구역에 새 학교를 짓자는 제안이 나왔다. 새 학교를 인종적 통합 학교로 만들 것인가, 아니면 당시 거의 모든 노동계급 구역의 관행대로 흑백 분리 학교로 만들 것인가? 통합 학교로 만든다면 우리 계획가들은 흑인 아동을 등하교시키는 버스가 정차할 큰 주차장을 제공해야 했다. 백인 부모들은 이 지역사회에는 버스 주차장보다 녹지가 더 많이 필요하다면서 은근히 통합 교육에 반대했다. 계획가는 생경한 가치를 강요하기보다는 지역사회를 위해 일해야 한다. 나 같은 사람들, 하버드 대학에서 공부하고 인종 분리 관련 통계와 흠 잡을 데 없는 청사진으로 무장한 사람들이 보스턴 남부의 버스 운전사, 청소부, 산업 노동자에게 어떻게 사는 게 옳다고 말할 자격이 있는가? 결과를 보자면 내 상관들이 주장을 관철시켰으니 다행이다. 계급적 가책에 굴복하지 않았던 것이다. 그렇기는 해도 사는 것과 지어진 것 사이의 어긋남은 계획가의 윤리적 올곧음으로 간단하게 해결될 수 없다. 덕성 과시 virtue-signalling(남들과 차별화되는 행동이나 물건을 선택함으로써 자신의 도덕적 우월성을 직간접적으로 과시하는 태도 – 옮긴이)는 문제를 악화시켜 백인 대중들 사이에서 더 많은 분노를 키운다.

　　이것이 오늘날 도시에서의 윤리적 문제다. 도시계획은 사회를 있는 그대로 나타내야 하는가, 아니면 그것의 변화를 추구해야 하는가? 칸트의 입장이 옳다면, 빌과 시테는 절대 이음매 자국 없이 매끈하게 짜맞춰질 수 없다. 그렇다면 어떤 조처를 취해야 하는가?

| 열린

나는 20년 전 MIT에서 설계를 가르칠 때 이에 대한 대답 하나를 찾았다고 생각했다. 내 연구실 근처에 있던 미디어랩은 내 세대에게는 혁신적 아이디어들을 실제적 결과로 번역해내면서 새로운 디지털 기술 혁신의 진앙지로서 환하게 빛을 발하던 존재였다. 니컬러스 네그로폰테Nicholas Negroponte가 1985년에 설립한 이 기관이 수행한 프로젝트 중에는 빈민 아동을 위한 초저가 컴퓨터 공급, 로봇 무릎 등 의수족 달아주기, 오지 주민과 도시 생활을 연결해주는 '디지털 타운 센터' 설립 같은 것들이 있었다. 미디어랩은 '만들기'를 강조하여 장인匠人들의 낙원이 되었다. 이 찬란한 작업에는 수많은 격렬한 토론과 기술적 미지의 세계로 뛰어들기, 그리고 엄청난 양의 쓰레기가 뒤따랐다.

구겨진 옷을 걸친 연구자들―도무지 잠을 자는 것 같지 않았다―은 마이크로소프트 수준의 프로젝트와 MIT 수준의 프로젝트가 어떻게 다른지를 이렇게 설명했다. 전자는 기존 지식의 패키지, 후자는 그 패키지의 해체. 미디어랩에서 가장 인기 있는 오락은 마이크로소프트 프로그램들을 조작해 오류를 발생시키거나 멈추게 만드는 것이었다. 공정하든 아니든 미디어랩 연구자들은 전체적으로 모험심이 많은 종족이어서, 통상의 과학은 재미없는 것으로 여기고 최첨단 기술을 찾는 경향이 있었다. 그들의 관점에 따르면, 마이크로소프트는 폐쇄적으로 생각하고 미디어랩은 개방적으로 생각한다. 개방은 혁신을 가능케 한다.

일반적으로 연구자들은 익숙한 궤도 안에서 일한다. 어떤 가설의 입증 혹은 반증을 위해 실험할 때도 그 궤도 안에서의 처리법procedure

(어떤 일을 수행하기 위해 필요한 일의 단계적 순서 – 옮긴이)과 관찰에 지배된다. 어떤 가설이 옳은지 그른지를 판단하는 것이 실험의 결말이다. 그런데 다른 실험 방식에서는 예견치 못했던 데이터를 진지하게 받아들이며, 그로 인해 연구자들은 궤도를 뛰어넘어 제한된 틀 밖에서 생각하게 된다. 그들은 모순과 모호성을 즉각 해결하려 하거나 한쪽으로 치워버리려 하지 않고 한동안 그것을 곱씹는다. 첫 번째 종류의 실험은 고정된 질문에 예 또는 아니요로 대답한다는 점에서 폐쇄적이다. 두 번째 종류의 실험을 하는 연구자들은 그런 식으로 대답될 수 없는 질문을 던진다는 점에서 더 열린 방식으로 일한다.

하버드 의대 내과의인 제롬 그루프먼Jerome Groopman은 미디어랩보다 더 명징한 정신으로 신약 임상 실험의 열린 절차를 설명했다. '적응적 임상 시험adaptive clinical trial'에서 시도 조건은 실험의 전개 과정에 따라 변한다고. 이것은 목적지가 어디든 그저 직감을 따라간다는 뜻이 아니다. 실험 약물이 위험할 수 있으므로, 연구자는 미지의 영역을 개척할 때 극도로 신중해야 한다. 그러나 적응적 임상 시험은 예견 가능한 일의 확인보다는 놀랍거나 호기심을 자극하는 것에 더 관심이 많다.[3]

물론 실험실에서의 모험은 흑백논리를 지칠 때까지 파헤치는 것과 분리될 수 없다. 프랜시스 크릭은 일상적인 실험실 연구에서 일어나는 자잘한 '비정상성'을 연구하다가 DNA 이중 나선을 발견했다고 말했다. 연구자는 방향성을 필요로 하며, 그 방향성을 제공하는 것이 고정된 절차다. 그런 다음에야 자기비판적 작업으로서 비정상적이거나 이상한 결과에 대한 탐구를 시작할 수 있는데, 이것이 곧 도전이다.[4]

'열린'이란 이상한 것, 궁금한 것, 가능한 것을 한데 짜 맞춘다는 의

짓기와 거주하기

미를 담고 있다. 수학자 멜라니 미첼Melanie Mitchell은 열린 시스템이란 "중앙 통제소도 간단한 작동 규칙도 없는 커다란 네트워크가 학습과 진화를 통해 복잡한 집합적 행동, 정교한 정보 처리 과정, 적응을 발생시키는 시스템"이라고 요약했다. 이는 복잡성이 진화 과정에서 출현한다는 것을 의미한다. 시스템은 출발할 때부터 미리 지정되어 있고 프로그램으로 설정되어 있는 어떤 목적telos으로서 존재하는 것이 아니라, 피드백과 정보 변동을 거쳐 출현한다.[5]

이런 부분들의 상호작용 방식에 대한 열린 시스템식 생각 역시 그렇다. 수학자 스티븐 스트로개츠Steven Strogatz는 이렇게 말했다. "단선적 공식은 여러 조각으로 부서질 수 있다. 각각의 조각은 별도로 분석되고 해결되며 최종적으로 이 모든 별도의 대답들이 재조합될 수 있다. (…) 단선적 시스템에서 전체는 부분들의 총합과 같다." 반면 비단선적인 열린 시스템에서는 부분들이 이런 식으로 조각날 수 없으며 "전체 시스템은 한꺼번에, 하나의 응집력 있는 실체로서 검토된다"고 했다. 화학물질들이 상호작용해 화합물을 형성하는 방식이 그 자체로 하나의 새로운 실체가 된다는 사실에서 그의 생각을 이해할 수 있다.[6]

바로 이런 견해가 MIT에 굳건히 뿌리내리고 있었다. 미디어랩은 20세기의 가장 위대한 시스템 분석가인 노버트 위너Norbert Wiener가 1940년대에 MIT에 설립한 전자 시스템 실험실Electronic Systems Laboratory을 지적 기반으로 세워진 기관이다. 위너는 기계가 대량의 정보를 소화하는 시대의 최첨단에 선 사람이었다. 그는 소화 과정을 체계화하는 다양한 방법을 개척했다. 특히 호기심을 가졌던 부분은 직선적이지 않고 복잡하고 모호하거나 상충적 성격을 가진 전자식 피드백이었다. 그가 '학습 기계'라 부른 것이 말을 할 수 있다면 그것은

'나는 x, y, z가 발생하리라고 예상하지 않았다. 이제 왜 그것이 발생했는지 알아내고 재조정할 방법을 찾아내야 한다'고 말할 것이다. 이것이 결말이 열려 있는 환경의 전형적 형태인데, 그 환경의 거주자는 인간이 아니라 반도체다.[7]

열린 실험실이라는 에토스(풍조, 정신 – 옮긴이)는 도시와 어떻게 관련될까? 건축가 로버트 벤투리Robert Venturi는 이렇게 단언했다. "나는 건축에서 복잡성과 모순을 좋아한다. (…) 의미의 명료성보다는 의미의 풍부함을 지지한다." 수많은 현대 건축에서 보이는 앙상한 기능주의적 건물을 공격한 말이지만, 그 속에 담긴 의미는 더 깊다. 그가 생각하는 것은 도시로 변형된 미디어랩이다. 도시는 복잡한 장소다. 모순과 모호성으로 가득하다는 말이다. 복잡성은 경험을 풍부하게 만들고 명료성은 그것을 희박하게 만든다.[8]

나중에 미디어랩의 책임자가 된 내 친구 윌리엄 미첼William Mitchell은 시스템과 도시 사이에 다리를 놓았다. 매사추세츠주 케임브리지의 야간 인기 업소(그 당시 수준으로)를 자주 드나들던 봉비방bon vivant(인생을 즐기는 사람 – 옮긴이)인 그 건축가는 "키보드가 내 카페"라고 선언했다. 1996년에 출간된 그의 저서 《비트의 도시City of Bits》는 스마트 시티를 다룬 최초의 책으로 휴대용 전자기기, 웹 2.0 인터렉티브 프로그램, 나노 기술 등 미래에 존재할 모든 것을 환영하고 싶어했다. 그는 스마트 시티는 복합적인 장소일 것이라고 상상했다. 정보 공유로 인해 시민들은 점점 더 많은 선택지와 더 큰 자유를 누릴 수 있고, 빌을 이루는 물리적 건물과 거리와 학교와 사무실도 변화할 수 있는 구성 요소로 만들어져 계속 진화할 것이며, 그렇게 스마트 시티는 점점 더 복합적 형태를 띠게 되면서 그곳의 시테도 점점 더 풍부한 의미

를 담게 되리라고 생각했다.[9]

　어떤 측면에서는 이 기술적 환상이 전혀 새롭지 않았다. 아리스토텔레스는《정치학》에서 "도시는 상이한 종류의 인간들로 구성된다. 비슷한 인간들만 있으면 도시가 존재할 수 없다"고 썼다. 사람들은 따로 있을 때보다 함께 있을 때 더 강하다. 전쟁이 벌어지면 아테네는 시골에서 피신해 온 다양한 종류의 부족들은 물론 타 도시 사람들의 망명도 받아주었다. 이 난민들은 지위가 끝까지 확정되지 않아 애매모호한 처지였지만 아테네에 새로운 종류의 사고방식과 기술을 가져다주었다. 인구가 희박한 시골 마을보다 인구가 밀집한 도시에서 상업이 더 활발하게 이루어진다는 사실에 주목한 사람은 아리스토텔레스만이 아니었다. 도시에서 활동한 고대의 저술가 거의 모두가 다양하고 복잡한 경제가 단일 종목의 경제보다 더 유익하다는 점을 지적했다. 아리스토텔레스는 정치에서의 복잡성이 갖는 장점에 대해서도 생각했다. 다양한 대중 속에서 인간(아리스토텔레스 시대에는 남자만 해당)은 도시를 다스리기 위해 상이한 관점들을 이해해야만 했다. 아리스토텔레스는 여러 다른 사람을 한데 모으는 것을 시노이키스모스synoikismos라 불렀다. '신테시스synthesis'와 '시너지synergy'처럼 한데 모아둠을 의미하는 단어다. 도시는 스트로개츠의 공식처럼, 부분들의 총합보다 더 큰 하나의 전체다.[10]

　'열린'이라는 단어는 현대 정치에서 키워드 역할을 한다. 오스트리아의 망명 철학자 칼 포퍼Karl Popper는 1945년에《열린 사회와 그 적들》을 출간했다. 그는 철학자의 입장에서 유럽이 어찌하여 전체주의로 빠져들었는지를 질문했다. 상이한 집단 사이에서 사실을 근거로 하여 진행되는 토론과 이성을 무너뜨리고 '우리는 하나'라든가 '그들과 대립하는 우리'라는 유혹적인 신화를 지지하게 만든 무언가가 서구의 사유 속에 있었을까? 이는 지금도 유효한 주제이지만, 그 책의 제목은 어딘가 잘못되었다. 포퍼가 분석한 것은 일상의 사회가 아니라 비자유주의적 정치 사유의 오랜 노선이기 때문이다. 그렇기는 해도 이 책은 그런 활동에 가담했던 사람들에게 어마어마한 충격을 주었다. 특히 당시 영국 복지국가를 구상하던 런던정치경제대학교의 동료들, 엄격하고 폐쇄적인 것이 아니라 느슨하고 열린 형태의 관료제를 고안하고 싶어하던 그의 동료들에게. 포퍼의 제자인 금융가 조지 소로스George Soros는 나중에 포퍼의 자유주의적 가치를 반영하는 기관, 민간 사회에서의 대학교 같은 기관을 세우는 데 엄청난 거액을 쏟아부었다.

열린 사회의 자유주의적 가치는 상이한 종류의 수많은 사람을 수용하는 어떤 사회에든 어울릴 것처럼 보인다. 상호적 관용이 그들을 함께 살 수 있게 해줄 것이다. 다시 말하면 열린 사회는 오늘날의 거의 모든 사회보다 더 평등하고 더 민주적이어야 한다. 그런 사회에서는 부와 권력이 꼭대기에만 쌓이지 않고 사회 집단 전체에 확산된다. 하지만 이런 열망에 특별히 도시적인 요소는 하나도 없다. 농부와 소도시 시민은 동일한 정의를 누릴 자격이 있다. 도시적 윤리에 대해 생각하면, 무엇이 윤리를 도시적인 것으로 만드는지 알고 싶어진다.

자유는 도시에서 특별한 가치를 지닌다. '도시의 공기가 자유를 만든다Stadtluft macht frei'는 독일 속담은 중세 후기에 생겼다. 이는 시민들이 단 한 명의 주인만 섬기는 것, 즉 경제적 사회적 먹이 질서의 고정되고 세습적인 위치에서 해방될 수 있다는 약속이었다. 시민들이 고립된 개인이라는 뜻은 아니다. 길드나 이웃 그룹, 교회에 의

짓기와 거주하기

무를 지지만, 평생 그 대상이 바뀔 수 있다는 것이다. 벤베누토 첼리니Benvenuto Cellini의 《자서전Autobiography》에는 20대에 도제 기간을 끝낸 대장장이가 거쳐간 변신이 묘사된다. 그는 자신이 일하던 이탈리아 도시의 법률과 관습 간의 차이를 활용해 다양한 후원자들 각각에게 적합한 페르소나를 채택하여 야금술사, 시인, 군인 등 여러 직업을 가졌다. 그리하여 마을에 남아 있는 경우보다 더 개방적인 삶을 영위했다. 도시가 그를 단일하고 고정된 자아로부터 해방시켜 그가 되고 싶은 존재가 되게 해준 것이다.

MIT에서 나는 '도시의 공기가 자유를 만든다'는 말이 상하이에서 온 젊은 건축가들 사이에서 구체적으로 실현되는 것을 지켜볼 기회가 있었다. 상하이는 전 세계 개발도상국들에서 발생하는 도시 팽창 현상을 전형적으로 보여주는 사례로, 넋이 나갈 만한 속도의 경제성장을 겪으면서 중국 전역의 청년들을 그 궤도로 끌어들였다. 내가 본 상하이 청년 건축가 그룹은 새해를 맞으면 매번 그들의 마을이나 소읍으로 돌아갔지만, 도시에서는 출신 지역의 세계관이나 관습과 한참 거리를 두고 살았다. 남성들 몇몇은 동성애자가 되었고, 여성들은 자녀를 늦게 갖거나 출산을 거부했다. 남녀 모두 고향의 부모들에게 시름을 안겨준 것이다. 내가 '도시의 공기가 자유를 만든다'는 말을 소개하자, 그들은 그 말을 '다른 모자들을 쓴다'라고 만다린어로 번역했다. '열린'이라는 단어는 삶이 열리면 다층적이 된다는 깊은 진실을 전달한다. 첼리니의 경우도 그랬다.

MIT로 인해 나는 이 모든 종류의 '열린' 것이 시테와 빌에 관련된 난문제의 해법일지도 모른다고 생각하게 되었다. 열린 도시는 이 관계를 바로잡기보다는 그 복잡성을 활용해, 말하자면 경험의 복잡한 분자를 만들 것이다. 계획가와 건축가의 역할은 복잡성을 장려하여 부분의 총합보다 더 큰 빌, 상호작용을 통해 시너지를 일으키며 그 속에서 질서의 포켓들pockets of order(일정하게 움직이고 있던 질서가 잠깐씩 정지하는 현상 – 옮긴이)이 방향을 지시해주는 빌을 창조하는 데 있을 것이다. 윤리적으로 열린 도시는 물론 차이를 용인하고 평등을 촉진하겠지만, 보다 구체적으로는 사람들을 고착되고 익숙한 족쇄에서 풀려나게 해주어 경험을 확장하고 실험할 수 있는 토양을 창조할 것이다.

이 말이 이상론적인가? 물론 그렇다. 이것은 실용주의 학파가 구성한 미국적 이상론, 모든 경험은 실험적이어야 한다는 것을 핵심 개념으로 삼는 이상론이다. 실용주의의 귀인들인 찰스 샌더스 퍼스Charles Sanders Peirce, 윌리엄 제임스William James, 존 듀이John Dewey에게는 아마 미디어랩이 아주 편안한 활동 무대가 되었을 것이다. 바로 이 훌륭한 인물들이 실용적인pragmatic 것과 실제적인practical 것의 동일시에 저항했다. 19세기 후반에서 20세기 초반 사이에 그 나라의 가치를 지배했던 철면피 같은 실제적 인간들은 모호하거나 모순적인 것을 비웃었고 효율성을 찬양했다.

하지만 내 속 한 귀퉁이의 작은 실용주의적 프레임 안에서는 그런 철면피 같은 가치를 무시하기가 그리 쉽지 않았다. 거의 모든 도시 프로젝트에는 엄청난 비용이 필요하다. 도시의 공기가 자유를 만든다는 말이 도시계획가들에게 도로 너비가 어느 정도여야 하는지를 알려주지는 않는다. 도시계획가들은 변덕스러움을 감당해야 하는 삶이나 흥미 있는 실패작으로 판명되는 실험 속 삶을 원하지 않는 사람들을 납득시킬 수 있어야 한다. 듀이와 제임스도 이에 대해 무지하지 않았기에 실용주의가 실험에서 실천으로 옮겨가는 방법을 밝혀내야 한다는 것을 인정했다. 기존 관행의 포장을 벗긴다고 다음에 무엇을 해야 할지 저절로 알게 되는 것은 아니다. 제임스는 심지어 열려 있고 실험적인 사고방식 — 있는 그대로의 세계에 대해 매우 비판적이고, 상황이 달라질 수 있다고 생각하는 사고방식 — 이 실제로는 약속에 대한 두려움을 드러내는 것은 아닐지 의심했다. 그의 표현을 빌리자면, 영원한 실험자는 "종종 즉각적이고 활기찬 결심을 할 수 없는 성격 유형을 초래하는, 돌이킬 수 없음에 대한 공포"에 시달린다. 그 신경증에서 해방된 만드는 자maker는 가능한 것the possible에서 할 수 있는 것the doable으로 나아가는 굽은 길을 따라간다.[11]

열린 실천open practice을 어떻게 구체화할지와 관련한 실용주의적 문제는 미첼에게 특이한 방식으로 절실하게 느껴졌다. 《비트의 도시》가 나온 지 두어 해 뒤 미첼은 건축가 프랭크 게리Frank Gehry와 함께 하이테크 자율주행 자동차, 그저 기계적 컨테이너 역할만 하는 것이 아니라 타는 즐거움을 주는 자동차 설계 프로젝트를 주관하게 되었다. 미첼은 "움직임의 미학"이라는 도달하기 힘든 목표를 달성하고 싶어했다. 내가 이 구절을 정의해보라고 닦달하자, 그는 "아직 잘 모르겠다"고 답했다. 그야말로 미디어랩이 할 법한 종류의 대답이었다. 나는 그 프로젝트에 대해 간혹 생각하다가 그 실험실 직원들이 상당히 자주 바뀐다는 사실을 알아차렸다. 왜 그런지 프로젝트 관리자에게 물어보았더니, 자신의 역할을 이해하지 못하는 사람이 많다고 했다. "아직 잘 모르겠다"는 말은 다른 사람들에게 어떠한 방향성도 제시하지 못한다. 관리자는 이런 열린 실험에서 겪는 좌절의 수준은 "비정상적"일 정도라고 간결하게 말했다(그때 미첼도 같은 자리에 있었다). 뿐만 아니라 확실하지 않은 것을 찾아다니는 두 천재는 직원들을 깨우쳐주려 하지 않고, 그들이 직관적으로 영감을 포착해 실행하기를 기대했다. 그리하여 열린 실험, 최첨단 실험은 기능장애로 넘어갈 수 있는 경계에 아슬아슬하게 서 있었다.

미첼은 2010년에 암으로 세상을 떠났기 때문에 자신의 비전이 실현되는 것을 생전에 보지 못했지만, 그의 생애 말년에도 테크놀로지의 세계는 변화를 겪고 있었다. 그것은 열린 여건에서 닫힌 여건으로 이동하는 중이었다. 요하이 벤클러Yochai Benkler는 이렇게 썼다. "인터넷의 첫 사반세기를 특징짓는 것이 (…) 중앙집권적 권력의 적용에 저항하는 (…) 열린 시스템들의 통합 시스템"이었다면, 오늘날 "우리는 상대적으로 소수인 유력한 국가 및 비국가적 행위 주체의 권력 축적을 용이하게 해주는 인터넷으로 이동하고 있다." 페이스북, 구글, 아마존, 인텔, 애플, 이런 이름들은 벤클러가 지금 보는 문제들을 담고 있다. 즉 인터넷의 닫힌 시대는 소수의 독점자로 구성되며, 정보를 대량 채굴하는 기계와 프로그램을 생산한다. 일단 그렇게 되면 독점 프로그래밍은 갈수록 더 개인화되고 더 통제력이 강해진다.[12]

칼 포퍼는 디지털 시대가 시작되기 한참 전에 세상을 떠났지만, 그의 유령은 '그럴 줄 알았어'라고 단언했을지도 모른다. 포퍼는 전체주의국가를 두려워한 것 못지않게 경제적 독점을 혐오했다. 둘 다 똑같이 유혹적인 약속을 한다. 사람들이 조직화를 수행하는 체제에 복종하기만 하면 인생은 더 단순 명료해지고 더 사용자 친화적이 될 수 있다고. 지금 우리는 테크놀로지를 두고 그렇게 말한다. 당신은 자신이 어떤 사람인지 알게 될 것이다. 당신 경험의 규칙들이 당신을 위해 마련될 테니까. 그러나 명료성으로 얻은 이익은 자유 측면에서는 감점 요인이 된다. 당신의 경험은 명료하되 닫힌 것이 될 것이다. 이 같은 위험에 대해, 포퍼가 나오기 한참 전에 스위스의 위대한 역사가 야코프 부르크하르트Jacob Burckhardt는 이렇게 경고했다. 현대의 삶을 지배하는 것은 "야만적인 단순화"일 것이라고. 이 말은 곧 국가주의의 유혹적인 단순성을 의미했다. 포퍼와 부르크하르트에게 있어 열린 경험의 캐치프레이즈인 복잡성, 모호성, 불확실성은 억압적인 권력 체제에 대한 저항을 암시한다.13

오늘날 우리가 살고 있는 도시들은 닫혀 있는데, 닫힌 방식은 테크놀로지 영역에서의 사건들을 반영한다. 세계의 남부—중국, 인도, 브라질, 멕시코, 중앙아프리카 국가들—에서 벌어지고 있는 엄청난 도시 팽창 과정에서 대형 금융 및 건설 기업은 빌을 표준화한다. 비행기가 착륙할 때, 당신은 베이징과 뉴욕을 구분하지 못할지도 모른다. 세계의 북부든 남부든 도시 성장은 형태적으로는 그다지 많은 실험을 만들어내지 못했다. 상업 지구, 학교 캠퍼스, 고층 주거 건물 사이에 있는 약간의 녹지 형태는 실험에 도움이 되지 않는다. 그 모든 것은 외부의 영향과 상호작용에 열려 있지 않고 자족적이기 때문이다.

그러나 보스턴에서의 내 경험은 닫힘을 그저 단순히 대형 권력이 인민을 짓밟는 것으로 보는 시각에 반대하라고 주의시킨다. 타인들에 대한 공포나 복잡성을 다루지 못하는 무능함 역시 생활 속 닫힌 시테의 측면들이다. 그 시테가 열리지 '않았다'는 판단은 따라서 내가 보스턴에서 발견했듯이 야누스적 얼굴을 가진다. 동전의 한 면은 분노한 포퓰리스트의 편견을 보여주지만, 반대쪽 면에서는 엘리트들의 자기만족적 미소, 덕성 과시가 나타날 수 있다. 따라서 닫힌 시테는 정치경제학의 문제인 동시에 가치의 문제다.

소박한   '만들다make'라는 단어는 너무나 흔히 쓰이
                            기 때문에 사람들은 대개 그에 대해 별로
생각하지 않는다. 우리 선조들은 그렇게 뻔뻔하지 않았다. 그리스인
들은 아주 일상적인 물건을 창조하는 능력도 매우 경이롭게 여겼다.
판도라의 상자에는 이국적인 영약만이 아니라 칼, 양탄자, 항아리 같
은 것도 들어 있었다. 아무것도 없었던 곳에서 무언가를 창조한다는
사실이 곧 존재에 대한 인간의 기여다. 닳고 닳은 우리 시대에는 사라
져버린 깊은 경이감을 그리스인들은 갖고 있었다. 그들은 사물이 존
재한다는 사실 그 자체를 경이로워했다. 도공이 단지를 깨지지 않게
관리할 수 있는 것, 조각상에 칠해진 색채가 그처럼 선연한 것에도 경
이로워했다. 그에 비하면 우리는 이제껏 보지 못한 단지의 형태나 색
채같이 새로운 사실에 대해서만 놀라워한다.

만들기에 대한 이 같은 찬양이 르네상스 시대에는 새로운 영역에
들어섰다. 도시의 공기가 자유를 만든다는 구호는 '만들다'라는 단
어를 자아에 적용했다. 르네상스 철학자 조반니 피코 델라 미란돌
라Giovanni Pico della Mirandola는 《인간 존엄성에 관한 연설Oratio de hominis
dignitate》에서 "인간은 다양하고 다중적이고 파괴될 수 있는 본성을 가
진 동물"이라고 선언했다. 이런 융통성 있는 조건에서 "자신이 선택하
는 것을 가지며 뜻하는 바를 존재하게 하는 능력이 그에게 주어졌다."
이것은 거만한 자랑이 아니라, 르네상스 시대 말기에 몽테뉴가 사람
들은 각자의 특정한 취향과 믿음과 만남에 의해 각자의 삶을 구축한
다는 주장과 같은 뜻이다. 아버지에 대항해 투쟁하는 것은 당신만의
특유한 경험이다. 어떤 종류든 전쟁을 벌이는 용기는 모두에게 있거

짓기와 거주하기

나 없다. 몽테뉴의 에세이는 본인이 만든 결과물인 성품personality과, 모두에게 공통되는 믿음과 행동으로 구성되는 캐릭터character 간의 뚜렷한 대조를 보여준다. 그러나 피코에게 있어 인간이 스스로 만든 존재라는 생각은, 성품을 넘어 인간의 운명에 대한 신의 힘을 약화시키는 문제였다. 열정적인 신자였던 피코는 이 둘을 조화시키려는 노력에 평생을 바쳤다.[14, 15]

18세기 철학자들은 만들기의 한 측면, 즉 일을 잘해내려는 충동에 초점을 맞춤으로써 이 둘 사이의 긴장을 완화시키고자 했다. 중세 이후로 이런 제작자의 미덕은 신의 시선에서 용인되는 것으로 여겨졌다. 다시 말해 우수한 작업은 개인적인 이기심을 넘어선 어떤 목표에 대한 봉사와 헌신의 신호였다. 이제 철학자들은 사람들이 노동자로서 양질의 작업을 해낼 때 자아를 실현한다고 세속적인 용어로 단언한다. 호모 파베르는 바로 그런 모습으로 드니 디드로Denis Diderot의《백과전서Encyclopédie》독자들 앞에 나타났다.《백과전서》는 1751년에서 1771년 사이에 집필된 여러 권의 책으로, 요리사든 농부든 왕이든 자기 일을 잘하는 방법이 삽화로 그려져 있다.《백과전서》는 실질적인 작업을 강조함으로써, 비틀린 목재라는 칸트의 인간상에 도전하는 임무를 잘 수행했다. 유능한 노동자는 협력하는 존재이며, 좋은 품질의 물건을 창조하려는 공동의 노력을 통해 타인과의 관계를 바로잡기 때문이다.

현대에는 호모 파베르에 대한 믿음이 옅어졌다. 기계가 노동자의 기술이 설 자리를 차지하면서 산업주의는 기술을 자랑삼는 노동자상에 어둠을 드리웠고, 공장 여건은 노동의 사회적 입지를 강등시켰다. 20세기에는 나치즘과 공산주의가 만드는 자로서의 인간을 비열한 이데올로기적 무기로 변신시켰다. "노동이 그대를 자유롭게 하리라Arbeit macht Frei"라는 구호가 강제 노동 수용소 입구에 걸려 있었다. 오늘날 이런 전체주의적 참상은 사라졌지만, 단기적이고 간헐적인 새로운 노동 형태 및 로봇 노동의 발전으로 인해 수많은 사람이 노동자로서의 자신에 대해 자부심을 갖지 못하게 되었다.

도시에서 호모 파베르의 역할을 이해하려면 노동의 존엄성에 대해 달리 생각해보아야 한다. 도시의 호모 파베르는 어떤 세계관을 지지하기보다는 소박한 방식의 실천, 즉 소규모 주택을 최소한의 비용으로 개조하기, 거리에 묘목 심기, 노인들이 야외에서 안전하게 앉을 수 있는 값싼 벤치 설치하기 같은 일을 통해 명예를 얻는다. 이런 소박한 만들기의 윤리에는 시테와의 어떤 관계가 함축되어 있다.

도시계획가로 활동하던 젊은 시절, 나는 버나드 루도프스키Bernard Rudofsky가 1960년대에 쓴 《건축가 없는 건축Architecture Without Architects》이라는 책을 읽다가 소박한 만들기의 윤리에 설득당했다. 루도프스키는 포스트모더니즘과 이론이 횡행하던 그 까마득한 시절에 뜨거운 이슈들에서 벗어나 건설 환경의 재료, 형태, 배치가 일상생활의 관행에서 어떻게 발생하는지를 기록했다. 중심 광장을 제외한다면 이탈리아의 시에나가 루도프스키의 관점을 보여주는 좋은 예다. 기본적으로 유사한 건물들에 설치된 창문, 현관문, 장식물이 여러 세기 동안 예견하기 힘든 방식으로 축적되어왔고 지금도 계속되고 있다. 시에나의 어느 거리를 걸어가노라면—판유리가 끼워진 상점 옆에 중세 시대의 목제 현관문이 보이고, 그 옆에는 맥도날드 가게가 있고, 또 그 옆에는 수녀원이 있다—그곳을 복잡하고도 특별하게 만드는 어떤 절차가 전개되고 있다는 느낌이 강하게 든다. 이러한 변주는 대부분

짓기와 거주하기

이곳에 살면서 건물들을 짓고 변화시킨 사람들에 의해 만들어졌다. 맥도날드는 이웃한 건물들과의 조화를 위해 현관 간판을 타협해야 했는데, 지금 보면 편안하게 어우러진다.

루도프스키는 장소 만들기에는 의식적인 예술성이 필요 없다고 주장하면서 중앙아프리카 숲에 우아한 타원형으로 형성된 곡물 창고나 비둘기를 불러 모으기 위해 세심하게 지은 이란의 탑(이스파한의 카부타르 탑Kabootar Tower - 옮긴이)을 예로 들었다. 그 탑은 비둘기 배설물이 워낙 많이 쌓여 일종의 비료 공장이 되었다. 건축가 없는 건축이라는 말로 그가 뜻한 바는, 거주함으로써 장소 만들기가 유발된다는 것이다. 곡물 창고, 탑, 하얗게 칠해진 거리를 보살피는 손길은 이런 장소의 소유권이 사람들에게 있음을 보여준다. 어떤 동네에서 마음이 편안해진다는 말은 바로 이런 종류의 행위를 표명하는 것이다. 그 물리적 환경은 우리의 정체성과 거주양식에서 유래하는 것 같다.[16]

루도프스키는 심지어 고든 컬런Gordon Cullen 같은 숙련된 도시계획가들에게도 흥미를 느꼈다. 컬런은 경험이 준 교훈으로 물리적 형태를 어떻게 이끌어야 하는지를 보다 기술적으로 생각한 사람이다. 가령 바다나 강 옆에 지어진 도시에서 '기준지표면'(토목지반면)에서의 건설이 어떻게 변하는지를 연구했다. 지표면 아래 공간을 점차 위로 올려 승선과 하선이 편리해진 파리의 선창船艙과, 홍수를 피하기 위해 지반을 높인 아그드Agde(프랑스 남부 에로강 하구에 있는 오래된 도시 - 옮긴이) 광장의 지상 육교처럼, 고도는 오래 다져진 경험에 따라 조정된다. 사용해나가면서 점차 정밀한 시각적 척도가 확립된 사례다. 전문가는 공간을 제멋대로 높이거나 그저 그 정도 높이가 도면에서 근사해 보인다는 이유로 채택할 것이 아니라, 경험에서 우러난 척도에 따라야

한다.[17]

　루도프스키와 컬런은 또 다른 이유로 만드는 자의 자의적인 혁신에 대해서도 경고했다. 모든 혁신은 정의상 사람들이 현재 일을 하는 방식과 할 수 있는 방식 사이의 어긋남으로 인해 어려움을 겪는다. 시간 내에서의 열린 종결이란 어떤 사물이 진화해나가는 방식과 그 용도가 어떻게 변하는지에 관한 이야기다. 그 절차는 미리 예견할 수 없을 때가 많다. 수술용 메스를 예로 들어보자. 메스는 야금술이 발달해 더 예리하고 오래가는 날을 가진 칼을 만들 수 있게 된 16세기에 출현했다. 18세기가 되어서야 의사들은 이 날카로운 칼을 의학적으로 사용할 방법을 알아냈다. 무딘 검을 쓰듯 무지막지하게 힘으로 칼날을 밀어붙이는 것이 아니라 섬세하게 칼을 쥐는 방법 같은 것을 말이다. 칼날과 손잡이는 80년 동안 시행착오를 거치면서 점점 날렵해졌고, 10년마다 제각기 다른 모양이 등장하여 그중 몇 개는 동물 도살용이라는 새 용도에 적응해 감사하게도 인간 수술의 영역에서 빠져나갔다. 공예 작업에 쓰이는 도구나 재료는 사람들이 그것으로 무엇을 해야 할지 알기 전에 나타나는 것이 일반적이며, 시행착오적 실험을 통해 그 다양한 용도가 발견된다. 형태가 기능을 따라간다는 주문은 시간이 흐르면서 뒤집힌다. 그보다는 기능이 형태를 따라가며, 따라가는 속도가 느릴 때가 많다.[18]

　이와 마찬가지로, 사람들은 건설 환경에 대해 배울 시간이 필요하다. 상식에 따르면 사람들은 어떻게 움직이고 돌아다닐지, 어떤 건물이나 장소를 어떻게 이해할지를 직관적으로 안다고 한다. 하지만 혁신적인 건물은 이런 당연시되는 습관을 임의로 어그러뜨린다. 온라인 수업을 함께 진행하는 학교 설계에서 이런 문제가 발생한다. 전통적인 교실에서는 앞에 있는 선생님을 바라보도록 좌석이 정렬되지만, 신식 교실은 그런 격식에 덜 구애되고 작업 집단으로 뭉치는 형태를 띤다. 조질강調質鋼으로 만든 칼을 길들이는 데 시간이 걸리듯이, 교사들은 이런 작업 집단 속에서 자신들의 신체를 어디에 둘지 금방은 알지 못한다. 예를 들면, 어디에 서서 모두에게 주목하라고 말해야 할까? 신식 건물을 익히는 데 시간이 걸리듯이, 인종 통합을 지향하는 우리 계획이 성공했더라면 사람들은 버스가 없을 때 통학 버스 주차장을 놀이터로 활용할 방법을 궁리해야 했을 것이다.

제인 제이콥스Jane Jacobs는 이런 온갖 견해를 합쳤다. 이 위대한 펜의 전사는 도시 설계 그 자체의 가치를 논박하지는 않았지만, 도시 형태가 사용과 경험의 학습에 따르면서 천천히 그리고 점증적으로 출현했다고 단언했다. 그녀가 특히 질색한 호모 파베르인 뉴욕시 설계자이자 권력 실세 로버트 모지스Robert Moses는 완전히 반대 방향으로 건설했다. 크고, 빠르고, 임의로. 앞으로 말하겠지만, 나는 청년 시절 제인 제이콥스의 그림자 속에서 살았다. 그러다가 차츰 그곳에서 빠져나왔다.

그렇게 된 것은 부분적으로 나 자신의 실무 활동의 장이 달라졌기 때문이다. 계획가로서 나는 항상 실제 업무는 별로 많이 하지 않았다. 돌이켜보건대, 더 많이 작업하고 더 적게 가르치면서 실용주의자의 곤경을 정면으로 돌파하지 않았던 것을 후회한다. 미국에서 일할 때는 지역에 토대를 둔 공동체 강화를 지향했다. 중년에는 유엔에서 자문관으로 일했다. 처음에는 유네스코, 다음에는 유엔개발계획, 나중에는 유엔해비타트에서 일했다. 지구 남부의 도시들은 너무 빠르고 크게 성장하기에 대규모 설계가 필요했다. 느리고 신중하고 지역적인 기획은 대량의 주택, 학교, 수송 수단을 제공하기 위한 지침으로 적합하지 않았다. 소박한 규모의 정신으로 어떻게 더 큰 규모의 도시계획을 실행할 수 있을까? 나는 나를 성장시킨 윤리적 세계관을 포기하지는 않았지만, 그것을 재해석할 필요는 있었다.

내 세계관은 개인적인 계기로 한 번 더 변했다. 여러 해 전에 심각한 뇌졸중 발작을 겪었다. 회복하는 동안 나는 건물과 공간의 관계를 전과는 다르게 이해하기 시작했다. 지금 나는 복잡한 공간에 있으려면 애를 써야 한다. 똑바로 서 있거나 걷는 것이 어렵고, 신경 회로에도 문제가 생겼는데 뇌졸중을 겪은 사람들은 단락 현상 때문에 군중 속에서 방향감각을 잃는다. 신기하게도 내가 살 길을 찾는 데 필요했던 신체적 노력이 주변을 느끼는 내 감각을 바로 앞에 있는 사람에게만, 혹은 그다음 발을 디딜 곳에만 국한시키는 것이 아니라 확장시켰다. 나는 내가 움직여 다니는 애매모호하고 복잡한 공간에 더 광범위하게 적응하게 되었다. 벤투리가 말한 종류의 도시인이 된 것이다.

이 두 가지 변화는 호모 파베르가 어떻게 도시 안에서 더 활발한 역할을 맡을 수 있는지를 탐구하도록 나를 자극했다. 보다 활발한 도시계획은 본능적이어야 한다. 장소와 공간은 신체 속에서 살아나기 때문이다. 이 책에서 보여주려고 노력하겠지만, 적극적인 도시계획은 윤리적 겸손함과 함께할 수 있다. 겸손함은 위축된 굴종을 뜻하지 않는다. 도시계획가는 도시인의 하인이 아니라 동반자가 되어야 한다. 그는 사람들이 살아가는 방식을 비판함과 동시에 본인이 건설하는 것에 대해 자기비판적이어야 한다. 시테와 빌 사이에 이런 관계가 형성될 수 있다면 도시는 열린 것이 될 수 있다.

이런 견해에 반대하는 주장이 있다. 만드는 자가 갖는 자존감의 일부는 순전한 의지에 있으며, 위대한 도시를 만드는 자들은 모두 타인의 욕망을 거스르며 독립적으로 행동하는 것에 깊은 자부심을 가진다는 것이다. '가능하지 않다', '전례 없다', '제멋대로의 행동', '뜬금없다' 등등의 표현은 모두 더 많은 단정을 초래하는 붉은 깃발이다. 고든 컬런이나 제인 제이콥스의 바람처럼, 만드는 자들이 겸손한 정신으로 자신의 노동을 대한다면 분명 만들기와 거주하기 사이의 긴장은 줄어들 것이다. 그렇기는 해도 그들이 위험을 무릅쓰지 않으려 할 수도 있다. 겸손하지 않고 자기주장이 강하고 창조적인 의지가 불타오른다면, 더 민감하고 협동적이고 자기비판적인 도시계획도 같은 정도로 활기차질 수 있을까?

이 책의 계획 이 책은 사회 속에서 호모 파베르가 있는 위치를 탐구하는 3부작의 마지막 권이다. 첫 번째 책은 장인을, 특히 그것과 관련된 머리와 손의 관계를 연구했다. 두 번째 책은 우수한 작업에 필요한 협동을 연구했다. 세 번째인 이 책은 호모 파베르를 도시 속에 데려간다. 1부는 도시계획―도시 만들기라는 전문적 실천―이 어떻게 진화했는가를 들여다본다. 19세기의 도시 제작자들은 사는 것the lived과 지어진 것the built을 연결시키려고 노력했지만 실패했다. 20세기에는 시테와 빌이 서로에게 등을 돌리는 방식으로 도시 만들기가 진행되었고, 그 결과 도시는 내적으로 빗장 공동체gated community가 되었다.[19]

2부에서는 사는 것과 지어진 것 사이의 균열이 세 가지 큰 이슈에 어떤 영향을 미치는지를 탐구한다. 지구 북부에서 미해결된 갈등들이 지구 남부에서 다시 나타나는 거대한 도시 팽창 이야기로 시작한다. 시테는 상이한 종류의 사람들로 구성되어야 한다는 아리스토텔레스의 전제 때문에, 오늘날 도시는 사회학적 트라우마를 갖게 되었다. 미첼의 스마트 시티는 인간적으로 진화해 이제 악몽 혹은 약속의 땅이 되었다. 기술이 시테를 닫을 수도, 열 수도 있기 때문이다.

3부에서는 도시가 좀 더 개방되었더라면 어떤 것이 될 수 있었는지를 소개한다. 열린 시테는 그곳에 사는 사람들에게 복잡성을 관리하는 기술 개발을 요구한다. 빌에서는 다섯 가지 열린 형태가 도시의 장소들을 좋은 방향으로 복잡하게 만들 수 있다. 나는 도시계획가들이 이런 열린 형태를 사용하는 부분에서 도시 주민과 어떻게 협력할 수 있는지 보여주려고 노력했다.

마지막 4부는 도시의 본질적인 비틀림을 다룬다. 그 사회적, 기술적, 건축적 균열의 밑바탕에 있는 시간의 작업은 사는 것과 지어진 것 사이의 관계를 방해한다. 이 관계는 시적이라기보다는 실제적인 문제다. 기후변화라는 격동과 그 불확실성은 어떤 도시에서든 파열을 일으킨다. 이런 격동이 이 책 마지막 부분에서 보스턴에서부터 나를 괴롭혀온 문제로 돌아가게 한다. 윤리가 도시 설계의 형태를 결정할 수 있을까?

1부

두 개의 도시

Building and Dwelling:
ethics for the city

2

불안정한 기초

도시계획의 탄생—
한 엔지니어 이야기
1859년, 스페인 건축가 일데폰스 세르다Ildefons Cerdà는 '도시계획'과 '도시계획가'라는 단어를 최초로 인쇄물로 소개했다. 그것들이 왜 그렇게 새로웠을까? 사람들은 이미 수천 년 동안 도시에서 살아오지 않았나. 그런 단어가 등장한 것은 현대 생활의 조건이 도시에 대한 확연한 이해를 요구하기 때문이었다.[1]

18세기 초반 유럽에서는 도시를 향한 대량 이주가 시작되었다. 주로 빈민층 젊은이들이었고, 런던과 파리가 주 목적지였다. 그곳에 도착해서 보니 일자리가 부족했다. 1720년경 런던의 도시 빈민 가운데 전업 일자리를 가진 사람은 60퍼센트에 불과했다. 미국에서는 대다수 이주가 뉴욕과 필라델피아를 거쳐 개척지로 향했지만, 영국과 프랑스에서는 일자리가 없는 대중이 엉겨붙은 피처럼 대도시에 남았다.

프랑스혁명이 일어날 무렵 개혁의 필요성에 대한 인식이 널리 확산되었고, 물질적 여건을 염두에 둔 몇 가지 제안이 나왔다. 날림으로 지어진 슬럼을 철거하자는 것도 그중 하나였다. 하지만 세르다가 '도시계획가'라 부른 사람들의 머릿속에 들어 있던 것은 경제 위기가 아니었다. 빈부를 가리지 않고 똑같이 공격하는 질병으로 인해 그들은 공중 보건 차원에서 도시를 다시 생각하게 되었다.

역병은 항상 도시의 위험 요소였다. 흑사병은 중세 후반에 유럽 인구의 3분의 1을 쓸어 없앴다. 초기 현대 도시들이 점점 더 커지고 인구밀도가 높아지면서─그래서 더 많은 대소변이 도시를 채우면서─도시는 쥐가 전염시키는 질병의 아주 비옥한 온상이 되었다. 아기가 무사히 태어났더라도(산과産科 수준이 원시적이던 당시에는 대단한 위업이었다) 더러운 물로 인한 이질로 죽을 가능성이 컸다. 인구가 늘어나면 주택도 늘어난다. 주택이 늘어났다는 것은 더 많은 굴뚝이 도시 공기를 오염시킨다는 뜻이기도 하다. 악취 풍기는 공기는 결핵을 양성한다.

이런 여건을 다루기 위해 정력적으로 달려든 최초의 도시계획가들은 의사가 아니라 토목기사였다. 토목공학은 그리 화려하게 보이지 않지만 세르다 세대에 토목기사는 영웅적인 존재였다. 당시 의사들은 결핵 예방법과 그 전염 원인에 대해 제대로 생각하지 않았지만, 토목기사들은 도시의 공중 보건 차원에서 그 문제를 적극적으로 다루었기 때문이다.

시민이든 의학 전문가든 콜레라 관련 문화적 관습은 뿌리 깊은 무지에 지배되고 있었다. 사람들은 그 질병이 물이 아니라 공기를 통해 전염된다고 오해했다. 그래서 1832년에 파리 시민들은 도시를 휩

쓰는 그 병에 저항하기 위해, 대화할 때 예방의 의미를 띤 하얀색 수건으로 입을 가렸다. 과거에 시장이자 매음굴이던 팔레루아얄Palais-Royal은 병원으로 개조되어 유리 지붕 아래 병자들이 줄지어 눕혀졌다. 병든 신체들을 좁은 자리에 모아두니 회복되었다가도 금방 재발되지 않을 수 없었다. 하지만 의사든 병자든 모두 죽어가는 사람에게 일광욕이 치료 효과가 있다는 신념에 매달렸다. 이는 신의 빛이 치료 효과가 있다는 옛날 믿음의 절박한 유산이었다.[2]

토목기사는 현대 도시의 장인이 되어 기술 실험을 통해 도시 생활의 품질을 개선시키려고 노력했다. 전염병이 만연한 길거리에 자극받은 기사들은 건설 재료의 생산 문제를 재고하게 되었다. 말의 배설물을 치우기 쉽게 해주는 매끈한 돌로 포장된 도로는 18세기 런던 블룸즈버리 광장에 최초로 등장했지만, 그런 도로가 널리 쓰이게 된 것은 절단기가 발명되어 얇고 평평한 석재를 산업적 규모로 생산해낼 수 있게 된 뒤―1800년경―였다. 토목기사들은 절단된 석재를 파는 시장을 열었다. 그들은 도로 청소가 쉬워진다면 거리를 청소하려는 마음이 더 생길 것이고, 창문 밖으로 쓰레기를 내던지는 짓(당시에는 으레 하던 행동)도 덜하지 않을까 기대한 것이다. 그들은 사회 기반시설이 변한다면 더 합리적인 공중 보건 실천이 뒤따를 것이며, 빈은 시테를 변모시킬 수 있으리라 진심으로 믿었다.

이와 비슷한 의도에서 1841년 파리에서 처음 고안된 공중변소pissoir도 공중 보건을 크게 발전시켰다. 대중이 사용하는 공중변소('알렉상드린Alexandrine'이라 불린)는 사람 많은 거리에 특히 알맞은 보건 기술이었다. 이 역시 건강한 관행을 위한 메커니즘을 제공한다면 태도 변화가 뒤따를 것이라는 생각에서 출발했다. 1843년까지도 대중 앞에

짓기와 거주하기

서 소변을 보려고 생식기를 드러내는 것이 부끄러운 일이 아니었고, 사람들은 길거리나 건물 옆에서 개처럼 소변을 보았다. 공중변소가 등장한 뒤 소변은 지하 통로를 따라 내려갔다. 이에 따라 시테의 가치관이 변해, 낯선 사람 앞에서의 배설 행위가 점차 수치로 여겨지기 시작했다. 보다 긍정적이고 직접적인 변화는, 대소변이 거리에서 사라져 야외를 사교 공간으로 활용하기가 더 좋아졌다는 사실이다. 대로가 바라보이는 대형 야외 카페는 위생 엔지니어가 도시 문명에 준 선물이었다.[3]

건강 도시에 관한 공학은 엔지니어-도시계획가들이 작업을 시작하기 3세기 전에 이루어진 인체에 관한 근본적인 발견에서 그 징조가 보였다. 1628년에 나온 윌리엄 하비William Harvey의 저서 《동물의 심장과 혈액의 운동에 관한 해부학적 연구》는 인간의 심장이 어떻게 혈액을 동맥과 정맥을 통해 기계적으로 순환시키는지 설명했다. 이전의 의학은 혈액이 데워지면서 순환한다고 생각했다. 1세기 뒤 혈액순환 시스템에 관한 하비의 발견은 도시계획의 모델이 되었다. 프랑스의 도시계획가 크리스티앙 파트Christian Patte는 동맥과 정맥의 이미지를 활용해 지금 우리가 아는 것과 같은 일방통행로 시스템을 만들어냈다. 계몽시대의 계획가들은 만약 도시 내의 움직임이 어떤 주요 지점에서 막힌다면 마치 인체가 심장마비 때 고통을 겪듯이 집합적 신체collective body도 순환의 위기에 처하기 쉽다고 상상했다. 혈액순환 체계를 모델로 삼아 구상된 일방통행로는 통행량이 별로 많지 않은 소도시에서는 상당히 쉽게 만들어질 수 있다. 그러나 파리와 같은 대도시에서는 19세기 내내 사람과 교통량이 그칠 줄 모르고 늘어났기에, 일방통행 신호판을 설치할 뿐 아니라 도시라는 직조물에 더 체계적으로 개입할 필요가 있었다.

아무튼 공중 보건 공학은 지상에서든 지하에서든 19세기에 위대한 업적을 이루었다. 1892년경 프리드리히 엥겔스Friedrich Engels는 반세기 전 자신이 쓴 맨체스터 노동계급의 참상에 대한 저서에 붙인 새 서문에서 이렇게 말했다. "콜레라, 티푸스, 홍역, 기타 다른 전염병의 반복된 창궐은 영국 부르주아들에게 자기 도시와 마을에 위생의 필요성이 긴급함을 일깨워주었다. (…) 가장 처참한 고통은 (…) 사라지거나 눈에 덜 띄게 되었다." 이것은 확실히 빅토리아시대의 진보에 관한 이야기이지만, 도시공학이 낳은 수많은 결과는 보통 우발적이고 의도치 않았던 것이었다. 엔지니어들이 대로변에 카페를 만들려고 나선 것은 아니었으니까.[4]

19세기의 수많은 사회 기반시설 건축은 전성기 시절의 미디어랩 방식으로 착수되었다. 엔지니어들은 자신의 기술적 발명의 도미노 효과를 짐작했거나 우연히 발견했다. 가령 조지프 바잘젯Joseph Bazalgette이 1850~1860년대 사이에 런던 하수도를 건설할 때 함께 일한 엔지니어들은 파이프들을 연결하는 과정에서 고형 쓰레기 여과망 같은 장비를 개발했는데, 어떤 규격을 쓸지 미리 정하지 않고 여러 가지 필터 디자인을 시험해보고 알아냈다. 바잘젯은 전체적으로 무엇을 해야 하는지 확신하고 있었다. 하수도의 영역 ─《레미제라블》의 영역─은 지상 도로를 그대로 반영하는 하수관 네트워크로 만들어져야 한다는 것이었다. 그러나 그는 불확실성에도 우호적이었다. 그는 계획은 미래의 수요를 예견하지 못한다면서, 종종 필요 이상으로 커 보이는 규격의 하수도 파이프를 사용했다.[5]

이런 실험적 절차는 엔지니어─도시계획가들에게 새로운 시각적

현대 도시의 최고 엔지니어인 조지프 바잘젯(위 오른쪽)이 런던에서 건설 중인 새 하수도 위에 서 있다. 1860년경.

바잘젯의 런던 하수도는 지상의 도로보다 훨씬 더 치밀하게 연결된 효율적인 네트워크였다.

도구 개발을 요구한다. 세르다와 바잘젯 시대 이전에는 스케치와 미술적 상상이라는 예술적 관행이 도시의 모습을 구상하는 방법을 제공했다. 도널드 올슨Donald Olsen의 표현으로 하자면 "도시는 하나의 예술 작품으로 구상"되었다. 포위 공격을 받더라도 방어할 수 있는 도시 디자인을 구상하는 공병들도 단정한 예술적 기준을 적용했다. 예를 들면 군사 계획가들은 거칠고 불규칙한 지형 위에 세워진 도시 이미지를 투사해 이탈리아 팔마노바를 별 모양으로 디자인했고, 그 속에 아름다운 정원과 근사하게 장식된 벽을 들였다. 계획을 세워 단면도와 평면도를 작성하는 것은 단일 건물 설계에는 가장 적합한 고전적 기술이다. 그러나 조밀하고 무질서한 거리를 따라 어지러운 형태를 갖는 복합 건물 설계에는 좀 다른 표현법이 필요하다.

지금 우리에게는 컴퓨터 지원 설계CAD의 몽타주 능력이 있기 때문에 그런 복잡성을 시각화할 수 있지만, 선조들은 마음의 눈으로만 볼 수 있었다. 고전적인 표현법은 1807년 런던 거리에 처음 등장한 가스등이 야간의 외관에 어떤 다양한 영향을 주는지 보여주지 못했고, 건축가들도 교통 흐름의 속도를 그림으로 묘사할 수 없었다. 엔지니어들이 지하에 건설하는 기반시설은 눈에 보이지 않았다. 전통적 표현법으로는 엔지니어 – 도시계획가들이 필요로 하는 기술을 그려낼 수 없었다.

이런 모든 이유를 감안하면 그들이 한 작업은 엄밀한 과학이 아니었다. 그들은 특정한 사례에 원리를 적용하지 않았다. 최고의 실행법을 지시해주는 일반 정책도 없었다. 그들이 한 일은 제롬 그루프먼이 말한 "적응적 임상 실험"의 전조 같은 것이었다. 그러니까 실제로 일을 하면서 배워간 것이다. 바잘젯이라는 인물에게 진정으로 감탄할

짓기와 거주하기

만한 점은, 자신이 무슨 일을 하는지 정확히 알지 못하면서도 오로지 결국은 올바르게 해낼 것이라는 믿음으로 빅토리아시대의 자신감을 발산했다는 사실이다. 당시 도시에서 일하던 토목기사들 대부분도 마찬가지였다. 그들의 기술적 지식은 폐쇄적인 것이 아니었다.

그러나 여기서 윌리엄 미첼이 자기 아이디어를 다른 사람들이 이해할 수 있도록 번역하려 했을 때 만난 것과 같은 난관이 발생했다. 팔라디오Palladio 같은 르네상스 도시 건축가들은 그들의 작품이 어떻게 해야 가장 좋게 보일지를 염두에 두고 있었다. 베네치아 산마르코 광장에서 석호 건너편의 산조르조 교회를 바라보면 그것이 어떻게 자리를 잡고 규모가 정해졌는지, 도시라는 직조 속에 어떻게 끼워넣어졌고 그 속에 어떤 식으로 흡수되었는지를 이해하게 된다. 팔라디오는 이렇듯 복잡성을 명료하게 드러냈다. 엔지니어들은 다른 방식으로 개입한다. 그들의 작업은 타인들의 눈에 손으로 만져질 듯 명백하게 보이지 않는다. 대중은 악취가 사라진 거리에서 그 작업의 결과를 느낄 수는 있겠지만, 그것을 증거로 삼아 하수도가 거리 아래에 어떻게 설치되어 있을지 상상하지는 못한다. 애매모호함이 그런 복잡성의 특징이다. 하수도 시스템을 만들려면 설치되는 파이프의 재료뿐 아니라 크기에 대해서도 연구가 필요한데, 바잘젯은 6인치 파이프를 쓸지 9인치 파이프를 쓸지를 결정하는 문제에 관해선 다른 사람들에게 제대로 설명하지 못했다. 스스로에게도 설명 못하기 때문이었다. 윌리엄 미첼도 '움직임의 미학'을 제대로 설명하지 못해서 그의 조수들은 내일 할 일을 내일 아침이 되어서야 알 수 있었다.

모호한 복잡성은 빌의 엔지니어-도시계획가들과 시테의 연대기를 쓰는 작가들 사이를 연결시켰다.

시테—
읽기 힘든 것

젊은 프리드리히 엥겔스가 1840년대 초반 빈민의 참상을 기록하기 위해 맨체스터를 여행해보니, 시테를 읽기 어렵다는 것이 그의 눈에도 명백해졌다. 스물네 살의 성장하는 청년에게는 이상한 여행이었다. 부유한 독일 상인의 아들인 엥겔스는 도시에서는 붙임성 있게 어울렸고, 시골에 가면 열성적으로 여우 사냥에 참가했다. 카를 마르크스에게 경외심을 품기는 했지만 젊은 엥겔스는 모험심이 강한 부류였다. 영국과 프랑스에는 '신분이 낮은' 사람들의 일상적 삶의 광경을 글로 쓰는 오랜 전통이 있었는데, 급진적 개혁가들은 보통 글의 대상과 거리를 두었다. 그러나 엥겔스는 맨체스터의 공장에서 일하는 빈민들을 이해하기 위해 직접 그곳에 가서 거리를 걸어다니고, 홍등가에 들르고, 술집에 죽치고 앉아 있고, 심지어 영국성공회 교회(이를 본능적으로 혐오했지만)를 다니기도 했다.

역사가 톰슨E. P. Thompson은 엥겔스가 음울하고 억압적인 맨체스터를 겪으면서 계급의 언어를 창조하고 예전에는 존재하지 않았던 빈민을 위한 용어와 범주를 발명하게 되었다고 주장했다. 거기서 글을 쓰면서 엥겔스는 '프롤레타리아', 그리고 그 하위개념인 '룸펜프롤레타리아'라는 단어를 고안한 것이다. 그러나 그의 저서 《1844년 영국 노동계급의 여건 The Condition of the Working-Class in England in 1844》은 단순히 끔찍한 내용의 르포르타주만은 아니었다. 인류학자로 변신한 젊은 여우 사냥꾼은 계급의 새로운 언어와 전적으로 맞아떨어지지 않는 도시의 면모들, 거리에서 아이들이 노는 방식이나 여성들이 거리를 걷는 속도, 술집에서 사람들이 누리는 즐거움 같은 것들을 알아차리기 시

짓기와 거주하기

작했다.

엥겔스의 민감한 도시적 안테나는 그를 당시의 몇몇 소설가들, 특히 발자크와 스탕달(마리앙리 베일Marie-Henri Beyle의 필명)에게 이어주었다. 사태를 소화할 능력이 있는 소설가들과 갓 피어난 공산주의자는 서로 다른 도시를 보았다. 맨체스터 같은 산업 중심지 혹은 더 가까이 있는 프랑스의 직물 및 유리 생산 중심지인 리옹 같은 도시와 달리 파리는 사치, 금융 및 정부의 부패, 거대한 관료제, 그리고 대량의 비참함으로 이루어진 곳이었다. 이 얄팍하지 않은 도시성urbanity을 전달하려면 혁신적인 소설적 테크닉이 필요했다. 엔지니어-도시계획가들에게 새로운 시각적 테크닉이 요구되는 것과 마찬가지로.

독해하기 어려운 도시를 환기시키기 위해 발자크의《잃어버린 환상》이나 스탕달의《적과 흑》같은 소설은 얼핏 듣기에는 단순한 줄거리로 시작한다. 한 시골 청년이 희망을 가득 품고 대도시로 온다. 도시는 그의 욕망을 좌절시키거나 자기 파괴적인 것으로 만든다. 소설가들은 이 단순한 서사를 두 가지 방식으로 조율한다. 첫째, 젊은 주인공의 야심을 조종해 도시의 공기가 자유를 만든다는 구호에 따라 열심히 달려가게 한다. 발자크의《고리오 영감》에서 젊은 라스티냐크는 파리를 향해 주먹을 휘두른다. "빌어먹을 자식아, 이제부터 너와 나의 대결이다." 그러나 결과는《잃어버린 환상》의 뤼시앵 샤르동처럼, 주먹을 휘두르는 다른 자아들이 많이 있음을 알게 될 뿐이다. 야심에 찬 젊은 주인공은 바람 빠진 풍선처럼 쭈그러든다. 스탕달은 도시가 젊은이들의 정신을 파괴할 수 있는 두 번째 방식을 만들어낸다.《적과 흑》에 나오는, 아버지에게 학대받은 지방 출신 젊은이 쥘리앵 소렐은 야심의 괴물 이상의 존재다. 도시로 도망친 그는 자기 안에서 새롭고 절박한 성욕을 발견한다. 파리에는 도덕적 정지 신호가 없고, 외부의 금지가 없으니 소렐은 자신을 제어하지 못한다. 결국 그의 과도한 욕망은 치명적인 결과를 낳아 그 역시 쭈그러든다.

19세기의 도시 소설가들은 도시가 젊은이들의 희망을 짓누를 수 있는 방식에 열중했다. 욕구 왕성한 젊은이들이 겪는 굴욕이나 무관심을 묘사하는 발자크의 소설에는 극히 정교하다고밖에 말할 수 없는 구절들이 있다. 플로베르가 《감정 교육》에 나오는 청년들을 재앙의 영토 속으로 인도할 때 문장 리듬은 점점 빨라지고 이미지는 갈수록 다채로워지는데, 이는 소설가의 흥분을 드러낸다! 한마디로 이 소설가들은 그들이 만든 캐릭터를 짓밟는 과정에서 심미적 쾌감을 느꼈다.

이들의 걸작들과, 그보다는 덜 도착적이며 덜 성공한 소설들이 공유하는 시테에서의 문제는 독자들에게도 문제인데, 당신이 추구하는 성취는 당신이 아직 알지 못하는 사람들로부터 오기 때문이다. 따라서 가려져 있어 읽어내기 힘든 낯선 이들에게 통달해야 한다.

이런 소설들의 시대는 도시 주민들이 더 이상 거리의 낯선 이들에게 마음 편히 말을 걸지 않는 시대였다. 오늘날의 우리도 그렇기에, 그렇지 않던 시대를 상상하기가 힘들다. 하지만 18세기 중반의 파리나 런던 길거리에서 이방인들은 전혀 거리낌 없이 다가와 뭔가를 물어보고 (인간 대 인간으로) 주의를 끌려고 팔을 잡곤 했다. 커피 하우스에서 커피 한 잔을 사서 긴 테이블에 앉아 완전히 낯선 사람들과 시사 문제를 토론하며 수준 높은 시간을 보내는 것도 예사였다. 스탕달의 파리는 사람들이 거리나 카페에서 음료를 마시며 생각에 잠겨 혼자 있을 권리가 당연시되는 쪽으로 변하는 전환점이었다. 사람들은 침묵을 통해 낯선 사람들로부터 보호받기를 원하게 되었는데, 이는 지금도 그렇다. 현대 도시에서 낯선 사람들은 말이 아니라 시각적으로 연결된다.

19세기는 검은 옷의 시대였다. 당시 강조 색으로 유행하던 일본식 암적색이 아니라, 칙칙한 잿빛 옷과 모자로 휘감은 사람들이 거리에 가득했다. 그 시대는 표준 옷본에 따라 기계가 재단하여 만든 기성복이 처음 등장한 때이기도 하다. 검정색과 기성복은 합쳐져서 개인을 눈에 띄지 않게 가려주는 익명의 제복이 되었다. 그것은 카페에 혼자 앉아 자신의 음료와 생각을 음미하는 남자에게 어울리는 패션이었다. 반면 18세기 파리 및 런던의 거리는 온갖 색채의 향연이었다. 앙시앵 레짐하에서 사람들의 복장은 사회적 서열뿐 아니라 종사하는 직업의 표시였다(정육업자는 빨강과 흰색 줄무늬 스카프를 둘렀고, 약제사는 라펠에 로즈마리를 꽂았다). 요즘과 같은 균일성의 바다에서는 낯선 사람들을 그들의 옷만 보고 판독하기가 힘들다.

발자크의 소설 속 주인공과 그 소설의 구매자 모두 가려진 공적 영역을 특정한 방식으로 읽어내려 했다. 복장의 세세한 부분을 샅샅이 훑어봄으로써 낯선 사람의 캐릭터를 추론하려 한 것이다. 예를 들면 코트 소매에 달려 있지만 채워지지는 않은 단추는 신사의 표시라고 생각했다. 설사 그 코트가 상인의 것과 거의 똑같은 디자인에 똑같은 검정색이라고 할지라도. 〈인간 희극〉 전체에 걸쳐, 발자크는 우리에게 카펫의 얼룩이나 쿠션에 앉아 있는 고양이를 분석함으로써 한 가족의 역사를 유추해보기를 권한다. 독자들은 이렇듯 환경의 사소한 부분에서부터 그곳 거주자들의 성격까지 연구해나갈 수 있다. 더 넓게 보자면, 외부자는 발자크가 거리의 "인상학physiognomy"이라 부른 것을 이해할 필요가 있다. 거리 표면의 모양들이 어떻게, 왜 연결되어 있는지 같은 것을 말이다. 이런 표면의 물리적 현상이 거리의 문 뒤에 있는 낯선 이들의 삶에 대한 힌트를 담고 있다.

세세한 일에 집중하는 장인들처럼, 도시 거주자들은 시테를 이해하기 위해 그 세부를 정밀하게 분석해야 한다. 큰 그림은 크고 검고 균질하다. 복잡성의 정신적 공간은 실재의 작은 파편들을 분석하는 것으로 이루어진다. 이런 식으로 도시 '읽기'를 배우면 신참자들은 틀림없이 스트리트 스마트street-smart(책에서는 배울 수 없는 경험적이고 실용적인 지혜, 혹은 그런 지혜를 현실에서 터득한 사람 – 옮긴이)가 된다. 하지만 이런 소설들 가운데 승리로 끝나는 이야기는 거의 없다. 도시의 무정부적 경제, 정치적 불안정성, 팽창하는 영토로 인해 발자크가 "시테의 과학"이라고 부른 것에 너무 자주 오류가 발생한다. 가령 당신이 소매에 달린 단추를 보고 신사로 판단한 사람이, 실은 고급 양복을 입을 여유가 있는 일류 사기꾼일 수도 있다.

도시 소설가들의 윤리적 나침반은 촌락의 미덕과 도시의 악덕 간의 단순한 대비를 초월한다. 오히려 그들은 인간 캐릭터의 구조가 현대 도시에서 어떻게 바뀌는지를 전달하고자 했다. 사악한 파리인 두 명, 발자크의 보트랭과 그 전 세기에 라클로Laclos가 쓴《위험한 관계》의 메르테유 후작부인을 비교해보라. 메르테유 부인은 하나의 환경, 즉 귀족들의 살롱에만 속한 사람인 데 반해, 도둑이며 경찰서장이고 여자들과 소년들의 유혹자인 보트랭은 더 카멜레온 같은 인물로 소속을 확정하기가 힘든 유형이다. 그는 나타났다가 사라졌다가 다시 나타나며 계속 변화한다. 메르테유 부인은 분명 여러 모습으로 화장을 하지만, 보트랭은 다른 방식으로 복잡한 존재다. 그의 속에는 확정되거나 완결된 것이 하나도 없다. 라클로와 발자크 간의 이런 차이는 푸시킨과 도스토옙스키 사이에서도 나타난다. 푸시킨이 묘사한 궁정 생활은 놀랍도록 균형 있고 세련된 반면, 도스토옙스키의 모스크바는 전혀 다듬어지지 않은 모습이다.

도시 생활의 불안정성은 현대성 자체에 대한 가장 공감가는 정의를 만들어냈다. 그 정의는 프리드리히 엥겔스와 카를 마르크스가 유럽 전역에서 혁명적 소요가 벌어지던 1848년에 쓴 《공산당 선언》에 등장한다. "고정되고 꽁꽁 얼어붙은 모든 관계들, 그것에 따라오는 고색창연한 편견과 견해들은 사라지고, 새로이 형성된 모든 것들은 골격을 갖추기도 전에 낡은 것이 되어버린다. 견고한 것은 모두 녹아 사라지고 (…)." 그들의 선언은 두어 해 뒤 샤를 보들레르가 〈현대 생활의 화가Le Peintre de la vie moderne〉에서 불러온 구절, 현대성이란 "덧없는 것, 무상한 것, 우발적인 것"으로 이루어진다는 말과 짝을 이룬다. 그것들이 환기하는 현대성이라는 발상은 철학자 지그문트 바우만Zygmunt Bauman의 "유동하는 현대성 liquid modernity"이라는 구절로 요약되었다. 유동하는 현대성은 도시 소설가들의 글쓰기 방식에서 불확정적인 캐릭터, 그리고 세부적이고 단편적인 사항에 집중된 언어로 나타난다.[6, 7, 8]

그런 구절은 우리가 그 속에 담긴 긴장감을 알아차리지 못한다면, 그저 현대 생활을 전통의 적으로 묘사한 클리셰로 보일 수 있다. 보들레르는 현대미술을 순전히 찰나의 유동적인 것으로 규정하는 것은 오류임을 알고 있었다. 예술 역시 영원성을 목표로 하기 때문이다. 예술가는 진실로 '일시적인 것에서 영원한 것을 증류'해내야 한다. 실험실도 일상적인 것과 새로운 발견 사이에서 놀이를 벌인다. 우리도 일상생활에서 변화와 안정성 사이의 균형을 맞추고 싶어한다. 건물은 무거운 물체라는 외면할 수 없는 사실 때문에, 모든 도시 제작자들은 이런 긴장감에 대한 특별한 경험을 가지고 있다. 영원하지는 않더라도 건물은 그 자리에 오랫동안 남아 있다. 그것은 오래된 경제적, 사회적, 종교적 형태들을 해체하는 현대 생활의 신속한 변화와 어떻게 조화를 이룰 수 있을까? 견고한 빌을 유동하는 시테와 어떻게 연결할 수 있을까?

1848년에 혁명의 파도가 자그마한 독일 소도시부터 프랑스 대도시까지 유럽 전역을 휩쓸었다. 그러나 세습적 특권은 흔들리기는 했으나 무너지지 않았다. 노동조건도 혁명에 크게 영향받지 못해, 같은 해에 마르크스와 엥겔스가 집필한 《공산당 선언》에서 외친 노동자 해방이라는 희망은 몇 달 사이에 꺼져버렸다. 그러나 돌이켜보면 이 분수령 같은 해가 일반적으로는 시민사회, 특히 도시의 중요성을 일깨웠다. 1850년대에 시테에 반응하는 빌을 건설하고자 하는 위대한 도시계획가 세대가 등장했다. 그들은 시테의 모호성을 해결하려고 노력했다. 각자가 대조적인 방식으로.

빌

이 세대에서 세 인물이 두각을 나타낸다. 파리를 기동성 있는 네트워크로 개조한 오스만Haussmann남작, 바르셀로나를 위한 도시계획의 직조를 고안한 세르다, 그리고 뉴욕 센트럴파크를 설계하면서 자연환경에 건축 형태built form를 연결하는 원리들을 도출한 프레더릭 로 옴스테드Frederick Law

Olmsted가 그들이다. 내가 아는 한 이 세 도시계획가는 서로 접촉한 적이 거의 없었는데, 아마 각자의 비전이 너무나 달랐기 때문일 것이다.

엔지니어들처럼 이 세 명도 스스로 현실적인 실무형 인간이라는 가면을 뒤집어쓴 공상가였다. 그러나 엔지니어들과는 달리 이들 중 전문적인 훈련을 받은 사람은 아무도 없었다. 나폴레옹 3세는 편지 봉투 뒷면에 새로운 파리를 위한 최초의 '선견지명'을 적었다고 알려져 있다(아마 사실이 아니겠지만, 믿을 법한 일이다). 오스만 남작이 측량사들에게 의무화한 '도시 분석' 방법은, 높은 기둥에 올라가서 어떻게든 떨어지지 않고 매달린 채 새의 관점에서 거리를 보고 그린 다음, 땅에 내려와서 그렇게 그린 메모들을 비교하는 것이었다. 옴스테드는 원래 기자였다가 거의 마법에 걸린 것처럼 조경 건축가로서의 새로운 인생을 시작했다. 센트럴파크를 만들 때 식물에 대한 그의 지식은 그곳의 이용객들보다 나을 것이 없었다. 세르다는 전문 건축가였지만 도시계획은 1848년에 시작했다. 도시계획은 그의 정치적 견해의 부산물로, 그에게는 하나의 소명이었다.[9]

네트워크 19세기 전반의 파리는 이동성 면에서 최악의 도시였다. 천년의 역사 동안 도로들이 뒤틀리고 불규칙한 형태가 되었기 때문이다. 1850년 이전에 마르스 광장에서 파리 식물원까지 마차를 타고 가면 속도가 도보보다 더 느려서 두 시간가량 걸렸다. 오스만 남작은 20년 동안 그 도시를 곧게 폈다. 그는 북에서 남으로, 동에서 서로 도시를 가로지르는 세 개의 대로boulevard 네트워크를 설치해 각 부분들에 교통 시스템을 결합시켰다. 이 도로 배치 작업에는 정치적 함의가 가득했다.

세 번의 혁명—1789~1794년, 1830년, 1848년—은 나폴레옹 3세가 1850년대에 오스만을 도시계획 책임자로 임명하기 전에 일어났다. 두 번째와 세 번째 혁명에서 시위자들은 그렇게 뒤틀린 도로를 활용하여 바리케이드를 쌓아 군인이나 경찰의 진입을 저지했다. 당시 바리케이드 쌓기는 아주 쉬웠다. 의자나 상자 같은 가벼운 물건들을 도로에 가로질러 놓고, 그 위에 더 무거운 장롱이나 탁자를 쌓은 다음, 마차나 정말 무거운 물건들을 맨 위에 쌓았다. 포탄이 바리케이드에 맞으면 이런 무거운 물건들이 산산조각으로 사방에 흩어지는 것이 아니라 폭삭 내려앉았다. 그래서 진입로는 막힌 상태를 유지할 수 있었다.

도로 배치 작업을 하면서, 오스만은 바리케이드를 쌓기 힘들게 만들었다. 현재 세바스토폴 대로라 불리는 길을 낼 때 그는 엔지니어들에게 너비와 직선거리를 계산하라고 했다. 폭동 시 말이 끄는 대포 두 대가 나란히 대로를 따라 내려가면서 양편에 줄지어 선 주택들 뒤쪽으로 포탄을 날릴 수 있게 하려는 것이었다. 이

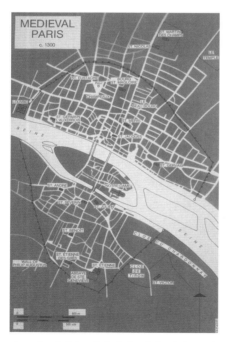

오스만 남작은 바잘젯에 비해 지하 도시에는 관심을 훨씬 덜 기울이면서, 위로부터 파리를 개조했다.

짓기와 거주하기

바리케이드는 정치적 위협 요소였다. 오스만은 폭넓은 대로를 건설하여, 폭동 시 마차가 끄는 대포 두 대가 그 길을 따라 내려가면서 양편으로 포격할 수 있게 했다.

것은 토목공학과 공병학의 관계에서 변환점이 되었다. 전통적으로는 도시 외곽을 보강하는 것이 중요했다. 그래서 적의 침입에 대비하는 중세 도시 성벽은 최대한 두껍게 지어졌다. 르네상스 시대의 성벽은 팔마노바를 위한 빈첸초 스카모치Vincenzo Scamozzi의 제안처럼, 성벽 위로 날아온 포탄이 성 안의 중요 목표물을 맞히지 못하도록 좀 더 신중하게 설계되었다. 그렇기는 해도 계획가들은 성 외곽과 성문 경비에 초점을 맞추었다. 이에 반해 오스만의 잠재적 적은 성문 안에 이미 들어와 있었다.

　하지만 그의 계획을 경찰국가에 대한 봉사로 축소시킨다면 그 특정한 성격을 제대로 설명하지 못한다. 도시가 혁명으로부터 안전해지자 그는 더 긍정적인 사회적 목적에 부합하는 대로 네트워크—더 작은 길들이 쏟아져 나오는─를 만들었다. 튈르리를 대표로 하는 도시 중앙의 정원들은 이제 도시 전역의 시민들에게 개방되었다. 그는 도시 서쪽 가장자리에 새로 만들어진 부르주아 구역 근처의 불로뉴 숲은 물론 북동쪽과 남동쪽에 사는 노동자들을 위한 뷔트쇼몽 숲과 뱅센 숲을 공들여 다듬었다.

대로들이 제대로 설치되자 오스만은 파리의 새 중산층에게 공급될 주택들을 대로변에 배치했다. 그들은 바리케이트를 쌓으려고 자기 소유물을 창문 밖으로 내던질 부류는 아니었기 때문이다. 오스만의 주거용 건물은 과거에도 있었던 요소와 변칙적인 요소가 혼합되어 있었다. 1층에는 그 지역의 토박이 상점과 작업장이 있고 부자들이 그다음 층을 차지하는 것, 여기까지가 옛날식 패턴이다. 오스만은 그 위의 더 높은 층들을 체계적으로 분류하여, 계단을 통해 한 층씩 올라갈수록 존경받을 자격은 있지만 덜 부유한 세입자들을 만나게 되고 하인들은 다락방에 숨겨지는 구조를 만들었다. 대중소설가 앙리 뮈르제Henri Murger가 지은 소설을 기초로 한《라보엠》의 매혹적인 이미지와는 달리 예술가들이 다락방에 사는 일은 드물었고, 대개 몽마르트르 같은 외곽의 판잣집에서 살았다. 엄청난 수의 도시 노동자들도 대로변 주택들 뒤에 있는, 전혀 개선되지 않은 더러운 구역에 숨겨졌다. 새로운 도시의 경제적 생태계는 무도회 드레스 안쪽의 더러운 속옷과 닮아 있었다.

그렇기는 해도 많은 이유로 오스만은 프랑스 전역에서, 심지어 일부 노동계급에게도 인기 있는 인물이었다. 절약 정신이라고는 없는 그는 세세한 계획 같은 것은 만들지 말자는 구호를 가슴에 새기고, 지킬 수 없는 약속을 하며 거액을 빌렸다. 15년간의 개발 사업으로 파

짓기와 거주하기

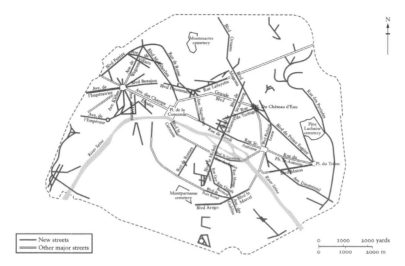

오스만의 운송 해결책은 파리를 세 개의 대로 네트워크로 나눈 것이었다.

오스만식 도로에서 사람들은 사교적으로 어울렸고, 효율적으로 돌아다니기도 했다. 이것은 탄압의 대가로 얻어진 진보일까?

리를 파산시킨 그는, 그를 추적하던 회계사들에 의해 1869년 몰락했다. 새 대로변의 큰 카페들은 신속하게 오스만의 원래 계획과는 반대 방향인 행복한 형태로 변신했다. 배타적인 장소가 아니라 모든 파리인을 위한 대중적 장소가 된 것이다.[10]

오스만의 대로 카페를 차지한 군중들은 부르주아들이 한때 두려워했던 위협적인 부류가 아니었다. 1900년경 거의 모든 카페 공간을 차지한 것은 주막이나 식당에 놓여 있던 큰 공용 테이블이 아니라 작은 1, 2인용 원형 테이블 혹은 사교 만찬에 쓰는 3, 4인용 테이블이었다. 앞에서 지적했듯이 현대 도시의 공공장소에는 낯선 이들로부터 개인을 보호해주는 침묵의 베일이 드리워져 있었고, 작은 카페 테이블은 이런 보호를 위한 가구였다(카페 드라페는 "당신과 당신의 친구만을 위한 테이블"이라고 새 가구를 광고했다). 이 대중 속의 고독은 대중교통에서도 나타났다. 오스만이 대로 네트워크를 따라 운행하도록 한 트램과 버스에 빽빽하게 들어찬 사람들은 대중 속에서 혼자서 조용히 움직였다. 반면에 앙시앵레짐 시대의 마차 승객들은 술집에 있을 때와 똑같이 마차에서도 내내 수다를 떨어댔다.[11]

오스만의 파리는 대중으로부터 광범위한 지지를 받았는데, 대로 네트워크 덕분에 이전보다 더 이동이 편해졌기 때문만은 아니었다. 대로는 사람들을 끌어들이는 구경거리로서의 성격을 얻었다. 비록 구경꾼으로서 각자 따로 좌석에 앉아 있더라도 말이다. 후에 에펠탑이 건설되면서, 빌의 디자인은 실용주의적 용도 이상의 것이 되었다. 거리에서 전시되는 것이 삶의 윤리적 판단을 대체하게 된 것이다.

오스만의 건축가들은 대로 건물들의 외면에 정교한 장식이 달린 창문틀을 부착해 각 층들이 구분되게 했는데, 이는 18세기 건축물들

짓기와 거주하기

이 사치스러움을 표출하던 방식과 정반대였다. 그때는 정교한 장식이 건축물 내부에 숨겨졌고, 금지된 것은 아니었지만 외부는 장식이 없었다. 센강 우안 구역에 있는, 발자크를 매혹시켰던 나폴레옹 시대의 건물들은 내부 전시와 외부 전시 사이에서 중재되어 곡선의 상인방과 문틀이 건물 안의 부를 암시했다. 하지만 오스만에게는 건물의 외부 얼굴이 그 자체로 연극적 사건이 되었다.

네트워크화된 도시는 새로운 종류의 상업인, 커다란 대로변에 위치한 대형 백화점이 합쳐진 복합체였다. 부분적으로 이 상업의 관건은 새로 창조된 건축 형태, 즉 판유리 창문에 달려 있었다. 유리는 중세 후반까지도 너무나 비싸서 건축 재료로 거의 활용되지 않다가, 점차 쉽게 주조될 수 있는 작은 판유리 형태로 널리 쓰이게 되었다. 큰 판유리는 1840년대에 프랑스와 네덜란드에서 처음 생산되었는데, 녹은 유리를 펴주는 무거운 열 롤러의 발명 덕이 컸다. 식은 판유리는 전통적인 목제 틀보다 유리를 더 단단히 고정시켜주는 철제 틀에 끼워졌다.

무대 세트처럼 뒷면과 옆면에 틀을 씌워 건물 1층에 설치되는 대형 판유리 진열창은 내부의 상품을 전시하는 백화점의 DNA가 되었다. 교통망이 발달하여 파리 전역의 사람들이 도심으로 와서 백화점을 구경할 수 있었다. 그 큰 진열창은 사람들을 끌어들여 그 앞에 발을 멈추고 바라보게 만들었다. 이 상업적 극장은 냄비를 여러 종이 아니라 한두 종만 전시하되, 그 일상적인 물건을 중국에서 수입된 귀중한 도자기 접시, 영국 식민지에서 온 차 한 상자, 혹은 이탈리아에서 온 커다란 파머잔 치즈와 함께 배치했다. 이런 유혹적인 발상, 예상치 못했던 것들과의 연계에 의해 광채가 더해져 냄비는 실용성의 영역을 넘어서게 된다. 마르크스가 "상품 물신주의"라 부른 것이 이런 연계의 혼합체로, 백화점의 대형 판유리 진열창은 그것이 유형화되는 장소였다. 상품들의 극장은 그것들의 가치에 대한 냉철한 평가를 약화시켰다.

이런 극적 전시 측면에서 백화점과 대조를 이루는 것이 아케이드이다. 아케이드는 큰 도로라는 직조물 속에 새겨진, 유리 지붕 덮인 통로로, 그 안에 작은 상점들이 들어차 있었다. 나폴레옹 전쟁이 끝난 뒤 파리는 이런 전천후 상업적 혈관의 정교한 네트워크를 발전시키기 시작했다. 아케이드 상점들은 거의 모두 전문점이어서, 그 진열창을 채운 상품들은 백화점의 혼란스러운 자극과는 다른 소유욕을 불러일으켰다. 건물들 사이의 벽과 통로는 시간이 흐르면서 점차 직선화되어 이제는 그것들도 시내의 대로 혹은 대로 네트워크처럼 보이지만, 이것은 회고로 인한 착각이다. 원래 아케이드는 기존 건물들 사이를 철제 프레임의 유리판으로 연결한 것이었다. 대규모의 신속한 대중교통은 백화점을 먹여 살렸고, 시내의 아케이드를 먹여 살리는 것은 보행자들이었다. 그것은 성장 속도가 느렸고, 규모도 작았다. 오스만은 미리 계획된 곳이 아니라 대충 꿰맞춰진 곳이라는 이유로 아케이드를 싫어했다. 그의 견해에 따르면, 크고 복잡하고 걸핏하면 방향감각을 흐트러뜨리는 도시와 사람들을 이어주는 현대적 네트워크는 일관되고 명료해야 했다.

백화점과 아케이드 사이의 이러한 대조는 오스만이 남긴 가장 강력한 유산이 무엇인지 알려준다.

장소와 공간 일반 명제로 표현하자면, 사람들은 공간 속을 움직이며

한 장소에 거주한다. 오스만적 도시는 장소보다 공간을 우선시했다. 그 수송 네트워크는 사람들을 공간적으로 연결시켰지만 그들의 장소에 대한 경험은 축소시켰다. 공간과 장소의 차이는 사람들이 도시에서 움직이는 속도로 인해 생긴다. 인간의 생리는 이 둘을 구분한다. 당신이 더 빨리 움직일수록 주변 환경 요소에 대한 인식은 줄어든다. 시속 60킬로미터로 운전하다가 유혹적인 상점 쇼윈도나 섹시한 보행자로 인해 주의가 산만해진다면, 충돌 사고가 날 수 있다. 속도가 증가하면 신체가 앞으로 기울어지므로 당신은 앞을 똑바로 바라보아야 하며, 그럴 때는 충돌하거나 방해할 가능성이 있는 것만 주변 시야에 들어온다. 사람들은 자동차를 타고 빠른 속도로 이동할 때보다 도보로 움직일 때 훨씬 더 많은 경계역적liminal 시각 정보(지각될 듯 말 듯한 한계선상의 정보 – 옮긴이)를 받아들인다. 어떤 평가에 따르면 자동차로 이동할 때 측면에서 들어오는 시각 정보의 처리량은 도보 이동 때의 50~55퍼센트에 불과하다고 한다.[12]

도보 때의 움직임은 문제가 되지 않는다. 걸어다닐 때 우리 대부분은 에드가르 드가Edgar Degas처럼 즐거운 반응을 한다. 드가는 친구인 앙리 루아르Henri Rouart에게 이렇게 썼다. "시내에 있으면 나쁘지 않아. (…) 모든 걸 바라보게 되지. 작은 배, 큰 배, 물에서든 땅에서든 끊임없이 움직이는 사람들. 사물과 사람의 움직임은 주의를 분산시키기도 하고 위로해주기도 하니 (…)." 이것이 만보객의 즐거움이었다. 돌아다니는 것은 맨체스터에서 엥겔스가 배운 것과 같은 1인칭 정보를 제공한다. 마차보다 더 빨리 움직이는 트램으로 이동하게 되자, 파리인들은 순전한 속도 추구의 문제점을 느끼기 시작했다. 교외로 연결되는 증기기관차를 타고 갈 때도 마찬가지였다. 1880년대에 만들어진 어느 시내 가이드북에는 이렇게 쓰여 있었다. "우리는 (세바스토폴이라 이름 붙은 대로의) 어디에 있는가? 너무나 빨리 움직여서 모든 게 똑같아 보인다." 이것이 후대의 자동차 교통 문제의 시초다. 빠른 속도로 지나가는 자동차는 장소들의 성격을 지우고, 환경에 대한 지각을 녹여 없앤다.13

새로운 불안이 파리인들을 엄습했다. 1870년대 후반부터 1880년대 초반에, 교통 체증으로 인한 운전자 불만이 보고되기 시작했다. 느린 움직임이 정상이던 시절에는 길이 막히더라도 불안은 적었다. 비비 꼬인 구시가지 도로의 교통 정체를 당연한 기정사실로 받아들였기 때문이다. 그러나 이후로 교통 정체는 도시가 제대로 작동하고 있지 않다는 신호로 해석되었고, 길이 막혔다는 불안감이 고조되어 분노를 유발하곤 했다. 대중 속에서 신체적 접촉 없이 자유롭게 움직이고 싶은―그리고 교통 정체에 갇히고 싶지 않은―욕구가 자연스럽고 당연한 것 같지만, 그것은 역사적으로 구축된 감수성이다. 우리에 비하면 선조들은 훨씬 느긋했다. 그들은 지금 같으면 슬로푸드라 불릴 것을 먹고 살았고, 도시 속에서 느리게 움직이는 것을 당연하게 받아들였으며, 이를 도시가 '완전한 정지 상태'가 되었다고 생각하지는 않았다.

오스만은 대로 네트워크를 통한 쉽고 자유로운 이동성을 '좋은 도시'에 대한 정의의 핵심에 두었다. 이런 자유로운 흐름에 대한 강조는 20세기 도시계획가들의 지침이 되었고, 뉴욕 고속도로 네트워크의 건설자 로버트 모지스에게도 이동성이 최우선 과제였다. 오늘날 전력 투구하며 성장하는 베이징 같은 도시의 계획가들도 오스만의 그림자를 벗어나지 못해 고속도로에 엄청난 돈을 쏟아붓는다. 도로―속도의 경험이 '빠른 것은 자유, 느린 것은 부자유'라는 특정한 버전의 현대성을 정의한다. 원하는 곳이 어디든 언제나 최대한 빠른 속도로 이동해야 한다는 공식은 거주지에 대한 본능적 감각을 축소시킨다. 당신은 그저 지나치고 있을 뿐이다. 이 점에서 오스만의 유산은 심술궂다. 네트워크화된 빌은 시테를 축소시켰다.

직조 일데폰스 세르다는 기술자 출신이지만 보다 인간 지향적인 도시계획가였다. 그가 살던 시절의 바르셀로나는 카탈루냐 경계 너머의 합스부르크-스페인의 어둠과 대비되는, 합리적 진보적 계몽주의 사상을 가진 강력한 전문가 계층을 보유하고 있었다. 지중해를 둘러싸고 있는 다른 항구 도시들처럼 그곳은 여러 민족과 종교의 국제적 혼합체였다. 세르다는 이런 구성 요소들을 녹여 19세기 중반 서유럽 일부에서 번성한 일종의 협력적 사회주의cooperative socialism를 주조해 냈다. 그것은 실패한 1848년식 계급 갈등을 도발하기보다는, 옛날 아리스토텔레스적 모델을 상기시켜 도시 속 집단들의 통합을 목표로 했다.

세르다가 젊은 시절 알고 있던 바르셀로나는 전염병이 설치던 1830년대의 파리만큼이나 건강하지 못한 도시였다. 1850년대 이전에는 대도시에서 병자들을 격리하지 못했다. 19세기 중반, 인구 전체의 위생 상태를 개선해야 전염병을 해결할 수 있다는 사실이 자명해졌다. 현대 바르셀로나 도시계획가 호안 부스케트스Joan Busquets는 이렇게 말했다. "위생적이고 기능적인 도시라는 개념은 세르다에 따르면 그곳의 모든 거주자가 평등해질 수 있는 여건을 만들어낸다." 지금 우리에게는 자명해 보이는 이 전제는 오스만이 파리를 선별적으로 개발할 때는 등장하지 않았고, 런던의 바잘젯 같은 엔지니어들도 위생 문제를 불평등과 싸우는 도구로 생각하지 않았다.[14]

도시계획가로서 세르다는 세르다 격자Cerdian grid의 설계자로 알려져 있다. 또 그의 업적을 헤아리려면 도시라는 '직조fabric' 즉 도시를 하나의 전체로 엮어 짜는 것을 목표로 하는 계획에 대한 일반적인 이야기가 나와야 한다. 그의 계획을 이해하기 위해 우리는 이 '직조'가 암시하는 바를 분석해야 한다.

직조fabric, 결grain, 재질texture, 매듭knot. 베짜기에서 가져온 이 네 단어는 도시계획의 성격을 넓은 시야로 그러면서도 특정한 지점과 장소에 따라 묘사한다. '직조'란 설계의 날실과 씨실, 즉 건물과 거리와 열린 공간을 서로 엮음으로써 창조되는 패턴을 뜻한다. '결'이란 그 패턴의 복잡성, 거리의 너비, 내부와 외부의 관계, 건물의 스카이라인 높이 같은 것으로 생각할 수 있다. '재질'은 때로는 '결'과 호환적으로 쓰이지만, 더 특정적으로 말하면 여러 용도의 혼합, 그리고 계획에서의 공식적 활동과 비공식적 활동의 관계를 가리킨다. '매듭'은 계획 속에 있는 장소들을 가리키는, 내가 만든 용어다. 베짜기에서 매듭은 실들을 한데 묶는 것이지만, 울퉁불퉁하거나 큰 매듭은 직물의 부드러운 표면에 악센트를 줄 수도 있다. 그러므로 도심의 작은 길모퉁이 공원에 설치된 조각상이나 분수대 등 그 자체로 뚜렷한 성격을 가진 것은 모두 도시의 매듭이 될 수 있다.

도시의 직조는 세 가지 형태로 나타난다. 첫 번째는 고대 로마의 도시들을 형성한 직교 격자다. 로마인들은 새 도시를 세울 때 직교하는 주요 도로(동서 간 도로 데쿠마누스decumanus와 남북 간 도로 카르도cardo)를 만들고 그 교차로를 중심으로 주요 기관들을 배치했다. 그

짓기와 거주하기

런 다음 각 사분면을 동일한 직교 방식으로 재차 분할하여 더 국지적인 교차 중심부를 만들고, 또다시 같은 방식으로 더 하위의 동네들을 만들었다. 이후 런던에서부터 예루살렘에 이르기까지 새로운 버전의 로마식 격자 계획이 시행되었다. 서구 밖의 마야인과 아즈텍인도 이와 동일한 설계를 사용했다. 직교 격자는 베를 짤 줄 아는 어떤 문화에서든 이해될 수 있었다.[15]

두 번째 직조는 마당들이 한데 연결되어 세포 도시cellular city가 창건될 때 나타난다. 이 형태도 전 세계에 알려져 있고, 아마 도시가 처음 형성될 때부터 있었던 것 같다. 기본적으로, 건물은 담 안에 세워지기에 바깥 거리보다는 안쪽 마당이 개발의 초점이 된다. 세포 직조는 만들어지는 과정에서 변화가 많이 생기는 편이다. 베이징 난뤄구샹南鑼鼓港 구역이나 사나(예멘의 수도 – 옮긴이)의 아랍식 구시가지는 담 안쪽 마당들이 다양한 규모와 형태로 짜나간 알록달록한 태피스트리로 이루어져 있다. 마당은 대부분 가족들이 차지하지만 보다 공적인 장소인 시장과 상점가, 그리고 노출되지 않는 은밀한 영역으로 존재하는 교회와 모스크와 유대교회당을 수용할 수도 있다.

세 번째 직조는 추가 격자다. 이것이 바르셀로나를 위한 세르다의 계획이었다. 이 계획에서는 로마에 있는 직교 형태의 중심 방향축은 없고, 균등한 크기의 블록들이 체계적으로 반복된다. 세르다는 이런 블록들이 바르셀로나 평원 전체로 확장되어 구시가지를 감싸 안고, 외곽은 개방되는 형태를 구상했다. 블록을 계속 추가한다는 그의 발상은 1860년대에 지중해 해안을 따라 새로 형성된 에익삼플레Eixample 지역에서 실현되기 시작했다. 세르다가 1859년에 작성한 바르셀로나 계획안에는 격자만 단조롭게 반복되는 것이 아니라 초점이 되는 몇 군데 지점들이 있었다. 한 군데에 집중된 형태가 아니라 고른 직물에 꿰맨 진주알들처럼 도시 전역에 분포된 녹지였다.[16]

오늘날 멕시코시티처럼 다수의 이주자로 인해 인구가 넘치게 된 도시들은 추가 격자를 선호하는데, 주택을 빠르게 보급할 수 있기 때문이다. 세포 격자는 느리게 만들어지고, 로마식 직교 격자는 바리오barrio(스페인 빈민촌 – 옮긴이)나 기타 비공식적 취락에는 누락된 전체적인 계획 통제를 요구한다. 건축 형태 기준으로 보면 고층 빌딩은 수직적인 추가 격자로, 각 층은 같은 형태로 반복된다. 거의 무에서 건설된 오늘날의 중국 도시들에서 표준 주택 건물은 18~34층이며, 지구 남부와 북부 모두에서 상업적 건물의 표준은 40~60층이다. 얼마 지나지 않아 더 높이 짓는 것이 비용 대비 고효율 건설 방식이 될 것이다. 수직적 격자의 외피 안에서 내부의 지지 기둥은 점점 더 적어지고 공용 공간, 그러니까 화장실과 엘리베이터가 각 층의 접속점이 된다.

세 가지 격자 형태 각각은 특정한 권력의 공간, 혹은 권력에 대한 저항의 공간이 된다. 로마의 지배를 받은 격자는 각각의 세분된 공간에서 정치권력을 재생산했다. 세포 격자는 종종 약자에게, 가령 고대 예루살렘의 기독교도나 마오쩌둥 집권 초기의 상하이 주민에게 권력 당국이 침투하기 힘든 비밀 공간이 되어주었다. 추가 격자는 현대에 들어 자본주의 권력의 도구 노릇을 하고 있다. 루이스 멈퍼드Lewis Mumford는 그리니치빌리지 위쪽에 똑같은 규격의 블록들이 반복된 1811년 뉴욕 계획안이 "개별 필지와 블록, 스트리트와 애비뉴를 역사적 용도나 지형적 조건, 또는 사회적 요구에 대한 고려 없이 매매를 위한 추상적 단위로만 다룬 것"이라고 단언했다.[17]

이 세 형태 가운데 두 가지는 사회적 삶을 수용한다. 수많은 활동이 벌어지는 야외 공유 공간인 마당으로 이루어진 세포 격자는 확실히 그렇다. 로마식 격자 역시 교차로에 활동이 집중된다는 점에서 사회적 삶에 초점을 맞추었다. 문제는 추가 격자다. 그것을 어떻게 사회적으로 만들까? 직물에 비유하여 말하자면, 그것을 어떻게 우둘투둘하게 만들까?

이것이 세르다가 바르셀로나에서 해결하려 했던 문제다. 그의 격자 계획은 건축가 안토니 로비라 이 트리아스Antoni Rovira i Trias의 제안을 본보기로 삼아 1860년에 진행되었다. 이 계획은 그 중세의 중심지로부터 동심원 형태로 도시를 서서히 확장시키는 것이었다. 처음에는 32블록에 해당하는 것이었지만 나중에는 규모가 훨씬 커져 그 도시의 법적 경계 바깥의 엄청나게 넓은 공터까지 포함시키려 했다. 도시계획가 에릭 펄리Eric Firley와 카롤리네 슈탈Caroline Stahl은 이에 대해 이렇게 지적했다. "그는 사실상 무제한적인 토지 공급으로 지가를 낮춰 빈민들이 감당할 만한 주거지를 제공하고자 했다."18

세르다는 네덜란드 모델이라 불리는 혼합형 주택을 꿈꾸었다. 그것은 같은 건물에 상이한 사회적 계급들이 시각적으로 구별되지 않으면서 공존할 수 있는 아파트였다. 예를 들어 4-C호의 초인종을 누를 때 그 안에 사는 사람이 얼마나 부자인지 알 방도가 없다. 따라서 부자는 정문으로 들어가고 빈자는 옆문이나 뒷문으로 들어가는, 오늘날의 뉴욕 혼합형 주택의 전형적 특징인 '빈민용 문'도 없는 형태였다. 이런 세르다의 의도는 높은 층으로 올라갈수록 점점 더 가난한 세입자가 산다는 것이 드러나는 오스만식 건물과 첨예하게 대립했다.

세르다는 이런 의도를 어떻게 빌 계획의 언어로 바꾸었을까? 그의 격자 형태에 있는 각각의 블록은 서로 마주보는 큰 구두 상자 같

바르셀로나에서 일데폰스 세르다는 오스만과 달리 공용 공간보다는 건물에 초점을 맞추었다. 주거 블록은 합쳐져서 거리의 기하학적 패턴을 형성했다.

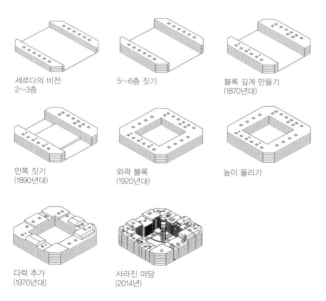

세르다의 비전
2~3층

5~6층 짓기

블록 깊게 만들기
(1870년대)

안쪽 짓기
(1890년대)

외곽 블록
(1920년대)

높이 올리기

다락 추가
(1970년대)

사라진 마당
(2014년)

세르다의 블록이 시간의 흐름에 따라 채워진 방식.

은 건물 둘로 구성되며 그 중간에 큰 열린 공간이 있다. 이 중간 마당intervalo은 각 블록 대지 면적의 적어도 50퍼센트는 차지하므로, 빛과 바람이 그 사이에서 많이 순환할 수 있었다. 계획이 발전하면서 마주보는 이 구두 상자 두 개의 측면들이 연결되어 커다란 안마당을 가진, 전문 용어로 하면 '외곽 블록perimeter block'이 만들어졌다. 4면이 모두 균등한 외곽 블록은 양익이 딸린 본관과 앞쪽에 입구 벽이 있는 궁정과는 다르다. 세르다는 중간 마당을 외곽으로 이동시키라는 강요를 받았다. 그렇게 넓은 열린 공간은 빈민들이 누릴 수 없는 사치로 여겨졌기 때문이다. 바르셀로나 외곽의 노동자 주택 지역 라 바르셀로네타의 거의 모든 필지가 1900년까지 많은 건물에 점령당한 것도 같은 이유에서였다. 세르다의 원래 계획은 공기와 빛과 공간에 대한 노동자의 권리를 선언하는 것이었다.

세르다는 1851년 런던 수정궁에서 열린 만국박람회에서 전시된 진보한 위생 시설에 보조를 맞추기 위해 물 관련 사회 기반시설에 깊은 관심을 쏟았다. 특히 엔지니어이자 발명가인 조지 제닝스George Jennings가 고안한 효율적인 수세식 화장실 원리를 지하의 하수구 시스템에 적용하고자 했다.[19]

추가 격자가 발생시키는 사교적 공간 부족 문제는 의도적인 해결책이 아니라 블록의 진화 과정에서 해결되었다. 세르다는 차량이 부드럽게 회전할 수 있도록 블록의 모퉁이를 둥글게 깎았다. 목수가 테이블 다리의 모서리를 매끈하게 깎아내듯이. 사소해 보이지만 이것은 사회적으로 큰 영향을 가져왔다. 그곳이 바로 세르다의 빌 속에서 생성된 시테였기 때문이다.

변화는 1860년대 이전에는 열려 있던 블록의 4면을 건물들이 에워싸 중간 마당을 가두면서 시작되었다. 둥글게 깎인 모퉁이는 가두어진 중간 마당을 대신해 사람들이 모일 수 있는 새롭고 수용 능력이 뛰어난 장소로 태어났다. 이 장소는 사람들을 끌어들이면서도 차량을 배척하지 않아 교통, 주차, 음주, 빈둥대기가 모두 여기서 이루어졌다. 오늘날의 바르셀로나에서도 이런 장소가 눈에 잘 띈다.

그렇게 하여 공간이 장소로 변했다. 오스만식 대로의 카페와 세르다식 격자의 모퉁이가 만나 형성된 팔각 공간에 위치한 카페는 규모만으로도 구분되었다. 파리의 대로 카페가 훨씬 컸고, 그래서 고객 가운데 지역 주민의 비중이 적었다. 모퉁이는 사람들이 모여 있어 통행을 방해하기에 대로보다 교통 속도가 느리다. 오스만적 의미에서 스펙터클한 공간이 아니라는 말이다. 그래서 그곳은 도시 이곳저곳에서 온 낯선 사람들이 모이는 곳이 아니라 동네 사람들의 생활 공간이 되었다.

단일경작 세르다의 유산은 여러 면에서 감탄할 만하다. 그는 모두를 위한 도시를 건설할 방법을 찾았고, 격자는 평등성과 사회성의 공간 역할을 했다. 하지만 세르다의 빌에는 위험 요소도 있다. 추가 격자가 단일경작의 성격이 있기 때문이다. 단일경작의 위험성은 농업에서 뚜렷이 나타난다. 그 방식을 쓰면 지력이 소진되고 각종 병충해의 피해를 입는다. 반면 다양한 생물종을 기르는 밭은 건강하며 회복력이 크다. 생물종 다양성이라는 논리는 도시 환경에도 적용된다. 규모가 끝없이 확장되는, 추가 가능한 균일한 부분들로 이루어진 계획은 사회적 경제적 취약점이 된다. 한 블록이 퇴락하기 시작하면 형태가 완전히 똑같은 다른 블록들도 그 영향에 굴복하지 않을 이유가 없기 때문이다.

세르다식 발상의 취약점은 상업적 부동산에서 극적으로 나타난다. 런던의 카나리워프Canary Wharf와 같이 똑같은 모양의 건물들이 모여 있는 곳은 흥망성쇠의 주기에 굴복한다. 한 건물의 평가액이 낮아질 경우, 비슷한 구조의 다른 건물들도 같은 평가를 받기 때문이다. 주택 분석가 앤 파워Anne Power가 입증했듯이, 단일경작은 영국의 공영 주택단지에서 볼 수 있는 사회적 결과를 낳는다. 한 건물에서 시작된 문제—이웃과의 갈등이나 마약 하는 아이들 등—는 전염병처럼 빠른 속도로 확산되는 것이다. 그 단지의 다른 건물들도 사교적인 면이나 물리적인 면에서 다르지 않기 때문이다. 빈민을 위해 조성된 세르다식 외곽 블록에서 발생한 특이한 질병은 환기 불량이 원인이었다. 다른 시설이 들어서서 마당이 사라졌기 때문이다. 모스크바, 빈, 런던 등 세계 각지의 도시 외곽 주택단지도 모두 그러하다.[20]

세르다의 선지적 작업은 본인의 의도와 다른 결과를 낳았다는 점에서 비극이다. 그의 목표는 빌을 평등하게 만들어 시테를 평등화하는 것이었다. 비극의 치유법이 무엇인지는 불을 보듯 분명하다. 같은 환경에 서로 다른 건물들과 사람들과 활동들을 심어야 한다. 시각적으로 무질서하게 보일지 몰라도, 길게 보면 이런 방식의 회복력이 더 크다. 열린 사고open-system thinking는 바로 이런 식으로 혼합하라고 조언한다. 그래야 전체가 부분들의 총합보다 더 커진다. 다른 말로 하면, 그런 직조물은 쉽게 찢어지지 않는다. 그렇다면, 더 강한 도시 직조는 어떻게 건설해야 할까? 도시계획 1세대의 세 번째 거인은 자연이 그 답을 준다고 생각했다.

풍경 알렉시 드 토크빌Alexis de Tocqueville이 처음 미국에 온 1831년에 외국인이 뉴욕으로 가는 일반적인 방법은, 남쪽에서 배를 타고 들어가는 것이었다. 그 항로를 따라가다보면 눈앞에 난데없이 돛대의 숲이 펼쳐지고, 그 뒤에 사무실 건물, 주택, 학교가 늘어선 광경이 보인다. 이 신세계적 풍경은 상업이 번성한 유럽의 앤트워프나 템스강변 하류 지역과 유사해 보였다. 토크빌은 그 방향이 아니라 북쪽으로부터 뉴욕 해안으로 접근했다. 그가 1831년 5월 11일에 처음 본 맨해튼은 아직 개발되지 않은 농경지들이 흩어져 있는, 목가적인 상류 지역이었다. 그가 그 도시에 흥분한 것은 거의 원초적인 자연 풍경 한복판에서 갑자기 대도시가 펼쳐졌기 때문이다. 이 더럽혀지지 않은 풍경—유럽은 오래되고 복잡한데 미국은 새롭고 단순했다—속에 뿌리내릴 수 있다는 상상을 품고 이곳에 온 유럽인들의 열광을 그도 느꼈다.

그러나 그 열광의 발작이 지나가자, 뉴욕은 그를 언짢게 만들기 시작했다. 아무도 그 도시의 자연환경이나 건물에 관심을 갖지 않았고, 스스로에게도 관심 없는 사람들이 사무실과 식당과 상점 사이를 분주하게 오가고 있었다. 미국 여행 내내 토크빌은 미국 정착촌의 경박한 성격에 놀랐다. 지속적이거나 영구적이도록 만들어진 것은 하나도 없었다. 미국식 '신인간new man'은 너무 투지가 넘쳐 한 곳에 정착할 수 없었고, '계속 움직이는 것'이 프런티어 정신이었다.

뉴욕은 미국에서 가장 오래된 도시 가운데 하나였지만, 도시계획가들은 그곳을 개척지처럼 다루었다. 1811년에 그들은 인구가 밀집한 정착지의 가장자리인 커널 가에서 155번가까지, 맨해튼에 추가 격자를 도입했다. 1868년에는 그 섬의 끝부분, 그리고 브루클린 동쪽에서

구 부두까지 격자를 확장하는 제2단계를 제안했다. 개척지의 정착민들은 두려움 때문이든 편견 때문이든 인디언들을 같은 인간이 아니라 풍경 속의 짐승으로 취급했다. 개척지는 문명이 전혀 없는, 새로 채워져야 하는 진공이었다. 계획가들은 뉴욕의 기존 풍경에 적응할 수 없었다. 그래서 언덕을 더 잘 활용할 수 있고 변덕스러운 맨해튼 지하수면에 더 적합한 거리 배치 방식이 있음에도 불구하고, 융통성 없는 격자 방식의 개발을 시행했다. 그 과정에서 농장이나 동네가 무자비하게 파괴되었다.

1850년대 세대의 세 번째 거인인 미국인 프레더릭 로 옴스테드는 이 파괴성을 문제 삼으며 도시 내 자연이 갖는 사회적 가치를 강력히 주장했다. 그는 기술로 무장한 세르다보다 오스만과 유사한 인물이었다. 부유한 뉴잉글랜드 가문의 상속자인 그는 농학과 문학을 전공했으며, 성인이 된 뒤에는 기자로 입지를 굳혔다. 그러다가 리버풀 여행서를 쓴 것이 젊은 옴스테드에게 인생의 전환점이 되었다. 리버풀에 대한 그의 묘사는 맨체스터에 대한 엥겔스의 비판과 공명했지만, 아직 젊었던 그는 확신만 있고 무슨 일을 해야 할지는 알지 못했다.

리버풀은 그가 방문할 무렵에는 없어진, 영국 노예무역의 거점 중 하나였다. 그 도시의 역사를 살피며 그는 자기 모국의 인종적 노예제에 대한 문제의식을 날카롭게 벼렸다(당시는 남북전쟁 전이라 미국의 노예제는 건재했다). 리버풀에서 돌아온 그는 미국의 주들을 여행하면서, 지금 봐도 여전히 감동적인 묘사를 담은 글을 썼다. 그가 볼 때, 남부의 인종적 노예제는 끔찍한 아이러니를 만들어냈다. 노예들은 주인의 매질을 견디며 절제와 인내심을 키우고 서로를 은밀히 지원했다. 반면, 일은 않고 채찍질만 하는 백인들에게 노예제는 소모적

프레더릭 로 옴스테드는 뉴욕에서 도시를 만드는 세 번째 방법을 추구했다. 거리로부터의 피신처로서 센트럴파크 같은 공공 공원을 건설한 것이다. 그런 공간에서 여러 인종, 계급, 민족 사람들이 사교적으로 서로 어울리기를 바랐다.

이고 부정적인 영향만 끼쳤다.

이러한 인식을 바탕으로, 옴스테드는 여러 인종이 대농장을 벗어나 도시에서 한데 섞일 수 있는 장소로 공원을 생각하게 되었다. 옴스테드가 갑자기 스스로를 공원을 디자인할 수 있는 '조경사landscape gardener' 또는 오늘날의 이름으로 '조경 건축가landscape architect'로 여기게 된 까닭은 분명치 않지만, 피코 델라 미란돌라의 노선을 따라 순수한 자아를 발명했다고 할 수 있다. 도시 공원 제작자로서 옴스테드는 유럽에서 수백 년간 이어져온 건축가—정원사architect-gardener의 전통을 따랐다. 옴스테드의 공원은 앤드루 잭슨 다우닝Andrew Jackson

Downing에게 많은 빚을 지고 있는데, 그는 1840년대에 매사추세츠주 캠브리지의 마운트오번 묘지 같은 도시 내 묘지들을 죽은 자들의 휴식처이자 산 자들의 모임 장소로서 개발한 사람이다. 옴스테드는 공원에 대한 또 다른 아이디어를 가지고 있었다.

그는 '이웃 간neighbourly' 장소라기보다는 '군집적gregarious' 장소로서 인종적으로 혼합된 공원을 구상했다. 후자는 넓은 공간에 도시 전역의 사람들이 모여드는 곳이며, 전자는 각각의 지역에만 봉사하며 더 균일한 정체성을 갖는 작은 공간이다. 군집적인 공원은 기독교도와 유대인은 물론 아일랜드와 독일 이민자까지, 모든 미국인을 포용해야 한다. 옴스테드는 친밀한 이웃 간의 공간이 아니라 낯선 이들이 모이는 공간을 설계함으로써, 출신이 서로 다른 사람들은 작은 지역사회보다는 공공 공간에서 연결되는 쪽이 좋다는 도시의 사교적 윤리를 세웠다. 그런데 포용력 있는 공공 공간이라는 이상은 너무 문제가 많은 관념이어서, 우리는 옴스테드가 센트럴파크 설계에서 그것을 어떻게 구현하려고 했는지 자세히 알 필요가 있다.[21]

센트럴파크 공사는 1858년에 시작되어 1873년쯤에는 설계도 원안상의 형태가 거의 모두 완성되었다. 옴스테드와 그의 파트너 캘버트 복스Calvert Vaux의 공동 작업이었다. 아마추어인 옴스테드는 전체적인 설계를 하고 정치계와 대중을 상대했으며, 숙련된 건축가인 복스는 배수구 등 지하 기반시설 및 다리와 건물 같은 지상 구조의 건설에 집중했다. 843에이커(약 3.4제곱킬로미터 – 옮긴이)에 달하는 넓은 공원 부지는 원래는 뉴욕의 건물 밀집 지역 북쪽에 있는 딱딱한 점토 지대로, 울퉁불퉁한 바위들이 널려 있었다. 당시에는 도시에서 멀리 떨어진 곳이었으므로, 센트럴파크에서 '센트럴'이라는 단어는 순전히 환상이

센트럴파크 바깥의 황량한 도시 현실.

었다. 19세기 초반 이후 흑인 자유민과 아일랜드인이 그 땅에서 농사를 지으며 교회와 묘지를 갖춘 작은 동네를 이루고 살았다. 옴스테드의 프로젝트는 이상적이고 통합된 도시 생활을 위해, 이미 존재하고 있던 이 통합된 농촌 생활을 파괴했다.[22]

옴스테드는 공원의 경계 지역에서부터 작업을 시작했다. 거기에는 낮은 울타리가 있었고, 출입구가 많았다. 계획 발주자들은 크고 거창한 행사용 입구를 세워 공원의 틀을 짜기를 원했지만 옴스테드는 이에 반대했다. 소박한 문들이어야 "지위와 재산에 무관하게 모든 사람이 들어올 수 있다"는 신호가 된다면서. 사소해 보이는 이런 세부 사항이 도시 대중을 대하는 오스만의 태도와 완전히 반대되는 옴스테드의 태도를 드러낸다. 커다란 문들이 새로 조성된 파리의 공원들을 둘

짓기와 거주하기

러싸게 된 것은 오스만이 군중 통제에 집착했기 때문이었다. 옴스테드는 야간에는 공원의 안전도가 낮아질 수 있다는 우려를 일축하며, 센트럴파크는 언제든 열려 있고 쉽게 들어갈 수 있는 곳이 되어야 한다고 주장했다. 1873년에 공원이 완공되기까지 계획에는 없던 공간들, 예를 들면 북동부와 남서부 모퉁이에 일상적으로 사용될 수 있는 공간이 생겼고, 그것이 공원의 특징이 되었다. 세월이 흐르면서 다른 공간들에 대한 계획도 점점 더 느슨해졌다.[23, 24]

이 공원의 자연 풍경이 너무도 자연스럽게 보여 뉴욕 원주민과 관광객 모두 센트럴파크가 얼마나 인공적인지 전혀 짐작하지 못한다. 언덕과 툭 트인 평지를 만들기 위해 4천 명이 동원되어 500만 입방 야드의 재료를 실어날랐지만, 우리는 그곳이 원래부터 그랬다고 생각한다. 위락 시설도 모두 만들어진 것이다. 새로 조성된 숲 한복판에 있는 야외 음악당이 그렇고, 원래 관목 숲이던 곳에 있는 운동장이 그렇다. 늪지를 호수 등 물이 있는 공간으로 만드는 것이 간단한 작업이라고 생각할지 모르겠지만, 그렇지 않다. 늪지를 개조하려면 먼저 물을 빼야 한다. 공원 북쪽의 거대한 저수지는 외부에서 끌어온 물로 채워졌다.

내가 볼 때 가장 경이로운 인공물은 복스가 세운 다리들이다. 지하로 파내려가서 차도를 만들었는데, 그렇게 해야 동에서 서로 공원을 가로지르는 교통수단이 지상에서는 보이지 않기 때문이다. 복스의 다리는 오스만의 교통 정책과는 다른 방식이다. 오스만은 빠른 속도의 교통수단을 지상에 둔 반면, 복스는 그것을 지하로 집어넣고 다리를 보행자용 보도로 만들었다. 보행자 다리에서 놀라운 점은 그 다리 입구의 장난스럽고 다양한 형태다. 데네스머스 아치 다리로 다가가면 죽음의 세계인 하데스로 빨려 들어가는 것 같다. 고딕 다리는 아이들이 다리 아래위를 마음껏 돌아다니기 좋도록 만들어져 있다.

하지만 옴스테드의 비전은 바르셀로나의 에익삼플레가 그랬던 것처럼 다양한 사회적 계층을 한곳에 모으지는 못했다. 40년이 지나기도 전에 5번가를 따라 부자들을 위한 단독 주택이 센트럴파크 주변을 채웠고, 센트럴파크 웨스트 도로변에는 중상층을 위한 아파트 블록이 늘어서기 시작했다. 특권층이 파크를 둘러싸면서 그 속의 인구 혼성도는 낮아졌다. 옴스테드의 바람과 달리 가난한 하층민은 특별한 경우에만 파크에 올 뿐, 그곳의 즐거움을 정기적으로 누리지는 못했다. 그런 가운데 파크는 물리적으로 퇴락하기 시작했다. 복스의 기반시설은 여전히 훌륭했지만 운동장과 연못은 관리 소홀로 상태가 나빠졌다. 1960년대에는 파크를 범죄와 쇠퇴에서 구해내기 위해 막대한 돈을 쏟아부어야 했다.[25]

그러나 빌이 우선순위 면에서 시테에 뒤처진다고 믿은 루도프스키와 반대로, 사회적 포용이 물리적으로 설계될 수 있다는 믿음에서 비롯된 옴스테드의 제안은 지금의 기준으로 봐도 도발적이다. 이 제안에 힘을 실어주는 것은 내가 볼 때 장소의 인공성artificiality 그 자체다.

술수 베르길리우스 이후 목가적인 작가들은 인생의 고단함에 지쳤거나 권력 투쟁을 혐오하는 사람들에게 자연 세계의 평화를 가져다주었다. 어떤 면에서는 구원을 얻을 방법이 명확해 보인다. 걱정거리는 접어두고 언제나 눈을 즐겁게 하는 경치와 전망의 세계에 살면 된다. 이 점에서 18세기 파리에서 광대한 루이 15세 광장(콩코르드 광장)만큼 더 매력적으로 계획된 곳은 없었다. 파리의 정중앙에 있지만 분수대와 조각상이 주위에 흩어져 있는 그곳은 사람들이 이리저리 정처 없이 돌아다니는 도시 정글로 변했다(현재의 모습과는 전혀 다르다). 루이 15세의 베르사유 궁전이나 프리드리히 대왕의 상수시 궁전같이 도시 바깥에 지어진 왕실 정원의 나무들은 사열식의 군인들처럼 직선 으로 늘어서서 소실점을 향해 사라지는데, 마치 왕들이 자연을 지휘 하는 듯했다. 그러나 루이 15세 광장의 자연은 제멋대로 방치되었다. 하지만 이런 도시의 오아시스는 애당초 엘리트들만을 위한 곳이었다. 센트럴파크의 창조자들은 그곳이 대중을 불러들이는 곳이 되기를 희 망했지만 말이다.

엥겔스와 마찬가지로 옴스테드는 대중이 처한 가혹한 여건을 알고 있었기에, 공원이 억압적인 도시 분위기를 이완시켜주기를 원했다. 즐거움을 추구하는 그런 공간에서는 도시의 인종적 긴장감이 없어지 거나 최소한 감소할 것이라고 그는 생각했다. 공장이나 상업적 거리 같은 기능적 장소와는 달리 공원에서는 사람들이 즐거움을 위해 사교 적으로 어울릴 것이라고 예상한 것이다. 현실은 사교성을 줄이는 반 면 술수artifice는 그것을 활성화시킨다. 이것은 실체 없는 이상적인 말 이 아니다. 실제로 오늘날 교통수단이나 업무 공간보다 운동장이나 센트럴파크에서 인종 간 접촉이 더 많이 이루어진다. 옴스테드는 자 신의 설계가 특정한 종류의 환상을 통해 즐거움을 주는 사회적 선물 이 되기를 희망했다.[26]

옴스테드는 공원을 하나의 극장으로 여겼다. 이런 생각 자체는 전 혀 새로울 것이 없다. 런던의 복스홀 그리고 래닐러 가든 같은 18세 기 도시 정원에서는 인형극, 곰 우리bearpit 등 오락거리들을 제공했 다. 발자크 시절 파리 중심부의 팔레루아얄 정원에서는 하루 종일 섹스 쇼가 펼쳐졌다. 옴스테드는 보다 청교도적이었으므로, 자신의 공원이 더 순진한 종류의 쾌락을 제공하도록 구상했다. 생생한 환상을 만들어내는 자연적 도구를 활용해 스펙터클을 발생시켜, 공원을 자연의 극장으로 만들려 한 것이다.

다시 말하지만, 자연과 환상을 자매처럼 여긴 조경가는 옴스테드가 처음이 아니었다. 18세기 사람들은 정원을 자유롭게 무성해지도록 조성하여 자연이 제멋대로 온갖 소동을 벌이는 것처럼 해두고 이를 '영국식' 정원이라 불렀다. 로버트 하비슨Robert Harbison의 말을 빌리면 그 "경계 없는 정원boundless garden은 명백한 시작점이나 종착점 없이 (…) 경계선이 온 사방에" 흐트러져 있었다. 이런 야성적인 영국식 정원은 사실은 영리하게 계산된 것이었다. 개화 시기가 다른 세계 각지의 꽃을 심고, 그 배경으로 낙엽수를 신중하게 구성하여 무질서를 설계했다. 그런 식재植栽 기술은 길들여지지 않은 생산적인 자유 성장의 환경을 창출하고자 하는 욕구의 표현이었다. 폭이 넓은 치마를 입어도 그런 자연 속을 산책할 수 있었는데, 우연히도 자연은 걸어다니기 편하도록 돌이 박힌 구부러진 소로도 만들어두었기 때문이다.

영국식 정원 설계자들은 자연과 인공 사이에 전혀 갈등이 없다고 생각하면서, 알아차리기 쉬운 착각을 불러일으키는 술수를 썼다. 가령 저쪽에 풀을 뜯는 양들이 보이는데, 길은 양의 배설물로 더럽혀지지 않는다. 이는 눈에 보이지 않게 땅속으로 파내려간 구덩이나 도랑 때문에 양들이 길로 접근하지 못하기 때문이다. 사람들은 이런 술수인 도랑을 살펴보는 일도 산책의 일부임을 알아채고 즐거워한다. 센트럴파크에 있는 복스의 다리도 인지 가능한 술수, 즉 영국식 도랑에서 유래한, 눈에 보이지 않는 지하의 것과 눈에 보이는 지상의 것의

짓기와 거주하기

유희를 특징으로 한다. 요컨대, 사교적 윤리는 현실의 유보를 필요로 한다. 그 유보를 담당하는 것이 극장이다.

하이라인High Line은 옴스테드와 복스의 센트럴파크 조경에 비견되는 현대적 작업이다. 1960년대의 홈리스들은 맨해튼 서쪽에 있는 폐철로에 올라가서 노숙하곤 했다. 게이들도 동성애 상대를 만나러 그곳에 갔다. 밤이든 낮이든 그 철길은 마약 시장 노릇을 했다. 모두 하이라인을 철거 대상으로 여겼다. 그 '모두'에 포함되지 않았던 소수, 특히 건축가 엘리자베스 딜러Elizabeth Diller는 다르게 생각했다. 그녀는 철길의 틈새에서 자라는 흥미로운 잡초를 눈여겨보았다. 혁신적 조경사인 제임스 코너James Corner와 핏 아우돌프Piet Oudolf, 그리고 그녀는 그 철길과 흥미로운 잡초의 조합이 새로운 종류의 도시 산책로로 탄생할 수 있다고 생각했다. 이 제안은 대단한 성공을 거두었다. 하이라인은 이제 수많은 주민뿐 아니라 관광객들도 산책하고 싶어하는 장소다.

하이라인과 옴스테드의 연결점은 식재의 술수 그 자체에 있다. 이 일반적이지 않은 지형에 핏 아우돌프는 공생하지 않는 종들을 심었다. 거친 땅에서 잘 사는 종류들로, 빨리 자라지만 수명이 짧은 잡초가 대부분이고 일년생 꽃도 있다. 또 대부분의 잡초처럼 과하게 번성하여 다른 식물을 밀어내거나 토양의 영양분을 소진시켜 스스로 죽어버리는 것들도 있다. 그리고 처음에는 보호가 필요하지만 한번 뿌리를 내리면 척박한 환경에서도 잘 자라는 갯배추sea kale도 심었다. 하이라인의 식재 기획은 채반 모양의 울타리 구조를 활용하여 이 세 종류를 한꺼번에 키워, 방문객들에게 자연스러운 생물종 다양성의 환상을 안겨준다.[27]

뉴욕에서든 다른 대도시에서든 공원과 놀이터는 예상치 못한 장소에 지어질 수 있다. 이 역시 술수와 사교적 공간을 연계하는 옴스테드의 입장에 따르는 것이다. 나는 1980년대에 그런 프로젝트에 참여한 적이 있다. 허드슨강을 따라 맨해튼 서쪽 할렘에 있는 하수처리장 위에 공원을 건설하는 프로젝트였다. 우리의 노력에도 불구하고 한동안 공원에는 하수도 냄새가 강하게 풍겼다. 그러나 아이들은 놀 장소가 필요했기에, 우리가 그 문제를 해결하기도 전에 악취에 적응했다. 일반적으로 도시계획에서 어떤 여건을 '자연화naturalizing'한다는 말의 진정한 의미는, 인공적 구조물을 당연한 존재로 받아들이게 한다는 뜻이다. 다시 말해 '자연화'란 시테의 사고방식 안에 술수가 나름대로 받아들여지는 것을 말한다.

옴스테드는 오늘날의 생태학적 기준에서 사고하지 않았다. 그 기준에서는 자연과 인공적인 것이 이은 자국 없이 매끈하게 이어지는 것이 목표다. 그러나 식재되고 조각된 공원의 세계와 도시 기반시설인 가로수, 배수 시설, 방파제는 매끈하게 통합되지 않는다. 센트럴파크에는 거대한 저수지가 있지만, 기능적 생태학적 역할 면에서 그것은 실패작이었다. 그 더러운 물을 정화하는 데 엄청난 비용이 들었고, 19세기가 끝날 무렵 그 방법은 포기되었다. 그 저수지는 실용성의 제스처를 취하고 있지만, 그 공원이 실제 추구하는 바와는 무관하다. 옴스테드를 실패한 생태학자로 보기보다는 흙과 식물을 사용하여 사람들을 한데 모으려 한 사회학자이자, 식물을 심어놓은 세계 그 자체의 연출자로 보는 쪽이 타당하다.

착각의 법칙 프레더릭 로 옴스테드는 사람들을 노동의 공간으로부터

여가의 공간으로 이끌어 인종적 화합을 이루고자 했다. 따라서 센트럴파크는 흑인과 백인, 그리고 부자와 빈자 사이의 적대감이 유보되는 공간으로 기획되었다. 그러나 이 비전은 현대 도시에서 변질되었다. 관광에 점점 더 크게 의존하면서 오락/소비 경제가 도시계획의 초점이 되었고, 사회적 혼합은 달성되지 못했다.

센트럴파크를 뉴욕 타임스스퀘어 정화 작업과 비교하는 것은 말도 안 된다고 생각할 수 있다. 하지만 실제로 그것들은 연극성theatricality을 창출하기 위한 시도라는 점에서 연결된다. 한 세기 동안 뉴욕 연극의 본거지 역할을 해온 타임스스퀘어는 두 세대 전만 해도 거리와 문 앞에서 마약 문화가 번성하고, 싸구려 호텔에서 섹스 산업이 공급되고, 가벼운 강도 사건과 상점 털기가 벌어지던 곳이었다(심각한 폭력은 드물었는데, 미국의 다른 곳과 마찬가지로 뉴욕에서도 폭력 범죄는 거리보다는 가정에서 더 많이 벌어진다).

정화 작업을 하려면 18개 블록 안에 있는 수많은 황폐한 건물을 철거해야 했다. 그런 곳은 성 노동자들의 활동 무대이자 마약 중독자들의 거처였지만, 극장용 의상을 제작하거나 타임스스퀘어 남쪽 의상 구역에서 쓰이는 의상 패턴을 재단하는 재봉사들의 작은 작업장들도 복도를 따라 들어서 있었다. 복도에는 대마초 냄새뿐 아니라 막 자른 나무 냄새도 풍겼는데, 타임스스퀘어에서는 특별 주문 가구 제작 사업도 번성했기 때문이다. 이런 도시 작업장이 유지될 수 있었던 것은 낮은 임대료 덕분이었다. 정화 작업이 실시되기 전에는 수백 곳의 작은 식당과 술집이 이런 노동자들의 필요에 부응했다. 주로 그리스인과 이탈리아인이 그 점포들을 운영했는데 일부는 냉장고 내부처럼, 다른 일부는 그들 '고국'의 먼지 묻은 플라스틱 복제품처럼 보였다.

그런 곳에 매력을 느끼는 관광객은 없었고, 〈뉴욕 타임스〉가 그런 곳에 높은 평점을 매기지도 않았다. 〈뉴욕 타임스〉가 타임스스퀘어에서 인쇄되던 시절에는 그 신문의 수많은 노동자가 그런 곳에 드나들었지만 말이다.

정화 작업으로 토끼굴 같던 건물들이 철거된 뒤 최신 유행의 오피스용 타워와 아파트 단지가 세워졌고, 작업장들은 사라졌다. 의상 제작자들은 뉴저지로 떠났고, 단추 제작자들은 우편으로 주문을 받아 일했다. 악기 제작자 중 늙은이들은 은퇴하기로 결정했고, 젊은이들은 시골의 헛간에다 작업장을 차렸다. 현재의 타임스스퀘어는 관광객을 위한 영토로 단체 관광이 요구하는 서비스를 제공한다. 패키지로 짜인 레크리에이션, 체인점 식당, 표준화된 호텔 등이 그것이다. 거기에 건방지게 트집 잡을 여지는 없다. 다만 이런 뉴욕 중심지에 가는 뉴요커가 거의 없을 뿐이다. 런던의 트래펄가 광장처럼 이곳은 활기가 가득하지만 주민들에게는 블랙홀 같다. 관광객과 지역민은 섞이지 않고, 패키지 투어 그룹들도 서로 교류하지 않는다. 그들의 즐거움은 조직적이고 억제되어 있다.

죽은 뒤에 일어나는 일에 대해 책임질 수 있는 사람은 아무도 없다. 그러나 감탄스럽고 고귀하기까지 한 열망을 가졌던 옴스테드로 인해 도시 내의 사교적 공간에서 노동의 장소와 흔적을 없애는 것이 강조되기 시작하고, 사교성과 술수가 동일시되면서 도시 자체가 일종의 극장이 된 것은 사실이다. 이런 추세가 상업적으로 번역되어 관광업으로 변하면, 도시 중심부에 치명적인 결과를 가져올 수 있다.

위대한 도시계획가 세대는 제각각 방식은 달랐지만, 다들 도시를 활성화시키는 빌을 만들어보려 했다. 오스만은 접근 가능한 도시를, 세르다는 평등한 도시를, 옴스테드는 사교적인 도시를 원했다. 각 계획에는 한계가 있다. 오스만은 네트워크를 만들기 위해 파리를 절개하면서 장소보다 공간을 우선시했다. 세르다가 바르셀로나를 위해 고안한 직조는 단일경작적인 것으로 밝혀졌다. 옴스테드는 사회적 통합을 증진시키기 위해 인공적 즐거움을 우선했지만 성공하지 못했다. 현대 도시에서 나타나는 거대한 문제들을 발생 초기에 해결하지 못했다고 그들을 비난하는 것은 터무니없다. 그러나 빌을 위한 그들의 계획에는 토목기사들도 등한시했던 한 가지 요소가 빠져 있었다. 시테를 이루는 특징적인 재료, 즉 군중에 대한 성찰이었다. 빽빽이 들어찬 이 인간 집단은 도시 형태와 어떤 관계가 있을까?

군중

19세기 말에 밀도density를 이해하려고 노력한 두 저자가 있었다. 두 사람 모두 군중심리학에 관심이 있었지만 그 방향은 전혀 달랐다. 한 사람은 열성을 분출하며 무질서하게 날뛰는 고전적인 종류의 군중crowd을 탐구했다. 다른 한 사람은 사람들을 긴장시키고 위축시키는, 붐빔의 감각feeling crowded에 대한 경험을 조사했다.

폭도 귀스타브 르봉Gustave Le Bon은 노골적인 왕당파였지만 프랑스의 첫 번째 혁명 때 왕당파를 공격하기 위해 길거리를 배회하던 폭도의 흥분을 이해하려고 노력했다. 르봉이 등장하기 전에 반동적 저자들은 폭도를 누가 봐도 끔찍한, 하찮은 하층민으로 이루어진 대중으로 취급했다. 그러나 르봉은 문제를 그처럼 단순하게 보지 않았다. 다양한 출신의 사람들이 함께 군중을 이루면 심오한 변화가 일어나서 늑대처럼 무리 지어 사냥을 할 수도 있다고 보았다.

그가 볼 때 핵심은 폭도가 어떻게 형성되는가에 있었고, 그의 통찰에 따르면 다수의 사람이 모이면 항상 "혼자서는 절대 하지 않을 범죄를 함께 저지를" 수 있다. 대중 속의 사람들은 익명이 되어 더 이상 한 명씩 개별적으로 식별되지 않기 때문이다. 다시 말해 밀집한 대중 속에서 개인은 고려 대상이 아니다. 심리학적으로 볼 때 집단의 규모가 커지면 '우리'라는 신나는 감정, 무슨 일이든 자유롭게 할 수 있다는 해방감이 생긴다. 르봉은 사람들이 새로운 공유 에너지를 발견할 때 "과장된 당당함grandiosity"이 냉철한 이성을 대체한다고 말한다. '왕을 잡으러 가자. 누구도 우리를 막을 수 없다.' 이런 군중 에너지의 동원은 스펙터클의 창조 - 왕을 참수하라, 길거리에서 귀족과 마주치면 돌을 던지라 - 와 분리될 수 없다. 드라마가 합리적 사유를 몰아낸다.[28]

이런 군중심리 분석을 통해 르봉은 사회심리학의 창시자가 되었다. 집단의 감정과 행동은 구성원 개인의 그것과는 다르다고 주장했기 때문이다. 지크문트 프로이트는 1921년경 집단심리학에 관한 글을 쓰면서 악한 폭도에 관한 르봉의 생각을 이어받았다. 폭도가 개인을 집단으로 강등시키는 능력은 파시스트와 나치가 득세하던 1930년대에 시급한 주제가 되었다. 엘리아스 카네티Elias Canetti는 그런 능력이 어떻게 선한 독일인을 사로잡았는지 이해하려고 애썼고, 오르테가 이 가세트Ortega y Gasset는 그것이 평소에는 평화롭던 스페인인에게 미친 영향을 연구했다.[29, 30, 31] 군중은 도덕적 판단을 유보한다.

르봉은 스스로를 매우 어두운 시테에 대한 분석가로 보았지만, 거

짓기와 거주하기

대한 군중의 자연적 본산지인 도시 자체에 대해서는 별 관심이 없었다. 프랑스 1차 혁명 기간의 베르사유 궁전 입구, 2차 혁명 기간의 루브르 궁전 앞뜰, 코뮌 기간의 시청 회의장을 사람들이 모인 거대한 장소로만 여겼다. 공간에 대한 세심한 분석은 르봉의 동시대인인 게오르크 지멜Georg Simmel에 의해 이루어졌다. 그는 타인들에게 떠밀리고 짓눌리는 붐빔의 감각에서 완전히 다른 심리학을 도출했다.

붐빔의 감각   르봉의 저서《군중Psychologie des Foules》이 출간된 지 8년 뒤인 1903년, 게오르크 지멜은 드레스덴에서 열린 전시회를 위해 《대도시와 정신적 삶Die Großstädte und das Geistesleben》이라는 짧은 에세이를 썼다(영어로는 대개 '메트로폴리스와 정신생활The Metropolis and Mental Life'이라고 번역된다). 독일어 'Geist'는 프랑스어로 'mentalité'에 가깝고, 그 글에서는 장소의 사고방식을 가리켰다. 그 글은 대도시 베를린을 다룬 것이었기에 당시 지멜의 연구를 후원하던 소도시 드레스덴은 입장이 어색해졌고, 당연하게도 그 시의 유력자들은 지멜의 에세이를 마음에 들어 하지 않았다.[32]
   지멜은 많은 사람이 한꺼번에 떠밀릴 때 발생하는 감각 과부하sensory overload에 관심을 가졌다. 그는 대도시 시테의 기본적 특징은 "외부 및 내부의 자극이 빠르고 중단 없이 변화함에 따라 생기는 신경 자극의 강화"라고 썼다. 그것이 거리의 유동하는 현대성이다. 그는 독일 수도 베를린의 포츠담 광장, 그중에서도 특히 다양한 인종의 쇼핑객과 통근자가 뒤섞인 보도에 집중했다. 베를린 한복판의 그 거대한 공간은 대형 백화점과 넓은 카페와 보행자로 가득 차 있었고 합승마차, 개인용 마차 등의 대중교통 수단은 지방에서 온 젊은이, 본국을 떠난 외국인, 도시에 배치된 병사 집단을 실어날랐다. 이런 보도에서는 "길을 건널 때"도 감각 과부하가 발생한다. "경제적, 직업적, 사회적 생활의 다양성과 템포"가 빨라지기 때문이다.[33]

오스만과 옴스테드는 각기 다른 방식으로 도시 생활의 강도intensity를 증가시키려고 노력했지만, 지멜은 그런 움직임을 두려워했다. 자극이 너무 많아지면 불안이 발생하기 때문이다. 가령 자동차 경적 소리에 놀라서 눈을 돌렸다가 비틀거리며 걷는 노인과 부딪힐 뻔하면, 혹은 구걸하는 노숙자를 바라보고 있는데 그가 관심을 알아채고 일어서려 하면, 우리는 스스로를 보호하기 위해 감각의 뚜껑을 덮는다. "메트로폴리스적 인간 유형은 (…) 위협적이고 괴리감이 느껴지는 외부 환경으로부터 자신을 보호하는 기관을 개발한다. (…) 그는 심장이 아니라 머리로 반응한다." 경적이 울려도 얼어붙지 않고, 거지가 일어서도 반응은커녕 눈도 마주치지 않고 계속 걸어가는 것, 인상은 흡수하되 자신의 약점은 드러내지는 않는 냉정함의 전시.[34]

이것이 지멜의 가면이다. 그는 "무관심한 태도blasé attitude"라는 표현을 썼지만, 이 말은 그의 생각을 제대로 전달하지 못하기에 내가 '가면'이라고 옮겼다. 사람들은 주변 환경에 정말로 무관심한 것이 아니라 그런 것처럼 가장하기 때문이다. 무관심한 태도는 무관심한 행동을 낳는다. 어떤 일이 발생해도 그냥 지나치고 그것에 개입하지 않는다. 그래서 타임스스퀘어에서 심장마비로 쓰러진 어느 관광객의 몸을 사람들이 넘어가는 광경을 그린 유명하고 묵시록적인 만화도 나왔다. 군인이라면 무관심한 태도에 특히 도시적이라 할 만한 것이 있는지 의아해할 수도 있다. 포화 앞에서 유능한 군인은 동료가 죽거나 고통으로 비명을 질러도 기분과 상관없이 겉으로는 냉철함을 보여 집단

짓기와 거주하기

의 질서를 유지해야 하기 때문이다.

'무관심한'이라는 단어로는 지멜의 생각을 제대로 표현하지 못한다. 그가 말하려던 것은 큰 틀에서의 불안이다. 자기방어를 위한 가면을 쓰는 사람은 일종의 합리성을 적절하게 사용하기에, 충동적으로 반응하지 않고 뒤로 물러서서 계산한다. "메트로폴리스적 현상에 대한 반응은 가장 둔감한 신체기관으로 옮겨지며 (…) 지성이 (…) 외부의 압도적인 힘에 맞서 주관적 삶을 존속시키는 것으로 보인다." 대도시에서는 군중이 침입하는 힘이 되어 내적 삶을 위협한다. 겉으로는 거의 드러나지 않지만 그 밀도는 사람들을 밀어붙여 스스로 문을 닫게 만든다.[35]

지멜이 무관심한 사고방식에 주목한 것은 그의 생애 때문이기도 했다. 부친은 가톨릭 개종자였고 모친은 루터파였기에 유대 율법에 따르면 그는 '유대교를 떠난' 사람이었다. 그런데도 반유대주의가 그의 앞길을 가로막아 오랫동안 학자로서의 정규 지위를 얻지 못했다. 그러나 지멜은 자기연민에 빠지지 않았고, 다른 독일 유대인들도 그래야 한다면서 다음과 같이 주장했다. 유대인에게는 가면이 필요하다. 냉철하게 거리를 유지하면서 고통스러운 자극을 받아도 눈에 띄게 반응하지 말라. 상처라는 병 안에 담겨 있으면 더욱 아프다. 지멜은 유대인의 딜레마가 현대인 모두의 딜레마를 상징한다고 보았다. 그는 "현대 생활의 가장 심각한 문제는 외부 문화와 삶의 테크닉으로부터 자주성과 개별성을 보존해야 한다는 주장에서 발생한다"면서, 틀에 박힌 꼴이 될 위험에 직면한 개인은 방어적 가면을 써야 "사회기술적 메커니즘"에 삼켜졌다는 기분을 느끼지 않는다고 썼다. 비개인성impersonality은 자아를 보호할 수 있다.[36]

이것은 도시 생활의 사고방식에 대한 진정으로 장엄하고 비극적인 견해다. 하지만 그런 사고방식이 사람들이 붐빈다고 느끼는 빌이라는 건축 형태와 그다지 명확하게 연결되지는 않는다. 그에 대한 연관성을 설명하려면 우리는 지멜의 거대한 비전을 잠시 떠나, 감정이 어떻게 도시의 특정한 형태인 보도와 연결되는지를 들여다보아야 한다.

보도　붐빔을 측정하는 방법은 두 가지다. 하나는 '발걸음 조밀도footfall density'로, 고정된 지점을 지나가는 신체 수를 세는 것이다. 예를 들어 상점 입구를 5분마다 얼마나 많은 사람이 지나가는가를 기록할 수 있다. 다른 측정 방법은 '고착성 조밀도sessile density'인데, 일정 기간 동안 어떤 장소에 들어가 있거나 남아 있기로 선택한 사람들의 숫자를 말한다. 축구장이나 카페에 있는 군중의 수가 이에 해당한다. 발걸음 조밀도는 꾸준히 유지되는 숫자가 아니다. 가령 행진용으로 만들어진 큰길에 사람들이 가득 들어차는 일은 아주 가끔만 발생한다. 그 좋은 예가 모스크바의 고리키 거리다. 19세기에는 혼잡하고 지저분한 통행로이던 그곳이 1937년에 소비에트 도시계획가들에 의해 스탈린주의적 스펙터클을 위한 공간으로 변신하기 시작했다. 독재자가 좋아하는 묵직한 고전적 모티프로 잔뜩 치장한 그 파사드에 엄청난 인파가 들어차는 것은 1년에 고작 두어 번뿐이었다. 그 외의 시간에는 텅 빈 틀에 불과했다. 지멜은 보도의 이런 절정의 용도와 지속적인 용도를 합쳐서 생각해보았다.[37]

　그는 과도한 자극과 보도를 연관시켜 보다 안정적인 발판을 마련했다. 보도에만 사람들이 붐비는 거리는 비교적 현대적이다. 오스만 도시계획의 특징인 한 단 높은 넓은 보도는 혼잡한 보행자 군중을 달리는 마차들로부터 보호했다. 산업적으로 절단된 포장재나 쇄석 포장도로가 등장하기 전까지는 그런 보행자용 통로가 거의 없었다. 도로는 건물들 사이의 공간이기도 했다. 현대에 와서야 돋워진 보도가 유럽과 미국에서 도시 직조의 일반적인 특징이 되었다. 이것은 부분적으로는 1820년대에 천공된 철 파이프의 공장 생산이 가능해진 덕분이다. 그로 인해 거리의 배수가 가능해졌고, 보도는 물을 흘려보낼 수 있도록 살짝 경사가 졌다.[38]

보도의 효율성은 그 아래에 무엇이 있는지에 달려 있다. 초기의 보도 제작자들은 배수 파이프를 그대로 땅속에 파묻었지만, 바잘젯 세대는 파이프가 들어갈 자리에 배수 터널을 파야 한다는 사실을 깨달았다. 터널을 파고 그 속에 파이프를 넣는 형태는 지금도 사용된다. 보도는 도로 바닥보다 더 높았고 또 높아야 하지만, 너무 높으면 안 된다. 노약자가 보도에 올라서기가 불편해지기 때문이다. 내 실험에서 한 주먹구구식 계산에 따르면 보도 높이는 보통 주택 계단 높이의 75퍼센트 정도, 그러니까 16센티미터 정도가 적당하다.

'조밀함'을 '붐빔'으로 번역하는 것은, 더 오래되고 비정형적인 거리 공간을 돌아다닐 때는 느긋한 반면 보도에서는 물리적으로 짓눌리는 느낌을 받기 때문이다. 이상하게도 보도가 좁다고 해서 반드시 짓눌리는 기분을 느끼지는 않는다. 넓은 보도에는 사람이 많을 때가 많아 고착성 조밀도가 더 쉽게 생기기 때문이다. 보도가 붐빈다는 느낌은 또한 문화에 따라 다르다. 뉴욕 도심 6번가의 정오 시간 보도 조밀도는 런던 피카딜리의 그것보다 80퍼센트는 더 높아서, 런던에 온 뉴요커들은 런던이 뉴욕보다 덜 붐빈다고 느낀다. 런던 거주자들은 그곳이 견딜 수 없을 정도로 붐빈다고 여기는데 말이다.[39]

거리가 얼마나 붐빈다고 느끼는지를 결정하는 또 다른 빌의 요소는 거리 선과 건물 선의 정렬이다. 건물이 보도 가장자리에서 뒤로 물러나 있으면 압박감은 이완된다. 이 이완은 다른 구조물들의 외벽 후퇴선setback이 제각기 다를 때 더 두드러진다. 반면에 맨해튼 대부분이 그렇듯 거리에 건물 벽이 계속 이어져 있으면, 말하자면 거리에 새는 구멍이 없으면 압박감이 커진다. 그 점을 개선하려고 맨해튼에서 건물들 측면 사이의 공간이 허용되었지만, 여전히 건물 모서리는 모두 보도나 도로 선에 맞춰져 있다. 은유적으로 말하자면 거리의 치아가 고른 것이다. 고른 치아는 사실 도시 디자인의 오랜 소원이었다. 1258년에 이미 로마의 법은 비아 라르가Via Larga(현재의 비아 카부르Via Cavour)와 그 밖의 새로운 거리에 있는 모든 주택은 도로를 따라 고르게 줄을 맞춰야 한다고 규정했다.[40]

거리가 붐빈다고 느끼게 만드는 세 번째 요소는 건축보다 거주와 더 관계가 깊다. 바로 사람들이 모여 있고 싶어하는 성향이다. 두 세대 전에 도시계획가 윌리엄 화이트William H. Whyte는 미스 반데어로에Mies van der Rohe가 뉴욕 정중앙에 설립한 마천루인 시그램 빌딩 주변 공간을 연구하다가, 사람들이 타인들로부터 최대한 멀리 떨어지는 것이 아니라 가까이 있고 싶어한다는 사실을 발견했다. '근접공간학proxemics'이라는 학문은 사람들이 서로 모이기로 선택하는 방식을 기록한다. 근접공간학은 보편적 법칙을 늘어놓기보다는 문화적 특정 사실들을 강조한다. 한 연구에 따르면 이탈리아인은 하루를 마무리 짓는 파세자타passeggiata(식사 후 산책 – 옮긴이) 시간에 서로에게 가까이 있는 편을 더 좋아한다고 한다. 그에 비해 노르웨이인은 일을 마친 뒤 빈둥거리기를 좋아한다. 근접공간학의 다양성은 상식의 문제다. 이탈리아인이든 노르웨이인이든, 백화점에서 쇼핑할 때보다는 클럽에서 섹스 상대를 찾아다닐 때 낯선 이들에게 더 가까이 다가가고 싶어질 것이다.[41]

선의의 도시계획가들은 사람들이 모여 있고 싶어하는 욕구를 만족시키려고 노력할 것이다. 예를 들면 길거리에 벤치나 다른 시설물을 고른 간격으로 따로 배치하는 것이 아니라 무리 지어 설치하는 식으로. 벤치를 버스 정류장에서 멀리 떨어지지 않은 곳에 설치하는 방법도 있다. 뉴욕시 공원 프로젝트에서 일할 때 내 방침은 벤치를 넉넉히 설치하여 이탈리아인 대가족도 한 장소에 모여 앉을 수 있게 하는 것이었다. 계획가들이 예상하지 못한 곳에서 사교적 무리가 형성되는 경우가 더 많다. 바르셀로나의 조밀한 라스 람블라스—가로수가 늘어선 아주 긴 광장—에서 사람들은 흩어져 있기보다는 덩어리로 모여 있다. 그 대로는 원래 사람들을 흩어놓으려고 만들었는데 말이다.[42]

지멜은 이와 다른, 보도의 어둡고 비사회적인 측면을 설명하고 싶어했다. 미국의 소설가 시어도어 드라이저Theodore Dreiser는 "보지 않는 대중unseeing masses"이라는 표현으로 도시 군중의 차가움과 무관심을 설명하려 했다. 지멜은 이 클리셰를 액면 그대로 받아들이지 않고, 다수의 사람이 주는 압박감이 불러일으키는 부정적 감정으로 해석했다. 보도는 그런 압박이 행해지는 물리적 장소다. 사람들은 압박을 받으면 그 느낌을 떨쳐버리기 위해 무표정한 가면을 쓴다. 내면에서는 감정이 끓어오르고 있지만.

도시 인간 DNA에 관해 말하자면, 도시의 군중은 폭도의 행동과 무관심한 행동, 그리고 사교적 감정이라는 세 변으로 이루어진 삼각형처럼 보인다. 오스만이 군사적 논리로 파리에 대포가 이동할 수 있는 넓고 긴 대로를 건설한 것은, 폭도로서의 군중에 반응한 것이었다. 그러나 아이러니하게도 대로는 사람들이 모이는 장소가 되었다. 세르다와 옴스테드는 거리 모퉁이나 거리에서 떨어진 공원이 사교적 군중의 장소가 되리라고 믿었다. 하지만 이 삼각형 이미지는 지멜이 설명한, 거리의 조밀도로 인해 스스로 내면으로 들어가 자신의 주관성을 보호하려는 군중의 복잡성을 전달하지 못한다.

현대적이지만 자유롭지 않다 ─막스 베버는 불행하다

'도시의 공기가 자유를 만든다'는 중세의 격언은, 사람들이 도시에서 자신을 확립할 자유를 가진다고 믿을 때 계속 울려퍼진다. 19세기 말엽 막스 베버는, 현대 도시는 사실 개인에게든 도시 시민이라는 집합적 신체에게든 자유를 제공하지 않는다고 생각했다. 막스 베버의 도시에 관한 글은 그의 걸작인 《경제와 사회Wirtschaft und Gesellschaft》에 나온다. 이 저서는 경제학의 범위를 훨씬 넘어서는, 사회과학 분야에서 바그너의 〈니벨룽겐의 반지〉에 해당하는 작품이다. 그러나 내가 아는 한 막스 베버는 세르다, 오스만, 또는 다른 현대 도시 설계자들에 대해 한 마디도 한 적이 없다. 그러면서도 그는 자신이 사는 장소에 아주 민감해서, 장기간 우울증에 빠지면 길거리를 걸어 다니면서 시민들의 성쇠를 열심히 탐색했다.[43]

베버가 사는 베를린은 런던과 파리의 만듦새를 따랐기에, 그 도시들이 겪는 불결 문제는 베를린의 문제이기도 했다. 아우구스트 베벨August Bebel은 "주택들에서 나오는 오수가 도로 경계석 옆 하수구를 따라 흐르면서 끔찍한 악취를 풍겼다. 공용 화장실도 없었고, (…) 메트로폴리스로서 베를린은 1870년까지도 야만의 상태를 벗어나 문명 사회로 들어가지 못했다"고 기억했다. 비스마르크가 베를린을 수도로 선언한 다음에는 이런 사태가 계속되지 않았다. 광범위한 하수 시스템이 1870년대 후반에 개설되었고, 광역 대중교통 시스템도 1890년대에 설치되었다. 판잣집과 채마밭이 흩어져 있던 땅에는 벽돌과 돌로 거대한 건물들이 세워졌다. 이런 변화는 엄청난 속도로 진행되었다. 슈테판 츠바이크는 이렇게 회상했다. "1905년의 베를린은 내가 1901년에 알았던 그 도시가 아니었다. (…) 그곳은 국제적 메트로폴리스가 되었는데, 1910년의 베를린 앞에서는 그 모습 또한 무색해졌다." 그렇기는 해도 장대한 공공 공간은 도시 대부분의 빈곤을 은폐하는 겉치장이었다.44, 45

베버에게 이 수도는 거대하고 과시적이기는 하지만 진정한 도시는 아니었다. 베를린은 한 국가의 거울에 불과했다. 대로와 공원, 기념물, 건물의 정교한 파사드 등 그 거창한 제스처는 모두 새로운 국가를 극화했다. 그 도시는 자신의 뚜렷한 삶을 갖지 못하고 있었는데, 자신의 운세를 통제하지 못하기 때문이었다. 베버가 볼 때 진정한 도시는 "다음의 특징들을 갖추어야 한다. 1)방어 시설, 2)시장, 3)자체의 사법 체계, 그리고 적어도 부분적으로나마 자주적인 법률, 4)상이한 집단들 간의 연합 구조, 5)최소한 부분적인 자율 혹은 자치 (…) 그리고 시민 참여." 다른 말로 하면, 진정한 도시는 고대의 아테네나 중세의 시에나와 같은 도시국가였다.46

베버의 무미건조한 요구 조건을 구체화시킬 한 가지 방법은 중세 도시를 둘러싼 성벽에 대해 숙고해보는 것이다. 이런 성벽은 시에나의 것처럼 출입구가 몇 개 없는 두터운 돌더미다. 군대가 도시를 포위하면 그 안의 시민과 그 밖에 있는 농민은 돌무더기 뒤에 은신한다. 성벽의 문은 도시의 징세 장소이며, 성벽의 근위병들은 성 안에서 누가 거래를 할지 정한다. 성 안의 자치도시는 자유시장이 아니다. 도시가 빵, 향료, 벽돌, 모피의 가격을 통제한다. 시장이 대개 도시국가의 중심에 있는 것은 상인들을 쉽게 관찰하고 통제하기 위해서다. 무엇보다 도시국가는 성벽 밖의 상황과 성벽 안 사람들 사이의 변화에 맞게 법률을 제정하고 여러 번 개정할 수도 있다. 작년에 성 안으로 들어온 피렌체 망명객은 시에나와 피렌체의 관계에 따라 올해는 시에나 시민이 될 수도 있지만 내년에는 권리 없는 난민이 될 수도 있다. 도시국가에서 도시의 공기가 자유를 만든다는 말은 타당하다. 도시가 사람들을 해방시킬 수도 있고 구속할 수도 있으니 말이다.

베버에게 있어서 시민권은 보편적 전제 조건이 아니다. 권리와 권력은 장소를 기반으로 한다. 어떤 장소에 살지 않으면 그곳에서 일어나는 일에 대한 발언권을 갖지 말아야 한다(요즘식으로 말하자면, 외국인 투자자의 힘은 대폭 축소되어야 한다는 것이다). 거꾸로 말하면, 모든 시민은 동일한 장소에 살기 때문에 기본권을 다 같이 누려야 한다. 이런 도시국가의 논리에서 여권과 신분증의 모델이 만들어진다.

과거에 대한 이런 견해가 현재에 어떻게 적용되는지를 짐작하기는 어렵지 않다. 베버가 생각하는 이상적 도시의 관점에서 보면 현대 도시는 절제력이 결핍되었다고 비난받을 것이다. 명백한 사실은 파리의 대로 네트워크와 바르셀로나의 블록형 직조, 그리고 뉴욕의 센트럴파크 건설을 결정한 것은 시민들이 아니라는 것이다. 그것은 자의적 권력 행사의 결과였다. 처음 것은 황제, 두 번째 것은 선출제가 아닌 귀족 의회, 세 번째 것은 센트럴파크의 가능성을 대중적 토론의 주제로 내놓지 않았던 계획 위원회에 의해 집행되었다. 다시 말해, 현대 도시는 베버의 기준에서는 자치도시가 아니다. 민족국가, 국제적 사업, 그리고 어디에나 개입하는 관료제가 지배하기 때문이다. 그가 찬양한 도시국가들에서는 전체적 빌 형성 계획에 대해 시민들이 투표를 했다.

베버의 도시국가관은 일부 역사가들에게 비판을 받는다. 1500년경의 베네치아와 시에나를 비교하면, 과두 체제였던 물 위의 도시는 확고하게 자율적이었던 반면, 시에나는 민주적 자치 실험에 실패해 그 무렵에는 이웃 피렌체의 꼭두각시로 전락하기 때문이다. 물론 베버의 도시국가상에는 이상화된 요소가 많지만, 그것은 중요한 목적에 봉사한다. 베버는 사회적 구조의 '이상형'을 만든 다음, 왜 현실은 다른지를 탐구한다. 그렇다. 현실은 다르다. 하지만 여러분이 베버식 응수가 변칙적임을 알아차린 것은 도시나 자유시장, 기독교에 대한 여러분 자신의 일관된 이상형을 갖고 있기 때문이다. 그의 도시국가상 속에서는 빌과 시테―베버가 이런 단어를 쓰지는 않았지만―가 매끈하게 연결된다. 왜냐하면 거기서는 시민들이 원하는 삶에 정확하게 상응하는, 성벽과 같은 물리적 형태가 만들어지기 때문이다.

베버는 이성적이고 기능적인 구조를 가진 자율적 도시를 위해 다섯 가지 요소를 제시하는데 거기에 지멜이 인지한, 감정적 불안으로 가득 찬 주관적 경험으로서의 시테에 대한 고려는 빠져 있다. 베버가 세운 방대한 프로젝트의 이런 둔감성이 그와 지멜을 갈라놓은 것으로 보인다. 그들은 원래 경험의 정성적 이해에 대한 관심을 공유했으며, 베버는 평생 동안 저자로서의 지멜에 감탄했다. 하지만 베버의 《경제와 사회》는 다음의 선언으로 시작된다. "본서는 (…) 주관적으로 의

도된 것과 객관적으로 유효한 것을 날카롭게 구분한다는 점에서 (…) 지멜의 방법과 다르다." 내 생각에는, 이 사회학자가 자학을 한 것 같다.[47]

건조하고 추상적인 규칙들을 통해 일상생활을 규제하는 사무직 관료에게 그 사회학자는 거부감을 느꼈다. 관료 본인의 감정 결핍이 타인들을 '강철 새장' 속에 가두는 것으로 보인다. 베버는 니체가 찬양한 야성적이고 디오니소스적인 반항자들에게 공감하지는 않았지만, 관료제적 일상에 갇혀버리는 삶이 현대성의 진정한 특징이 아닐까 두려워했다. 엥겔스와 마르크스가 말한 "견고한 것들은 모두 녹아 사라지고"라는 현대성 이미지에서 그를 멀리 떼어놓은 것은 과도한 질서에 대한 공포였다. 그가 자치를 강조한 것은 고정된 절차를 원해서가 아니었다. 그는 시에나에서 법안들이 계속 개정되고, 빵과 벽돌 가격이 수요 변화에 따라 계속 변동하는 사실에 감탄했다. 그에게 있어 자치 행정은 고정적인 것이 아니라, 계속 변화하는 것이었다.

이런 사고방식은 또한 왜 이 정신적 잡식동물이 온 사방에서 진행되고 있던 도시계획에 아무런 관심이 없었는지를 설명해준다. 당시의 도시계획은 독일이라는 국가의 견고성, 고정성, 관료제적 영구성의 선언이자 더 폭넓게는 현대 도시의 유일한 형태를 단언하는 것이었다. 베버는 오로지 먼 과거에 대해서만 글을 썼기 때문에, 우리는 그의 글에서 현대 도시계획에 대한 자세한 비판은 기대할 수 없다. 다만 도시국가에 생기를 주는 요소들이 적힌 그의 목록이 조정 가능하다는 것은 알 수 있다. 현대 도시에 대한 베버식 암묵적 비판은, 그것이 자기 개정적이고 자치적인 조건들을 좋아하지 않고, 민주적 절차보다 관료주의를 선호한다는 것이다.

현대 도시계획의 탄생을 돌이켜볼 때, 이런 비판은 표적을 벗어난 것이다. 도시계획의 위대한 세대가 건설하고자 한 것은 관료들의 새장 속 삶처럼 안정적이기만 한 장소가 전혀 아니었다. 그들은 도시에 서로 다른 형태의 질서를 부여하고자 했지만, 각 형태는 그것이 다루는 문제를 해결하기에 부족했다. 오스만이 만든 네트워크화된 도시는 군중을 통제하지 못했다. 세르다의 도시 직조는 도시 평등화라는 사회주의적 목표를 실현할 수 없었다. 또 옴스테드의 공원만으로는 더 사교적인 도시를 만들 수 없었다. 위대한 세대는 도시로 실험을 하면서, 열린 실험이 그렇듯 성공은 물론 막막한 장벽과 패배도 만났다. 그 후 20세기의 도시계획이 사는 것과 지어진 것을 연결시키려는 야심을 줄이면서, 패배의 통증도 누그러졌다.

3

시테와 빌의 이혼

위대한 도시계획가 세대는 시테와 빌을 연결시키려고 아등바등 애썼다. 그러나 그들의 상속자들은 이 투쟁을 포기했다. 그러자 잘못된 결혼 생활처럼 유해한 침묵이 내려앉았고, 어려움이 있어도 그것에 맞서지 않았다. 1930년대에는 그 두 영역이 갈라서는 방향으로 나아간 지 이미 오래였다. 이혼 가정에서는 부모들이 직면하지 못한 문제가 아이들에게 넘어간다. 2차 세계대전이 끝난 뒤 도시계획에서 이런 현상이 발생해, 도시를 어떻게 개방할 것인지에 대한 토론들이 변색되었다.

사람과 장소의 헤어짐

시카고 베버가 중세의 도시국가들을 찬양한 직후, 일군의 미국인들이 현대 도시에서의 거주에 대한 보다 풍부하고 긍정적인 평가를 얻으려고 노력했다. 시카고 대학은 이런 일을 하기에 좋은 장소였다. 1890년대에 설립된 그곳은 대학을 교양 있는 젊은 신사들의 사교 클럽으로 보는 영국식 모델이 아니라 하나의 연구 센터로 보는 독일식 모델을 따랐다. 그 대학은 녹지가 많은 시카고 남쪽 지역에 중세의 대학 같은 모습으로 세워졌지만, 그곳의 사회학자들은 학계라는 안전한 둥지에 오래 머무르지 않고 금방 떠났다. 대학의 북쪽과 서쪽에서 시카고는 여러 인종이 뒤섞이는 현대적 도시로 성장하며 번영을 누렸다. 그곳은 미국 전역의 철도 허브 역할을 했으며, 19세기의 맨체스터보다 훨씬 다양한 산업을 보유하고 있었다. 유럽 출신 노동자들은 유럽으로부터의 이민이 줄어들던 1920년대까지 이곳에서 피난처를 구했다. 1차 세계대전 후 10년 동안은 아프리카계 미국인들이 구태의연하고 인종적 마비 상태에 빠진 연방제 주들을 떠나 이곳으로 오기 시작했다. 시카고학파는 이런 복잡한 장소에서 산다는 게 어떤 것인지 알아내고 싶어했다.

시카고학파의 설립자 로버트 파크Robert E. Park는 12년 동안 기자로 일한 뒤 하버드 대학에서 철학자이자 심리학자 윌리엄 제임스에게 수학하여 1899년 석사학위를 받았다. 그 뒤 베를린에 가서 게오르크 지멜 밑에서 사고방식에 대한 이론가들의 견해를 경험적 연구와 결부시키려 했다. 파크는 인상적인 인물이었다. 귀국한 뒤 그는 흑인만 다니는 공업 전문 대학인 터스키기 대학에서 7년간 가르쳤다. 1914년 시카고에 온 그는 그 도시의 에너지에 감전되었다.

파크는 저널리즘 스타일로 재빠르고 능수능란하게 사람들을 대면하는 것은 싫어했다. 대신 시카고학파는 장기간에 걸쳐 지역사회에서 생활하면서 체계적인 질문을 통해 사람들의 생각을 알아내는, 인류학의 현장 조사 방법을 채택했다. 그들은 윌리엄 아이작 토머스W. I. Tomas와 플로리안 즈나니에츠키Florian Znaniecki가 수행한, 폴란드 이민자들의 농민으로서의 과거와 노동자로서의 현재를 다룬 연구를 참고했는데, 그 가난한 이민자들을 집중적으로 인터뷰하고 그들의 생각을 진지하게 받아들인 결과물이었기 때문이다. 2차 세계대전이 발발할 때까지 시카고학파는 이런 식의 연구를 통해 수백 편의 논문을 남겼는데, 그중 많은 수는 불행하게도 지금 문서고에서 시들어가고 있다.[1]

하비 워런 조보Harvey Warren Zorbaugh의 책 《골드코스트와 슬럼The Gold Coast and the Slum》은 시카고학파의 방법을 구현한 저작이다. 시카고 북쪽 근방에 이웃하여 사는 부자와 빈민 사이의 긴장감이 이 연구의 조건을 제공했다. 조보는 시카고 마천루의 그늘이 드리우는 임대 주택이나 비좁은 아파트에서 사는 빈민들에게 초점을 맞추었다. 그들 본인의 목소리가 본문에서 큰 비중을 차지한다. 예를 들면 그들은 가난한 가정이 전당포에 무엇을 전당 잡힐 수 있는지 이야기한다. 조보는 열심히 듣는다. 한 세기 전의 엥겔스와 비교하면 그는 훨씬 더 체계적인 만보객으로, 거리에서는 물론이고 전당포 주인과도 대화를 나눈다. 그는 엥겔스보다 중립적인 입장에 서 있다가 책의 결말에 이르러서야 빈민을 무시하는 지역 정치가와 기관을 비난한다.[2]

지역사회 시카고학파는 지역사회 분석에 탁월한 전문가들이지만, 그에 대해 양면적인 태도를 취한다. 그들이 느끼는 불편함의 한 가지 이유는 '지역사회'라는 개념의 역사에 있다. 그 발상은 17세기의 토머스 홉스까지 거슬러 올라간다. 자연 상태에서의 인간 존재를 "만인의 만인에 대한 투쟁"으로 표현한 그이기에 지역사회를 찬양했을 것 같지

짓기와 거주하기

않다. 그런데 자신이 가정교사로 있던 캐번디시 귀족 가문 아이들의 행동을 관찰하면서, 홉스는 그들이 '화합concord'에 대한 강한 열망을 갖고 있고 싸우거나 논쟁할 때도 서로가 함께 있는 것을 즐거워한다고 결론지었다. 그리고 그런 즐거움을 더 냉철하고 계약적이고 절제된 힘을 가진 정치적 연대의 조건인 '통합union'과 비교했다.

화합이라는 사교적 충동과 통합이라는 정치적 필요의 이런 비교 작업은, 19세기 사회학자 페르디난트 퇴니에스Ferdinand Tönnies에게 직접적인 영향을 주었다. 그는 게마인샤프트Gemeinschaft와 게젤샤프트Gesellschaft의 차이를, 영어로는 보통 'community'와 'society'라고 번역되는 것의 차이를 구분했다. 전자는 직접 얼굴을 마주하는 개인적 관계를, 후자는 비개인적이고 도구적인 관계를 말한다. 게마인샤프트는 직계 가족이 아닌 사람들과의 일상적인 관계에서의 친근감이나 적대감을 전달한다. 게젤샤프트에서 사람들은 지멜의 가면을 쓴다. 그들은 냉정하고, 서로에게 무관심하다. 이 분류법은 정치적인 함의를 담고 있다. 퇴니에스가 이해하는 바에 따르면 이웃 관계는 일터에서의 화합을 포함하지 않고―노동 조직가라면 좋은 소식이 아니다―비개인적인 공공장소에서의 사교성도 다루지 않는데, 옴스테드 같은 공원 설계자라면 이를 언짢아 할 것이다. 퇴니에스는 시테를 축소시켰다. 그에게 삶은 지역에 한정된다.

시카고학파는 두 가지 이유로 퇴니에스에게 불만을 품었다. 첫째는 그가 지역사회와 일을 완전히 분리했다는 점이다. 그는 사람들이 현대 자본주의의 냉정하고 무감각한 모든 것이 구현된 일의 세계, 즉 공장이나 사무실 문을 나서야만 감정적으로 살아난다고 생각했다. 하지만 시카고학파는 이웃 간에 화합하는 힘이 공장이나 도축장에서 함께 일하는 노동자들 간의 연대감보다 약한 경우가 종종 있다는 사실을 발견했다. 윌리엄 아이작 토머스가 좌파는 지역사회 조직보다 노동 조직에 집중해야 한다고 주장한 것은 그런 연대감 때문이었다. 토머스는 오로지 도시 지향적 정치 성향 때문에 시카고에서 추방되었고, 성적 사회규범에 관한 미국 최초의 연구자 중 한 사람이었기에 뉴욕 신사회 연구소New School for Social Research로 들어가 연구를 계속했다. 그를 보호하기 위해 싸웠지만 실패한 파크 같은 시카고 동료들과 궤를 함께하면서.[3]

시카고학파가 퇴니에스를 문제시한 두 번째 이유는, 그의 성차별적 시선이었다. 그는 뻔뻔스럽게도 게마인샤프트는 여성의 공간, 게젤샤프트는 남성의 공간이라고 보았다. 이는 히틀러가 그를 좋아했던 이유 중 하나로, 당시에는 사회학자들과 독재자들 모두 여성의 활동 영역을 육아, 부엌, 교회로 제한했다. 그런 면에서 보자면 퇴니에스는 그저 자신이 살던 시절의 가치관을 반영한 인물일 뿐이라는 것은 맞는 말이다. 남녀 모두가 엥겔스가 다룬 맨체스터 같은 도시에서 산업 프롤레타리아로서 일해야 했지만, 가족의 사정이 어떤 식으로든 나아지면 여자는 일을 그만두는 것이 그들의 소망이었다. 그래서인지 나는 19세기 시카고 가족을 연구하면서, 프롤레타리아 계층에서 상향 이동의 첫 번째 신호가 여성의 유급 노동 중단임을 발견했다.[4]

시카고학파가 퇴니에스의 신념에 이의를 제기했던 것은 대공황이 사람들의 태도를 재조정했기 때문이었다. 2차 세계대전이 다수의 여성을 시카고 군수업체로 불러들이기 10년 전인 대공황 때 이미 노동의 지형이 바뀌었다. 남자들의 일자리가 간호사, 웨이트리스, 타이피스트, 보육사, 초등학교 교사 같은 여성들의 일자리보다 불안정해졌기 때문이다. 시카고학파이자 사회복지사인 샬럿 타울Charlotte Towle은 대공황 기간 동안 실직 또는 반 실직 상태에 처한 남자들이 술을 마시지 않게 할 방법을 고민하던 여성들이 자연스럽게 자본주의적 궁핍화를 비판하게 되었음을 알게 되었다. 그들이 그런 용어를 쓰지는 않았지만 말이다. 퇴니에스는 시테를 성차별적으로 다룸으로써 시테의 윤리적 지평을 수축시킨 반면 시카고의 연구자들은 여성들이 대공황 시절에 의식의 규모를 확대했음을 알아냈다.[5]

시카고학파는 지역을 사회로부터의 피신처로, 동네를 추운 바다 위에 떠 있는 열대 섬 같은 곳으로 미화한 퇴니에스에게 저항했음에도 불구하고, 지역사회에 집중했다. 왜 그랬을까?

경험에 근거한 지식을 믿는 존 듀이의 영향을 받은 이 학파는 개인적 경험을 재서술하는 것에서부터 방법을 만들어냈다. 발자크의 전지전능한 해설자, 등장인물들이 무슨 생각을 하든 개의치 않고 독자들에게 무슨 일이 벌어지는지를 말해주는 해설자는 사라졌다. 1920년대와 1930년대에 특히 클로드 레비스트로스가 이끄는 인류학자들은 사회에 대한 사고방식으로서 개인적 경험의 내레이션을 연구했다. 이것은 사람들이 자신의 삶에 대한 이야기를 전문적 해석이 필요한 맹목적이고 순진한 서사로 취급하던 당시의 사회과학적 성향에 대한 도전이었다. 시카고학파는 우선 연구 대상들의 사소해 보이는 구체적 경험에 집중하면서, 해석이 확장되는 궤적을 따라갔다. 만약 사람들이 어떤 상황을 이해하지 못하면, 그들의 잘못된 인식이나 어리석음 때문이 아니라 객관적으로 봐도 이해하기 어려운 문제라고 받아들였다. 그러나 시카고학파는 들은 것을 자신들의 정치적 견해와 어떻게 연결시켜야 할지를 두고 불안해했다.

슬럼 거주자들의 생활에 관한 조보의 저서 끝부분에, 그의 분노가 터져 나온다. 그것은 시카고학파가 자신들의 역할을 수동적인 것으로만 보지 않았다는 표시다. 바로 그래서 그들은 연구 대상과 어떤 관계를 맺을지를 두고 고민했다. 세상의 불에 뜨거운 맛을 본 인터뷰이의 경험에서 만들어진 해석적 구조물은, 인터뷰어 자신의 정치적 견해에 비해 이데올로기적 성향이 약할 때가 많았다. 그래서 그들(내 어머니도 그중 하나다)은 농촌인 남부에서 시카고로 온 아프리카계 미국 여성들로 구성된 공산주의 세포 조직을 만들려고 했다. 경제적으로 탄압받는 여성들이었기 때문이다. 로버트 파크, 샬럿 타울, 루이스 워스Louis Wirth 같은 시카고학파 원로들은 그런 움직임을 두려워했다. 그들이 신중한 구세대여서가 아니라 연구 자체가 변질될까봐 우려한 것이다. 현장 연구자들은 빈민들을 두 컷짜리 만화에 나오는 무기력한 희생양 혹은 영웅적인 저항군으로 변형시킬 수 있다. 즈나니에츠키는 1차 세계대전 이전에 처음 연구를 시작할 때부터, 연구자는 억압받는 사람들의 트라우마에만 집중할 것이 아니라 그들이 그 트라우마를 어떻게 극복하는지를 이해하려고 노력해야 한다고 주장했다.

정치와 맺는 관계에 문제가 있었을지라도, 시카고학파가 남긴 유산은 '경험'과 '지역'이라는 두 단어의 의미를 어떻게 두텁게 만들었는가에 있다. 그들은 철강 노동자들을 스스로의 경험을 분석할 수 있는 유능한 주체라고 믿었다. 노동자들은 자기에 대한 이해를 추구함에 있어, 사는 지역이 편협한 사고방식을 초래하지는 않는다는 것을 보여주었기 때문이다. 그 사실이 사람과 장소에 대한 시카고학파의 윤리적 신념이 되었다.

복합적 지식을 강조한다는 점에서 시카고학파는 도시 전체, 사람들만이 아니라 도시의 물리적 형태까지 포용하는 것처럼 보일지도 모른다. 하지만 그렇지 않다. 그들의 작업은 시테를 강조하고 빌은 무시했다. 그들은 2차원적 형태로서의 도시를 상상했고, 3차원적인 건축 형태에 대해서는 전혀 생각하지 않았다. 시카고학파에게는 눈보다 말이 더 중요했다.

예를 들면 파크와 그의 동료 어니스트 버지스Ernest Burgess는 특이한 2차원적 도시 이미지를 만들어냈다. 재산, 민족성, 인종 또는 비즈니스 구역, 제조업 구역, 주거 지역으로 나누어지는 동심원 과녁 모양의 도시 지도였다. 이런 방식을 사용한 까닭은 사회적 경제적 차이가 중심으로부터 동심원 형태로 퍼져나간다는 그들의 믿음 때문이었다. 이런 이미지는 틀렸다. 원은 조밀하고 미니멀리즘적인 형태지만, 차이의 측면을 본다면 대도시는 가난과 부, 기능적 또는 사회적 집단의 콜라주를 이루는 지저분한 덩어리와 특이한 마름모꼴이다.

파크와 버지스의 방식은 2, 30년 전 찰스 부스Charles Booth가 시도했던 이스트런던 빈민 구역 지도 제작 방식과 상반된다. 부스는 밑바닥에서부터 일했다. 거리마다, 집집마다 돌아다니면서 주민들의 재산을 추적하여 정치경제학의 지도가 얼마나 복잡한지를 보여주었다. 그것은 단순한 원이 아니라 콜라주였다. 그런 다음 부스는 이것이 단지 난장판에 불과한지 자문했다. 그것이 아니라면 이 복잡한 그림에 있는 요소들은 서로 어떻게 반응하는가? 부스의 콜라주는 그 이미지에 대한 합리적 사유를 고취시키지만 파크–버지스의 원은 그렇지 않다. 부스는 상징적이기보다는 재귀적reflexive 사유자다.

도시계획의 창시자 세대가 만들어낸 세 종류의 직조 가운데 둘—직교 격자 및 추가 블록—은 동심원 과녁처럼 환원주의적이다.

그 바로 뒤의 세대는 이 단순성을 의심하여 직조를 변형시키기 시작했다. 1900년경 계획가들은 거리street와 대로boulevard가 차지하는 비중의 불균형을 다시 조정하려 했다. 파리 좌안에 있는 생제르맹 대로의 교통 흐름을 다양화하여 보행자 교통을 더 많이 지원한 것도 그 예다. 바르셀로나의 계획가들은 외곽 블록이 도시 전역으로 확장되면서 세르다의 원래 형태가 단조로워질까봐, 외곽 블록의 파사드에 변화를 주기 시작했다.

반면 시카고학파는 동심원 과녁이 어떻게, 언제, 어디서 덩어리가 될지에 대해서는 별로 생각하지 않았다. 형태와 기능을 단단히 결합시킨 그들의 '동심원적 구역 이론'은, 도시 내의 각 장소는 주거·산업·상업·문화 등 특정한 용도를 갖고 있다는 상상에서 나왔다. 그들은 헨리 포드의 자동차 공장에서 발견되는 엄격한 노동 분업이 도시 공간에도 나타난다고 생각했다. 이렇듯 빌을 기계처럼 보는 관점은, 시테를 전혀 기계로 보지 않던 사람들에게서 나왔다.

시카고학파가 3차원에 대해, 건축 형태에 대해 이토록 관심이 부족했다는 사실이 놀랍다. 20세기의 첫 2, 30년 동안 시카고는 현대 건축의 세계적 수도가 되었다. 그곳은 루이스 설리번Louis Sullivan과 프랭크 로이드 라이트Frank Lloyd Wright에게 고향 같은 곳이었고, 프레더릭로 옴스테드의 조경 디자인 작업을 이어받은 대니얼 버넘Daniel Burnham에게도 마찬가지였다. 버넘이 1909년에 세운 시카고 도시계획은, 시카고 원로들이 도시와 면한 거대한 호수 연안의 야외 공간을 보존하도록 유도했다. 파사드에 집착했던 오스만과 달리 시카고에서 활동하던 19세기 후반 건축가들은 건물 내부와 외부를 연결시키는 데 관심이 있었다. 이렇듯 건설 환경에 주목할 온갖 이유가 있었는데도 시카고학파는 그러지 않았다. 그들은 건물들을 자신들의 탐구와 관련시키지 못했을 뿐만 아니라, 시테 그 자체의 풍부한 의미를 빌의 복잡성과 연결시키지도 못했다. 파크는 다음과 같이 말했다. "도시는 단지 물리적 구조, 인공적 건축물이 아니라 그것을 구성하는 사람들의 생명 과정에 개입한다. 그것은 자연의 산물, 특히 인간 본성의 산물이다." 이 인간적 선언에서 "단지"라는 단어가, 은연중에 도시는 곧 그곳에 사는 사람들이라는 파크의 속마음을 드러낸다.6

이렇듯 사람과 장소의 분리가 시카고학파의 정치에 스며들었다. 시카고학파 중에서도 가장 이론적인 사고를 한 루이스 워스는 에세이 〈생활 방식으로서의 도시계획〉에서 이렇게 말했다. 도시는 "고도로 차별화된 생활양식을 가진 사람들과 문화들의 잡탕(혼합물)으로, 거기에는 매우 희미한 소통, 최대한의 무관심과 최대한의 관용, 때때로 벌어지는 쓰라린 투쟁이 있을 뿐이다." 물리적 도시에 대한 그의 무관심이 사회적 단절 문제를 더욱 심각하게 보이게 만들었다.7

도시계획과 건축은 대개 명제적 사유propositional thinking(경험적 현상에 대한 판단이 아니라 논리적 진위를 따지는 추론 형태 – 옮긴이)를 거쳐 전진한다. 베버는 외부의 권력에 의해 고정된 형태의 규칙을 강요당하는 것이 아니라 변경되고 진화할 수 있는 규칙을 시민 스스로 정하는 자치적 도시국가의 이상형에서 명제적 사고를 이끌어냈다. 다시 말해 명제적 사유는 그런 자치의 설계자 버전이다. 학교는 어떻게 만들어져야 하는가? 작업장이나 스튜디오에서는 상이한 제안들이 테이블에 올라와 분석되고 토론되고 선택된다. 외부 세력이 그 결과를 무산시킬 수는 있지만 그 절차는 본질적으로 실용적인 훈련으로, 기존의 현실을 바꿀 방법을 궁리함으로써 현실에 관여한다.

시카고학파의 정치는 이런 실용적인 명제적 사유로 이어지지 않았다. 그것은 언어적 분석을 우선시하기 때문에 마치 한 손을 등 뒤에 묶어둔 형국이었다. 그들은 소통이 강화될 수 있는 장소, 혹은 워스의 표현을 빌리자면 "무관심"이 반격될 수 있는 장소에 대한 구체적 제안을 작성할 수 없었다. 정치가 신체를 잃었다. 그들은 설계 자체에 관심이 없었기 때문에, 학교 설계에 관해서 아무런 아이디어가 없었다.

파리 건설된 도시에 대한 시카고학파의 무관심은 장소 만들기와 거주의 결합에서 발생하는 문제의 절반을 상징했다. 그 결합을 다룬 또다른 관계자 역시 똑같은 무관심을 보여주며 빌과 시테의 관계를 단절시켰다.

거주에 대한 이런 어이없는 무관심의 상징이 바로 파크 세대에 속하는 르코르뷔지에 Le Corbusier가 제안한 파리 일부의 개조 계획에 담겨 있었다. 그는 1925년에 중세적인 마레 지구를 완전히 철거하여 파리 중심부를 개조하자는 계획을 발표했다. 르코르뷔지에는 그곳을 평지로 만든 뒤 체스 판 모양의 격자 위에 각 공간에 격리된, 하늘에서 봤을 때 X자 형태인 거대한 고층 빌딩들을 세우자고 제안했다.

그 당시 마레 지구는 가난한 유대인 상인들, 마시프 상트랄에서 갓 상경한 프랑스 농민들, 그리고 그곳에 오래전부터 자리잡고 있던 위그노파 직공들이 뒤섞여 사는 습하고 불결한 곳이었다. 그들은 모두 18세기 초반에 지금은 제7구가 된 센강 건너편으로 이사한 귀족들이 버리고 간, 퇴락하고 부서진 오텔 살레 Hôtel Salé 같은 르네상스식 저택들을 은신처로 삼았다. 폐허에서의 생활은 복잡했다. 농민들은 정착한 지 오래인 유대인들이나 신교도들과 잘 어울리지 못했고, 자기들

르코르뷔지에의 부아쟁 계획은, 균일한 블록으로 도시를 건설한 세르다 계획의 의붓자식이다. 부아쟁 계획에서 거리의 생활은 존재하지 않는다.

끼리도 화합하지 못했다. 그리고 그들 모두는 비좁고 곰팡이 낀 구역에서 함께 살아야 했다. 세르다식 격자를 만들게 된 원래 동기가 전염병이었듯이, 르코르뷔지에는 빛과 환기를 제공하는 고층 빌딩들을 만들어 건강 문제를 처리하려 했다.

세르다의 원래 계획과는 달리 사람들이 살고 일하는 공간이 평지보다 높아지고 거리와 고속도로에 고속 차량과 열차가 지나다니게 되면서, 사람들은 거리를 걸어다니지 않게 된다. 르코르뷔지에는 항공기 제작자 앙드레 부아쟁André Voisin의 이름을 따서 자신의 계획을 부아쟁 계획이라고 했다. 르코르뷔지에는 부아쟁의 기술적 선진성에 감탄했으며, 부아쟁은 르코르뷔지에에게 유선형 자동차를 설계해주었다. 르코르뷔지에는 같은 높이의 고층 빌딩들이 마레 지구는 물론이고 좌안 전체, 더 나아가 파리 전체를 덮으면 좋겠다고 생각했다. 이것은 극단적인 추가 격자 제안이었다.

부아쟁 계획은 원리 면에서는 대규모 주거 시설에 빛과 공기를 가져와야 하는 고전적 도시계획 문제에 탁월한 해결책 같다. X자형 고층 빌딩은 환기 측면에서 내부 마당에 공기가 갇힐 수 있는 외곽 블록보다 더 효율적으로 보이기 때문이다. 르코르뷔지에의 고층 빌딩이 효과를 보려면 창문을 열어 공기를 받아들이고 배출할 수 있어야 하는데, 10층의 창문을 열어두는 것은 위험함을 그는 알고 있었다. 그리하여 예비 도면을 보면 알 수 있듯이, 그는 창문을 정확하게 설계하는 데 집중했다. 에어컨 시설을 갖춘 봉인된 고층 빌딩이 최초로 선보이던 시점이었지만, 그는 그 방식은 좋아하지 않았다. 그는 '패시브 건축passive building'(냉난방에 드는 에너지를 최소화하는 건축 – 옮긴이) 기술의 개척자였다.

부아쟁 계획의 과감성은 전에는 사용되지 않던 콘크리트를 고층 빌딩의 건축 재료로 제시했다는 데 있다. 콘크리트는 기본적으로 분쇄된 자갈과 석회를 기초로 하는 시멘트를 합한 것이다. 거기에 물을 더하면 어떤 틀에도 쏟아부어 굳힐 수 있다. 로마인들이 화산재와 포졸란pozzolan을 섞어 시멘트를 만들면서 시멘트는 더욱 견고한 건축 재료가 되었다. 그들은 천재적 기술공이었다. 수도교에서 신전에 이르기까지 그들이 만든 구조물들은 어찌나 단단한지, 아직도 균열이 생기지 않은 것이 많다. 로마인들의 건축 기술, 특히 성능 좋은 시멘트 제조 기술은 중세 때 자취를 감추었다. 17세기에 콘크리트가 다시 인기를 얻게 되면서 균열과 부스러짐의 문제가 불거졌다. 하지만 단층 콘

짓기와 거주하기

크리트 건물은 모르타르(로마 콘크리트보다 더 무른)와 돌로 만들어진 고층 빌딩의 기둥과 바닥판보다 더 안전하다는 것이 입증되었다.

콘크리트의 취약점은 석회에 대한 화학적 이해가 높아지고 콘크리트 속에 철근을 넣는 방법이 도입되면서 해결되었다. 19세기의 엔지니어 프랑수아 코아네François Coignet가 철근이 들어간 강화 콘크리트를 실험했고, 조지프 모니에Joseph Monier가 1877년에 그것으로 특허를 냈다. 하지만 그로부터 50년 뒤에도, 강화 콘크리트 기둥 하나가 어느 정도의 무게를 버틸 수 있는지 밝혀지지 않았다. 캐스 길버트Cass Gilbert가 1913년에 지은 높이 241미터의 뉴욕 울워스 빌딩은 지지 기둥을 여러 개 세우고 한 층씩 쌓아나가는 신중한 토목공학에 의해 건설된 고층 빌딩이었다. 반면 르코르뷔지에의 부아쟁 계획이 제안한 건물은 기둥을 최대한 없애고, 각 층에는 하늘에 떠 있는 탁 트인 공간과 강화 콘크리트로 지은 기둥 둘, 그리고 콘크리트를 부어 만든 바닥판이 구조적 한계까지 뻗어 있는 형태였다.

르코르뷔지에가 주변 환경을 감지하는 데도 그 정도로 몰입했더라면 좋았을 것이다. 그는 고층 빌딩의 설계에 극단적인 관점을 사용했다. 그 프로젝트는 약 100미터 상공에서 비행기를 타고 강하하는 사람의 관점에서 설계된 것이다. 대규모 건설 대상을 전체적으로 내려다보는 것은 흔한 건축학적 관행이지만, 르코르뷔지에는 이 관행을 과도하게 밀고 나가 관찰자를 까마득히 높은 하늘에 올려놓아 건물을 자세히 들여다볼 수 없게 만들었다. 사람들은 X자 형태의 고층 빌딩들이 기계적으로 반복되고 있다는 것만 알아차릴 뿐이다.

이상한 일이지만, 부아쟁 계획은 유동하는 현대성의 한 면모인 과거 지우기를 잘 보여준다. 르코르뷔지에는 아무것도 칠하지 않은, 혹은 흰색으로 칠한 콘크리트로 지은 새로운 구역을 상상했다. 그런 색을 쓰는 것은 시간의 흐름이 물리적 재료에 흔적을 남기는 방식에 도전한다는 의미다. 오래된 건물이나 닳은 포장석은 그 물리적 환경이 사용된 것임을 알려준다. 거주는 흔적을 남긴다. 아무 칠도 하지 않거나 흰색으로 칠한 콘크리트는, 건물은 아무도 그곳에 산 적이 없었던 것처럼 언제든지 복원될 수 있다는 상징으로 보였기에 르코르뷔지에에게 매력적이었다. 재료를 이런 식으로 사용하는 것에는 다음과 같은 유혹적인 논리가 있다. 너 자신의 삶을 살기 위해서는 과거와 단절할 필요가 있다. 현재를 살려면 과거의 기억, 습관, 신념을 불러오는 시간이 남긴 표시를 없애라. 빌을 희게 칠하라. 흰색은 새로움과 지금을 의미한다.

선언문 이 시절의 르코르뷔지에는 시테의 혼란스러움을 싫어해서, 거리에 그 혐오감을 집중시켰다. 1929년에 그는 선언했다. "거리는 우리를 지치게 한다. 온갖 말과 행동이 있는 그곳이 우리를 역겹게 만든다는 점을 인정해야 한다." 부아쟁 계획이 끝난 지 몇 해 뒤, 르코르뷔지에의 추종자인 도시계획가 지크프리트 기디온Sigfried Giedion은 이렇게 선언했다. "제일 먼저 할 일은 건물들의 엄격한 선, 차량, 보행자, 주택이 뒤섞이는 거리 통로를 없애는 것이다." 두 사람 모두 진화해가는 오스만식 대로를 향해 주먹을 날린 것이다. 이 무렵 르코르뷔지에는 "주택은 그 안에 살기 위한 기계다"라는 구절을 만들어냈다. 그는 사람들이 살기에 가장 효율적인 방식을 알아내어 그에 맞는 주택을 지으려고 노력했다. "지금 새것Now New"이 살아온 경험의 엄청난 파괴를 요구한다는 것은 별로 중요하지 않았다. 그는 자신의 계획에 대해

"주요한 목표는 선언"이라고 밝혔다.[8]

선언으로서 부아쟁 계획은 빌을 위해 시테를 부정한다. 르코르뷔지에는 시테의 부재가 주는 안도감을 1935년 뉴욕 여행에서 완벽하게 느꼈고, 그 경험을 《성당이 흰색이었을 때Quand les cathédrales étaient blanches》라는 책을 써서 기념했다. 그는 뉴욕 사람들의 태도나 관습에는 별로 관심이 없었다. 그들은 어쨌든 미국인이었으니까. 그는 주위를 둘러보았지만 거의 아무와도 이야기를 나누지 않았다. 그러나 뉴욕의 추가 격자는 그가 "데카르트적 공간"이라고 다시 명명한 부아쟁 계획의 의도를 실현한 것처럼 보였다. "거리는 서로 직교하며 마음은 해방된다."[9]

과거의 도시계획 관점에서 보면 부아쟁 계획은 기능적 도시를 '연극성'이라는 용어에 포함된 모든 자극과 갈라놓는다. 오스만 대로가 주는 자극이든 옴스테드의 공원이 주는 자극이든 말이다. 지멜은 기능적이고 합리적인 무관심이 거리의 드라마로부터 주체를 보호한다고 단언했다. 르코르뷔지에는 이런 무관심을 실제로 수행할 수 있는, 본능으로부터 기계적으로 '해방된' 건축을 창조했다.

그러나 르코르뷔지에는 사실 고동치는 시테에 반대하는 그의 선언이 시사하는 것보다 더 복잡한 인물이었다. 러시아식 공산주의에 이끌렸다가 얼마 후 염증을 느낀 그는, 1930년대에 부아쟁 계획의 사회민주주의적 버전을 개발하려고 주위의 동료들을 모았다. 그러나 그들 모두는 도시가 효율적인 기계처럼 작동할 수 있다는 것, 시테의 비틀린 재목이 곧게 펴질 수 있다는 것에만 사로잡히게 되었다. 이 그룹의 노력은 당시에 가장 큰 영향을 끼친 도시계획 문서인 '아테네 헌장'에 요약되어 있다.

균열이 커지다

1933년 7월 이 그룹, 즉 CIAM(현대건축국제회의 Congrès Internationaux d'Architecture Moderne)의 멤버들은 아테네에 모여 전시회를 열고 전 세계 33개 도시 연구에서 얻은 네 가지―생활, 작업, 레크리에이션, 순환―기능을 중심으로 분류된 도시계획 아이디어를 발표했다. 목표는 기능적 종합이었다. 당시 CIAM의 대표적 인물들은 SS 파트리스호(1933년 7월 마르세유에서 아테네로 간 대양 여객선. 아테네에는 8월 3일에 도착했다―옮긴이)에 올라 지중해를 항해하면서 바로 이 도시 설계 원리를 개발했다.

바다는 평온했다. 그러나 유럽 대륙은 결코 그렇지 않았다. 공장과 학교의 예언자적 건축가이자 종합 디자인 학교 바우하우스의 창립자인 발터 그로피우스 Walter Gropius 는 1933년 나치에 의해 추방당했고, 건축 역사가인 지크프리트 기디온도 그랬다. 이제 유럽의 지배적 건축가가 된 르코르뷔지에는 스탈린 치하 소련의 현실로 인해 타격받은 자신의 급진주의 성향을 극복하려고 애썼다.

그들은 함께 집중적으로 작업하기 위해 해외로 나갔다. 그들은 도시 설계는 여러 종류의 전문성을 합친 집단적 프로젝트로 추진되어야 한다고 믿었다. 가령 그래픽 디자인은 그들에게 3차원 모델링만큼이나 중요했다. 그들은 도시의 네 가지 기능에 각각 그것과 뚜렷이 결부되는 공간이나 건물을 부여하는 것을 목표로 삼았다. 형태는 문자 그대로 기능을 표상해야 하므로 구조를 보면 즉각 그것이 왜 존재하는지를 이해할 수 있고, 전체적인 구조를 살피면 도시가 어떻게 작동하는지를 알 수 있어야 한다는 것이다. 이것이 르코르뷔지에의 저서《빛나는 도시 The Radiant City》의 주제였다. 그와 그의 추종자들은 교양인이었고 니체를 이해하는 사람들이었으므로 티를 내지는 않았지만, 이런 식으로 도시를 단순화하면 도시가 개선될 것이라고 추측했다.[10]

CIAM은 일단 형태가 기능을 진정으로 따르게 되면 도시계획가들이 쓸 수 있는 확실한 도구 상자가 생긴다고 믿었다. 주택을 기준으로 할 때, 아테네 헌장은 르코르뷔지에의 부아쟁 계획이 설정한 모델을 따른다. "서로 간격을 두고 떨어져서 자리잡은 고층 아파트들은 열린 공간이 생기도록 땅을 해방시킨다." 레크리에이션은 비공식적이 아니라 공식적으로 구상된다. "새로운 열린 공간은 청소년 클럽 같은 잘 규정된 목적으로 사용되어야 한다." 작업을 기준으로 볼 때, 헌장은 사람들이 수행하는 일의 종류나 품질이 아니라 "작업장과 거주지 간의 거리를 (…) 최소한으로" 줄이는 데 집중한다. 헌장은 복합적 용도의 대로가 제거되고 오늘날 널리 쓰이는 단일 용도의 고속도로가 건설되리라고 예고하면서 "보행자 도로와 자동차 도로는 각기 따로 나야" 하며, "통행량이 많은 교통로는 녹지대와 분리되어야 한다"고 권고한다.[11]

기능적 도시를 위한 헌장의 가이드라인 가운데 많은 부분, 가령 통근 시간 감축 같은 것은 그저 건전한 상식이다. 르코르뷔지에의 흰색 콘크리트 모더니즘은 역사, 즉 인간의 경험에 의해 마모된 더러운 건물의 적이지만 도시가 역사의 보존을 위해 형태의 박물관이 될 수는 없다는 말도 확실히 옳다. 하지만 아테네 헌장의 큰 문제점은 좋은 시각적 발상과 사회적 상상력의 빈곤 사이의 균열로, 부아쟁 계획에서 이미 예견되었던 바다. 그 배에 탔던 거의 모든 사람은 전체주의 체제로부터 달아난 이들이었지만, 배 위에서는—기능적 도시를 찬양함으로써—경험의 형태를 잔혹하게 단순화하는 것에 굴복했다.

부아쟁 계획은 창고와 빈민 격리의 모델이 되었다. 1950년대에 시행된 뉴욕 시티 프로젝트가 바로 이런 음산한 빈민 격리형 건물을 만들어냈다.

전쟁이 끝난 뒤, 이 잔혹한 단순화는 1950년대 후반 루시우 코스 타Lúcio Costa가 계획을 도왔던 브라질의 새 수도 브라질리아에서 가장 극적으로 나타났다. 르코르뷔지에의 제자 코스타는 정치를 목적으로 한 그 도시에 형태-기능 명료성이라는 원리를 적용했다. 따라서 각 형태는 정치적 절차의 특정 부분을 대표해야 했다. 그러나 브라질리 아의 건물 형태가 민주주의 촉진에 거의 효과가 없음이 곧 분명해졌 다. 게다가 그 계획 도시를 둘러싸고 순식간에 더 큰 도시가 자라나기 시작했다. 사회적 경제적으로 치열하고 혼란스러운 장소를 만들어내 기 시작한 빈민들의 도시였다. 이 현실에 직면하여 코스타는 헌장의 포괄적 이념에 집착했다. "역설적이게도, 완전히 새로운 건설적 노하 우가 논리적으로 자신이 속해야 하는 사회를 여전히 기다리고 있다.

짓기와 거주하기

(…) 그 근본적 요소들은 이미 완벽하게 개발되어 존재하고 있다.” 이 것은 바로, 현대의 시테는 현대화하는 빌을 따라잡지 못했다고 단언 한 부아쟁 계획을 뜻한다.[12]

아리스토텔레스가 감탄했던 고대의 도시계획가 히포다무스Hippo-damus 이래로 어떤 종류의 도시계획은 도시에 언덕이나 강, 숲속 둔덕 같은 자연적 방해물이 전혀 없는 것처럼 도시를 측량했다. 예를 들면 시카고를 만들 때 계획가들은 기하학적 격자 계획과 미시간 호수에서 불어닥치는 얼음같이 찬 바람은 전혀 상관이 없다고 여겼다. 계획이 조금만 덜 엄격했더라면 곡선으로 휘어진 거리들을 만들어 냉기를 막는 방패 노릇을 하게 했을 텐데 말이다.

기능적 도시를 위한 포괄적 계획을 추구한 CIAM도 마찬가지였다. 그들이 배 위에서 내놓은 제안은 아테네 땅 위에서 33개 도시계획으로 전시되었지만, 거기에는 실제 도시들의 다양성이 반영되어 있지 않았다. 그들은 도시계획가는 현대의 파리, 이스탄불, 베이징 간의 상이한 특징에 집중하면 안 된다고 주장했다. “미학이라는 평계를 내걸고 역사적 구역에 있는 새 건축물에 과거의 스타일을 재활용하는 것은 참혹한 결과를 가져왔다. 그런 습관은 어떤 형태든 용인되어서는 안 된다”는 헌장의 선언은 가장 모더니즘적인 태도였다. 이 선언에서 그들이 의도한 것은 부드럽고 낭만적인 감수성에 충격을 가하는 것이었다. 파리와 이스탄불과 베이징은 현재도 그렇지만 미래에는 점점 더 비슷해져서 형태상 수렴할 수밖에 없다고, 헌장은 예언했다.[13]

아테네 헌장의 배가 항해를 끝내자 배 위에서 친했던 사람들은 각자 갈 길을 갔다. 호셉 유이스 세르트Josep Lluís Sert는 저서 《우리 도시가 살아남을 수 있을까?Can our Cities Survive?》에서 헌장의 실용주의적 측면을 강조했다. 한때 르코르뷔지에의 영향하에 있던 젊은 건축가들은 그의 형식주의에서 멀어져갔다. 1940년대에 암스테르담에 지역적 성격과 맥락에 집중한 훌륭한 공원들을 건설한 네덜란드 건축가 알도 반에이크Aldo van Eyck가 그 예다. 스스로를 설명하는 데 기운을 소진하지 않았던 예술가들이 그랬듯이, 생애 후반에 들어 르코르뷔지에의 내면에서 예술가적 면모가 선언자적 면모를 능가했다. 그 결과, 그는 1950년대에 위대한 도시계획인 인도의 찬디가르 계획을 만들었다. 그는 소소한 세부 사항, 예상치 못한 경치, 복잡한 공간 사이의 불규칙적 움직임에 관심을 쏟음으로써 그곳을 살기 위한 기계가 아니라 하나의 장소로 만들었다. 롱샹 성당 같은 다른 후기작들도 그 형태에 대한 기능주의적인 쉬운 설명이 불가능한, 매우 매력적인 건축물이다.14

그러나 우리의 일상적인 도시계획 속에 들어온 것은 르코르뷔지에 전기의, 경험이 결핍된 신념이다. 아테네 헌장은 20세기 내내 도시계획 안내서 역할을 했다. 부아쟁 계획과 헌장 모두 전후 시카고의 로버트 테일러 주거 단지부터 오늘날의 상하이 고층 아파트에 이르기까지, 대규모 주택 프로젝트에 영향을 끼쳤다. 르코르뷔지에의 옥외 거리 생활 말살은 실내 쇼핑몰을 예고했다. 복잡한 장소에서의 삶에 따르는 혼란을 첨단기술로 줄이려 하는 스마트 시티의 한 버전을 주도하는 것도 부아쟁 계획과 헌장이다.

규모가 축소된 기능성이 낳은 결과는 1956년 하버드 대학에서 열린 콘퍼런스에서 명백해졌다. 그곳에서 파트리스호 승선자들 가운데 여러 생존자가 미국의 젊은 엔지니어, 건축가, 권력자에게 기능주의 윤리를 전파했다. 파시즘을 피해 온 이민자 호셉 유이스 세르트는 당시 하버드 대학 건축학과장이 되어 있었다. 지크프리트 기디온 역시 그곳에서 가르쳤다. 르코르뷔지에는 콘퍼런스에는 참석하지 않았지만 몇 년 뒤 하버드 대학에서 가장 큰 현대적 건물인 카펜터 시각 미술 센터를 짓게 된다. 현장파들은 쇼핑몰의 아버지 빅터 그루엔Victor Gruen, 보스턴 도시계획의 스승 에드먼드 베이컨Edmund Bacon, 피츠버그에서 철거와 건설 개발업에 종사하던 정치인 데이비드 로런스David L. Lawrence 같은 이들과 어울렸고, 이 선의의 자유주의자들이 그 자리의 분위기를 조성했다. 이때는 신세계적 이상주의, 자신감, '할 수 있다'는 실용주의로 미국이 정점에 달했던 시기였다.

세르트 학과장이 도시계획은 "도시의 물리적 형태를 다루는 도시 플래닝의 형태"라는 말로 그 콘퍼런스를 요약했다. 도시계획가 알렉스 크리거Alex Krieger는 그것을 "계획과 프로젝트 사이의 중재"라고 다시 표현했다. 그리하여 기능주의는 독점적 언어를 구사하는 사람들 사이에서 '학제 간 교류'라는 전문성으로 축소되었다. 하버드 대학의 축복을 받은 기술 과목들의 조정과 결합은 공식적 도시계획이 되어 빌이 자족적인 문제로 작동하게 만드는 데 집중했다.[15, 16]

그런 지배적인 분위기에 반대하는 두 목소리가 있었다. 당시 건축 잡지에 글을 쓰던 젊은 필자 제인 제이콥스는 그 행사에 참석했다가 그곳에 모인 귀빈들의 자기 확신에 답답함을 느꼈다. 인문학자이자 위대한 도시 역사가, 그리고 헌신적인 진보주의자인 루이스 멈퍼드는 "지역사회의 친밀한 사회적 구조를 파괴하면서 물리적 구조를 창조하는 것은 절대적으로 어리석다"고 강하게 주장했다. 그 자리에 있던 개발업자 그루엔, 베이컨, 로런스가 바로 그런 사업을 한창 진행하고 있었다.[17]

멈퍼드와 제이콥스 모두 생활이 만들어내는 도시의 복잡성을 건축 형태 속에 통합시키는 도시계획을 추구했다. 하지만 그 하버드 회의 고작 몇 년 뒤에, 두 사람은 동일한 목표를 달성하는 방법을 두고 적대적으로 갈라섰다.

도시를 어떻게 여기는가?

제인 제이콥스는 로버트 모지스를 상대로 싸운 활동가로 유명해졌다. 그는 20세기 뉴욕의 독재적 계획가로, 뉴욕이 가장 사랑하는 공원 중 하나인 워싱턴스퀘어를 관통하는 고속도로를 건설해 5번가를 개조하려 했다. 그녀는 이 제안이 범죄적인 것임을 대중에게 설득했고, 결국 뉴욕 정치가들은 그녀에게 동의했다. 그녀가 왜 그처럼 설득력을 가질 수 있었는지 한 권의 훌륭한 책이 설명해준다.《미국 대도시의 죽음과 삶The Death and Life of Great American Cities》(1961)에서 그녀는 도시를 순전히 기능적인 시스템으로 생각하는 것에 반대했다. 그녀의 주장에 따르면 대형 마스터플랜은 지역사회를 질식시키지 않을 수 없다. 그녀가 지지한 것은 혼합형 동네, 비공식적 거리 생활, 지역 통솔권이었다. 그녀의 책들—앞의 책 외에도 여러 권이 있는데, 말년에는 철학적인 방향으로 선회한다—은 그녀를 시카고학파의 민족지학적 전통 한복판에 데려다놓는다. 말년의 책들에서 그녀는 이웃들이 서로에게 반응하는 방식의 복잡성, 즉 무엇을 말하며 무엇을 말하지 않는지를 흥미로워했다. 시카고학파처럼 그녀도 사람들이 정치에 참여하지 않는 이유에 공감하게 되었다. 참여하라고 계속 설득은 했지만 말이다. 그녀는 내 세대에게 영웅이 되었다.

루이스 멈퍼드는 사회주의라는 명분으로 그녀를 공격하면서, 자본주의자들의 하향식 권력과 싸우려면 그들을 휩쓸어버릴 만큼 우세한 힘을 가져야 한다고 주장했다. 뿐만 아니라 멈퍼드는 사람들이 투쟁하게 하려면 도시의 대안적 비전, 즉 그들이 무엇을 위해 싸우고 있는지를 알려줄 이미지가 필요하다고 생각했다. 그는 디자인을 믿었다. 제이콥스와 멈퍼드 둘 다 정치적으로 좌파였지만 멈퍼드는 정책 수립을 강조하는 페이비언 사회주의(혁명이 아니라 의회주의 입장에서 점진적 사회 개량을 추구하는 사회주의 – 옮긴이)로 기운 반면, 제이콥스는 아나키즘으로 강하게 기운 이단아였다. 둘 사이의 논쟁은 건설되는 것과 생활이 만드는 것, 빌과 시테 사이의 상대적 균형을 주제로 벌어졌다. 멈퍼드는 주요한 도시계획 설계자들이 제이콥스보다 훨씬 더 큰 정치적 덕성을 갖고 있다고 여겼다.

제인 제이콥스는 적어도 내가 아는 한, 자신의 도시계획을 삶으로 직접 실천했다. (나는 우리 둘 모두의 편집자이던 제이슨 엡스타인Jason Epstein을 통해 제이콥스를 소개받았으며, 그녀가 뉴욕에 사는 동안 편하게 만났다. 이상하게도 우리는 그녀가 토론토로 이사 간 뒤 더 자주 만났다.) 1950년대와 1960년대에 보헤미안들의 단골 술집이던 뉴욕 그리니치빌리지의 화이트호스에서 그녀와 마주치곤 했는데, 당시만 해도 그곳은 관광객들로부터 자유로웠다. 시끄럽고 담배 연기 자욱한 그 장소에 화가, 부두 노동자, 정육업자, 게이, 근처 병원의 간호사 등 잡다한 사람들이 드나들었다. 그곳 음식은 도무지 먹을 만한 것이 못 되었지만, 분위기는 사회적 영양가가 풍부했다. 바로 거기서 제이콥스는 내가 한 번도 들어본 적 없는 건축가들을 거론했으며 지역 정치인들, 특히 모지스의 친구들에 관한 끔찍한 가십을 자세

제인 제이콥스가 내놓은 죽은 도시 공간에 대한 해결책. 오스만 이전의 파리로 돌아간 듯한 뉴욕 그리니치빌리지.

옴스테드와 달리 제이콥스는 거리 생활과 밀접한 사교적 공간을 선호했다. 그리니치빌리지의 화이트호스 술집에서, 그녀가 이 책의 저자와 즐겁게 이야기를 나누고 있다. 둘 사이에 취객이 끼어들어도 상관하지 않는다.

짓기와 거주하기

히 들려주었다. 그러나 골수까지 자기애에 빠진 뉴요커들과는 달리, 그녀는 그 술집과 그녀가 매주 순회하는 다양한 커피숍들에 오는 사람들이 누구이며 무엇을 하는지 궁금해하며 관찰했다. 그래서 그녀의 책 페이지마다 그녀가 주의 깊게 관찰―그녀가 "거리를 보는 눈eyes on the street"이라 부른―한 사소한 사건들, 상인들의 자잘한 질투, 지역사회의 삶에 생기를 불어넣는 낯선 사람들에 대한 이야기가 나온다. 이 점에서 그녀는 시카고학파의 직계 후손이다. 그녀의 목표는 도시를 밑바닥에서 꼭대기까지 개방하는 것이었다.

루이스 멈퍼드(당시에 나는 그와 더 잘 아는 사이였다)는 호기심에서 일을 추진하는 느긋한 도시계획가는 아니었다. 우리 도시가 정치적으로 너무 타락하고 물리적으로 퇴락했다고 생각한 그는, 뉴욕에서 벗어나 뉴욕주 북부의 소도시인 어메니어로 갔다. 또한 자신이 제대로 인정받지 못하고 있다고 확신했다. 실제로는 1950년대의 그는 필자로서 유명 인사였는데도 말이다. 제인 제이콥스는 그의 숙적이었다. 처음에 그는 그녀의 책 출판을 막으려 했고, 다음에는 〈뉴요커〉에 '마더 제이콥스의 가정용 치유법Mother Jacobs' Home Remedies'이라는 제목으로 그녀의 책을 악평하는 글을 썼다. 그의 공격은 자멸적이었다. 독자들 대부분은 그 견해의 장점을 판단하지 않고 그냥 등을 돌렸다.

내가 멈퍼드를 개인적으로 무척 싫어하기는 해도(그 역시 나를 싫어했다), 오늘날 그의 견해는 들어줄 만한 가치가 있다. 특정한 사회주의적 계획에 따라 빌을 만들어나감으로써 도시를 개방할 방법을 추구했기 때문이다. 그의 이상형은 그의 멘토들이 영국, 미국, 스칸디나비아 등지에서 다양하게 건설한 '전원도시garden city'였다. 집과 공장과 학교와 상점이 자연과 균형을 이루며 공존하도록 설계된 전원도시가, 빌과 시테 사이의 단절을 치유해 모두에게 좋은 삶을 열어줄 것이라고 믿은 것이다.

제이콥스 일부 해설자들은 제인 제이콥스가 중점을 둔, 거리에서의 일상적이고 비공식적인 교류, 혹은 규제되지 않는 도시 개발 과정이 '유동하는 현대성'의 보기라고 믿는다. 그러나 전혀 그렇지 않다. 그녀는 서서히 성장하는 비공식적 관계를 옹호한다. 그것은 세탁소에서, 또는 1년 내내 아이들을 등하교시키는 길에 수다를 떠는 과정에서 개발되는 이웃 간 의례의 문제다. 그녀의 정치경제학에서 큰 부분을 차지하는 것은 느린 시간slow-time이다. 그녀가 "격변하는 돈cataclysmic money"이라 부르는 것은 건축가들 및 로버트 모지스 같은 계획가들과 연대한 개발자들이 하는 일종의 투자로서, 크고 갑작스럽고 변형적인 프로젝트를 통해 지역사회에 큰 피해를 입힌다. 제이콥스는 그 대신 "점진적인 돈gradual money"을 주장하는데, 액수도 적고 일상의 소박한 요구를 해결하는 돈이다. 놀이터를 짓는 데, 거리 시설물이나 가로수에 투자하는 데, 지역의 야채 가게 리모델링 비용을 대출해주는 데 드는 돈. 이런 모든 측면에서 그녀의 도시계획은 오스만에서 르코르뷔지에에 이르는 파리와 단절한다. 그녀는 규칙성 없고 비선형적이며 끝이 확정되지 않은 개발의 길을 찬양한다. 느린 시간은 결국 특정한 도시 규모를 결정한다. 느림은 작은 곳에서 발생한다.

그녀는 퇴니에스처럼 거리에서, 지역사회에서 직접 얼굴을 마주하는 관계만이 사람들과 그들이 사는 곳을 결합시킨다고 강조하는 듯하다. 그녀의 이상적 동네는 보헤미안 스타일인 웨스트빌리지에서 현현된다. 이곳은 적어도 내가 경험한 바로는 '좋은' 장소가 아니었다. 나

뭄바이의 열린 거리에서는 일과 거주가 혼재되어 있다. 제인 제이콥스는 이러한 거리 생활을 찬양했다.

는 술집 '더티딕의 상갑판Dirty Dick's Foc'sle Bar' 위층에서 한동안 살았는데, 그곳은 화이트호스 근처의 점포로서 낮에는 항만 인부들이 들르고 밤에는 성전환자들이 죽치고 있었다. 그들은 저녁이나 아침에 교대하듯 나가고 들어오면서 서로에게 으르렁거렸다. 그 술집 주인 지미는 마피아의 손아귀에 있었다. 그는 마피아와 웨스트빌리지 경찰에게 뇌물을 줬는데, 한 번이라도 빼먹으면 두들겨 맞았다. 제이콥스가 있던 시절 웨스트빌리지는 물리적으로 폐허였다. 거리에는 쥐떼가 몰려다녔고, 수도전은 부서진 곳이 많았으며, 보도는 깨져 있었다. 이 모든 것에 대해 당국은 아무 조처도 취하지 않았다. 이 거친 여건에 낭만적 요소는 전혀 없었다.

제이콥스는 이런 상황을 알고 있었다. 퇴니에스와는 달리 그녀는 따뜻한 '우리'를 불러오려는 낭만주의자가 아니었다. 그녀는 문제가 있음에도 웨스트빌리지에 살고 싶어하는 사람들을 관찰했고, 그곳이 왜 매력적인지 물어보았다. 도시의 공기가 자유를 만든다는 구호는 웨스트빌리지에서 외부인뿐 아니라 외부인이 아닌 사람들에게도 적용된다. 이웃들은 서로를 자유롭게 내버려둔다. 길에서 마주치면 상점 물건 값이나 집주인의 분통 터지는 행태에 대해 수다를 떨지만, 서로 거리를 유지하며 상대에 대해 너무 깊이 알려들지 않는다는 의미다. 제이콥스는 그런 관계가 좋다고 생각했다. 그녀는 친밀함 없는 이웃 관계를 중요시했다.

건설 환경의 품질에는 별로 관심을 두지 않았다는 점에서 제이콥스는 시카고학파와 맥을 같이한다. 그녀는 "도시는 예술 작품이 아니다"라고 선언했으며, 그녀의 발상을 기초로 한 웨스트빌리지의 타운하우스 블록은 모험적이지 않고 평범한, 무엇보다 내 눈에는 우울한 분위기의 건물들로 이루어져 있다. 하지만 그녀에게 그런 것은 정

나폴리에서, 관광객의 형태를 띤 외부인들은 죽은 상태이던 거리에 삶을 가져왔다. 열림은 이렇게 다양한 방식으로 달성될 수 있다.

짓기와 거주하기

말로 중요하지 않았다. 사람들이 그 속에서 자리를 잡고 각자의 생활 방식에 따라 그 구조를 차츰 자르고 당겨 다듬어나가는 것, 그녀에게는 그것이 중요했다. 거주하는 방식에 따라 형태가 출현할 것이라는 그녀의 생각은 '형태는 기능을 따른다'는 명제의 또 다른 버전이었다. 그 버전에서 '기능'이라는 단어는 얼굴을 마주한 상태에서 이루어지는 수많은 비공식적이고 자유롭고 느슨한 활동을 대변한다.

정치적으로 제이콥스는 미국의 타운 홀 회의를 기초로 한 지역 단위가 민주적 실천에 가장 적합한 규모라고 생각했다. 아리스토텔레스는 도시의 이상적 규모는 한쪽 끝에서 소리를 치면 다른 쪽 끝에서 들리는 정도의 크기(현대의 기준에 따르면 동네 정도의 크기)여야 하며, 민주적 공간은 다른 사람들이 연설이나 토론에 어떻게 반응하는지를 모두가 들을 수 있고 볼 수 있는 곳이어야 한다고 생각했다. 이런 고대적 척도가 더 이상 쓰이지 않게 된 뒤에도, 위임자를 통해 더 큰 규모로 실행될 수 있는 대의 민주주의보다 직접 만나서 실행하는 직접민주주의가 우월하다는 발상은 살아남았다. 제이콥스는 직접민주주의가 세포 같은 방식으로 구축될 수 있다고 믿었다. 비유하자면 각 세포는 소리치면 들리는 거리 안에 있는, 서로를 알고 있는 사람들이 속한 동네다. 세 종류의 도시 직조 중에서 그녀의 견해에 가장 적합한 것은 마당 유형이다.[18]

민주주의 형태를 결정하는 척도 개념에서 제이콥스 도시계획의 가장 도발적인 요소가 나오는데, 그것은 질서와 무질서에 관한 것이다. 이웃 관계의 느린 성장과 일상적 의례가 지역사회를 정체시킨다고 보는 사람도 있겠지만, 제이콥스의 생각은 달랐다. 그녀는 《도시의 경제학The Economy of Cities》(1969)에서 복잡한 도시를 움직이는 교역 및 또 다른 교환 구조를 탐구하면서, 도시는 인구밀도가 높아야 하고 그 기능은 다양해져야 한다고 했다. 인구와 기능이 결합되면 예상치 못한 일들이 일어날 수 있다. 시간의 화살은 더 이상 직선으로 날지 않는다.《미국 대도시의 죽음과 삶》에서 그녀는 말했다. "조밀도와 다양성에서 생명이 생긴다면, 생명은 무질서한 것이다." 그녀는 아리스토텔레스처럼 상업적 관계에 대해서도 어느 정도 생각하고 있었다. 경쟁자 여럿이 함께 있어야 서로 경쟁하고 공모하고 번성한다. 이것은 오늘날 '혁신 허브'의 논리이기도 하다. 그녀는 정치에 대해서도 생각하고 있었다. 개방적이고 격렬한 토론이 있어야 정치가 활기를 띤다. 도시는 이런 혜택을 위해 비공식적으로 작동해야 한다. 아테네 헌장의 미리 계획된 기능 네 가지는 도시에게 이런 종류의 부글거리는 세렌디피티serendipity를 주지 않는다.[19]

"미국 대도시의 죽음과 삶"이라는 제목에는 공명하는 반응이 있다. 정신분석학은 '죽음'과 '삶'이라는 단어를 말의 형상을 넘어서는 것으로 본다. 프로이트가 1920년대 이후로 쓴 글들은 삶의 힘과 죽음의 힘, 에로스와 타나토스 사이의 투쟁을 보여준다. 그리스로마 시대에 상상된 타나토스의 신화적 가족에서, 죽음은 다양한 형태를 띨 수 있다. 타나토스의 폭력적인 여형제 케레스Keres는 학살과 질병을 주재한다. 타나토스의 쌍둥이 형제 히프노스Hypnos는 불안과 걱정을 유보해주는, 꿈 없는 잠의 신이다. 제이콥스는 도시를 이 잠에서 깨워 일으키고 싶었다.

그녀의 의도를 전달하는 또 다른 방식은 그녀가 찬양한 웨스트빌리지를 도시 공간으로 변형된 일종의 미디어랩, 열린 환경의 최고봉으로 생각해보는 것이다. 어떤 말로 그것에 반대할 수 있을까?

짓기와 거주하기

멈퍼드 루이스 멈퍼드는 제이콥스 사상의 특징들을 하나하나 반박하면서, 빌을 건설하는 어떤 공식적인 방법이 도시를 개방할 수 있기를 바랐다. 그가 보기에 느리고 작은 과정을 강조하는 제이콥스의 정치적 전략은, 대형 개발업자와 건설회사를 상대하기에는 역부족이었다. 노동조합의 통제를 벗어난 노동자들의 자발적 파업—소위 '살쾡이 파업'(노조의 허가를 받지 않은 비공인 파업 – 옮긴이)—이 저항의 물꼬는 터주지만 지속적인 변화는 낳지 못하듯이, 살쾡이 도시계획 또한 마찬가지라는 것이다. 하지만 이는 공정한 비판이 아니었다. 밑바닥부터 올라온 제이콥스의 저항은 로버트 모지스가 뉴욕 중심부를 고속도로로 만들려는 시도를 저지했다. 그래도 무질서를 찬양하는 제이콥스에 대한 멈퍼드의 공격은 핵심에 접근한다.

그가 볼 때 제이콥스는 자기모순에 빠져 있었다. 거리의 범죄, 특히 폭력 강도에 사로잡혀 있었기 때문이다. 다들 저마다의 사연이 있다. 제이콥스가 글을 쓰던 시절 웨스트빌리지에는 이런 종류의 범죄가 수도 없이 발생했다. 폭력범에 대한 제이콥스의 해결책은 "거리를 보는 눈"이라는 구절로 표현된다. 저층 주택지에 사는 주민들이 바깥에서 무슨 일이 벌어지는지 살펴보고, 필요하다면 도움을 청하는 감시 활동을 뜻한다. "거리를 보는 눈"이 일반적 격언으로서 갖는 현실적 문제는 사람이 실제로 얼마나 볼 수 있는가 하는 점이다. 모퉁이만 돌아도, 혹은 다음 길로만 접어들어도 무슨 일이 일어나는지 보지 못하니까.

게다가 비선형적으로 성장하는 역동적 도시에 대한 그녀의 찬양은 지속적인 자발성에 의존한다. 신좌파의 아나키즘적 열광에 직면한 구좌파의 많은 사람처럼 멈퍼드는 지속적인 자발성이란 불가능하며, 나르시시즘적 자기 탐닉에 불과한 관념 그 자체라고 생각했다. 우리에 대한 판단이 옳든 그르든, 지속적인 자발성으로는 인종, 계급, 민족성, 종교의 이슈를 다룰 길이 없다고 그는 신랄한 비판을 가했다. 급진적이고 정치적인 행동에 따르는 패배와 난관에 직면할 때 사람들을 버티게 해주는 안정적인 행동 규범이 있어야 한다는 말이다. 제이콥스의 느슨함에 대한 멈퍼드의 혐오는 흔들리지 않는 한 가지 확신을 남겼다. 느린 시간에 의존하는 것, 인도하는 이미지 없이 던져지는 기회에 의존하는 것으로는 도시에서의 삶이 개선될 수 없다는 것이다. 도시가 더 정의로워지려면 그 기초는 설계를 통해 질서 지워져야 한다는 것, 빌이 시테를 이끌어야 한다는 것이 그의 생각이었다.

멈퍼드는 젊은 시절 영국에 가서 페이비언 사회주의자 패트릭 게디스Patrick Geddes와 함께 일하게 되었을 때 빌을 위한 설계를 처음 보았다. 게디스 뒤에는 에버니저 하워드Ebenezer Howard, 헨리 조지Henry George 같은 사상가들이 있었다. 1879년에 나온 조지의 유토피아적 저서 《진보와 빈곤Progress and Poverty》은 전체를 포괄하는 마스터플랜에 의해 노동과 자본이 화해하는 비마르크스주의적 사회주의를 구현했다. 산업적 슬럼의 표시인 무정부 상태와 소홀함을 처리하여, 사회 개혁에서 주도적 역할을 하는 것이 좋은 설계라는 하워드와 게디스의 신념이 추종자들을 자극했다.

조지의 유토피아적 희망을 구현하는 것이 하워드의 전원도시다. 전원도시의 기본 아이디어는 일, 교육, 가정, 레저의 공간들을 한데 단단히 연결하고, 주위에 그것들을 보호하는 그린벨트를 둘러친다는 것이다. 여기서 '도시'란 실제로는 여러 개의 도시를 의미하는 것으로, 전원도시가 최적의 규모에 도달하고 나면 더 작은 규모인 위성도시가

짓기와 거주하기

만들어져야 한다. 작은 위성도시는 또다시 최적의 규모로 성장하여 다음 단계의 위성도시들을 낳는다. 위성도시의 규모는 연결된 활동 사이의 이동 시간에 따라 결정된다. 이런 도시들은 보행자와 대중교통을 우선시한다. 상업 및 레저 공간과 학교는 집 가까이 있어야 하며 작업장, 특히 오염을 일으킬 위험이 있는 공장은 멀리 격리된다. 시테의 생활은 일관성을 갖게 된다. 일, 가정, 공공 생활은 언제나 공간적으로 연결되기에 사회적으로도 연결된다.

이런 도시의 이상형은 세계 전역에서 실현되었다. 최초이자 가장 유명한 전원도시는 런던 근처에 있는 레치워스다. 하워드의 사상은 1904년에 레이먼드 언윈Raymond Unwin과 배리 파커Barry Parker에 의해 실현되었다. 하워드의 파트너인 프레더릭 오스번Frederic Osborn은 1919년에 역시 런던 근처인 웰윈에 두 번째 전원도시를 만들기 시작했다. 그 뒤를 이은 유명한 미국의 사례들로는 뉴욕주의 퀸스 서니사이드, 뉴저지주의 래드번, 위스콘신주의 그린데일, 메릴랜드주의 그린벨트, 오하이오주의 그린힐스 등이 있다. 영국과 미국 외의 지역으로는 슬로바키아의 스비트, 페루 리마 지역의 산펠리페 주택지역, 브라질 상파울루의 알토 다 라파와 알토 데 핀헤이로스, 오스트레일리아 멜버른 근처의 선샤인, 그리고 부탄의 수도 팀푸가 있다.

전원도시에서 '전원garden'은, 그린벨트의 자연이 거대한 채소밭으로 활용된다는 측면에서 중요하다. 전원도시 계획가들은 도시 농업을 구상한 최초의 사람들이다. 뿐만 아니라 그들은 적절한 디자인을 통해 자연과 건설 환경이 조화를 이룰 수 있다고 생각했다. 현대 초기에 조경 설계자들은 균형 잡힌 환경을 만드는 방법을 놓고 두 진영으로 쪼개졌다. 하나는 기하학적 규칙을 통한 방법이었다. 17세기 후반에

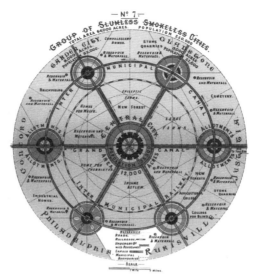

에버니저 하워드의 "슬럼 없고 매연 없는 도시군" 비전. 루이스 멈퍼드는 부아쟁 계획에 자신의 전원도시 비전으로 대응했다. 그것은 생활의 모든 측면이 한데 묶이는 땅의 복원을 의미한다.

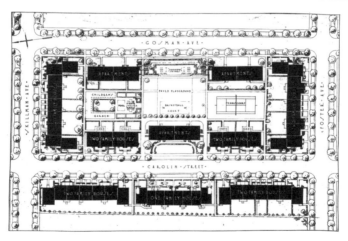

멈퍼드는 뉴욕주 퀸스 서니사이드에서 시행된 이 전원도시 프로젝트의 일부를 담당했다.

짓기와 거주하기

는 넓은 고랑과 북돋우기 파종법으로 작물이 길게 줄을 지어 자랐고, 그런 줄은 베르사유 르노트르 정원의 곧은 선을 연상시켰다. 이런 규칙적 기하학적 방식에 반대하는, 윤작과 빽빽한 밀집 경작법을 옹호하는 사람들은 불안정하고 무질서하게 보이는 밭을 신중하게 가꾸었다. 이는 옴스테드의 공원이나 18세기의 영국식 정원처럼, 방치된 것 같지만 실상은 면밀하게 계산된 환경이었다. 반면 전원도시 계획가들은 자연에 규율을 부여하고 싶어 전원도시 내의 정원에 프랑스의 기하학적 형태를 부여했다. 도시가 지속 가능하려면 질서를 가져야 하며, 그곳의 농업은 그곳의 건물들처럼 사전에 면밀하게 구상되어야 한다는 그들의 확신을 반영한 것이었다. 지속 가능성은 상향식이 아니라 하향식이다.

막스 베버처럼 멈퍼드는 현대성이 도시에 심각한 도전을 제기한다는 점을 깨달았지만, 멈퍼드가 낸 칼자국은 베버의 것보다 깊었다. 멈퍼드는 지역주의가 권한 박탈disempowerment의 한 형태라고 생각했다. 주민들은 동네의 즐거움을 마음껏 누리더라도 도시 전체에 대한 통제권은 딴사람 손에 쥐어 있기 때문이다. 멈퍼드는 시민들이 지역적 삶으로 물러나기보다는 전체 빌이 어떤 모습이어야 하는지에 대해 발언하고 근본적인 요구를 함으로써 자신들의 주체성을 주장하기를 원했다. 형태에 대한 이런 요구는 이상적인 전원도시의 사회주의적 측면이다. 그러나 전원도시의 시민권은 베버가 상상한 도시국가의 자치권처럼 자유롭지 않다. 시에나의 주민들은 그들의 도시 형태를 다듬을 수 있었지만 레치워스의 시민들은 그러지 못했다. 도시계획이 이미 결정되어 있었기 때문이다.

하워드와 게디스가 창조한 장소들은, 내가 제대로 알고 있다면 멈퍼드가 만든 용어인 '지속 가능한 도시sustainable city'를 위한 방안으로서 멈퍼드에게 다가왔다. 멈퍼드는 현재의 기후 위기는 예상하지 못했지만, 기후변화가 도시의 문제가 될 것임은 알았다. 기후변화가 시테의 차원에서, 그러니까 운전을 최대한 줄이고 자전거를 최대한 많이 타는 식으로 해결될 수 있을까? 아니면 도시의 수변 공간에서 발전소를 멀리 떼어놓는 것처럼, 빌 차원에서의 해결책이 유효할까? 물론 두 가지 모두 중요하지만, 어느 것이 더 중요할까? 멈퍼드는 의심의 여지 없이, 빌 차원에서 이루어지는 규모가 큰 생태학적 기술적 도전들이 보다 중요하다고 생각했다. 지역적 해법, 특히 자발적인 지역적 해법은 규모가 너무 작기 때문이다.[20]

멈퍼드는 도시뿐 아니라 기술에 대한 분석가이기도 했다. 사실 그는 '스마트 시티' 운동의 한 분과의 대부다. 그의 저서 중 최고로 일컬어지는 《기술과 문명Technics and Civilization》이 출간된 1934년에, 그는 사회주의적 전원도시 계획에 대한 생각을 계속 밀고 나갔다. 위대한 기술 혁명기인 17세기에 시작된, 유동하는 흐름flux에서 형태를 뽑아내는 노력은 어떻게 20세기 기계 문명에 영향을 주게 되었을까? 멈퍼드의 주장에 따르면, 대략 뉴턴 시대에 기술의 힘이 도시에 대한 장악력을 확장했다. 이제 기술은 자족적인 힘이 되어 인간을 대체하게 되었다. 멈퍼드는 노버트 위너에 대해 조금 알았고, 인공두뇌학cybernetics에 대한 위너의 최신 비판을 찬양했다. 그는 올더스 헉슬리의 《멋진 신세계》가 모든 도시계획가의 성서가 되어야 한다는 말을 내게 한 적이 있다. 노년기의 멈퍼드는 이 측면에 관해 살짝 염세주의로 빠져들어, 하이테크는 정치와 공존할 수 없다고 믿었다.

이런 온갖 사연에도 불구하고 멈퍼드는 기술에 대한 관심이 컸기

짓기와 거주하기

때문에 지역적 규모라는 제이콥스의 개념을 비판했다. 그의 주장에 따르면 상향식 기준에 입각해서는, 그러니까 세포 단위의 프레임워크에 따라 생각해서는 사회적 기간산업을 건설할 수 없다. 시스템을 하나의 통합된 전체로 생각할 필요가 있다. 현대의 사례를 하나 들어보자. 중국의 토목기사들은 상하이 외곽 신도시에서 발생하는 교통 정체 문제를 다룰 때 규모를 기준으로 생각하려고 노력했다. 그리하여 주민 4만 명당 길이 10킬로미터에 폭이 36미터인, 중앙분리대는 없고 띠녹지만 있는 고속도로 두 개가 필요하고, 또 이런 대로에는 길이 2킬로미터에 폭 13미터인 지선(왕복 4차로)이, 다시 이 지선에는 길이 1/2킬로미터에 2차선 넓이인 더 작은 도로가 요구된다고 계산했다. 토목기사들은 신도시로 들어와서 순환하는 수백만 대의 차량을 처리하기 위해 이런 것들을 모두 하향식으로 계획해야 했다.[21]

이런 종류의 계산은 제인 제이콥스의 아킬레스건이다. 그녀는 지역에서 도시로 어떻게 뻗어나갈지를 가늠하지 못했다. 그녀식으로 도시를 "지역사회의 집합"이라 부르는 것으로는 문제가 해결되지 않는다. 도로, 전기, 수도 같은 기반시설은 전체에서 부분으로 내려가는 방식으로 건설되어야 한다. 물론 전체를 기준으로 한 교통 흐름의 설계는 수많은 현대 도시를 파괴할 수 있고 실제로도 그랬다. 하지만 대규모적 사고의 부정적 사례를 바로잡는 길은, 도시를 조각조각 나누지 않고 하나의 전체로 더 잘 보는 데에 있다. 멈퍼드의 도시계획은 큰 규모로 생각하는 민주적 사회주의 방식을 추구했다. 정치적 기준에서 규모라는 문제는 전적으로 가치의 서열에 관련된다. 무엇이 더 중요하고 덜 중요한지를 판단해야 하는 것이다. 이런 가치의 서열을 정립하지 않고 희소한 자원을 어떻게 배분할 수 있을까? 도시의 중요한 문제를 무질서가 어떻게 해결할 수 있겠는가?

　멈퍼드 – 제이콥스 논쟁은 열린 도시의 두 가지 상이한 버전에 관한 논쟁이다. 멈퍼드에게 '열린'이란 끌어안기를 뜻한다. 전원도시처럼 사람들의 삶의 모든 측면을 포괄하는, 끌어안는 비전이다. 제이콥스는 현대적 열린 시스템이라는 의미에서 더 '열려' 있어서, 질서의 포켓이 있고 끝이 확정되어 있지 않은 비선형적 방식으로 성장하는 도시를 선호한다. 멈퍼드가 생각하는 시테는 그보다는 닫힌 모습이다. 질서 있고 예측 가능한 행동을 선호하기 때문이다. 그러나 기술에 대해서는 개방적인 사고를 가져서 끊임없이 진화하고 스스로를 개정하는 스마트 시티를 상상한다. 제이콥스가 생각하는 시테란 일상적이고 직접 얼굴을 마주하는 만남에 집중한다는 점에서 시카고학파적이지만, 소도시의 친밀함을 싫어한다는 점에서는 순수하게 뉴욕적이다. 제이콥스의 정치는 멈퍼드의 것보다 더 열려 있다고 할 수 있다. 그는 시민들에게 사회주의적 삶의 계획을 제공하는 반면 그녀는 토론과 논의의 과정, 그리고 저항을 강조하기 때문이다.

도시계획, 파열되다　아주 간략한 개관인 1부에서, 나는 도시계획의 특정한 면모 하나를 부각시켰다. 도시계획의 규율이 건축과 거주에 대한 지식 사이에서 분열하여 파열되었다는 점이다. 어떤 지식들은 시간이 흐름에 따라 사실과 아이디어가 추가되면서 진보적인 방향으로 나아간다. 그러나 도시계획은 그렇게 되지 못했다. 결과적으로 도시를 어떻게 개방하는가에 관해 일반적으로 받아들여지는, 혹은 꼭 받아들여야 하는 제안 같은 것은 지금 없다.

　현대의 도시계획도 초기 단계에서는 짓기와 거주하기를 연결할 방법을 찾으려 했다. 주로 지하에서 일하는 토목기사들의 실험과 지상에서 일하는 1850년 세대의 계획을 통합하는 것이었다. 그러나 이 시도가 성공하기에는 짓기와 거주하기 사이의 비틀린 관계가 너무 깊고 너무 구조적이었다. 바잘젯의 하수도는 도시를 더 건강하게 만들었지만, 빅토리아시대의 이 저명한 진보 신봉자가 희망했던 대로 결핵이나 페스트에 대한 사람들의 생각을 더 합리적으로 만들지는 못했다. 세르다는 도시의 격자 직조가 모든 사람이 좋은 환경을 누리는 평등이라는 목표에 봉사하리라고 믿었던 사회주의자였지만, 그 목표는 획일성으로 전락했다. 전성기 시절 옴스테드는 인종 간 화합이 건축 설계를 통해 달성될 수 있다고 믿었던 급진파였다. 그러나 그것은 일상적 지역사회 및 노동과 단절된 장소에서만 가능했다. 위대한 세대의 반동분자인 오스만 남작이 사교적인 거리와 공공 공간을 만들어냈다는 것은 지독한 아이러니다. 그가 의도한 바는 아니었지만 말이다. 시테 이론가들은 많은 것을 이룰 수 있으리라 여긴 낙관주의자가 아니었다. 지멜은 공공장소에서의 감각 과부하가 개인들을 내면으로 몰아넣을 것이라고 생각했다. 베버는 집단적으로는 시민들이 자율성을 상실했다고 주장했다.

지난 세기는 사는 것과 지어진 것을 통합하려 한 위대한 19세기의 드라마로부터 물러섰다. 사실 시테, 즉 사는 세계를 연구했던 시카고의 도시계획가들은 현학적이었다. 시각적으로가 아니라 언어적으로 말이다. 현대를 건설하기를 꿈꾸던 사람들은 과감했지만, 그들의 꿈속에 살게 될 사람들의 목소리에는 무관심했다. 르코르뷔지에의 아테네 헌장은 민중에 의해서가 아니라 민중을 위해서, 배에서 만들어진 합리적이고 기능적인 도시 비전이었다. 시카고와 파리의 간극은 도시가 설계상 열린 것이 될 수 있는지에 관한 뉴요커들 간의 갈등으로 나타났다.

처음으로 내가 시테와 빌의 관계를 알아내려고 애쓰던 무렵에, 제인 제이콥스에게 시테에 관해서는 그녀가 멈퍼드보다 낫고, 빌에 관해서는 멈퍼드가 낫다고 말한 적이 있다. 뉴욕에서 그들의 논쟁이 끓어오를 때가 아니라, 그 후 베트남 전쟁이 끝나고 그녀와 가족이 추운 토론토로 떠난 뒤의 일이었다. 그녀는 평온한 캐나다 집에서 맛이 강한 향신료처럼 살았다. 몸을 움직이지 못하게 된 뒤에도 여전했다. 우리는 뉴요커들이 친해지는 방식으로 친해졌다. 그러니까 내가 토론토에 갈 때마다 논쟁했다는 뜻이다. 아마 우리의 논쟁이 그녀의 기운을 북돋우고, 과거에 매주 소풍을 나가 끊임없이 대화했던 기억을 일깨웠을 것이다. 내 말을 듣고 그녀는 퉁명스럽게 돌아서서 이렇게 물었다. "그래서 당신은 어떻게 할 겁니까?"

2부

거주의 어려움

클레의 천사가 유럽을 떠나다

당시 나는 제인 제이콥스에게 대답할 말이 없었다. 실은 그녀와 그야 말로 논쟁을 벌였음에도 불구하고, 그녀가 내 상상력을 채워주고 다른 많은 젊은 도시계획가들에 대한 내 감정을 대변해주는 것 같았다. 1980년대에 새 페이지로 넘어가는 데 필요한 충격이 왔다. 저개발 국가의 도시들이 폭발적으로 커지기 시작했는데, 그런 장소들에 대해나는 아는 바가 거의 없었다. 나는 런던정치경제대학교의 지원 덕에 유네스코에서, 다음에는 유엔개발계획에서 일을 얻어 상하이, 뭄바이, 델리에서 지내기 시작했다. 알고 보니, 그곳에서 만난 새 동료들도나와 출신 배경이 같은 사람들만큼이나 시테와 빌을 연결시키는 것에 어려움을 느끼고 있었다. 그들 기준에서의 어려움이었지만.

비공식적인 거주 방식
―델리의 미스터 수디르

네루 플레이스 델리 남동부의 한 지하 주차장 위에 T자 형의 넓은 시장이 생겨났다. 네루 플레이스가 생긴 것은 1970년대에 델리에서 급성장하기 시작한 소기업들을 수용할 상업용 부동산이 부족했기 때문이었다. 그래서 정부 당국이 그 방치된 구역의 개발을 허용한 것이다. 원래 계획은 주차장 위의 광장은 비워두고, 그 주변으로 신생 기업 사무실이 들어갈 낮은 4층짜리 건물들을 줄지어 세우는 것이었다. 그런 의도의 흔적은 지금도 남아 있다. 네루 플레이스 양쪽에 늘어선, 실리콘밸리의 싸구려 버전인 상자형 건물들이다. 바로 그곳에 신생 테크 기업의 비좁은 사무실들이 컴퓨터 수리점 및 박리다매형 여행

오늘날의 열린 공간인 델리의 네루 플레이스. 노숙자들, 전자기기 장물아비들, 사리 상인들이 이곳을 사용하며, 양옆에는 신생 기업들이 늘어서 있다.

사와 함께 자리를 차지하고 있다. 계획과 달리 광장은 곧 노점들로 가득 채워졌다. 스마트폰, 노트북, 중고 머더보드 등을 팔고, 사리(인도 여성들의 민속 의상 – 옮긴이)와 발리우드 영화 CD도 판다. 그런 것들을 한꺼번에 파는 노점도 가끔 보인다. 쇼핑객들은 활기차게 몰려다니고, 서로 뒤섞인다. 멀티플렉스에서는 3개 국어 버전으로 서로 다르게 편집된 발리우드 영화들이 상영된다. 근처에는 거대한 사원이 있고, 새것처럼 깨끗하고 고급스러운 사무실 건물들도 있다.[1]

낮에는 사람들이 그 광장에서 소탈하게 서로 어울린다. 애써 허름한 차림새로 돌아다니는 미국의 실리콘밸리 기업가들과는 달리, 이곳의 테크노 기업가들은 디자이너 진과 고급 운동화를 자랑스럽게 신고 다닌다. 그러면서도 그들은 그 분주한 시장과 거리를 두지 않는다. 가령 막 기업공개를 마친 회사의 매끈하게 차려입은 젊은이들이, 고급 식당에서 점심을 먹지 않고 종이 접시에 담긴 케밥을 먹으며 눈이 반쯤 먼 어머니뻘의 노점 주인과 편안하게 잡담을 나눈다.

밤이면 인도의 유령들인 노숙자들이 나타난다. 그들은 계단을 차지하거나 날씨로부터 피할 곳이 되어주는 몇 안 되는 나무 아래로 흩어진다. 어느 날 밤 나는 경찰들이 이런 야간 거주자들을 쫓아내는 것을 지켜보았다. 그들은 질서의 힘에 의해 쫓겨나지만, 곧 다시 모여든다. 경찰들이 사라지고 나면 다시 자리를 깔고 눕는 것이다. 경찰들도 그 사실을 아주 잘 알고 있다.

느슨하고 작은 일상이 매일매일 펼쳐지는 곳이기는 해도, 이런 혼잡한 장면이 딱히 제인 제이콥스의 웨스트빌리지를 연상시키지는 않는다. 네루 플레이스는 대규모의 신중한 기획 덕분에 생긴 장소이기 때문이다. 계획가들은 거액을 투자하여 네루 플레이스에 효율적인 지

짓기와 거주하기

하철역과 버스 터미널을 제공했다. 비를 피하고 오물을 흘려보내기 위해 살짝 기울어진 형태로 만들어진 지하 주차장 지붕은, 건축상을 받을 가능성은 없지만 도시계획의 관점에서는 걸작이다. 그 지붕 위에서 비공식적 시테가 기획된 빌에 접목되었기 때문이다.

빈민들이 건물이 없는 빈터만 이용할 것이라는 생각은 틀렸다. 빈민들은 트럭 차고나 공장 같은 특정한 목적의 건물이 이런저런 이유로 원래의 가치를 잃어 버려지면, 그곳을 점거한다. 네루 플레이스도 그런 활용의 한 버전이다. 주차가 원래의 목적인 구조물 위에 예상하지 못했던 활동들이 추가되었기 때문이다.

이곳에는 고속 성장하는(유엔식 어법으로는 '신흥emerging') 도시들에서 나타나는 네 가지 차원의 비공식성이 존재한다. 경제적 차원에서, 네루 플레이스의 사업가들은 관료제에서 벗어나 있다. 그들은 납처럼 둔중한 관료제에 질식당하는 인도의 합법적 경제에서 탈출한 사람들이다. 그래서 4층짜리 건물에 있는 에너지 넘치는 신생 기업들은 실패할 확률이 높다. 법적 차원에서, 이곳에서 거래되는 상품들은 예의를 지켜 말하자면 '회색 상품'이다. 최악의 경우는 장물이고, 그보다 덜하더라도 공장이나 창고에서 세금을 물지 않고 빼돌린, 불법적인 물건이다. 정치적 차원에서, 네루 플레이스는 노숙자나 경찰이 그렇듯이 엄격하게 관리되지 않는다는 의미에서 비공식적이다. 사회적 차원에서 말하자면, 네루 플레이스는 지속적이지 않기 때문에 비공식적이다. 상점과 쇼핑객, 사무실과 노동자는 있다가도 없어진다. 지난달에 당신이 본 노점은 지금은 그 자리에 없다. 앞에서 말한 앞을 잘못 보는 케밥 상인이, 적어도 내가 겪은 바로는 그곳을 계속 지키고 있는 유일한 인물이다.

중동 지역의 수크souk(아랍 국가에서 시장을 이르는 말-옮긴이)나 나이지리아 라고스의 주차장, 그리고 거의 모든 이탈리아 소도시의 광장도 네루 플레이스의 또 다른 버전이다. 그런 장소에서 판매자와 구매자는 정해진 값이 없는 물건들을 놓고 흥정이라는 일종의 경제적 연극을 벌인다. 그 연극을 도발하는 자극제는 불확정성이다. 상인이 "이게 최저 가격이에요. 더 이상은 깎아줄 수 없어요"라고 하면, 손님은 "난 빨간색은 갖고 싶지 않은데, 회색은 없어요?"라고 하는 것이다. 그러면 상인은 '더 이상 깎아줄 수 없는 최저가'라는 선언을 저버리고 재빨리 되받는다. "없어요. 그렇지만 빨간색과 함께 도매로는 살 수 있어요." 파리의 백화점은 이런 경제적 연극을 끝장냈다. 백화점 쇼윈도의 상품들은 관람의 대상이 되지만, 가격은 고정되어 있기 때문이다. 그러나 회색 시장의 상품들은 도시에서 어떤 치열성을 되살려냈다.[2]

내가 이런 사실을 알게 된 것은 네루 플레이스에서 겪은 일 덕분이다. 그곳에 처음 간 것은 2007년이었다. (런던정치경제대학교는 그해 뭄바이에서 학회를 열었는데, 나는 회의장보다는 인도를 좀 더 보고 싶었다.) 전날, 내 아이폰이 갑자기 불통이 되어버렸는데 누군가가 내게 천재적인 수리공이 네루 플레이스 남서쪽 모퉁이의 노점에서 일한다고 알려주었다. 나는 그곳을 찾아냈지만 사람이 안 보였다. 근처에 있던 젊은 여자가 말했다. "그 사람은 이사했어요." 인도인 동료 한 사람이, 그가 뇌물을 주기를 거부했다는 뜻이라고 해석해주었다. 휴대폰을 수리하지 못하니 새것을 구해야 했는데, 그곳에는 시중보다 싼 휴대폰이 많았다. 한 상인이 통역해주는 동료에게 새 아이폰 상자를 가리키며 말했듯이, 그것들은 "어쩌다가 손에 들어오게 된" 불법적인 물건들이기 때문이었다. 그는 우리에게 그 불법 '도매 물건'을 사라고

짓기와 거주하기

제안했고, 우리는 그 상인이 점포 카운터로 쓰는 뒤집어놓은 골판지 상자 위에서 거래했다.

그가 판 물건은 불량품이었다. 나는 이틀 뒤에 다시 가서 환불해달라고 말했다. 나와 함께 간 인도인 친구는 상당히 위협적으로 들리는 힌두어로 마구 공격해댔고, 새 휴대폰이 내 손에 들어왔다. 그런 다음 그 아이폰 상인은 미소 지었다. 그런 일이 일상인 것처럼 말이다. 그는 약삭빠른 젊은이가 아니라 머리가 벗어지려 하고 배가 나온 남자로, '어쩌다가 손에 들어왔을' 향수 냄새를 풍겼다. 내 마음을 건드린 것은 그가 뒤집어놓은 상자 위에 세워둔, 사춘기 아이 두 명의 사진 액자였다.

견디기 힘들 정도로 더워서 나는 땀을 줄줄 흘리고 있었다. 나를 진정시킨 뒤 상인은 차를 대접했는데, 그 뜨거운 액체가 이상하게도 열기를 가라앉혔다. 우리는 그 이전에 놓였던 찻잔 자국이 남은 상자 양편에 앉았다. 진정된 고객들의 기분 전환을 위한 차 대접 또한 분명 정상적인 비즈니스 업무였다. 앉아 있는 내 뒤에 서 있는 통역자를 통해 내가 연구자라고 말하자, 상인이 대꾸했다. "나는 미스터 수디르입니다." '수디르'는 그의 이름이었다. 미국인들은 모두 모르는 사람들을 성이 아니라 이름으로 부른다고 믿는 게 분명한 그는, 이름을 알려주면서 자신을 존중해달라는 의미로 '미스터'를 더한 것 같았다.

미스터 수디르는 두리번거리는 어느 네덜란드 여성에게 아이폰을 하나 더 판 뒤, 내게서 눈을 돌려 신중하게 다른 곳을 보면서 우리의 대화로 돌아왔다. 우리는 손주들 이야기를 했는데, 아마 그 주제로는 어떤 사람과도 말을 이어갈 수 있을 것이다. 그러다가 본인의 사연이 등장했다. 미스터 수디르는 델리에서 18킬로미터 정도 떨어진 어느 마을 출신으로 어린 시절 평균 이상의 교육을 수년간 받았는데, 그래서 사춘기 시절 델리로 나가 최선을 다해 운명을 개척할 마음을 먹은 모양이었다. 그는 계약을 맺고 네루 플레이스로 들어왔는데, 처음에는 거의 모든 주변부 상인이 악취 풍기는 지하 주차장에 가판대를 세웠단다. "주차장에 있을 때는 지옥 같았어요." 미스터 수디르가 말했다. "한시라도 눈을 뗄 수가 없었어요." 그래도 시간이 흘러 그는 지상으로 올라왔고, 고정된 장소를 하나 차지하여 외부의 몇몇 주요 계약자에게 알려지게 되었다.

우리가 이야기를 하는 동안 다른 사람들의 목소리도 들려왔다. 1980년대에 나는 사진작가 안젤로 호낙Angelo Hornak과 함께 뉴욕 14번가를 연구한 적이 있다. 젠트리피케이션이 시작되기 전의 아득히 먼 그 시절, 그 큰 거리는 한 가지 면에서 네루 플레이스와 유사했다. 타월, 화장지, 트렁크, 기타 '어쩌다가 손에 들어오게 된' 온갖 일상 용품을 팔고 있었던 것이다. 듣기로는 뉴욕 케네디 국제공항의 화물 작업에 "물이 새기" 때문에 그 물건들이 자기들 손에 들어왔다고 했다. 14번가의 그 회색 시장은 뉴욕 노동계급의 공공 영역 역할을 했다. 그 도시의 거의 모든 지하철 노선이 그곳으로 수렴하고 있었는데, 보도에는 미스터 수디르의 상점 카운터 같은 뒤집힌 골판지 상자들이 놓여 있었다.

나는 6번가와 7번가 사이의 14번가에서 골판지 상자들을 차지하고 있던 어떤 아프리카계 이민자 그룹과 안면을 트게 되었다. 그들은 매일 몇 달러씩 벌면서 그저 어슬렁거렸다. 지하실 구석이나 옥외에서 잠자면서 거칠게 살았지만, 자부심은 엄청났다. 그런대로 쓸 만한 내 프랑스어가 그들이 서아프리카에서 이어진 길고 힘든 여정 이야기를 풀어내도록 초대권 노릇을 해주었다. 정치나 부족 갈등으로 인해 그들은 일자리를 잃었고 아들들은 감옥에 갇혔으며 딸들은 매춘으로 내몰렸다. 죄책감을 느끼며 고향을 포기하고 미국으로 도피했지만, 그래도 그들의 운수는 개선되지 않았다. 삶의 여정은 무자비하게 내리막길을 걸었고, 그들은 우울했다.

미스터 수디르는 부정 거래를 통해 이와 다른 방향으로 나아가게 되었다. 네루 플레이스의 깊은 지하 주차장에서 장물을 파는 일은 그에게는 굴욕이었다. 그래도 주차장 지붕 위 야외에서 빈자리를 하나 찾아내자 그는 문자 그대로 사회적으로도 상승했다. 출처가 의심스러운 물건을 다루는 직업을 가졌어도 그의 견고한 가부장 의식의 아우라는 조금도 훼손되지 않았다. 단골 고객들이 있으니 두 아들이 사업을 물려받을 때 디디고 설 '견고한 바위'를 마련한 셈이었다.

그가 사는 집도 불법적이기는 마찬가지였다. 20세기에 도시 혁명이 가속화하면서 도시로 쏟아져 들어온 빈민 대중은 빈 땅을 점거했지만, 그에 대해 어떤 법적 권리도 갖지 못했다. 어떤 조사에 따르면 2000년도에 새로 도시 주민이 된 사람들의 40퍼센트가 빈집을 점거하거나 시멘트 블록이나 골판지로 오두막을 지어 살았다. 지주들은 자기들 땅을 돌려받기를 원했고, 정부는 그런 판자촌이 영구화된다면 도시의 오점이 될 것이라고 여겼다. 그러나 14년 동안 빈 땅을 점거하여 살아온 미스터 수디르는 생각이 달랐다. 그는 매년 자기 집을 개선해왔고, 그런 식으로 자신의 점거를 합법적인 것으로 만들고 싶어했다. "아들하고 최근에 우리집에 방을 새로 만들었습니다." 그는 내게 자랑스럽게 말했다. 시멘트 블록을 하나씩 쌓아올려 새 방을 지은 것이다. 이런 마을에 대한 지혜로운 분석가인 테레사 칼데이라Teresa

Caldeira는, 이런 장기적 가족 프로젝트가 오랜 시일에 걸쳐 돈을 어떻게 써야 하는지를 결정해주는 원리가 되었다고 말한다. 게다가 가족 모두의 노력은 가족의 자부심과 자존감의 원천이다. 미스터 수디르는 부양해야 할 가족이 있고, 지켜야 할 존엄성이 있었다.3, 4

그의 상황은 도덕적으로는 불편하더라도 사회학적으로는 익히 보아온 것이다. 윤리적인 가족의 가치가 어둠의 행동과 공존하는 것이다. 가혹한 생존의 여건이 빈민들을 그런 처지에 놓이게 할 수 있다. 더 폭력적인 극단으로 가면, 마리오 푸조의 소설《대부》의 이야기가 된다. 한 가부장으로서 미스터 수디르에게 내가 동정심을 느낀 탓으로 그가 나를 속여 불량품을 팔 여지를 주었다고는 말할 수 없다. 그렇기는 해도 나는 별로 화가 나지 않았다. 그는 탐욕이 아니라 필요에 따라 움직였고, 의로운 척하는 사기꾼이 아니었다.

우리의 티타임은 순수한 순간이었어야 했다. 한 노인이 분투하는 인생의 결실을 다른 노인과 공유하는 시간이어야 했다. 하지만 그는 우리 주위의 네루 플레이스를 둘러보면서 이런 말로 대화를 맺었다. "저도 쫓겨나리라는 걸 압니다." 이것은 희생자의 말이 아니라 살아남은 자의 말이었다. 이 점을 강조해야겠다. "우리 나이에는 다시 시작하기가 쉽지 않죠. 그래도 나는 눈을 열어둬야 합니다." 그는 다시 한번 불법 상점을 열지도 모르는 여러 다른 장소를 거론했다.

이 감탄스러운 사기꾼을 몰아내려고 애쓰는 권력은 어떤 존재인가?

형태의 성장 헐벗은 권력이 살아남으려면 옷이 필요하다. 즉 스스로를 합법화해야 한다. 성장의 약속이 그 한 가지 방법이다. 성장은 경제, 정치, 기술적 진보를 한꺼번에 감싸 안는다. 19세기의 영웅적 인물들인 토목기사들은 도시의 통제권을 쥐는 것이 도덕적 성취라고 열렬하게 믿었다. 인도에서 식민주의는 인도인의 예속을 정당화하기 위해 진보 관념에 호소했다. 모든 식민주의 논리가 그렇듯 피지배자 인도인들은 후진적인 존재로 간주되었기 때문이다. 도시가 폭발적으로 성장하는 와중에도 진보 관념은 여전히 살아남았지만, 지금은 섬세한 형태를 띤다. 그것은 델리 같은 장소가 '세계 수준의 도시'가 되어야 한다는 믿음으로 표현된다. 델리가 2010년에 영연방 경기 대회를 개최했을 때, 당국은 이것이 현대화의 순간, 따라잡을 순간이라는 말로 몇 가지 급격한 변화를 정당화했다. 도시의 유력 인사들은 "델리가 파리처럼 보일 것이다!"라며 자랑스러워했다. 이것은 파리는 앞서 있고 델리는 뒤처져 있음을 전제한 말이다. '따라잡기'는 신흥 도시에서 정치적, 경제적 권력을 정당화한다.[5]

성장을 나타내는 가장 본질적인 표시는 수의 증가다. 우리에게 가장 익숙한 것이 이런 종류의 성장이다. 우리도 그런 식으로 수익을 파악하기 때문이다. 한 해가 끝날 때 손에 쥔 현금이 더 많으면 좋다. 하지만 인구 성장은 이런 식으로 정당화될 수 없다. 멕시코시티, 상파울루, 라고스, 상하이, 델리로 사람들은 돌발적 밀물처럼 쏟아져 들어온다. 제인 제이콥스가 도시에게 좋은 방식이라고 생각한 느리고 점진적인 성장과는 다르다. 이런 밀물이 들어온 도시들의 크기 그 자체가, 그 도시들을 유럽과 북아메리카로부터 확실히 단절시킨다. 유엔 인구학자들은 델리의 현재 인구를 2400만 명으로 감정하며, 인구 면에서 세계 최대의 도시는 인구 3700만 명의 도쿄다. 이와 대조적으로, 1950년에 인구가 800만 명을 넘는 도시는 전 세계에서 몇 되지 않았다. 런던과 뉴욕은 오늘날 900만이 조금 못 된다. 하지만 도시 성장률은 인구수보다 지구 남부와 북부 간의 깊은 간극을 나타내지 못한다. 델리는 매년 3퍼센트 정도 성장한다. 19세기에 뉴욕과 런던이 그와 비슷한 속도로 성장했다. 두 경우 사이에는 서구의 도시 동력이 식어 가고 있다는 차이가 있다. 2050년쯤이면 뉴욕과 런던은 아마 현재보다 18퍼센트 정도 더 커져 있겠지만, 델리는 적어도 100퍼센트는 커져 있을 것이다.6

사람들은 왜 대도시로 몰려드는가? 일부는 그곳의 반짝이는 매력에 이끌려서 온 것이겠지만 대부분은 어쩔 수 없이 떠밀려 온 것이다. 1846년의 감자 기근 이후 아일랜드인들은 고향을 떠나는 것 외에 다른 대안이 없어서 아메리카의 도시로 갔다. 세기말의 인종 학살령을 피해 달아난 유대인들 역시 그랬다. 일련의 통계에 따르면 인도와 파키스탄 분리의 트라우마가 진정되고 난 뒤에 도시 거주자가 된, 보다 최근 세대 인도인 중 65퍼센트는 농촌과 촌락에서 인구 100만 이상의 도시로 유입된 '비자발적 이민자'다. 또 다른 수치는 브라질에서 현재처럼 농업과 광업이 토지를 장악하는 추세가 이어진다면 10년 내에 농촌 인구 70퍼센트 이상이 도시로 이동하리라는 것을 보여준다. 더욱이 OECD는 앞으로 20년 동안 시골 청년 거의 모두는 일자리를 찾기 위해 200만 이상의 인구를 가진 도시로 이동해야 할 것이라고 예견한다. 소도시는 더 이상 그들을 먹여 살릴 수 없다.7

사람들이 한 장소로 쏟아져 들어간 뒤 어떻게 되느냐 하는 문제를 두고도 한 가지 차이가 발생한다. 옛날 이민 이야기에서는 사람들이 시골이나 촌락을 떠나 어느 도시에 가면 그곳에서 계속 머무른다. 그러나 오늘날의 빈민들은 도시에서 살게 된 뒤에도 계속 이동하는 패턴을 보인다. 현대의 이민자들, 특히 중동이나 아시아 대륙 출신 이민

짓기와 거주하기

자들은 고향에 돈을 보내는데, 이는 그들이 자신들의 도착 장소를 영구적으로 동화될 곳이 아니라 5년이나 10년짜리 작업장으로 여긴다는 뜻이다.

도시의 규모는 그 조밀도, 그러니까 주어진 공간에 얼마나 많은 사람이 밀집되어 있는지와 뗄 수 없는 짝을 이룬다. 1평방킬로미터당 2만 5천 명가량의 인구밀도를 가진 델리는 세계에서 열다섯 번째로 조밀한 도시지만, 잠시 멈춰 서서 이 숫자가 의미하는 바를 숙고할 필요가 있다. 인구가 적어도 밀집도는 높을 수 있다. 델리의 평방킬로미터당 인구밀도보다 더 높은 곳이 프랑스의 르프레생제르베Le Pre Saint Gervais 마을이다. 오늘날의 많은 거대 도시는 사실 인구밀도가 낮아지고 있다. 일례로, 멕시코시티는 인구는 어마어마하지만 밀도는 그리 높지 않다. 예전에 내가 그곳 도심을 떠나 주변부에서 열리는 지역사회 모임에 가려고 나섰을 때 알게 된 사실이다. 출발한 지 여섯 시간이 지났는데도 우리는 여전히 운전 중이었다. 아프리카 도시들에서도 인구가 저밀도로 넓게 퍼져 있다. 이는 곧 규모와 밀도는 독립 변수에 불과하다는 뜻이다.[8]

도시는 왜 커지는가? 18세기 경제학자 장 바티스트 세Jean Baptiste Say는 저서 《시장의 법칙Loi des debouches》에서 이 질문에 대답했다. 이 책은 "공급이 증가하면 저절로 수요가 증가한다"는 공리를 내세웠다. 예를 들어 우유의 공급 증가는 소비에 박차를 가할 것이다. 왜냐하면 우유가 값이 싸고 양이 풍부하기 때문이다. 그러나 델리 같은 도시에서 세의 법칙은 그리 잘 들어맞지 않는다. 그곳의 증가하는 인구는 지방자치체 단위에서는 제공하지 못하는 서비스에 대한 수요를 창출한다.

'왜 커지는가?'에 대한 더 효과적인 대답은 애덤 스미스의 글에 나타난다. 《국부론》(1776)에서 공식화되었듯이, 큰 시장은 생산에서의 노동 분업을 촉발한다. 1920년대에 저가 자동차 수요가 폭발하면서 1차 세계대전 전의 수작업 제작 방식이 밀려나고 조립 라인에서 상이한 공정들이 이루어지기 시작한 것이 그 예다. 이런 스미스의 이론을 도시에 적용시켜 말하자면, 예전에는 2천 명을 수용하던 구역에 1만 명을 집어넣어야 할 때 주택 자체가 분업화된다. 온갖 다양한 크기와 형태를 가진 아파트가 지어진다는 말이다. 다른 공간들도 전문화된 용도로, 가령 정원 아래를 파내어 주차장을 만드는 식으로 분업화된다. 규모가 복잡성을 낳는 것이다.

'메갈로폴리스megalopolis'는 도시가 확장될수록 노동, 기능, 형태의 분업이 격화되는 성장 모델에서 나왔다. 일반적으로 확장은 지리적 또는 지역적 조건에 따라 그 틀이 짜인다. 이제 베이징은 효율적인 교통수단으로 준도시들이 서로 연결되는, 수백 킬로미터에 이르는 메갈로폴리스를 창조하려고 한다. 짓이겨진 듯 납작하게 확장된 멕시코시티와는 달리, 중국식 발상은 각각의 준도시가 광역 베이징 내에서 전문화된 기능을 수행하면서 그 자체로 온전한 도시가 되게 하는 것이다. 이런 식의 미국 모델은 지난 세기 동안 미국 동부 해안을 따라 워싱턴에서 보스턴까지 이어지며 개발된 메갈로폴리스다. 그곳은 2차 세계대전이 끝난 뒤 지리학자 진 고트먼Jean Gottmann이 분석한 도시구역이다. 고트먼은 시카고 도시계획가들의 동심원을 거부하고, 대신에 640킬로미터에 달하는 지역에서 여러 기능이 교차하는 복잡한 벤 다이어그램을 채택했다. 뿐만 아니라 그는 수송, 제조, 사회적 서비스가 지역 전역에서 연결된다면 규모의 경제가 달성될 수 있다고 주장

짓기와 거주하기

했다.9, 10

메갈로폴리스라는 용어는 사스키아 사센Saskia Sassen이 "글로벌 시티"라 부르는 것을 정확하게 설명하지 못한다. 글로벌 시티에서는 한 메트로폴리스 구역 내 도시들 간의 인접성은 별로 중요하지 않다. 그 보다는 지구적 경제가 수행하는 금융적 법률적 서비스를 비롯해 여러 전문적 서비스들의 조합이 중요하다. 이런 "지구적 기능"은 각 도시가 특정한 역할을 하게 되는 네트워크 내의 여러 도시에게, 거리와는 상관없이 분배된다. 예를 들어 당신이 구리 1천 톤을 사려고 하면 당신은 지구적 수준의 구리 플레이어가 된다. 톤당 가격은 전문적 상품 시장이 있는 시카고에서 조율될 수 있다. 현금의 산더미 위에 앉아 있는 도쿄의 은행이 비용을 담당할 것이다. 법률적 조언은 런던이 맡을지도 모른다. 제국주의라는 과거가 있기 때문에 런던의 전문가들은 국가적 법률 체제가 제각각 다르다는 것을 뼛속 깊이 안다. 구리를 채굴하기 위해 당신은 댈러스에서 조언을 구할 수도 있다. 그곳의 석유 산업 덕분에 전문가들은 중장비에 대해 모르는 게 없을 테니 말이다. 마지막으로 당신은 채굴을 기다리고 있는 구리가 실제로 있는 볼리비아 라파스와 남아프리카 요하네스버그의 공무원들에게 뇌물을 줄 수도 있다. 시카고, 도쿄, 런던, 댈러스, 라파스와 요하네스버그는 함께 하나의 지구적 도시 분자라는 역할을 수행한다.11

지구적 도시들을 물리적으로 연결시켜주는 거대한 것이 있다. 바로 당신의 구리를 배달할 컨테이너선이다. 컨테이너선들은 리버풀, 뉴욕, 상하이 같은 도시의 산업시대식 부두와 창고의 규모를 능가하는 하역 및 수송 장비를 필요로 한다. 규모도 작고 주위 도시들의 직조 속에 편입된 부두와 창고는 이제 기능상으로는 유물이나 마찬가지다.

예를 들면, 뉴욕 허드슨강 부두는 이집트산 직물 뭉치를 미국의 드레스로 변모시키는 소규모 제조업자들이 그 꾸러미를 들고 걸어가거나 트럭에 싣고 갈 수 있는 거리에 있었다. 이제는 중국이나 타이에서 만들어진 의류가 뉴저지에서 하역되며, 현재 뉴저지에는 의류 산업이 거의 없다. 새 기반시설인 거대 항만은 지구적 경제 속으로 통합되었지만 나머지 도시 구역과 단절된다.

지구화가 이루어진 결과 정치적 구조에 대한 구식 사고방식은 어딘가 시대에 뒤떨어진 것이 되었다. 예전에는 안에 크기가 다른 여러 개의 인형이 들어 있는 러시아의 마트료시카 구조와 유사하게 국가 안에는 지방이, 지방 안에는 도시가, 도시 안에는 지역사회가 담겨 있다고 생각했다. 그러나 글로벌 시티들은 더 이상 '둥지'가 아니며, 자신들을 담고 있는 민족국가에서도 분리되고 있다. 런던의 최대 무역 상대자는 런던을 제외한 나머지 영국이 아니라 프랑크푸르트와 뉴욕이다. 글로벌 시티는 베버식 도시국가와도 다르며, 지역적으로 다루기 힘든 돈과 권력의 국제적 네트워크를 대표한다. 지금이라면 제인 제이콥스는 실제로 뉴욕에 사는 로버트 모지스를 상대할 것이 아니라 카타르에 있는 투자 위원회에 항의 이메일을 보내야 했을 것이다.

온갖 세력들이 합쳐져 미스터 수디르를 위협한다. 한 지역의 비공식적 장소들이 전 지구적 정권들이 환영하는 과녁이 된다. 그들의 환영 방식은 두 가지다.

가령 당신이 지구적 구리 플레이어인데 부동산 투자로 종목을 옮길 생각이 있다고 해보자. 당신은 두 가지 모델 가운데 하나를 따르게 된다. 첫째는 '기회 투자opportunity investing'다. 당신은 당신이 살고 있지 않은 도시에서도 투자를 할 만한 곳을 물색할 수 있다. 매우 전문적인 스카우트 팀 및 용역 회사와 함께 일하기 때문이다. 쏜살같이 움직여 느리게 움직이는 지역 팀을 앞지르거나, 그 지역에 너무 익숙해서 둔감해진 지역민들이 놓치는 기회를 포착할 수 있다. 무엇보다 당신은 지역민들보다 자본이 넉넉하다. 캐나다의 국제적 개발자들도 바로 이 방법을 써서 런던에서 카나리워프 상업 센터를 지을 넓은 땅을 손에 넣을 수 있었다. 그 외부자들은 영국 바깥의 은행과 투자자로부터 돈을 끌어모아 방치된 부두에 투자했다. 더 나아가 지역 전문가들, 캐나다인 투자자가 고용한 매끈하고 날렵하게 차려입은 전문가들이 자기 땅의 가치를 아직 모르고 있던 땅 주인들을 찾아다녔다.

기회 투자자들은 상대적으로 작은 사건이 전체에 거대한 변화를 일으키는 방아쇠가 되는, 열린 시스템의 특정한 측면으로 돈을 벌기를 원한다. 이 방아쇠가 바로 우리가 '티핑 포인트tipping point'라고 부르는 것이다. 닫힌 시스템에서는 작은 사건들이 축적되기는 해도 티핑 포인트에 도달하지는 않는다. 그저 한 단계 한 단계 쌓일 뿐이다. 기회 투자자들에게 있어 경제적으로 중요한 요점은, 티핑 포인트가 갑작스러운 큰 도약을 하게 해주어 가치를 증폭시킨다는 것이다. 예를 들면 뉴욕의 하이라인에서는 잡초, 도로 시설물, 플랫폼 지지대, 산책로를 위한 계단에 대한 비교적 소액의 투자가 주변 토지와 개조 및 신축 건물에서 한없이 큰 가치를 만들어냈다. 벤처 투자자 윌리엄 제인웨이William Janeway의 주장대로, 기회를 찾아다니는 개방적 투자 방식은 특정한 거래 그 자체의 수익성보다 그 거래가 다른 거래를 촉발할 수 있는지에 초점을 맞춘다.12

성장을 도약시키는 특별한 거래는 도시 혁명의 초기 단계에서 성공하기가 더 쉬웠다. 한 세대 전만 해도 도시들이 남부에서 그토록 빠르게 성장하거나 북부에서 재생될지가 분명치 않았다. 오늘날에는 카나리워프가 될 땅을 캐나다인들에게 팔았던 사람들처럼 근시안적인 토지 소유자들이 적다. 따라서 더 정교한 개발 모델이 전면에 나섰다.

이것이 '핵심 투자core investing'다. 쿠알라룸푸르의 금권정치가들은 델리의 새 건물 하나가 티핑 포인트인지 아닌지 알 길이 없을지도 모른다. 그들은 그 건물이 주변 건물들과 지역사회, 또는 도시 전체와 어떤 관계를 맺고 있는지 거의 모르고, 상관할 필요도 없다. (나는 쿠알라룸푸르에 전혀 악감정이 없다. 그저 예를 하나 들었을 뿐이다.) 본질적으로 핵심 투자는 매개 변수에 따라, 구체적인 내용들에 따라 투자한다. 투자할 구체적인 내용들을 결정하고 나면 어디에 건설할지를 찾는다. 그런 처리법은 지구화에 적합하다. 왜냐하면 관련된 평방 미터의 숫자, 자재와 노동 시간의 양은 모두 멀리서도 결정될 수 있고 가격이 매겨질 수 있기 때문이다. 핵심 투자자는 장소를 돈처럼 다룬다. 사실 여러 복잡한 부동산 거래에서 거래의 가치를 결정하는 것은 실제 건물보다는 건물과 관련된 구체적 내용이다.[11]

바로 앞 세대 때는 도시에서 기회 투자보다 핵심 투자가 더 많아지는 추세였다. 월스트리트의 표준적 거래 방식이 워런 버핏 같은 금융가의 '가치' 투자를 제치고 전면에 나선 것처럼 말이다. 핵심 투자는 기회 투자보다 쉽고 위험이 적다. 그것은 쉽게 수량화할 수 있는 것들을 거래한다. 더욱이 핵심 투자는 '플리핑flipping' 관행, 즉 건물의 계획과 건축에 투자한 다음 그것이 완공되기 전에 판매하는 방식에 적합하다. 기회 투자자는 과소평가된 건물이나 장소에 주목하는 반면, 핵심 투자자는 큰 개입을 통해 돈을 버는데 이는 지방정부의 과세 수입도 늘려준다.

짓기와 거주하기

핵심 투자는 전체적인 도시계획보다는 개별 프로젝트에 집중한다. 오스만과 세르다는 모두 특정한 거리나 건물, 블록, 공공장소가 아니라 전체적인 도시의 직조를 위해서 투자를 받았다. 나중에 아테네 헌장이나 전원도시 계획가들은 계획이 프로젝트에 우선한다고 주장했다. 그 주장은 사적 개발업자들을 반대하는 주된 무기였다. 오늘날 상황은 역전되어 계획가들은 프로젝트의 하인이 되었다. 하버드 대학이 도시계획에 대해 주문mantra처럼 내세우는 공식적 입장은 계획과 프로젝트의 관계를 '중재'한다는 것이었던 반면, 현실은 이제 매우 불평등한 권력 균형 상태임을 기억하라.

유엔해비타트 총장인 후안 클로스Joan Clos가 만들어낸 용어인 "문어 도시"는 그런 개발의 결과를 말해주는 이름이다. 예를 들어 새 도로가 쇼핑센터와 관공서, 고층 빌딩과 신흥 주택을 연결시키는 문어 촉수처럼 뻗어 있다. 이런 연결 고리는 도시의 방치된 부분들이나 슬럼, 바리오, 파벨라favela(브라질 빈민가 – 옮긴이), 그리고 무허가 거주지를 우회한다. 문어 도시는 파리의 미개발된 슬럼들을 가로질러 통과한 오스만의 대로 네트워크에 연원이 있다. 하지만 문어 도시는 또한 뭔가 새로운 것을 나타낸다. 오스만의 네트워크는 단일한 프로젝트들을 대충 모아놓은 집합이 아니었다. 그는 자신이 달성하고 싶은 전체 계획을 갖고 있었고, 그것을 거리와 건물로 채웠다. 클로스의 도시 문어는 머리들을 먼저 키운 다음 그것들을 연결하는 촉수를 키워가는 짐승이다. 도시계획가 리우 타이 커Liu Thai Ker는 이런 불균등한 개발이 전 세계적으로 '성좌 도시 개념' 혹은 '다중 도심' 모델 같은 전문 용어들로 위장되어 있다고 지적한다. 이런 용어들은 전체 도시의 집단적 요구 사항을 지워버린다.[14]

최근에 문어 도시 델리에서, 네루 플레이스가 핵심 투자자들의 과녁이 되었다. 그들에게 그곳은 장소로서보다는 구체적 내용 면에서 매력적이었다. 그 구체적 내용의 기술적 측면이 그곳이 왜 유달리 매력적인지를 설명해준다. 용적률은 땅 한 필지에 얼마나 많은 구조물이 놓여 있는지를 보여준다. 일반적으로 용적률이 클수록 건물이 더 높아진다. 그래서 대개의 경우 기존 구조물 위에 몇 층을 더 추가하기 위해 기존 용적률을 바꾸는 쪽을 택한다. 델리에서는 당국이 스스로 법을 바꾸어, 큰 필지의 용적률을 150에서 200으로 높여 역사적인 17.5미터 높이 제한을 철폐할 것을 고려하고 있다. 그렇게 되면 비교적 낮은 건물들이 이어지며 이루는 네루 플레이스의 윤곽이 과거의 모습이 될 수도 있다. 물리적인 빌이 이런 식으로 가치를 늘릴 수 있다면 주차장 지붕 영역은 철거될 가능성이 높고, 그러면 그 건물의 역사가 지워질 것이다.[15]

이런 모든 이유를 감안할 때, 빌의 공식적 성장은 미스터 수디르의 적이다. 그는 어찌하여 이런 사실을 알면서도 뉴욕의 유니언스퀘어에 있던 그의 동류들처럼 우울해하지 않을까? 국제적 골리앗은 이 차분하고 연로한 다윗 앞에 등장한 엄청난 불행처럼 보이는데 말이다.

전통적 카스트에 얽매인 인도만큼 불평등한 사회를 상상하기 힘들 것 같지만, 경제 발전은 불평등의 지도를 다시 그리고 있다. 이 지도는 경제학자 토마 피케티Thomas Piketty가 주장하는 성장과 불평등의 상관관계보다 더 미묘한 균형을 보여준다. 다른 나라들과 마찬가지로 인도에서도 특권층은 그 나라의 새로운 부의 파이에서 아주 큰 조각을 차지한다. 피케티의 눈길은 그 특대형 조각을 향하고 있다. 하지만 이런 탐욕에 가려진 또 다른 이야기가 있다. 중요한 소수집단이 과거에 비해 비참한 상태에서 조금은 나아진 여건으로 상향 이동하고 있다는 것이다. 구체적으로 말하자면, 주거 공간이 유엔이 정한 1인당 3평방미터보다 조금 더 커졌거나 신용카드를 소유하게 되었다.

중국에서 지난 세대에 도시로 이주한 뒤 생활 여건이 조금은 나아진 사람은 약 3억 명이었다. 2015년 세계은행 보고서에 따르면, 인도에서는 지난 10년 동안 인구의 약 9퍼센트가 상향 이동했다. 특히 여성과 젊은 층이 도시에서의 기회 덕분에 혜택을 입었다. 놀랍게도 인도의 상향 이동률은 미국의 그것에 견줄 만하다. 하향적 측면을 보면, 세계은행의 또 다른 연구에 따르면 장기간 차상위 계층에 머무르는 것은 위태로운 상태다. 공공 부문 밖에서 일하는 사람들에게는 특히 그렇다. 이 점에서도 인도의 위태로움은 미국의 상황과 비슷하다. 심지어 경제적 여건이 조금만 후퇴해도 이 계층에 속한 사람들은 대량 실직 위협을 겪는다. 인도와 미국의 도시에서 이 계층은 소득의 너무 많은 부분을 주거비에 쏟아부으며, 매달 이자나 신용카드 할부금을 갚느라 분투한다. 미스터 수디르 계급의 운세는 따라서 암담하다기보다는 불확실한 쪽이다. 그의 가치는 그 구분선 주위에서 형성되었다.16, 17

미스터 수디르의 상황은 이 책 첫머리에 나온 피코 델라 미란돌라의 "인간은 그 자신을 만드는 자"라는 명제를 판단할 수 있는 한 가지 방법이다. 오늘날 도시 경제의 배후 세력은 확실히 위협적이지만, 미스터 수디르와 같은 밑바닥 사람들에게서 힘을 완전히 박탈하지는 않는다. 미스터 수디르는 부유한 개발업자들과 그 정치적 하수인들이 자신의 운명에 완전히 무관심하다는 것을 충분히 알고 있지만, 그 사실에 사로잡혀 있지는 않다. 살아남고 싶다면 사람을 좌절시키는 우울에 굴복하면 안 된다. 그에게는 선택의 여지가 없고, 그저 자신을 만드는 자로서의 인간을 믿어야 한다. 실제로, 그가 사는 신흥 도시에서 그와 비슷한 많은 사람이 절대 빈곤 상태에서 불확실한 상태로 이동하고 있다. 후안 클로스의 은유적 표현을 빌리자면, 이것은 도시 문어 주변에 물이 넉넉하기 때문이다. 하향식 대형 프로젝트 계획에서 배제된 비공식적 경제 안에서, 그는 그와 비슷한 사람들처럼 위로부터의 도움을 전혀, 또는 거의 받지 않고 자신의 길을 만든다.

그의 상황이 불확실한 한, 그는 그들과 거래할 자신의 힘에 대한 믿음을 유지할 수 있다. 가족적 가치에 대한 그의 믿음은 '그의' 가치로 인정될 수 있다. 그의 개인 윤리는 불확실성 위에 세워져 있다. 이것이 지구 북부나 남부의, 물이 넉넉지 못한 상황에 사는 사람들에게도 해당될까?

대답을 얻기 위해 또 다른 신흥 도시를 속속들이 살펴보고 싶다. 델리에서 파리보다 더 가까운 상하이는 현대화의 모범이 된 아시아 도시다. 우리는 상하이 계획가 중 한 사람의 눈을 통해 그 도시를 살펴볼 것이다. 그녀는 자신의 힘을 의기양양하게 내세우기보다는, 자신의 도시를 세계적 수준으로 만드는 과정에서 자신이 파괴한 것을 후회하고 있었다.

> "그들은 점거하지만 거주하지는 않는다."
> ─상하이의 Q 부인

"몽골에는 립스틱이 없더군요." Q 부인(그녀의 이름은 숨긴다)은 상하이의 트렌디한 20대 건축가가 공들여 화장하는 모습을 지켜보는 내게 말했다. Q 부인의 어머니는 영어 통역가였는데, 그 때문에 문화혁명 때 공격의 표적이 되었다. 1960년대 중반 이후 모든 전문적 지식은 부르주아적이며 인민과의 연대에 적대적인 것으로 간주되었으므로, 개인에게서 지식을 제거해야 했다. 그녀의 어머니는 북쪽으로 이송되어 돌 깨는 일을 했다. 어머니는 이 청산 과정에서 오래 버티지 못했다. 고아가 된 딸은 아이 없는 부부에게 입양되었고, 건축 자재에 관한 전문적 지식을 가진 토목기사가 되어 인민과 더 무관한 기술을 개발했다.

상하이는 문화혁명 기간 동안 퇴락했다. 주택 자원 분야는 특히 심했다. 1970년대 후반에 덩샤오핑이 인민에게 개인적 창의성을 허용하자, Q 부인은 그녀 세대의 많은 사람과 함께 새롭고 큰 도시를 신속히 건설하여 새로운 페이지로 넘어가고 싶었다. Q 부인은 콘크리트 활용법을 잘 알았으므로 시 정부에 하급 직원으로 들어갈 수 있었다.

나는 2003년에 어느 연회에서 Q 부인을 처음 만났다. 그녀는 알렉산더 클루게Alexander Kluge의 영화 〈도시의 문명The Civilization of the City〉 3부에 나와 함께 출연했다. 스크린에 나온 그녀에게는 이미 그 몇 년 뒤 그녀를 집어삼킬 암의 징후가 보였다. 내가 볼 때 그녀의 인생은 비극적이었다. 청년기는 상실감으로 어두웠고, 중년기는 병으로 짧아졌다. 하지만 그녀는 자기 연민에 빠지지 않았다. 그녀는 자신의 직업 생활이 한 가지 큰 착오에 의해 형성되었다고 생각했다. 나와 처음 만난 무렵이 자신과 동료들이 한 일을 의심하기 시작한 참이었다. 그리하여 구도시의 남은 부분을 최대한 보존하기 위해 최선을 다했다.[18]

정부가 핵심 투자자가 되다 상하이는 과거에 서구와의 중요한 무역 거점이었다. 영국과 프랑스 조차지租借地가 외국인들이 모여 사는 수변 공간인 와이탄에 유럽적인 모습을 부여했다. 이런 제국적 외피 뒤에는 광대하고 순수하게 중국적인 도시가 놓여 있었고, 그 속에서 20세기 초반의 산업이 발달했다. 마오쩌둥은 그 발전을 저지했지만 그의 후계자인 덩샤오핑이 중국을 개방하자, 상하이는 먼저 기간산업의 중심지가 되었다. 그다음에는 재빨리 더 고차원적인 제조업, 금융업 그리고 "창조적 산업"인 테크놀로지 산업과 현대 예술 거래의 중심지로 변신했다.[19]

부흥하려면 새 건물, 특히 새 주택이 필요하다. 1992년 상하이 공산당은 365 계획을 발표했다. 365만 평방미터에 달하는 지역의 낡은 주택을 강제 철거한다는 계획이었다. 2000년에는 270만 평방미터가 철거되었고, 10억 평방미터에 달하는 새 주택 지구들이 건설되었으며, 수백 킬로미터의 새 도로가 그곳들을 연결했다. 또한 푸동 금융 지구가 거의 무로부터 솟아올랐다. 이 건설 광풍은 이 도시가 2010년 세계 박람회를 개최하기 전 450억 달러를 들여 진행한 자체 정화 사업에서 절정에 달했다. 그 결과, 21세기 초반 동안 중국의 도시화 노력에 전 세계 콘크리트 55퍼센트와 철강 36퍼센트가 소모되었다.[20, 21]

부아쟁 계획은 바늘처럼 뾰족한 고층 빌딩 형태로 상하이에 들어왔다. 각 빌딩은 약간의 녹지로 둘러싸여 있다. 1990년에 상하이에 있는 8층 이상 건물은 748동, 2015년에는 3만 6050동에 달했다. 그 중 거의 대부분은 공터를 사이에 두고 이웃과 격리되어 있다. 오늘날 이런 파리 – 상하이 양식의 고급형을 보여주는 본보기가 푸동 구역 강변 근처에 있는 얀로드 가든이다. 값이 비싸지 않은 고층 빌딩들은 같은 포맷으로 지어지며, 각 건물은 '공원 속의 타워'로서 자체 완결적

상하이의 닫힌 공간인 푸동. 부아쟁 계획의 고급형이다.

이며 분리되어 있다. 중국식 변형이라 할 만한 것은 풍수라는 법칙에 따라 건물들이 배치된다는 점이다.[22]

이런 변화의 주체인 도시의 핵심 투자자는 상하이 공산당이었다. 당이 그저 고개만 끄덕이면 은행 대출이나 건물 허가가 나왔다. 당의 허락이 없으면 작업도 없었다. 하지만 마오쩌둥 같은 1인 독재자가 개인의 변덕에 따라 선언하고 행동하던 시절은 끝났다. 대신에 위원회와 회의가 비개인적으로 운영되었고, 모든 것은 암묵적 양해가 지배하는 무대 뒤에서 벌어졌다. 철거 작업은 사기업에게 맡겼는데 그것은 정교한 방어 행동이었다. 거주자들이 항의해도 잘못은 당이 아니라 사기업에게 있다고 책임을 돌리면 되었다. 배후에 있는 공산당 권력과 사기업의 이런 합작은 매우 효과적이었다. 건물 벽에 '拆'('헐다'라는 뜻—옮긴이)라는 글자가 한번 적히면 그 건물은 한두 주 내에, 가끔

은 바로 다음 날 사라졌다.[23]

갑작스러운 도시 파괴는 12세기까지 거슬러 올라가는 중국의 오랜 전통이다. 왕조들이 주기적으로 전 왕조의 왕궁과 상징적 건물들을 허물어버리고 정권이 바뀐 것을 알리기 위해 새 건물을 지은 것이다. 현대에 들어서는 일상적 용도의 건물들이 이런 식으로 파괴되고 있다.

상하이 일부 지역의 투기 열풍은 입주민 수요를 앞질렀다. 그래서 새로 지어진 단일 건물이나 고층 빌딩 숲 전체가 비어 있거나 부분적으로만 입주된 상태인 경우가 있다. 그런 구역은 으스스하다. 밤중에 유령처럼 서 있는 빌딩들 사이를 몇 시간씩 걸어다녀도 불빛도 출입하는 사람도 전혀 없기 때문이다. 건물이 비어 있는 현상은 건물이 너무 빨리, 너무 많이 지어진 탓에 생긴 문제의 일부에 불과하다. "그래도 런던에 있는 당신 사무실까지 가는 시간보다는 내 사무실까지 가는 시간이 덜 걸릴 거예요." 언젠가 Q 부인은 막히기는 하지만 승차감은 매끄러운 새 고속도로에 대해 자랑하면서 그렇게 말했다. 한번은 우리가 함께 초현대식 고속도로를 타고 도시 북쪽 외곽에 있는 어느 공장에 간 적이 있다. 그 도로 역시 근사하게 지어졌고, 가장자리 난간과 중앙분리대가 꼼꼼하게 마련되어 있었다. 하지만 지금 그 고속도로는 어디에도 닿지 못하는 길이 되었다. 우리의 목적지였던 공장이 임금이 싼 베트남으로 이전했기 때문이다. 지금 상하이에는 멋지지만 그처럼 어디에도 닿지 못하는 고속도로가 많다. 이는 형태와 기능 사이의 관계가 고착될 때의 위험성을 증명한다.

상하이는 너무 융통성 없게 건설된 신도시지만, 그곳이 놀라운 것은 사실이다. "보세요, 구린내가 안 나요." Q 부인은 언젠가 새 주택단지를 통과하면서 그렇게 말했다. 상하이의 공기는 석탄을 연료로 쓰는 발전소 때문에 심하게 오염되어 있지만, 현대식 정화조는 그 도시의 해묵은 위협인 콜레라를 박멸했다. 나는 새 빌딩 숲의 건설 품질이 조잡할 것이라고 예상했지만 아니었다. Q 부인과 동료들은 기본 자재에 돈을 제대로 들였고, 작업 정신도 훌륭했다. 그런 정신은 야외에 나무를 심을 때 구덩이를 제대로 파 배수 시설을 마련한 데서도 나타나 있다.[24]

'창조적 파괴'는 상하이 같은 장소에서 벌어지는 일을 설명할 때 흔히 끌어들이는 이론으로, 경제학자 요제프 슘페터 Joseph Schumpeter에게서 나왔다. 그는 자신의 저서 《자본주의, 사회주의, 민주주의》에서 핵심 투자를 염두에 두었다. 핵심 투자로 네루 플레이스 같은 부동산을 구매하여 땅을 평평하게 밀어버리고 새로 건물을 짓거나, 젠트리피케이션을 일으켜 주민들을 쓸어낼 수 있다. 무언가 새로운 것이 창조되면 수익성이 높아진다. "창조적 파괴란 자본주의의 본질적 사실이다. 그것은 자본주의의 구성 요소이며, 모든 자본주의적 관심은 그 안에서 살아가야 한다." 슘페터는 이렇게 선언했다. 슘페터의 관점에서 본다면 아이러니하게도 공산당이 자본주의의 본질적 사실에 활기를 불어넣는 도구 역할을 한다. 이 점을 내가 지적하자 Q 부인은 그건 너무 조잡한 공식이라고 했다. 상하이는 일찍이 퇴락해 있었기 때문에 새삼스레 철거할 것이 남아 있지 않았다고 덧붙이면서. (슘페터를 옹호해보자면, 그는 오로지 새로운 것을 세우기 위해 뭔가를 허무는 일에 대해 매우 비판적이었다. 그는 '혁신'이라는 것이 혁신적이지도 않고 이익을 내지도 않는 경우가 많다고 지적했다.[25])

Q 부인은 중국 도시에 대한 서구적 사유의 분별력을 의심하고 있었다. 한번은 그녀에게 제인 제이콥스의 《미국 대도시의 죽음과 삶》

을 주면서 읽어보라고 했다. 그 책을 좋아할 것 같아서였다. 그러나 그녀는 좋아하지 않았다. 작은 동네, 느린 성장, 상향식 정치를 옹호하는 그 위대한 미국인은 너무 '미국적'이었기 때문이다. 느린 성장은 부자 나라나 누릴 수 있는 여유다. 더욱이 Q 부인은 자발성에 대한 제인 제이콥스의 생각을 순진하게 여겼다. 그녀에게 자발성이란 문화혁명 기간 동안 설치고 다녔던 홍위병 부대를 의미했으니까.

루이스 멈퍼드가 그녀에게는 더 와닿았다. 멈퍼드처럼 그녀도 도시의 기능들은 공식적이고 질서 정연한 방식으로 통합되어야 한다고 생각했다. 하지만 멈퍼드의 이상형인 전원도시는 규모 면에서 그리 쉽게 다른 나라에 이식할 수 있는 것이 아니다. 에버니저 하워드의 원래 구상에서 전원도시는 6만 명 정도를 수용하는 곳이다. 그 정도의 인구를 가진 곳은 상하이나 인구 300만~400만이 표준인 신흥 개발 위성도시에서는 그저 티끌에 불과하다. 2050년까지 상하이 광역시를 완성하려면, 기능적으로 연결되는 그런 전원도시가 1천 개 정도는 필요할 것이다. 르코르뷔지에의 부아쟁 계획의 최대 수용 가능 인구도 4만~4만 5천 정도다. 두 계획 모두 인구 1천만 명이 넘는 상하이 같은 메가시티에 적용하기에는 한계가 있다.[26]

Q 부인에게 가장 큰 자극을 준 것은 세 명의 서구 도시계획 창시자 중 하나인 프레더릭 로 옴스테드와, 녹지는 사회적 접착제라는 그의 확신이었다. 가장 까다로운 문제가 사회적 접착이었기 때문이다. 신상하이의 조경 프로젝트는 사람들을 한데 붙여주지 못했다. 사실 부아쟁 계획을 거대한 규모로 구현한 그곳의 고층 빌딩 숲은, 사회적 위기를 초래했다. 국가가 지원하는 핵심 투자의 사회적 결과인 그 고층빌딩 숲을 만들기 위해, 상하이의 계획가들은 '拆'라는 무서운 글자를

짓기와 거주하기

그 도시의 비공식적 정착촌인 시쿠멘 石庫門에 휘갈겨 썼다.

과녁 시쿠멘은 벽으로 둘러싸인 앞마당과 뒷마당 사이에 건물 하나가 있어서 두 마당이 분리된 형태다. 이런 이중의 마당이 여러 개 모여 있으면 세포 같은 직조를 이루게 된다. '시쿠멘'은 원래 앞마당 앞에 있는 문을 가리키는 단어로, 반 아치 또는 고리 모양의 돌로 된 문이다. 시쿠멘들이 나란히 늘어서 있는 골목이나 소로를 리롱 里弄 또는 롱탕 弄堂이라고 부른다. 각 골목 끝에는 또 다른 문이 있다. 롱탕은 여러 개가 나란히 늘어서 있고, 그 끝부분이 도로의 측면이 된다. 도로가 동맥, 롱탕은 모세혈관, 벽으로 둘러싸인 마당은 혈관 세포벽, 건물은 그 안에 있는 고체 물질이라고 상상하면 된다.

세포 직조는 역사가 오래되고 전 세계 어디에나 존재하지만, 상하이에서는 현대사에 속한다. 19세기 중반에 일어난 태평천국의 난으로 인해 재산을 빼앗긴 사람들이 피난처를 찾아 밀물처럼 상하이로 몰려들었고, 그것은 그 지역 건설업자들에게는 좋은 기회였다. 이렇듯 고향을 떠나온 지주들이나 상인들을 위해 지어진 것이 시쿠멘이라는 단독주택이었다. 1900년 이후에는 첫 번째 주민들보다 더 가난한 사람들이 그곳에 거주하기 시작했다. 그들은 비좁은 방보다 주로 마당에서 생활했다. 예를 들면 매일의 식사 준비도 실외의 마당에서 했다.

빈곤과 탄압 때문에 마당에서 즉흥적으로 이루어지는 일도 많았다. 가령 그곳에서 때때로 이웃과 연료를 같이 쓰고 음식을 나누어 먹은 덕에, 물자가 지독하게 귀하던 그 시절 시골보다 기아율이 낮았다. 마오쩌둥 시대의 공산주의자들은 수상한 것이라면 무엇이든 경찰에게

상하이의 시쿠멘은 과거에는 사람들이 친밀하게 섞여 살던 주거지였다.

닫힌 시쿠멘. 과거의 거주민들은 쫓겨나고 정화된 상태.

보고하던 프랑스의 유명한 콩시에르주와 비슷한 동네 밀고 시스템을 운영했지만, 시쿠멘에서는 그것이 제대로 작동하지 않았다. 그곳 주민들은 문화혁명 때까지도 이웃 고발을 최대한 자제했기 때문이다.

따라서 시쿠멘의 비공식성이란 집단적 임시변통을 의미했다. 즉 공식적 공산주의의 눈앞에서 실행된 생존의 공산주의였다. 시쿠멘의 특징인 집단생활은 다른 건축 형태에서도 발견된다. 일찍이 특정 국영 기업들을 위해 건설된 대규모 주택단지인 주거용 고층 빌딩들도 일종의 수직형 기업체 타운으로, 세입자인 직원들은 그 건물의 화장실과 부엌을 공동으로 사용했다. 1990년대에 개인의 사적 소유권이 일반화되면서 공용 화장실과 부엌은 사라졌고, '주거지'는 집단이 사는 건물이 아니라 개인의 아파트를 의미하게 되었다. 그러나 덩샤오핑 이후의 시대가 목표로 삼은 것은, 시쿠멘과 수직형 기업체 타운에서 구현되었던 집단적이고 지역적인 삶이었다.[27]

각자의 아파트에 갇히게 된 이후, 상하이 사람들은 고립의 병폐에 시달리기 시작했다. 예를 들어 사회적 단절의 총체적 징후인 노인 방치 현상이 너무 심각해져, 정부가 최근에 그것을 처벌 가능한 범죄로 선언했을 정도다. 정부의 교육 올림픽에서 낙오한 사춘기 청소년들의 범죄도 늘었다. 이런 아이들은 주로 도시의 변방에 살며, 건물 주변의 공터에서 시간을 보낸다. 고립된 환경은 또한 우울증, 그리고 새로 지어진 깨끗한 고층 빌딩 단지의 자살률 증가를 낳았다. 이는 금기의 주제였지만 마침내 공개적으로 논의되기 시작했다. 상하이에서 세대 간 단절 징후, 청소년 범죄, 성인 아노미 현상은 안정된 이웃 관계를 빼앗긴 그 도시 토박이 가정들에서 가장 두드러지게 나타난다. Q 부인은 이 문제에 대해 다음과 같이 간결하게 말했다. "그들은 점거하지만

거주하지는 않아요." 세계적 수준의 빌이 그 시테를 파괴한 것으로 보인다.28, 29, 30

'삶 그 자체라기보다는 삶의 삽화' Q 부인이 마지막 화학요법을 받기 직전에, 우리는 어느 커피숍에 앉아서 나폴리 사람도 부러워할 만한 에스프레소를 맛보고 있었다. 그 커피숍은 마오쩌둥이 제1차 공산당 대회를 개최한 곳이어서 당의 성지로 받들어지는 신티엔디 新天地의 어느 개보수된 골목에 있었다. Q 부인이 "제가 원한 건 이게 아니에요"라고 말했을 때, 처음에는 끔찍하고 효과도 없는 화학요법에 대한 이야기인 줄 알았다. 그러나 그건 상하이에 관한 말이었다.

2004년경부터 주민과 계획가 모두 흰색 고층 빌딩으로 구현된 모더니즘의 대안을 진지하게 생각하기 시작했다. 부분적으로는 이런 충동이 시쿠멘을 개보수로 이끌었다. 우리가 있던 커피숍도 아름다운 재창조물이었다. 재능 있는 장인이 목재를 자르고 철물을 제련하여 낡은 건물을 처음 지어진 모습처럼 보이게 만들었다. 하지만 그 커피숍에는 와이파이까지 있었다. 그 지역의 또 다른 복구 사례는 미장 공사를 새로 한 전통적 벽돌 외관 안에 숨겨진, 값비싼 로프트loft(예전의 공장 등을 개조한 아파트 – 옮긴이)나 작은 아파트였다. 그렇게 복구된 시쿠멘에는 눈길을 끄는 전통적인 철제 빗장이 있지만, 출입구는 사실 전기로 작동된다. 다른 곳에서처럼 복구는 기능적인 것을 순수하게 상징적인 것으로 바꾸어놓았다.

기존 시쿠멘의 개조는 전에 그곳을 살아 있는 시테로 만든 사람들의 축출을 뜻한다. 살 만한 멋진 시쿠멘을 열심히 찾아다니는 20대들은 그 상징적 아우라는 누리고 싶어하면서도 원래부터 그곳에 살던

'실제 인간들'과 같은 공간에서 사는 것은 원하지 않았다. 젠트리피케이션과 축출이라는 익숙한 쌍둥이 죄악은 도시계획가 리처드 플로리다Richard Florida에게서 나왔다. 창조적 계급creative classes에 관한 그의 저서는 20여 년 전에 도시의 새로운 아이디어를 위한 성서가 되었다. 그에 따르면 역동적 도시는 유기적 사고방식을 지닌 젊은이들과 기업가들이 지배해야 하며 늙고 지치고 순종적인 사람들은 사라져야 한다. 그가 말하는 창조적 경제는 폐쇄적인 사무실이 아니라 집단적이고 비공식적인, 공용의 테이블에서 이루어진다. 바로 그런 곳이 도시의 "혁신 구역", 플로리다의 용어로는 "창조적 허브"다. 상하이에서 시쿠멘이 유인력이 있는 이유는, 그곳이 공용의 공간인 마당을 갖고 있어서다.[31, 32]

네루 플레이스 또한 창조적 허브다. 하지만 그곳은 젠트리피케이션 현상이 비교적 덜해, 시장의 열린 공간에 줄지어 선 건물들의 허름한 방들에 창조적 계급이 유입된다고 원래 있던 사람들이 축출되지는 않는다. 사실 그곳에는 트렌디한 20대들과 전혀 트렌디하지 않은 것들이 섞여 있다. 노파의 노점에서 파는 차파티(밀가루를 반죽해 둥글고 얇게 구운 인도 음식 - 옮긴이)를 먹으려고 사람들이 길게 줄을 서 있는 네루 플레이스의 풍경은, 줄 조명과 노출 벽돌로 꾸며진 오늘날의 시쿠멘에 오직 한 부류의 사람들만 앉아 있는 모습과는 대조적이다.

시쿠멘은 하나의 시뮬레이션, 즉 예전에 그곳에 있었던 것의 복제품이다. 다른 곳에서 만들어진 건물을 수입하는, 또 다른 종류의 시뮬레이션도 있다. 물론 이것은 중국만의 현상이 아니다. 미국의 해변 개발은 뉴잉글랜드의 식민지 시대 건축물을 플로리다의 늪지대로 이동시킨다. 웨일스 공의 넉넉한 후원을 받는 영국의 파운드베리는 전통적인 영국 촌락으로 재창조된다. 중세, 엘리자베스 시대, 조지 왕조 시대의 겉껍질이 최신형 배관을 갖춘 구조물에 입혀지는 것이다. 주목할 만한 사실은, 신티엔디의 복원을 감독한 건축 회사가 이전에 보스턴의 패널 홀 마켓플레이스Faneuil Hall Marketplace 재건으로 명성을 얻었다는 점이다. 패널 홀 마켓플레이스는 원래는 기본적인 식재료를 파는 시장이었지만, 이제는 최상급 품종의 토마토나 장인들이 만든 빵을 취급하는 곳으로 변했다.

그런데 상하이에서는 특별히 다른 사람들이 살았던 곳의 시뮬레이션을 구입할 수도 있다. 템스타운(빅토리아시대의 영국+빨간색 공중전화 박스: 역사적 혼재이지만 상관없다)이나 네덜란드 마을(풍차와 좁은 벽돌집들), 혹은 안팅 독일 마을(실내는 바우하우스식)에서 아파트를 살 수 있는 것이다. "디즈니 월드 같아요." 최근에 어느 상하이 개발업자가 자기나 다른 사람들의 프로젝트에 대해 이렇게 말했다. 중국 다큐멘터리 영화 〈세계The World〉는 전 세계 여러 도시의 시뮬레이션을 모아놓은 어느 테마파크를 보여준다. 그곳은 그런 환상을 설치하고 유지하느라 우울해진 불행한 노동자들이 가득한 장소다.[33]

도시로 흘러들어오는 국제적인 상품들처럼, 이런 모든 환경적 시뮬레이션은 모두 검증된 브랜드다. 그것들은 연상 작용을 통해 안정된 장소에서 살아간다는, 그곳에 뿌리내렸다는 감정을 불러일으킨다. 나 같은 방문자들은 이해할 수 없는 속도와 규모로 모든 것이 변화하는 도시에서 사는 사람들은, 이런 검증된 브랜드를 필요로 할지도 모른다. 이런 상황에 통용되는 일반 법칙이 있다. 경제가 앞으로 돌진할 때 건축학적 취향은 뒤를 돌아본다는 것이다. 사실 검증된 브랜드의 시뮬레이션이 주는 안심을 원하는 것은 중국인들만이 아니다. 찰스 왕자가 후원하는 파운드베리는 현재 아주 인기 있는 장소다. 수많은 사람이 허구의 다운턴 애비나 '진짜' 영국의 낭만적 버전에 이끌리기 때문이다. 그렇지만 영국과 달리 중국에는 앞으로 나아가라는 무자비한 압박이 있다.

상하이의 Q 부인은 '중국 임무Chinese mission'에 관한 민족주의적 정서에서 벗어나, 과거의 상업적 도용을 혐오했다. 체제 때문에 겪는 고통에도 불구하고 '스탈린이 실상을 안다면' 자신들을 석방시킬 것이라는 믿음에 매달리는 러시아 강제 노동 수용소의 죄수들처럼, 그녀는 여전히 이상주의자였다. 번영하는 중국이라는 이상이 경제적으로 실현됨에 따라 중국 임무에 대한 그녀의 믿음은 더 강화되었다. 그녀는 중국의 실제 과거를 소독하는 것은 싫어했지만, 그래도 리더로서 중국에 믿음을 가지고 있었다.

따라서 암 투병 때문에 부정기적으로만 할 수 있었던 그녀의 마지막 일이 와이탄 복원에 대한 조언이었다는 사실은 아이러니하다. 중국 공산당 혁명이 완수된 1949년 이전에, 상하이가 중국과 외부 세계를 연결하는 해운업과 상업의 중심지였을 때, 그 도시의 핵심부는 와이탄이었다. 큰 빌딩들이 줄지어 늘어선 부둣가의 지저분한 뒷길들은 싸구려 호텔에 묵는 선원들로 가득했다. 외국인들도 많이 돌아다녔는데, 주로 볼셰비키를 피해 온 백러시아인들이었다. 그 뒷길들에는 섹스와 아편을 저렴하게 제공하는 클럽들이 있었으며, 근처에는 중국인들을 통제하면서 그들과 별로 어울리지 않는 부유한 유럽인들이 사는 맨션들도 있었다. 이런 풍부한 역사를 어떻게 전달할 것인가?

Q 부인은 와이탄에 있는 여러 건물에 역사를 설명해주는 동판들을 붙이는 것을 생각해냈다. 그 동판들은 '3대에 걸쳐 결핵에 시달린

가정' 혹은 '이 방에서 영국 회사들이 상하이로 아편을 들여오는 것을 감독했다'라고 선언했을 것이다. 하지만 보존된 환경을 이런 식으로 큐레이트할 수 있는 경우는 사람들이 그 장소가 실제로 어떠했는지를 기억하고 싶어할 때뿐이다. 그녀의 프로젝트는 실패했다. 벌떼처럼 그곳으로 몰려드는 방문객들은 고통을 기억할 마음이 없었다.

　작가 제임스 설터James Salter는 자신의 소설 《가벼운 나날Light Years》에서 "삶 그 자체라기보다는 삶의 삽화"처럼 보이는 어느 이상화된 미국인 가족에 대해 이야기한다. 상하이가 그려내는 삽화는 시테를 상실한 도시를 보여준다. 신티엔디와 와이탄 같은 장소를 지배하는 것은 소독되고 단순화된 이미지다. 그것은 어떤 삶의 방식에 대한 호기심을 자극하는 것이 아니라, 전개될 조사를 미연에 방지한다. 그렇지만 소독된 시뮬레이션 속에는 슬픔이 내재되어 있다. 옴스테드가 Q 부인의 마음을 건드린 것은 그가 자신의 공원에서 사교성이라는 환상을 창조하려 했기 때문일 것이다. 신티엔디에 생긴 것도 지금은 사라진, 사교적이고 함께 나누던 삶의 방식을 환기시키는 환상이다. 여기에 보다 일반적인, 도시계획의 큰 딜레마가 있다. 어떻게 하면 도시를 박물관으로 바꾸어버리지 않으면서도 사라지면 애석할 과거와 연결할 수 있을까?[34]

시뮬레이션 대 버내큘러　'진본authentic'이란 건축에서 정확하게 규정하기 힘든 개념이다. 새 구조물을 다른 시대나 다른 장소에 속하는 것처럼 보이게 만들고자 하는 충동은 서구 도시계획에서는 고전주의 부흥과 관련된다. 20세기 중반 건물이지만 마치 로마 시대 사원처럼 지어진 생프로핌 교회가 그 예다. 언어적인 복원보다 시각적인 복원이 더 불편하다. 현대 시인이 르네상스의 세스티나sestina 형식(중세 프로방스인과 이탈리아인이 사용하던 정교한 운문 형식 – 옮긴이)을 사용할 경우, 최고의 교육을 받은 독자가 아닌 한 그것이 매우 오래된 시 형식이라고 느끼지 못할 것이다.

보존 작업에서 진본의 문제는 어떤 물체를 복원할 때 어디까지 거슬러 올라갈지의 문제다. 처음 만들어졌을 때가 가장 진짜 형태일까? 어떤 순간을 선택해야 할지를 두고 이견이 있을 수도 있다. 와이탄에서는 벤치마크로 삼는 시점을 1920년대로 할지 1949년으로 할지를 두고 논쟁이 벌어졌다. 전자는 와이탄에 난민이 밀려들었던 때이고, 후자는 중화인민공화국이 수립되었던 때다. 하지만 본질적인 의미를 규정하는 특정한 순간이 있는 것일까? 어떤 장소에게 '진본'의 자격을 주는 것은 시간의 변형 작업을 부정하는 것이다. 미국의 컬러니얼 윌리엄스버그나, 영국의 건축가 퀸런 테리Quinlan Terry가 만든 조지아 시대 양식을 복제한 건축물들이 바로 그런 장소다.

훌륭한 보존가들 가운데 그런 고정적인 시뮬레이션을 하고 싶어하는 사람은 아무도 없을 것이다. 대신 어떤 장소의 계속 진행 중인 역사가 발굴되거나, 가짜 천장이나 페인트로 위장된 어떤 건물의 과거가 드러날 것이다. 원래 보존 작업은 원본의 변형을 드러내는 것을 목표로 한다. 베를린의 노이에스 박물관 개조 작업을 맡은 건축가 데이비드 치퍼필드David Chipperfield도 그 논리에 따라 박물관 벽의 총탄 자국을 그대로 남겨두어, 2차 세계대전을 겪은 그 건물의 역사를 전달했다. 신티엔디가 이런 식으로 '보존'되었더라면 그곳의 건물들에 남아 있던 빈곤이 끼친 피해가 지워지지 않았을 것이다. 원래 부유한 난민들을 위해 지어진 그 건물들이 어떻게 빈민의 슬럼으로 전락했는지를 보여주려는 노력이 필요하다. 그 사연이 드러나버리면 부유한 20대들이 살고 싶어하는 곳은 안 되겠지만 말이다. 그런 노력을 들이면 제국 시대, 매음굴과 아편굴 시절, 그리고 문화혁명기의 파괴를 거치면서 와이탄의 구조물들에 남은 상처가 제대로 드러날 수 있을 것이다.

이런 방식의 보존을 추구하는 것이 버내큘러vernacular(일반적 제도적인 디자인이 아니라 보통 사람들의 생활 속에서 생성되고 만들어지는 디자인을 뜻하는 개념 – 옮긴이) 도시계획이다. 이것은 옛날 형식으로부터 출현한 새 형식이 여전히 과거와 연결될 수 있는 길을 찾아보는, 시간 속에서 나아가는 내러티브 보존의 논리를 따른다. 앞날을 생각하는 계획가는 건물의 외관을 완전히 바꾸는 것이 허용된 상태라도 건물 높이를 보존하려고 할지 모른다. 고정적인 시뮬레이션이 버내큘러식 전개보다 훨씬 더 인기가 있는 것은 사실이다. 사실 역사적 보존은 멜로드라마로 전락할 수도 있고, 유산을 보호하려는 다윗과 과거를 철거하고 영혼 없는 철강과 유리로 된 상자를 세우고 싶어하는 골리앗을 대결하게 만들 수도 있다. 다윗은 '더 나은 것을 지어라! 혁신하라!'라고 요구하지 않고, 아무것도 변하지 않는 순간을 지지한다. 이 대비 속에 더 큰 윤리적 이슈가 놓여 있다.

클레의 천사가 유럽을 떠나다 — 모스크바에 간 발터 벤야민

거의 한 세기 전에 집필된 글 한 편이 오늘날의 델리와 상하이의 차이를 분명하게 한다. 그 글에는 두 도시에 대한 언급이 전혀 없는데도 말이다. 바로 발터 벤야민의

짓기와 거주하기

〈역사의 개념에 대하여Über den Begriff der Geschichte〉다. 그는 그 글에서 성장의 전위轉位, 창조적 파괴를 통해 발생한 노스탤지어의 형태, 비공식적 활동에 의해 자극된 에너지를 다룬다. 이 주제들은 모두 1920년 대에 공산화된 도시 모스크바로의 여행과, 어떤 그림에 대한 성찰에서 비롯되었다.

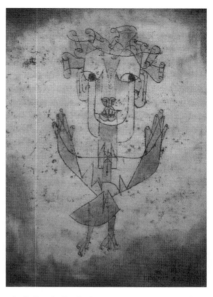

과거와 미래 사이에서 붙들린 느낌이던 벤야민은 파울 클레의 〈새로운 천사〉에서 일체감을 느꼈다. 벤야민의 말에 따르면, 이 그림은 "앞으로 떠밀려가면서도 뒤를 바라보는" 형체를 담았다.

1920년 파울 클레는 천사가 굶주리고 괴로워하면서 팔을 뻗고 있는 〈새로운 천사Angelus Novus〉라는 모노프린트화를 제작했다. 작가 게르숌 숄렘Gershom Scholem이 그해에 이 그림을 구입하여 뮌헨의 자기 아파트에 걸어두었다. 숄렘의 아파트에서 그 그림을 발견한 벤야민은 그것을 사가지고 가서 1940년 자살할 때까지 걸어두었다. 스페인 국경을 넘어가려다가 (피레네산맥의 포르트부에서 나치에게 끝내 잡힐 것이라고 확신하여) 자살하기 직전에 벤야민은 〈새로운 천사〉를 프랑스 작가 조르주 바타유에게 보관해달라고 맡겼고, 바타유는 국립도서관의 먼지 낀 구석에 그것을 숨겼다. 2차 세계대전이 끝나고 몇 년 뒤, 그 그림은 테오도어 아도르노의 손에 들어갔다가 그를 통해 숄렘에게 되돌아갔다. 숄렘은 당시 예루살렘에 살고 있었다. 숄렘의 미망인은 1987년에 그림을 이스라엘 미술관에 기증했다.[35]

그러므로 그것은 고난의 역사를 가진 물건이다. 그림을 가지고 있을 때 벤야민은 그 이미지가 역사의 고난을 다뤘다고 생각했다. 물론 클레는 그것에 강제된 상징적 임무에 진저리를 쳤을지도 모르지만, 본인이 붙인 제목은 자신도 같은 생각이었음을 암시한다. 그 고통에 찬 인물은 돌과 부서진 물체 더미 위에서 부유한다. 쇠약한 느낌을 주는 오렌지색이 그 형체 전체에 구름처럼 감돌고 있고, 하늘 속으로 스며든다. 클레의 이 작품을 설명할 때, 벤야민은 먼저 친구인 숄렘의 시를 인용한다(번역은 내가 했다).

내 날개는 날아오를 준비가 되었다.
돌아서고 싶지만
필멸자들의 시간에 머무를
행운이 내게는 없겠지.

그런 다음 벤야민은 다음과 같이 쓴다(나는 인용을 최대한 피하려고 하지만, 여기서는 양해해주기 바란다).

역사의 천사는 분명 이런 모습일 것이다. 천사의 얼굴은 과거를 향하고 있다. 우리는 사건들의 연쇄적 출현을 보지만 그 천사는 하나의 재앙만 본다. 그 재앙은 부서진 조각들을 끊임없이 쌓아 올려 그의 발치에 던진다. 그는 잠시 멈추어 죽은 자를 깨워 일

짓기와 거주하기

으키고 부서진 것들을 다시 붙이고 싶다. 하지만 낙원에서 불어 닥친 폭풍에 그의 날개가 휩쓸리고, 그 바람은 너무 강력해서 천사가 막을 수 없다. 폭풍은 그를 꼼짝없이 미래로 몰아가며, 그의 등은 미래를 향한다. 한편 그의 앞에 있는 파편 더미는 하늘에 닿을 만큼 높아진다. (…) 이 폭풍이 우리가 진보라고 부르는 것이다.36

클레의 천사는 변화의 바람에 의해 앞으로 떠밀려가면서도 뒤쪽을 보고 있다. 내 생각에, 그것은 1926~1927년 겨울 동안 벤야민 자신이 경험한 모스크바에서 형성된 이미지다. 숄렘에게 보낸 편지에서 그는 "혁명은 통제하기 힘들어진 자연의 힘"이라고 썼다. 하지만 그가 보기에 러시아인들은 혁명 이전의 은의 시대Silver Age를 그리워하는 것 같았다. 그들은 오래된 가구를 귀중히 여기고, 성상화를 숨겼으며, 여전히 차르와 살해된 그의 가족에게 사로잡혀 있었다. 모두가 굶주리고 추웠던 그 겨울에, 과거를 돌아본들 먹을 것이 생기지도 않고 몸이 따뜻해지지도 않는데 말이다.37

공산주의 도시는 어떤 모습이어야 할까? 그 시뮬레이션이 당시 모스크바에 나타났다. 마치 지금 그것이 베이징에 나타난 것처럼. 스탈린의 모스크바는 오스만의 파리를 닮아가고 있었다. 넓은 대로변에는 정교한 웨딩 케이크처럼 장식된 건물들이 줄지어 서 있었고, 지하철은 샹들리에로 조명되었다. 공산주의는 사람들을 앞으로 몰아가고 있었지만, 도시 건설자인 천사는 뒤쪽을 바라보았다. 그러나 이데올로기도, 샹들리에가 켜진 지하철도 모스크바 주민들이 스몰렌스크 상점가 같은 야외 시장에서 먹을 것과 입을 것과 약을 구하는 비공식적 경

모스크바 여행길에서 발터 벤야민은 열린 것과 닫힌 것의 시간적 측면을 성찰했다. 과거는 닫혔고 현재는 열려 있다. 이곳은 모든 것이 후진적인 과거다.

제를 감출 수는 없었다. 그곳은 네루 플레이스처럼 당국이 용인해주던 암시장이었다. 크리스마스 무렵 벤야민은 그곳이 "맛있는 음식 광주리, 트리 장식, 장난감 등으로 어찌나 북적대는지 도로에서 보도로 나가려고 몸을 움직이기도 힘들 정도였다"라고 썼다. 그러나 공식 상점의 선반은 텅 비어 있었다. 1927년 1월 3일, 벤야민은 고무 밴드와 노끈을 만드는 시범 공장을 방문했다. 그곳의 노동자는 거의 모두 중년 여성이었다. 현대식 기계가 손으로 노끈을 꼬는 노동자들 옆에 설치되어 있었다. 그 기계들은 부품이 부족하여 전원이 꺼져 있었고, 사람들은 한 세기 전과 똑같이 손으로 노끈을 꼬았다. 하지만 그 공장은 과거에 그 기술로 작업하던 작업장들보다 100배는 더 큰 규모였다. 거대한 현대적 상자, 여기서 '현대적'이란 공허한 범주다.[38]

짓기와 거주하기

스탈린의 모스크바에
서 벤야민은 현실이 예
술을 모방하고, 역사가
뒤를 바라보면서 앞으
로 전진하는 것을 발견
했다. 오늘날 클레의 천
사는 또 다른 세기적 변
이를 대표한다. '전 지
구적'이라는 단어가 '공
산주의적'이라는 단어
를 대체한 변이다. 델리
에서 진보의 폭풍 아래

이곳은 개방성과 희망을 구현하는 것처럼
에 쌓인 '잡석'은, 미스   보이는 현대적 모스크바 건물이다.
터 수디르처럼 자신이

속하지 않는 장소에서 자신만의 장소를 찾아내려고 분투하는 주변적
인간들이다. 그들은 권력의 반대편에 서 있지만 그래도 그들의 주변
성을 이용하여 뭔가를 얻어낸다. 상하이에서 진보의 폭풍에 떠밀리는
천사는 도시계획가들과 시민들이 그 도시의 변신에 어떻게 반응하는
지를 대변한다. 상하이의 변신에 만족하지 못한 그들은 몸을 돌려 뒤
를 보면서, 현재에 의미를 부여할 무언가를 과거에서 찾는다.

$$\textcircled{5}$$

타자의 무게

클레의 천사는 시간의 흐름이 길러낸 모호성과 혼란의 이미지다. 우리는 도시의 윤리를 다른 방식으로, 그것이 문화적 차이를 어떻게 다루는지를 기준으로 그려볼 수 있다. 닫힌 도시는 종교적, 인종적, 민족적, 성적 소수자들에게 적대적인 반면, 열린 도시는 그런 사람들을 허용한다. 이런 흑백논리는 선악을 명확하게 가려내어 단호한 판단을 가능케 하지만, 현실에서는 문제가 그처럼 명료하지 않다. 차이는 도시에 부담을 주어, 건축 형태와 생활 방식 모두를 혼란스럽게 한다.

> ## 거주 —
> ## 이방인, 형제, 이웃

타자의 무게 2015년 1월 5일 밤, 페기다 PEGIDA라는 그룹이 게오르크 지멜의 후원자들의 도시인 드레스덴에서 저항 행진을 조직했다. 페기다는 '서구

180   짓기와 거주하기

의 이슬람화에 반대하는 애국적 유럽인들Patriotic Europeans Against the Islamization of the West'을 의미한다. 페기다는 '우리 문화의 보존을 위해' 또는 '독일에서 이슬람 추방'이라고 쓰인 피켓을 들고 "우리는 민중We are the people"이라고 외쳤는데, 그 구호는 독일의 공산주의 체제 종말에 불리던 오래된 송가를 비튼 것이다. 그들은 테러리스트들을 대상으로 삼은 것이 아니라 모든 무슬림의 유입 금지를 원했다. 무슬림의 생활 방식은 서구적 가치에 너무 이질적이라면서. 페기다 및 그와 유사한 덴마크, 스웨덴, 프랑스의 집단은 자신들의 반 이민주의 운동은 나치 돌격대의 부활과는 무관하다고 주장한다. 잘 차려입은 어느 노인이 들고 있는 깔끔하게 인쇄된 플래카드에는 '광신주의에 반대한다'고 쓰여 있었다. 그 그룹들은 그저 근본적으로 다른 사람들은 함께 살 수 없다는 견해를 지지할 뿐이다. 차이의 무게가 너무 무겁다.[1]

페기다는 타자를 이질적 존재로 보는, 가장 순수한 형태의 폐쇄적 사고방식을 드러낸다. 하지만 당시 이 순수성은 비판받았다. 드레스덴 행진에는 1만 8천 명이 참가했는데, 쾰른에서는 참가자가 250명뿐이었다. 베를린에서는 그와 반대되는 관용의 이름을 내건 시위에 수천 명이 참석했다. 1년도 채 안 되어 독일은 시리아 내전에서 탈출한 난민에게 문호를 개방했다. 뮌헨 기차역에서는 놀라운 장면이 펼쳐졌다. 군중들이 미소를 지으며 의복과 식량 꾸러미를 들고 서 있었던 것이다. 동유럽에서 들어온 열차 복도 유리창에서는 허름한 차림새의 난민 가족들이 믿기 힘들다는 듯 그들을 바라보고 있었다. 꾸러미들은 기차역에 그대로 놓여져, 누구든 가져갈 수 있었다. 자선 속에 들어 있는 작은 가시, 즉 내게 감사하라, 고마워하라, 라는 뉘앙스가 전혀 없는, 순수한 관대함의 행위였다. 그 기차역에서 타자는 형제의 모습으로 나타났다. 그곳에서의 만남은 형제로서 연결되는 순간이었다. 이 순간은 열린 순간이었다.

그러나 한 해 뒤에 추는 다른 쪽으로 기울었다. 페기다의 입장으로 완전히 넘어간 것은 아니지만, 부족한 것이 많은 거대한 이방인 무리가 사회에 통합되지 못할 것이라는 우려 쪽으로 기운 것이다. 페기다와 뮌헨 사태에 대한 외국 신문들의 설명은 이런 기울기의 독일적 배경을 강조하면서, 인종적 순수성에 대한 나치의 믿음을 상기시키면서, 지울 수 없는 홀로코스트의 죄책감을 불러일으켰다. 하지만 내가 스웨덴의 난민 리셉션 센터에서 유엔 옵저버로 있으면서 본 바에 의하면, 이방인들에 대한 만화경같이 다양한 반응에 독일적인 성격은 전혀 없었다. 그 센터는 20년 전에도 난민들을 어떻게 동화시킬 것인가라는 똑같은 문제를 마주했다.

스웨덴인들은 1990년대에 보스니아헤르체고비나와 크로아티아에서 유고슬라비아 내전을 피해 온 난민들을 받아들였다. 그들은 난민들이 국내에 머물도록 5만 장의 임시 체류증을 발행했다. 그런 다음 비자발적 난민과 자발적 이민자를 구분하여 난민 수를 줄일 방도를 모색했다. 그러나 그것은 해결 불가능한 과제였다. 예를 들면 한 성인 농부가 전쟁으로 위협받는 마을에서—아직 실제로 공격당하기 전에—달아나기로 선택할 수 있다. 그럴 경우 그는 자발적 이민자로 분류된다. 그러나 그의 자녀들은 그 문제에 관해 본인의 선택권을 전혀 갖지 못했으므로 난민 대우를 받을 수 있다. 실제로는 정치적 난민과 경제적 이민자 사이의 법적 구분이 무의미해진 지 오래다. 한 세기 전 폴란드의 유대인들은 난민의 지위를 '얻으려고' 미국의 문 앞에서 기다리다가 최악의 상황에 처해 강간당하고 살해되느니 그냥 달아나기

짓기와 거주하기

로 결심했다. 이민 지위밖에 얻지 못하더라도 말이다.[2, 3]

체류 허가를 받은 난민들이 스웨덴에 어떻게 정착해야 할지가 다음 문제였다. 곧바로 문화적 충돌이 시작되었다. 한 유입 센터는 맛있는 스튜 등 신선한 음식을 넉넉히 준비했고, 아울러 10대 사춘기 소녀들이 좋아할 만한 예쁜 옷 등 삶을 개선시킬 생필품도 준비했다. 그런데 돼지고기가 들어 있다고 오해된 그 스튜는 소비되지 않았다. 부모들은 딸들에게 예쁜 옷은 정숙하지 못하니 입지 말라고 했다. 자신들이 원하는 것을 난민들도 원할 것이라고 생각한 호스트국의 실수였다.

이런 문화적 충돌의 한 해결책은, 난민들이 자신의 기준에 따라 편안하게 생활하면서 직업 세계에서의 통합에 집중하게 하는 것이다. (유럽연합 법은 난민들이 호스트국에서 지위가 결정되기 전까지는 일할 수 없다고 주장함으로써 이 해결책을 약화시켰다. 그런 결정이 내려지기까지는 몇 달, 가끔은 몇 년도 걸리는데 말이다.) 하지만 난민이 일터에 받아들여지려면 스웨덴어를 배워야 했다. 성인 난민들은 스웨덴어를 충분히 배우지 못해―성인들이 외국어를 배울 때 일반적으로 그렇듯이―제대로 할 수 있는 일은 육체노동밖에 없었다. 반면 사춘기 자녀들은 언어 습득 속도가 빨랐다. 어른들은 아이들이 외국어를 쉽게 구사하고 외국 문화를 빨리 받아들이는 것을 보았다. 아이들이 점점 동화될수록 애당초 부모들을 그곳에 오게 만든 고난과 트라우마를 잊어갈지 모른다. 정착한 뒤 어느 정도 시간이 지나자, 많은 부모가 아이들이 정말로 그렇게 될까봐 걱정했다. 통합은 실제적인 구원인 동시에 경험적으로는 상실이었다.

당신이 속하지 않는 장소에 어떻게 거주할 것인가? 역으로, 그런 장소에서 다른 사람들은 당신을 어떻게 대우해야 할까?

이방인, 형제, 이웃 이 세 단어는 타자를 규정하는 세 가지 방식이다. 세 단어는 서로에게 단단하게 연결된 세 철학자의 글에 연원을 둔다. 그들의 출발점은 20세기 초반 에드문트 후설Edmund Husserl이 처음 틀을 짠 현상학에 있었다. 현상학이란 인간 존재가 그들과 독립적인 영역인 세계를 어떻게 이해하는지가 아니라, 그들이 세계 속에 실존한다(독일어 표기로는 Existenz)는 느낌을 어떻게 경험하는지에 초점을 맞추는 이론이다. 후설은 실존철학을 마르틴 하이데거에게 가르쳤고, 하이데거는 자신이 배운 것 중 많은 부분을 개조한 다음 오카쿠라 가쿠조岡倉覺三와 에마뉘엘 레비나스Emmanuel Levinas를 가르쳤다. 그리고 두 사람도 결국은 스승의 사상을 개조했다. 하이데거는 자신과 다른 존재를 거부하는 문제에 실존철학을 결부시켰다. 오카쿠라는 그것을 우애의 이상에 적용했고, 레비나스는 이웃의 문제에 적용했다.

하이데거는 현존재Dasein라는 단어를 '거주dwelling'의 의미로 썼다. 문자 그대로 그곳에 있다는 뜻으로, 오랫동안 사용되어온 그 단어의 의미를 그가 더 심화했다. 철학자로서 평생 그는 '거주'가 얼마나 어려운지를 성찰했다. 사람들은 '불안', 시간이 갈수록 경험을 감염시켜 자신이 있는 장소와 서로에게 애착을 갖지 못하게 하는 그 존재론적 불안정성을 물리쳐야 한다. 우리 인간은 "지구 위에 던져져서", 우리가 속하지 않는 곳을 헤매면서 스스로를 정착시키기 위해 분투하는 존재다. 하이데거는 현존재에 대한 이런 설명을 쇠렌 키르케고르Søren Kierkegaard에게서 가져왔지만, 너무 쉽게 신에게서 피난처를 구했다는 이유로 그를 거부했다. 하이데거가 믿는 대상은 신보다는 리하르트 바그너Richard Wagner의 〈방랑하는 네덜란드인Der fliegende Holländer〉의 철학적 등가물이다. 그의 배는 끝없이 바다를 항해하면서 집이라 부를 수 있는 항구를 찾아 헤맨다. 뿌리를 내리기 위해 하이데거는 오랫동안 도시에서 벗어나기를 추구했으며, 슈바르츠발트 깊은 곳에 거처를 구했다. 이곳에서 결국 그는 낯선 타자들, 특히 유대인을 배제하게 된다.[4]

하이데거의 현존재는 그의 제자 오카쿠라 가쿠조가 쓴 같은 단어의 용법과는 현저하게 다르다. 가쿠조는 1919년에 세계 - 내 - 존재das-in-der-Welt-sein라는 괴상한 표현을 만들어냈다. 오카쿠라는《다도서茶道書》를 쓰면서 자신의 생각을 구축했다. 그가 이 책을 쓴 것은 1906년으로, 센노 리큐千利休 같은 다도 법사들의 생각을 가져왔다. 오카쿠라는 차를 우려내고 마시는 정교한 의식은 엄격하지만 일단 동작에 숙달하고 나면 더 파헤칠 깊이는 없다고 설명한다. 그것은 의미 그 자체로서는 공허하다. 다만 차를 우리는 사람을 지켜보면서 그 또는 그녀의 삶에서 다른 무엇이 일어나는지 또는 일어나지 않는지를 성찰하는 것이다. 마침내 차 우리는 사람은 사라지고 어떤 쾌감이나 고통도 없이 단순히 '내가 있다I am'는 것만 느낄 것이다. 이것은 또한 요가, 마음을 깨끗이 하는 수련의 논리이기도 하다. 오카쿠라에게 성찰의 정수인 그것은 더 사회적인 방향에서는 형제애의 장소인 기독교 수도원에 적용된다. 거기서 은둔은 아가페로 묶인 낯선 이들이 도시의 격동에서 벗어나 함께 차분하게 있을 수 있게 해준다. 아우구스티누스가 설파했듯이 수도원 사람들은 혈연관계가 아닌 형제애적 연대로 묶여 있다. 나는 오카쿠라가 앞서 말한 뮌헨 기차역의 상황을 이런 이타적 연대가 발휘된 순간으로 이해했을 것이라고 생각한다. 그러나 오카쿠라는 결국 기독교와 수도원의 은둔을 거부했다. 세계 - 내 - 존재의 정신이 도쿄 한복판에서 체험될 수 있다고 주장한 것이다. 제자가 생각해낸 현존재의 평정의 힘은, 스승이 생각했던 뿌리내림을 향한 거대한 투쟁과는 한참 거리가 멀다.[5]

하이데거의 또 다른 제자인 에마뉘엘 레비나스는 이웃이라는 문제를 다루었다. 2차 세계대전 때 전쟁 포로로 잡혔다가 살아남은 그는, 하이데거가 나치즘에 경도되자 개인적으로 또 철학적으로도 스승에게서 등을 돌렸다. 그 후 유대인 신학자 마르틴 부버Martin Buber의 사상으로 살을 찌운 그는 현존재라는 단어로 구현된, 세계 속에 존재하기에 관한 하이데거의 철학이 아니라 구약성서와 그 유대인 주석자들의 해석, 특히 신의 불가지성에 관한 해석을 끌어온 윤리 철학을 세우고자 했다. 나는 운 좋게 레비나스가 토라 해석을 진행한 주간 강의를 몇 번 들은 적이 있는데, 혼란스러웠다. 왜 그는 히브리어를 프랑스어로 번역하는 어려운 작업에 그토록 많은 시간을 할애할까? 시간이 지나, 나는 번역이 바로 그의 윤리적 비전이 다루는 문제임을 깨달았다. 언어들은 서로를 향하지만 넘어설 수 없는 한계를 만난다. 각 언어는 환원 불가능하고 번역 불가능한 의미를 담고 있다. 삶에서는 그런 상황이 더 광범위하게 존재한다. 레비나스의 관점에서 이웃은 서로를 향하는 윤리적 존재지만 궁극적으로는 서로를 헤아리지 못한다. 그렇지만 이웃을 이해하지 못한다는 이유만으로 무심하게 돌아설 수는 없다. 이웃과의 관계는 바로 인간과 신의 관계, 우리의 이해 능력을 넘어선 신적 존재와의 관계에 해당하기 때문이다.

관계는 맺지만 이해하지는 못하는 타자로서의 이웃이라는 개념은 우리가 보통 생각하는 이웃과도 다르고, 일상적 만남을 통해 사람들이 서로를 이해하게 되는 장소, 사람이 편안함을 느끼는 환경으로서의 이웃과도 거리가 멀어 보인다. 그것은 오카쿠라가 매혹되었던 기독교적 의미의 형제도 아니다. 레비나스의 윤리는 친근한 동료적 감정이라기보다는 경외와 경이다. 레비나스는 이웃을 낯선 자로 받아들인다.

시간이 지난 뒤 나는 레비나스에게서 그가 의도치 않았던, 그리고 사실은 싫어했을 법한 어떤 것을 가져왔다. 이 윤리적 견해의 현실적 적용이다. 낯선 자로서의 이웃은 도시의 세속적 영역과 관계가 있다. 자신과 다른 타인들을 알고 만나고 상대하는 것 모두가 개화하는 윤리를 구성한다. 이해 불가능하게 낯설다는 이유로 낯선 자에게 무관심한 태도는 도시의 윤리적 성격의 수준을 떨어뜨린다.

윤리적 불순성은 모든 인간 존재의 삶에 들어가 있다. 우리 중 누구든 페기다 행진을 '이해'했을 수도 있고 뮌헨 기차역에 나타났을 수도 있다고 나는 생각한다. 그보다 더 하기 힘든 것이 레비나스 기준에서의 이웃됨을 실천하는 것이다.

기피하기 — 두 가지 거부

이질적인 타자를 기피하는 방법은 두 가지다. 그들로부터 달아나거나 그들을 고립시키는 것이다. 각각의 방법은 건설된 형태를 가질 수 있다.

하이데거, 도시에서 탈주하다 마르틴 하이데거의 오두막은 아주 쉽게 찾았다. 그곳은 프라이부르크 외곽 토트나우베르크 마을에 있는 방 네 개짜리 목조 건물이었다. 철학자는 1922년에 자신이 일하고 생각할 수 있는 피신처로서 오두막을 짓기 시작했다. 이제 그 오두막은 외딴집이 아니다. 지난 90년 동안 토트나우베르크 마을이 커졌기 때문이다. 그리고 마을 사람들은 관광객의 수요를 알아챘거나, 아니면 그저 지역의 자랑거리로 여겨 '철학자의 집'으로 가는 길에 팻말을 알아보기 쉽게 세워두었다.

토트나우베르크로 가는 길은 아주 근사했다. 소나무가 구릉과 그 아래의 계곡을 빼곡히 덮고 있고, 워낙 고도가 높은 곳이라 머리 위로 광활한 하늘이 펼쳐진 전망을 볼 수 있었다. 단순하고 견고하게 만들어진 오두막은 숲과 들판의 경계가 되는 언덕 바깥쪽 휘어진 안부에 자리잡고 있어서 그 자체가 경치의 일부였다. 건물 자체는 기본적으로 사각형이었다. 폭 6미터, 길이 7미터의 면적에 위에는 추녀 지붕이 덮여 있었다. 실내는 생활하고 먹고 요리하는 공간이 한쪽 절반을, 침실과 서재가 다른 쪽 절반을 차지했다. 뒤편에는 원시적인 화장실과 (나무와 의복을 말리는) 건조실이 있었다. 집의 중심은 석조 벽난로로, 틀과 덮개는 나무로 되어 있었다. 그 집은 도구 몇 개만 써서 지어진 것 같았다. 구조의 엄숙한 분위기를 덜어주는 것은 문틀과 창문틀에 칠해진 밝은 원색인 노랑과 흰색 페인트였다. 내부의 가구들은 집의 골조처럼 단순하고 견고했다.

대도시로부터의 탈주는 베르길리우스까지 거슬러 올라가는 유서 깊은 주제다. 하이데거의 탈주는 부분적으로는 루소에서 출발해 세낭쿠르Senancour, 카스파어 다피트 프리드리히Caspar David Friedrich, 릴케로 이어지는 낭만주의의 고독에 대한 탐구를 반영한다. 그러나 그를 도시에서 벗어나도록 직접적으로 자극한 것은 한 세기 전에 매사추세츠의 월든 호숫가 주변 숲으로 들어간 헨리 데이비드 소로와, 1913년에 노르웨이 숄덴의 오두막으로 들어간 비트겐슈타인으로 보인다. 하이데거는 1933년에 잠시 프라이부르크 대학의 총장을 지낸 뒤, 나치

슈바르츠발트에 있는 마르틴 하이데거의 오두막. 이곳은 도시와 유대인으로부터의 도피를 상징한다. 건축 형태의 단순성이 사회적 배제와 결합되어 있다.

가 권좌에 오른 다음 해에 라디오 방송에 나와서 자신이 지금 베를린에서 교수로 일하지 않는 이유를 설명했다. 도시에서 떨어져 있어야 생각을 잘할 수 있다는 것이었다. "한겨울의 깊은 밤, 문을 두드리는 거친 눈보라가 오두막 주위에서 날뛰면서 만물을 덮고 가릴 때, 그때가 철학자에게는 완벽한 시간입니다." 바로 이 오두막, 가장 기본적인 도구만 비치되어 있는 곳에서 그는 다른 것에 방해받지 않고 시간을 보냈다. 침대, 책상, 책. 그것들만 있는 장소였음에도 놀랄 만큼 방문객이 많았다. 대부분 그 대가와 함께 숲속을 산책하거나 난로 곁에서 대화를 나누면서 철학 활동을 하는 학생들이었다. 1930년대에 찍힌 사진에는 하이데거 부인이 투박한 나무 탁자 주위에 둘러앉아 깊은 대화에 빠진 철학자들을 위해 불 위에서 요리하는 모습이 보인다.6

오두막 안에 있는 하이데거. 실내는 안전함을 의미한다.(왼쪽) 하이데거의 오두막에 관한 유명한 시를 쓴 시인 파울 첼란.(가운데) 유대계 혼혈이자 하이데거의 스승인 에드문트 후설. 그는 하이데거가 총장으로 있던 시절 프라이부르크 대학에서 도서관 출입을 금지당했다.(오른쪽)

그러나 하이데거의 도시로부터의 도피는 타자, 특히 유대인으로부터의 도피이기도 했다. 도시와 그 인간적 복잡성으로부터의 도피는 그가 프라이부르크 대학 나치 총장이 된 뒤에 특히 중요해졌다. 그는 레비나스와 한스 요나스Hans Jonas 같은 추종자들과 연결된 다리를 불태웠다. 그 불태우기는 2차 세계대전 이후에는 수치가 되어 도피의 욕구를 더 강화할 뿐이었다. 1933년 이후, 토트나우베르크에 올 수 있는 사람은 아리아인뿐이었다. 하이데거의 유대인 제자들은 더 이상 초대되지 않았고 이미 그 나라를 빠져나간 상태였다. 도시에서 멀어진 하이데거는 대학 총장으로 있는 동안 억압하거나 해고했던 동료들과 거리에서 마주치는 고통으로부터도 멀어졌다. 그중 가장 개인적 관계에 깊었던 사람은 에드문트 후설인데, 하이데거의 스승이었음에도 불구하고 유대인이라는 이유로 대학 도서관 사용을 금지당했었다.

이 때문에 전쟁 이후 하이데거의 오두막은 타인들에게 저주의 상징이 되었다. 강제 노동 수용소의 생존자인 시인 파울 첼란Paul Celan은

짓기와 거주하기

1967년 하이데거의 오두막을 방문한 뒤, 〈토트나우베르크〉라는 시를 썼다. 그 시는 그 사상가를 찬양하면서도 그가 역사에서 도피하지 못하게 했다. 첼란은 묻는다. "방명록은 누구의 이름을 / 내 앞에 기록했는가?" 또 다른 시 〈오두막 창문Huttenfenster〉에서 그는 나치가 살해한 동유럽 유대인들에 대해 성찰한다. 작가 엘프리데 옐리네크Elfriede Jelinek는 《토테나우베르크Totenauberg》라는 제목의 희곡을 썼다. 토트나우베르크라는 마을 이름이 '죽음의 산Todesberg'과 비슷하게 들리도록 단어를 변조한 것이다.7, 8, 9

하이데거의 도시로부터의 도피에는 뭔가 당혹스러운 점이 있다. 프라이부르크는 당시 조용한 지방 도시였다. 이 대학 도시의 거리에서는 베를린 같은 더 큰 지역에서 볼 법한 불쾌한 사건이 벌어진 적이 없었다. 발터 벤야민은 하이데거가 살았던 그 지루한 장소를 생각하면 그가 도시를 이질적인 것(예를 들면 유대적인 것)으로, 적대적 현대성을 구현하는 트라우마의 장소로 상상하는 것이 괴상하게 보인다고 했다. 그 부조화가 벤야민이 하이데거의 철학을 '초현실주의'의 한 형태로 보고 무시한 한 가지 이유였다. 그러나 하이데거의 프라이부르크로부터의 도피는 그리 설명 불가능한 일이 아니다. 하이데거 입장에서 보자면, 그곳에 칸트가 말한 인간성의 비틀린 재목이 살았기 때문이다.10

기피하기, 단순화하기 이런 모든 것에도 불구하고 그 오두막은 내 호기심을 끌었다. 그것이 어떤 물리적 대상인가 하는 문제는 정치학에 연결되기 때문이다. 그 오두막의 철학적 관념은 하이데거의 글 중에서 가장 아름다운 짧은 에세이인 〈짓기 거주하기 사유하기Bauen Wohnen

Denken〉에 표현되어 있다. 단어 사이에 구두점이 찍히지 않은 것은 이 세 개념이 하나의 경험을 형성함을 나타내는 것으로, 인간은 자연 속에, 큰 술수 없이 스스로 만든 장소에, 사유에 바쳐진 집에 자리잡아야 한다는 뜻이다. 이 글에서 하이데거는 슈바르츠발트에 있는 한 농가의 "단순한 일체성"을 환기시키며 "거주로부터 발생한, 여전히 도구와 장비를 사용하는" 짓는 자의 기술craft과, 그곳의 한 지붕 아래에 모인 여러 세대가 공유하는 "시간을 통과해온 여행의 감각"을 이야기한다.[11]

분명한 사실은 손 도구를 써서 사각형의 오두막을 짓는 것은 누구나 할 수 있는 일이고, 그런 환경을 어떤 가족이든 누릴 수 있다는 것이다. 숲에서 휴식을 취하기 위해 나치가 될 필요는 없다. 그러나 장소와 정치 사이에 연관성이 있는데, 그것은 배제와 단순화라는 공식으로 표현될 수 있다.

장소를 만드는 자인 도시계획가들은 그 공식에 공감한다. 배제는 유대인이나 다른 타자들을 피하는 것만 의미하지 않는다. 어떤 장소의 외관과 건설을 단순화하여 그 장소가 한 종류의 사람들에게만 적합하고 다른 사람들에게는 적합하지 않도록 하는 것을 포함한다. 잡다한 형태와 용도는 잡다한 사용자들을 불러들인다. 반면 꼭 필요한 것만 있는 환경, 즉 보다 단순하고 명료하고 간명한 형태일수록 누가 그곳에 소속되고 누구는 그렇지 않은지가 더 잘 규정된다. 그 극단에 오두막이 있다. 오직 아리아인들만 있는.

하이데거식 도피에서 타자가 누구인지는 사실 중요하지 않다. 예전에는 유대인이었고, 지금은 무슬림이다. 도피는 타자의 존재가 자신을―프라이부르크 같은 고요한 장소에서도―뿌리내리지 못하게 방

짓기와 거주하기

해한다는 느낌 때문에 일어난다. 심리학 용어로 말하면, 도피하는 인물은 부조화를 제거하여 자아를 구축하려고 한다. 그것은 바로 지멜이 또 다른 고요한 장소인 드레스덴 시민들에게 설명한 바 있는 취약함이라는 감정이다. 그런 작은 도시들에서 군중의 조밀도는 어디서든 위협적일 만큼 커지지 않기에, 이방인이 견딜 수 없는 부담으로 변하는 마법의 한계 숫자도 없다. 그보다는 서로 다름으로부터, 사람들이 어떤 모습으로 이야기하는지, 옷차림이 어떤지, 무엇을 먹고 어떤 냄새를 풍기는지로부터, 상상이 파열을 구축한다. 그런 탐지 가능한 차이의 신호들이 없을 때에도 눈에 띄지 않는 타자가 분명히 어딘가에 숨어 있다. 돈으로 음모를 꾸미는 유대인, 테러리스트의 분노로 들끓는 무슬림처럼 말이다. 당신이 하이데거와 같다면, 스스로의 환상은 처리 불가능해진다. 당신이 느끼는 위협은 점점 더 강해지는데, 그에 대한 구체적인 증거는 더 적어진다. 어떤 유대인도 그에게 상해를 입힌 적이 없다.

요컨대 그 오두막은 인간의 배제와 형태의 단순화를 결합시킨다. 이 점에서 그곳은 더 광범위한 위험을 나타낸다. 호모 파베르는 명료하고 직접적이고 단순한 형태를 만들면서 사회적 배제를 실천한다는. 게다가 도시에서 자연으로의 도피는 타인에 대한 거부의 위장일 수 있다. 하이데거는 도시에서 달아나 숲속의 단순한 삶을 수용함으로써 자신의 행동에 따르는 책임을 회피하고자 했다. 그의 가장 큰 윤리적 잘못은 회피성이다.

베네치아가 게토를 세우다 배제는 당신이 경멸하는 사람들이 당신에게 필요한 존재일 때 좀 더 복잡해진다. 대부분의 도시에는 그것이 제대로 작동하는 데 필요한 '이질적인' 요소들이 있다. 화장실 청소나 은행 서비스 같은 일들이다. 도시에서의 배제 행위는 오두막에서의 그것보다 내리누르는 압력이 더 크다. 도시 안에 있는 장소, 즉 공간과 건물 때문이다. 다시 말해 물리적인 조건상 배제 행위로부터 벗어날 수가 없다. 르네상스 시대에 베네치아에 살던 유대인들이 그랬다. 그들은 그 도시에 필요한 존재였기에, 고전적인 형태의 게토를 발생시켰다.

1492년에 스페인의 왕 페르디난드와 여왕 이사벨라는 유대인과 무슬림을 모두 자국에서 추방하여 유럽에 지진을 일으켰다. 여러 세기 동안 스페인에서는 다양한 종교적 신앙이 처음에는 무슬림하에서, 나중에는 기독교하에서 공존했다. 그런데 이 두 열성적인 기독교도 지배자들의 눈에 일부 백성에게서 열성의 부족함이 감지되었고, 그들의 견해로는 자신의 나라가 기독교도만 수용한다면 더 강력한 기독교 사회가 될 것 같았다.

그리하여 스페인에서 살던 많은 사람이 베네치아로 탈출했고, 1512년에 이르자 그곳 당국도 유대인 이주민을 배제하고 싶었다. 하지만 유대인들은 기독교도들이 꺼리거나 하지 못하는 의사, 행상인, 대금업자 역할을 도맡아 했다. 세파르디(스페인 출신 유대인 - 옮긴이) 의사들은 주문이나 기도에 의존하던 베네치아의 기독교도 의사들보다 의술이 훨씬 나았는데, 그들이 스페인에 있을 때 무슬림이 가져온 아랍의 선진 의학 서적을 읽었기 때문이다. 베네치아인들은 (당시 실크로드를 따라 중국까지 확장되어 있던) 동방과의 교역에 유대계 네트워크를 활용하기도 했다. 그러나 대부분의 유대인은 매우 가난하고 기술도 없었기에, 오늘날의 미스터 수디르처럼 당국의 감시망을 피해

짓기와 거주하기

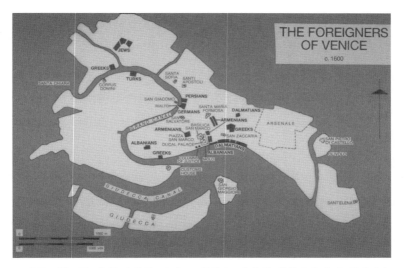

도시를 닫는 두 번째 방법인 격리. 르네상스 시대에 베네치아의 유대인들은 격리된 곳에서 살아야 했다. 유대인 게토는 북쪽 외곽에 있었다.

싸구려 물건이나 중고품을 거래하면서 비공식적 경제의 틈새를 메웠다. 베네치아 당국은 특히나 이렇게 지위가 낮은 유대인 그룹을 고립시키는 동시에 활용할 수 있는 장소를 찾으려 했다.[12]

　오늘날 유대인들이 유럽에서 항상 게토라는 고립된 여건에서 살아왔으리라는 것은 쉽게 상상할 수 있다. 1179년의 라테란 공의회 이후 기독교 유럽은 유대인이 기독교도와 섞여 사는 것을 금지하고자 했다. 로마는 라테란 공의회 칙령의 강제 집행이 발생시킨 문제를 전형적으로 보여주었다. 중세 초기부터 프랑크푸르트 같은 유럽의 도시들처럼 로마에도 오늘날 게토라 부르는 곳이 있었지만, 당시에는 유대인들을 전부 게토에 가두기에는 그 도시의 직조가 너무 무질서했다. 더욱이 유럽 대다수 도시의 유대인들은 빽빽이 모여 살지 않고 작은 세포를 이루어 흩어져 살았다. 그것은 안전상의 문제 때문이었다. 박해로부터 자신을 보호하려면 스스로를 지워버리고 익명성을 지켜야 했다.

베네치아에서는 보다 완전한 유대인 격리가 가능했는데 도시의 물리적 특성 때문이었다. 그 도시의 도로인 운하는 건물 군집들을 각각 거대한 섬처럼 분리시켰는데, 바로 이런 생태를 활용해 유대인 게토라는 격리 공간이 만들어졌다. 나중에 이 물이라는 벽은 교황 바오로 4세에게 도시 안의 돌벽을 격리 용도로 활용하는 방법의 힌트가 되었다. 교황 식스토 5세는 로마의 이 첫 번째 게토 벽을 계속 확대하고 규격화했다. 이런 사회적 차별의 벽으로부터 유럽 도시 디자인의 새 원리―게토 공간―가 생겨나 현대의 도시 형태로 구체화되었다.

'게토'란 원래 이탈리아어에서 '주물 공장'을 뜻하는 단어였다('붓다'라는 뜻인 gettare를 어원으로 한다). 게토 베키오와 게토 누오보는 도시의 행사 중심지에서 멀리 떨어진 베네치아 서쪽에 있던 오래된 주물 공장 지역이었는데, 그곳의 생산 기능은 1500년경에는 동쪽의 무기 공장 지역으로 옮겨졌다. 격리를 위한 베네치아 게토는 세 곳으로 이루어져 있었다. 1516~1517년에 사용된 게토 누오보, 1541년에 사용된 게토 베키오, 그리고 한 세대 뒤에 그 근처에 만들어진 세 번째 게토. 게토 누오보는 사면이 물로 둘러싸인 마름모꼴의 땅으로, 가장자리에는 건물들이 벽처럼 늘어서 있고 중심부에는 공터가 있었다. 게토 누오보는 도시 직조의 나머지 부분과는 다리 두 개로만 연결된다는 점에서 특이한 도시 속의 섬이었다. 그 다리들을 폐쇄하면 게토 누오보를 봉쇄할 수 있었다.

아침이면 도개교가 열리면서 유대인들이 시내로 나갈 수 있었는데,

일반 군중들과 어울릴 수 있는 리알토 다리 지역이 그들의 주요 행동 구역이었다. 기독교도들도 게토로 와서 돈을 빌리거나 식품을 팔거나 업무를 보았다. 저녁이 되면 유대인들은 모두 게토로 들어가야 했고, 기독교도들은 거기서 나와야 했다. 그런 다음 도개교가 끌어 올려졌다. 게다가 밤마다 게토 건물의 외부 창문들이 닫히고 발코니도 모두 치워져서, 게토 벽은 마치 해자로 둘러싸인 성벽처럼 변했다. 문과 창문은 단단히 닫혀, 불빛이 절대로 새어나가지 말아야 했다. 유대인들은 문자 그대로 시야에서 사라졌다.

이런 방침은 교황 바오로 4세가 1555년에 짓기 시작한 로마 게토의 방침과는 대조적이었다. 바오로의 게토는 유대인들을 체계적으로 한군데에 몰아넣어 기독교도로 개종시키기 위한, 어떤 유대인도 그리스도의 말씀을 피할 수 없게 만들기 위한 장소였다. 이 점에서 로마 게토는 비참한 실패작이었다. 인구 4천 명의 주민 가운데 공간적 집중을 통해 개종된 사람은 한 해에 고작 20명 정도에 불과했으니 말이다. 베네치아 게토는 개종을 목표로 하지 않았다. 유대인 지역사회를 봉쇄하여 유대인이라는 치유 불가능한 차별성을 표시했을 뿐이다.

베네치아 방식의 배제는 얼핏 쉬워 보인다. 그저 완전히 격리되고 닫아버릴 수 있는 공간만 있으면 될 것 같으니까. 이를 위한 건축 형태의 핵심 요소는 사방을 둘러싸는 벽이다. 당시에는 물이 유대인들을 섬에 고립시키는 벽이 되어주었고, 지금은 강철 '안전' 울타리가 팔레스타인인들을 게토로 몰아넣는다. 하지만 타자이면서도 도시에 필요한 존재를 배제하기 위한 건축은 그리 솔직하지 못하다. 벽은 그 안에서 타자들이 번영할 수 있게 만드는 것인데, 지배 문화는 그들이 간신히 목숨만 부지하기를 원하기 때문이다.

게토와 도시를 연결한 유일한 다리. 게토는 낮 동안에는 열려 있었지만 밤이 되면 닫혔고, 당국이 24시간 지켰다.

유대인들은 게토의 벽 안에 머무르는 한 신체적으로는 안전했다. 예를 들면 1534년 수난절에 그들을 향해 공격의 파도가 몰려왔을 때, 게토는 그들을 보호해주었다. 도개교가 끌어 올려지고 유대인들은 평소처럼 창문을 닫았으며, 경찰은 기독교 열성 신도들이 그들에게 달려들지 못하도록 배를 타고 섬 주위를 순찰했다. 도시는 다른 권리도 몇 가지 제공해주었다. 가령 게토 안에서는 공식 가격(낮은 가격)에 식품을 살 권리가 있었다. 즉 그들은 오늘날의 여권이 담고 있는 것과 비슷한, 장소에 기초한 권리를 얻었다. 한 인간으로서의 기본적인 인권과 달리, 장소에 기초한 권리는 그가 사는 곳에 의해 결정된다. 이것은 2장에서 서술한, 도시국가가 시민을 규정한다는 베버의 발상과 통한다. 하지만 베네치아 도시국가는 억압받는 자들이 문자 그대로 그들이 속하는 곳에 머무를 때에만, 즉 그들이 주변성marginality을 받아들이는 한에서만 권리와 특권을 허용했다.

벽 뒤의 형제들? 빈인 동시에 시테가 된 베네치아 게토 안의 유대인

짓기와 거주하기

들은, 스스로 적응력 강하게 살아가는 방법을 익혔다. 가령 중세 후반에는 유대인들이 일반적으로 아침에 기도와 교리 연구를 했지만, 베네치아 게토에서 아침은 밖으로 나가는 시간이었다. 그래서 그곳의 유대인들은 각성 효과가 있는 커피—16세기에 새로이 풍부해진 기호품—의 대량 소비자가 되었다. 밤을 새기 위해서였다. 일상적인 기도와 연구의 시간이 이제 그들에게는 함께 유폐되는 시간이 되었다.

국가는 유대인들이 게토를 벗어나지 않는 대가로 그들에게 시너고그(유대교회당 – 옮긴이)를 지어도 좋다고 허가했다. 중세 때 집에서, 혹은 특징 없는 건물에서 모이는 신도 모임을 뜻하던 시너고그는 게토에서는 국가가 보호해주는 건물이 되었다. 시간이 흐르면서 다른 베네치아인들도 호기심에서 시너고그를 찾곤 했다. 일종의 르네상스 버전의 슬럼 관광이었다. 시너고그 건물이 지역사회 내에서 공공 기관이 되었다. 곧 하나뿐이던 시너고그가 여러 개로 늘어나 세파르디, 아시케나지(중부 및 동부 유럽 출신 유대인 – 옮긴이) 등 출신별로 신도들이 나누어졌다. 심지어 16세기 중반에는 베네치아에 살고 있던 중국계 유대인 19명을 위한 시너고그도 생겼다.

게토 시테라는 공유 공간에 밀집되어 있던 유대인들이, 하나의 민족이 아니라 여러 '민족들'이었다는 점이 놀랍다. 르네상스 유대교는 이렇듯 각양각색의 사회적 재료들로 짜여 있었다. 아시케나지 유대인들은 세파르디 유대인들과 쓰는 언어도 달랐고, 공통의 문화도 없었다. 그들 사이의 교리적 차이도 매우 컸다. 레반트 유대인들도 여러 개의 파벌로 구성되어 있었으나, 게토라는 같은 공간에서 살도록 강요되자 서로 섞여서 함께 살 방법을 배워야 했다.

부분적으로 이것은 외부 세계를 향해 '유대인'으로서 발언하는 문제와 관련이 있다. 내부적으로는 합의되지 않는 상태가 계속되더라도, 유대인 이익 보호를 위해 협동하는 것이다. 베네치아 게토에서, 또 그 직후에 로마 게토에서도 유대인들은 형제 조직을 결성하여 시너고그에서 모이곤 했지만, 이런 조직들은 순수하게 세속적인 문제만 다룰 뿐 분위기가 심각해질 수 있는 교리적 차이의 문제는 피했다. 그들은 공동의 위협하에서 살고 있었기 때문이다.

억압받는 자들이 연대하여 뭉친다는 것은 순진한 생각일 뿐 실제로는 거의 일어나지 않는 일이다. 억압은 통합을 낳지 않는다. 차라리 연대는 지배층에게 '우리는 통합했기 때문에 강하다'라는 것을 전달하는 데 필요한 허구다. 피억압자들은 이 허구를 사실로 믿고 행동하는 법을 배울 필요가 있다. 그러지 않으면 억압자들이 그들의 분열을 이용하여 분할 통치할 것이기 때문이다. 게토 안에서는 다른 격리된 그룹들에서 그렇듯이, 가면이 벗겨진다. 여기서는 세파르디와 아시케나지 사이, 또는 세파르디 사이에서의 신학적 중간지대가 거의 개발되지 않았다.

이것이 레비나스가 신학적으로 다루었던 문제다. 세파르디와 아시케나지는 이웃으로 간주되지만, 그가 볼 때 공통의 기반을 찾을 필요가 전혀 없었다. 오히려 '이웃 관계'는 그런 것을 찾을 수 없다는 사실을 존중하는 데 놓여 있다. 레비나스와 같은 종교를 가진 마르틴 부버는 사람들의 삶에 신성한 타자만이 아니라 '나-너I-Thou' 관계와 같은 세속적인 타자도 존재함을, 신은 다른 곳이 아니라 여기에, 지금, 바로 가까이에, 여과되지 않고 존재함을 보여주었다. 부버와는 달리 레비나스는 '나-너' 구절에서 가장 중요한 요소는 하이픈이라고 믿었다. 신은 물론 여기에 있다. 하지만 우리 체험에 없는 존재이기도 하다.

종교적 진실은 믿음이 파악할 수 있는 영역 너머에 있기 때문이다. 신학적으로 하이픈이 이웃의 조건을 나타낸다면, 그것은 또한 가까우면서도 서로 독립된 남녀 사이의 이웃의 조건을 나타내기도 한다.13

3천 년이 넘는 세월 동안 유대인들은 이민족과 억압자 사이에 섞인 작은 세포로서 살아남았다. 그러면서도 어디에 살든 자신들의 신앙을 유지해왔다. 유대교 안에서 종교적인 내분이 일어날 때조차, 게토는 유대인의 공간적 정체성이 되었다. 게토화한 상황으로 인해 베네치아 유대인들은 한 목소리를 낸다는 허구를 가져야 했다. 게토라는 공간은 그들에게 공통의 습관을 강요했고, 그렇게 함께 살다보니 서로를 레비나스적 의미의 이웃으로 생각하게 되었다.

억압자들의 입장에서 오두막과 게토는 배제의 두 가지 방식을 나타낸다. 단순화한 공간의 극단적 경지인 하이데거의 오두막은 꼭 필요한 존재 이외의 다른 어떤 것도 들어설 여지를 주지 않는다. 낯선 자가 존재할 여유가 없는 사회적 에토스와 병행하는 건설 형태에 복잡성은 없다. 단순화하기 위해 배제한다. 게토는 타자를 사회적으로 추방하면서도 실질적으로는 그들을 활용하기 위해 설계된 복잡한 공간으로, 배제하기 위해 수용한다.

이 두 가지 극단적 형태를 쌍으로 묶어 설명하는 것은 매우 중요하다. 왜냐하면 호모 파베르는 의도치 않게 억압자로 변신할 수 있기 때문이다. 아테네 헌장 배에 탔던 망명자들은 나치적 공간 건설을 추구하지 않았으며, 대부분 나치 희생자들을 지지했다. 그렇지만 그들은 "적은 것이 더 많다less is more"라는 유명한 모더니즘의 격언에 따라 가장 기본적인 핵심만 남을 때까지 형태를 단순화하는 데서 매력을 느꼈다. 기본적인 핵심만 남기는 건축 형태는 그 안에서 사는 사람들의 생활을 전혀 고려하지 않는다. 그래서 나는 르코르뷔지에의 부아쟁 계획이 시카고의 카브리니그린이나 파리의 페리페리크 외부에 지어진 여러 시테, 즉 흑인이나 무슬림을 앙상하고 황량한 형태의 거처로 몰아넣은 주택 프로젝트와 사회적 주택단지의 원형이 된 것이 우연이 아니라고 생각한다.

베네치아의 기독교도 당국은 안전이라는 명분을 내걸고 유대인 게토화를 정당화했다. 유대인은 물리적으로나 도덕적으로나 불순한 존재로 간주되었다. 그들은 기독교도 소년들을 피의 제물로 바치는 살해자일 뿐만 아니라, 소변으로 매독을 옮기는 등 숨을 쉬기만 해도 역병을 옮기는 존재로 여겨졌다. 베네치아인들은 그들로부터 보호받을 필요가 있다고 생각했다. 하지만 이것은 결코 안전을 위한 '순진한'―이것이 올바른 단어인지는 모르지만―욕구가 아니었다. 낮에는 기독교도와 유대인이 시내의 폐쇄된 구역에서 섞였기 때문이다. 마찬가지로, 델리의 부르주아들이 빗장 공동체를 건설하는 것은 시녀들이나 정원사들이 일으킬 수도 있는 폭력에 대한 대비가 아니다. 그런 서발턴subaltern(하위 주체. 그람시는 이를 농민과 노동자를 포함하여 지배계급의 헤게모니에 종속된 모든 사회 집단을 가리키는 말로 썼다. 이들은 지배계급의 문화와 언어에 의해 통제된다 ─ 옮긴이)들은 매일 문 안에서 일하고 있기 때문이다.

비교하기 ─
가까이에 있는 계급

타자 기피 문제에 대한 해답은 벽을 허물고 그들을 가까이 데려오는 것이라고 생각할 수 있다. 이런 행복한 제안은 사회학적으로 별로 효력이 없는데, 이는 차이들이 모두 같지 않기 때문이다. 계급 차이는 오늘날 인종이

짓기와 거주하기

나 종교, 민족 간 문화적 차이와 같은 방식으로 체험되지 않는다. 서로 다른 계급의 사람들이 가까이에서 한데 섞일 때, 부당한 비교가 이루어진다. 즉 불평등은 개인적인 상처를 준다. 그 이유는 도시와는 상관없어 보일 것이다. 하지만 오늘날, 부당한 비교는 도시를 무대로 행해진다.

부당한 비교 계급은 개인화되었고, 계급 차이는 노동하는 자아에 대한 새로운 발상인 실력주의로 인해 부당한 개인적 비교의 근원이 되었다. 세습된 특권과 대조되는 실력주의는, 당신의 사회적 지위는 당신이 노동에서 자신을 어떻게 입증했는지에 따라 결정되어야 하며, 특히 ─ 모두에게 기회가 주어진다면 ─ 당신이 얼마나 실력이 있는가가 삶의 무한 경쟁에서 당신이 얻을 모든 것을 정당화할 것이라는 입장이다. 실력주의는 평등한 출발점에 대한 믿음과 불공평한 결과의 합법화를 합친 것이다.

실력주의의 기원은 17세기 중반에 나타났다. 새뮤얼 페피스Samuel Pepys를 비롯한 영국 해군 개혁가들이, 해군 장교라는 직책은 돈이나 세습이 아니라 오로지 능력에 따른 진급으로 주어져야 한다고 주장한 것이다. 18세기에 드니 디드로의 주도로 예술과 실기craft의 방대한 요약집인 《백과전서》를 집필하기 위해 모인 필자들은, 모든 종류의 실기와 노동 기술을 "재능에게 개방된 경력"이라는 이상 속에 포함시켜야 한다고 주장함으로써 실력주의 개념을 확대했다. 실력주의는 나폴레옹의 다음과 같은 말에도 담겨 있다. "모든 군인의 배낭 속에는 프랑스 원수의 지휘봉이 들어 있다." 《백과전서》는 좋은 요리사가 되는 데 필요한 기술은 외교관이나 정치가가 되기 위한 기술에 비해 결코 열등하지 않다고 주장하여, 시민사회에서 육체노동의 지위를 높였다. 인간은 제대로 훈련받고 공정한 출발점에 설 수만 있다면 거의 모두가 좋은 일을 할 능력을 가졌다고 믿었다는 점에서, 이 책의 필자들은 평등의 비전을 가지고 있었다. 이런 18세기 노동 급진파들이 볼 때 실력주의는 만인에게 열려 있었다.

이런 개인의 가치에 대한 믿음은 그 뒤에 좀 이상하게 변질되었다. 산업자본주의의 여건이 젊은이들—그들 대부분은 경제적 발판을 만들기가 점점 더 힘들어졌다—에게 평등한 출발점을 전혀 제공하지 못했지만, 결과의 불평등성은 개인들이 어떤 영향도 미치지 못하는 상황 탓이 아니라 재능과 추진력 같은 개인적 품질의 결과라고 정당화되었다. 이런 상황이 우리 시대까지도 계속되고 있다. 직장에서나 학교에서나 실력주의는 개인적인 재능 찾기를 조장한다. 교실에서 교사들은 뛰어난 한 개인을 얻기 위해 19명의 나머지 학생들을 너무 자주 방기한다. 직장에서 보상은 두각을 나타낸 비범한 자들에게만 주어지며, 충분히 일을 잘하고 있거나 장기간 근속한 더 많은 평범한 노동자들에게는 거의 주어지지 않는다.[14]

다양한 연구 집단이 밝혀낸 대로, 이런 체계하에서 가장 개인화되는 계층은 중심 밖으로 밀려나는 사람들이다. 폴 윌리스Paul Willis는 우수한 학생 한 명 때문에 교실에서 방치되는 나머지 19명은 개인적인 상처를 받아 그 한 명에게 공격성과 수치심이 혼합된 반응을 보인다고 했다. 40년 전쯤 조너선 콥Jonathan Cobb과 나는 노동계급 실직자들을 상담하면서, 그들이 학창 시절에 좀 더 나은 선택을 했더라면 현재의 실직을 막을 수 있지 않았을까 하는 두려움을 품고 있음을 알아냈다. 그런데 그들이 실직한 실제 원인은 그들이 속했던 철강 회사들

짓기와 거주하기

이 파산했거나 중국으로 옮겨갔기 때문이었다. 그 한 세대 뒤 승진하지 못한 IBM 엔지니어들을 면담하면서, 그 화이트칼라들이 자신이 선택을 잘못했거나 그저 열심히 일하면 IBM이 보상해줄 거라 믿어온 바보였다고 말하는 것을 종종 들었다. 입 밖에 내지 못했던 개인적 상처가, 원래부터 카드 패가 불리했다는 합리적 판단을 가로막고 있었다.[15, 16]

계급의 개인화는 '도시의 공기가 자유를 만든다'는 오래된 사상의 한 가지 버전으로, 너의 입지는 세습이나 전통적인 한계에서 해방된 장소에서 너 스스로 만든 것이라는 뜻을 담고 있다. 위대한 문학 작품을 예로 들자면, 플로베르의 《감정 교육》에서 프레데리크 모로가 도시에서 출세하지 못하도록 막는 것은 원칙적으로는 하나도 없다. 그는 빈민이 부자가 된 이야기의 주인공이 아니다. 돈과 매너로 출세해야 하는 사회에서 그러지 못하는 사람이다. 사디스틱한 의사 분위기를 풍기는 플로베르는 모로의 상황적 평계를 절개하여 의상과 신념, 행동거지를 세세하게 묘사하고, 타인들과의 면밀한 비교를 통해 그가 부도덕한 사람임을 드러낸다. 모로는 매력적인 주인공이 아니며, 그의 몰락을 지켜보는 플로베르의 악취미를 독자들도 일부 공유하지만, 여운을 남기는 것은 모로가 자신의 실패를 감정적으로 부인할 수 없다는 사실이다.

사회에서 자신의 위치를 개인화하는 것과 빌의 관계는 무엇일까? 고전적 게토는 이 현대적 이슈를 조명한다.

파리의 옛날 사진들을 세심히 들여다보면 개인 저택 마당에 주인에게 봉사하는 대장장이나 목수를 수용하는 헛간이 있는 것이 놀랍다. 오스만이 지은 더 부르주아적인 저택 앞 거리에는 동네 사람들이 이용하는 세탁소, 야채 가게, 꽃집 등이 늘어서 있다. 그런 저택에는 요리하고 빨래하고 청소하는 하인들이 많이 필요했다. 1차 세계대전 때까지 그런 하인들이 파리와 런던 노동계급의 가장 큰 부분을 차지했다. 상이한 계급들이 이렇게 신체적으로 가까이 붙어 살았지만, 계급 자체는 개인의 문제로 간주되지 않았다. 주인과 하인 사이의 개인적 비교는 꿈도 꾸지 않았고, 계급은 하인들이 조금도 손쓸 여지가 없는 객관적 현상이었다. '도시의 공기가 자유를 만든다'는 격언은 그들의 관계에는 해당되지 않았다.

지난 세기에 도시의 계급 구조가 놀랄 만큼 바뀌면서 도시의 노동계급은 더 다양해졌다. 가내 업무는 큰 비중을 차지하지 못했다. 19세기 초반에는 제조업이 땅값이 싼 시골이나 소도시에 자리잡았지만, 한 세기 후에는 보다 큰 도시로 옮겨갔다. 철도, 도로, 항구 등 운송 네트워크에 가까운 위치가 수익성이 높았기 때문이다. 도시의 서비스 부문 역시 1880년대 이후 성장하기 시작했다. 작은 사무실이 큰 사무실로 바뀌었고, 그런 곳에서 근무하는 화이트칼라 직업은 블루칼라 남성 노동자와 비서 기술을 갖춘 여성 노동자에게 상향 이동의 동기를 제공했다.

한편 도시는 서로 얽혀 있는 계급들을 공간적으로 분리하는 원심력으로 작용했다. 현대적 형태의 게토가 등장하기 시작한 것이다. 대도시에서는 1880년대에 이미 노동계급이 사는 근교가 나타났고, 그것은 교통의 발전과 함께 계속 확장되었다. 시카고의 생태가 표시된 원형의 파크-버지스 지도Park-Burgess map가 부의 바깥쪽 벨트에 찍힌 점들, 즉 점원과 배관공과 숙련 기술공이 사는 미개발 거주지들을 보여주었더라면 더 이치에 맞았을 것이다. 도심 안에서 노동계급이

짓기와 거주하기

많이 살던 구역은, 지난 세기에 거의 노동계급만의 장소로 변했다. 찰스 부스가 만든 19세기 말 이스트런던 스피탈필드 지도는, 반세기 뒤에 행해진 연구들보다 훨씬 더 다양한 경제적 거점들을 보여준다.

우리가 '젠트리피케이션'이라 부르는 것은 유행을 좇는 예술가들이 다채로운 동네를 식민지화하고, 그들을 뒤따라 첨단 미디어들이 들어오고, 아직도 여드름투성이인 디지털업계의 억만장자들이 토착민과 초기 개척자 모두를 돈으로 제압하는 것 이상의 문제다. 젠트리피케이션은 근본적으로 도시 인구의 하위 70~75퍼센트가 상위 25퍼센트에 의해 도시에서 쫓겨나는 과정이다. 임대료 상승에 의해서든, 가난한 집주인들이 집을 팔라는 유혹에 넘어가서든. 최근에 어느 비즈니스 잡지가 언급했듯이, 일부 원주민이 태어난 곳에 남아 있기로 결심하고 그간 축적된 자산에만 의지하면서 '완강하게' 버티는 노력은 주목할 만하다. 그러나 강요나 스스로의 선택에 의해 도심에서 사라졌거나 값싼 거리로 떠난 사람들은 이미 충분히 많다. 이런 젠트리피케이션의 결과는, 계급 차이와 물리적 분리의 방정식을 강화시킨다.[17]

따라서 오늘날 도시에서의 계급 경험은, 점점 더 멀어지고 분리되는 신체적 경험과 바로 곁에서 겪는 개인적인 불평등의 경험이 결합된 것이다. 도시계획가들은 휴대용 기기를 통한 정보과학의 효과를 설명하기 위해 '거리의 죽음death of distance'에 대해 이야기한다. 당신은 언제나 연결되어 있고 관련되어 있다는 뜻이다. 빌이 점점 더 계급적인 게토들로 구성되어가고 있지만, 시테 내에서 계급은 일종의 '거리의 죽음'으로 체험될 것이다.

| 섞기 ─
| 정중함의 가면

내가 런던에서 사는 곳은 제인 제이콥스가 찬양한 혼성 동네라는 규정을 만족시키는 아이콘 같은 장소로 보일 수도 있다. 여기 새프런힐은 예전에는 디킨스의 《황폐한 집Bleak House》에 나오는 처참한 빈곤의 무대였고, 나중에는 이탈리아인들이 소유한 창고와 사무실이 늘어섰다. 15년쯤 전에 이 거리는 갑자기 게이 커플들, 혹은 성적 정체성이야 어떻든 가까운 금융가에서 일하는 독신자들과 뉴욕을 떠나온 뉴요커들을 끌어들였다. 공장이었던 곳이 새로 로프트로 개조된 공간에 매력을 느낀 나와 아내는, 젠트리피케이션 바이러스를 갖고 들어온 첫 무리에 속했다.

그러나 이 동네의 계속적인 젠트리피케이션을 막는 강력한 요소들이 있다. 새프런힐 너머로 거리 하나를 더 가면 영국의 다이아몬드 중심지 해턴가든이 나온다. 그 거리에 늘어선 건물들 안에서 하시딕 유대인들이 보석을 연마하고 거래한다. 자신들을 약간 경계하는 듯한 젊은 영국인 커플들에게 소매 영업을 하는 그들은 서로한테는 이디시어를 쓰지만 상점을 경비하는 건장한 사설 경찰에게는 폴란드어로 말한다. 거기서 좀 더 가면 나오는 래더레인에는 런던 중심부에서 가장 오래된 야외 시장 중 하나가 있는데, 점심시간이면 엄청난 수의 사람들이 그곳에서 값싼 핸드백, 속옷, 청소 용구, 민족 음식 등을 구매한다. 나는 여기서 델리의 길거리 시장을 떠올렸다. 젠트리피케이션의 꿈을 난파시키는 정점을 찍는 것은 래더레인의 다른 쪽 끝에 있는 공용 주택 프로젝트인 본 주택단지Bourne Estate다. 이 프로젝트에 속한 오래된 건물들은 낡았지만, 그 단지는 영국 토박이 노동계급, 중년의 인도 가족, 또는 이슬람 세계에서 건너온 젊은층 등 잡다한 거주자들

짓기와 거주하기

의 손에 신중하게 관리되고 있다.[18]

내가 살고 있는 지역사회는 매일의 일상을 망치는 무슨 사건이 벌어지지 않는 한, 구성원의 다양성으로 인한 문제 없이 느릿느릿 나아간다. 그런데 해턴가든의 어느 큰 보석상 창고가 털렸을 때 문제가 발생했다. 경찰이 아주 늙은 전문 강도들을 체포하는 데 두어 주일이 걸렸는데, 그동안 지역사회에 소문이 돌면서 민족 간 긴장감이 표면에 드러났다. 기자들과 만난 사람들은 누가 그랬을 것 같냐는 질문에 하나같이 '그 지역 누군가'일 것이라고 답했다. 몇몇 다이아몬드 가공사는 카메라가 없고 안전한 래더레인의 코셔 카페에 앉아, 유대인이 재산을 도둑맞았는데도 다민족 경찰은 상관하지 않는다는 말을 주고받았다. 무슬림이 드나드는 할랄 카페에서도 유대인들이 보험금을 받기 위해 소동을 벌였을 거라는, 똑같이 비합리적인 말이 오갔다. 소문은 편견을 부풀렸다. 독실한 무슬림인 어느 세탁소 주인이 내게 말하기를, 유대인들이 자기 조카를 콕 찍어 범인으로 지목할 것이라는 소문을 들었다며 좋은 변호사를 알려달라고 부탁했다. 사건이 벌어지기 전에도 할랄 카페에서 반유대 발언이 대수롭지 않게 오가는 것을 들은 적이 있었지만 그저 일상적인 수준이어서 그냥 듣고 넘겼었다. 그러나 그때는 진심으로 화가 났다.

해턴가든 강도 같은 크지 않은 사건도 소문으로 부풀려지면 혼성 지역사회에서 폭력 충돌의 방아쇠를 당길 수 있다. 어느 가톨릭교도 아이의 죽음으로 촉발된 폴란드에서의 유대인 학살이 그 전형적 사례다. 그때는 유대인과 그 야만적 종교 행사가 마법의 힘을 가졌다는 비난을 받았다. 인도에서는 무슬림들이 소를 죽였다는 소문이, 파키스탄에서는 힌두교도들이 할랄 정육을 고의로 오염시켰다는 소문이 기폭제가 된다. 이런 폭발들은 이웃을 더 잘 알면 지역사회가 더 공고해진다는 선의의 믿음을 반박한다. 상이한 그룹들이 오랜 세월에 걸쳐 공존해온 스미르나, 델리, 로스앤젤레스 같은 도시들에서도 소문으로 부풀려진 작은 사건이 갑자기 사람들을 격발시켜, 상대방의 모습이 눈에 띄기만 해도 참지 못하는 일이 생길 수 있다.

이런 폭발을 한꺼번에 해결할 방법으로 사회학자 로버트 퍼트넘Robert Putnam이 고안해낸 것이 '좋은 울타리' 이론이다. 그는 태도에 대한 대규모 조사를 기초로 하여, 사람들은 멀리 떨어져 있기만 하다면 자신과 다른 사람들에게 긍정적으로 반응한다고 결론지었다. 혼성 지역사회에서 직접 얼굴을 맞대고 사는 것은 가끔은 상처에 소금을 문지르는 것 같은 효과를 낸다. 그가 발견한 내용은 로버트 프로스트의 시 〈담장 고치기Mending Wall〉에 나오는 "좋은 울타리는 좋은 이웃을 만든다"는 구절과 운율이 맞다. 통념에 반대되는 아이러니한 입장을 펼치는(비평가 토머스 올스Thoma Oles의 주장) 프로스트의 이 시의 태도처럼, 퍼트넘은 옹호하는 것이 아니라 관찰한다. 그럼에도 불구하고 그는 상이한 그룹들을 한데 섞어두기보다는 지리적으로 떼어놓는 편이 관용의 가능성을 더 높인다는 중요한 의견을 제시했다.[19, 20]

내 이웃들은 그와 다른 전략을 택했다. 상이한 그룹들 간의 접촉을 원활하게 만드는 가볍고 피상적인 예절을 활용한 것이다. 그런 예절이 민족 간 균열이 생긴 이후로 다소 과장된 형태를 띠게 되었다. 이는 인도 남자 두 명—다양한 고객을 상대하는 외교적 능력의 대가다—이 운영하는 신문 가게에서 발생한 다음의 사례에서 알 수 있다. 휴대폰을 들고 이디시어나 히브리어로 통화를 하던 다이아몬드 장인들이, 그 가게로 불쑥 들어온 무슬림 어머니들에게 공손하게 굴면서

("먼저 사세요") 아기들을 확실하게 추어주는 말을("일곱 달인데 아기가 참 크군요") 건넨 것이다. 이슬람 지역사회 역시 노력했다. 우리 지역 이맘(이슬람 지도자 – 옮긴이)의 주장에 따라, 주택단지 외곽의 아파트에서 나부끼던 팔레스타인 깃발이 내려졌다. 얼마 후, 이디시어 인사말과 팔레스타인 깃발이 다시 등장했다. 위기를 넘겼다는 신호였다.

소소한 예절은 "피상성은 악덕이 아니다"라는 제인 제이콥스의 명제를 구현한다. 진심으로 알고 싶은 마음은 없으면서도 이웃이 어찌 지내는지 묻는것, 이런 소소한 예절은 개성 없고 일반적이라는 점에서 지멜의 가면의 사촌이다. 균열된 상태를 복구하기 위해, 사회적 연결을 재구축하기 위해, 사람들은 서로에게 느끼는 진정한 감정을 숨긴다.

이런 예절의 역사적 배경이 되는 것은 칸트가 "인간은 비틀어진 목재"라는 주장의 원인이라 할 인간적 차이들을 뛰어넘을 수 있는 존재로서 거론한 코즈모폴리턴이다. 프랑스어 코스모폴리트cosmopolite는 원래 이 장소, 저 장소, 이 문화, 저 문화를 쉽게 옮겨다닐 수 있는 능력을 얻은 외교관들에게 적용되는 단어였다. 예를 들면 17세기의 보쉬에Bossuet 주교는 여행을 많이 하던 어느 프랑스 주재 스웨덴 대사에 대해 "진정한 코즈모폴리턴"이라고 말했다. 17세기 초 베네치아 주재 영국 대사이던 헨리 워턴 경Sir Henry Wotton은 모국을 위해 거짓말을 잘하는 법을 아는 사람이라고 묘사되었다. 이런 전문적 영역 밖에서 코즈모폴리터니즘은 계급 차이를 나타냈다. 농민이나 육체노동자는 시야가 좁은 지역에 국한된 모습인 반면, 도시의 상류계급 신사 숙녀는 정신적 여행을 더 잘하는 것처럼 보였다.

18세기 말경 코즈모폴리턴이라는 단어는 민주화되었다. 미국인들은 이 단어의 의미 변화를 벤저민 프랭클린Benjamin Franklin을 통해 알게 되었다. 그는 프랑스에서, 국내외 누구와도 잘 어울리는 꾸밈 없고 담백한 미국의 대표로 알려졌다. 19세기 초반에 매사추세츠주에서 발간된 젊은 여성들을 위한 지침서에는 이렇게 쓰여 있다. "이웃의 일에 너무 깊이 파고들지 말라. 그래야 그들도 당신에 대해 꼬치꼬치 캐묻지 않을 것이다." 같은 시기에 나온 소년들을 위한 입문서에는 이런 말이 나온다. "가십에 빠지는 것은 남자답지 못하다."[21]

낯선 이들과 편하게 지내는 능력은 옛날부터 도시 생활과 관련이 있었다. 구 프랑스어에서 'urbain'이라는 단어는 도시 생활 및 그것에서 확장된 의미인 다른 도시에서 온 방문객들을 대하는 예절을 포함했다. 현대의 혼성 지역사회에서 이것은 정중함civility이라는 가면 속에 있는 피상성, 기만, 비개인성을 모두 의미한다. 이 세 가지는 하이데거식의 타자로부터의 은둔, 타자를 배제하는 울타리 속의 고립, 노골적인 개인적 비교와 타자의 해로운 힘에 대한 끔찍한 환상의 대안이다. 그러니 나는 이웃들이 정중함의 가면을 쓰는 것이 옳다고 본다. 최소한 도둑들이 잡힐 때까지만이라도 말이다. 하지만 물론 피상성과 기만과 비개인성을 결합시킨 처신은 어떤 윤리적 의미에서도 올바를 수 없다. 정중함의 가면만 쓰고 있는 사람을 우리가 어떻게 신뢰할 수 있겠는가?

철학자 러셀 하딘Russell Hardin은 신뢰에는 다른 사람이나 집단에게 "확실성 너머"를 기대할 수 있는 도약이 포함된다고 지적한다. 말하자면 신용만으로 그들의 행동을 믿어주는 것이다. "내 말은 곧 나의 보증서다"와 같은 구두 신탁Verbal trust은 어떤 것을 명시적으로 설명할 필요가 없음을 의미한다. 그런 암시적 신뢰는 맹목적 신뢰는 아니지만, 어떤 결말로 이어질지 알 수 없다. 우리는 하딘이 "신뢰성"이라고 부르는 것의 힌트를, 즉 무엇이 "신뢰할 만한" 사람의 어조나 손동작인지를 찾는다. "그는 네가 믿을 수 있는 '종류의 사람'으로 보인다"고 할 만한 것들을 말이다.[22]

가면을 쓴 혼성 지역사회에서 신뢰는 하딘의 모델과 다른 성격을 띤다. 타인들의 특성에서 신뢰할 수 있는 신호를 찾기보다, 그들이 서로의 차이점에 주목하지 않으리라고 일단 믿는 것이다. 인도인들이 운영하는 신문 가게에서 다음의 대화가 펼쳐진다고 상상해보라. "유대인 다이아몬드 가공사로서 말하는데, 일곱 달짜리치고는 큰 아기군요." 상대방이 답한다. "라호르에서 온 난민 엄마로서 말하는데, 무슬림 아기들은 다들 이만큼 커요." 이는 부적절한 정보로 인해 생기는 터무니없는 대화다. 더욱이 이런 대화는 상호 신뢰를 구축하지 못하고 그들 간의 차이점만 강조한다. 이런 대화보다는 만족한 미소, 아기코를 살살 간질이는 행동이 오히려 그들 사이를 이어준다.

말하자면, 혼성 지역사회는 타자에 대한 의식이 전면에 나서지 않는 한 잘 돌아간다. 무언가가 타자를 의식하게 만들면, 타자의 무게가 더 가까이에서 느껴지면서 불신이 발생할 수 있다. 침묵은 신뢰를 낳는다. 피상적인 의례는 방아쇠에 더 가까이 다가간 지역사회들을 재통합하는 길이다.

나는 이 장에서 차이에 대한 이해를 하찮아 보이게 만드는 경건함의 표면 아래를 파헤치려고 노력했다. 배제는 자신의 삶을 통일하고 단순화하려는 뼛속 깊은 욕망에서 발생할 수 있다. 하이데거도 바로 그런 욕망 때문에 오두막에 칩거하며 타자를 배제했다. 베네치아라는 도시에서 게토를 둘러싼 울타리는 유대인들을 위축시키는 데 실패했고, 오히려 그들 사이에서 배제된 자들 간의 일종의 이웃 감정을 만들어냈다. 그러나 그 감정이 그들을 통합시키지는 않았다. 오늘날의 시각으로 볼 때, 바싹 들이대는, 불유쾌한 비교가 게토화한 빌과 공존한다. 혼성 지역사회는 함께 어울리기 위해 진실을 희생시킨다.

유감스럽게도, 타자의 무게를 가볍게 해주는 단순하고 비뚤어진 방법이 있다.

짓기와 거주하기

6

테크노폴리스의 토크빌

타자의 무게를 가볍게 해주는 한 가지 방안은 현대 테크놀로지를 활용하여 모두의 삶을 쉽게 만드는 것이다. 테크놀로지는 사회학이 해결할 수 없는 것을 해결하고, 사람들 사이의 관계를 부드럽게 정리할 것이다. 미디어랩 초기에 윌리엄 미첼은 이 해법의 신봉자였고, 스마트 시티가 올바른 사회관계를 설정할 수 있다고 확신했다. 그가 《비트의 도시》를 쓴 이후 '그' 스마트 시티는 사실상 상이한 두 종류의 도시가 되었다. 첫 번째 스마트 시티에서는 기술이 사람들에게 거주하는 공간의 사용법에 대한 처방을 내린다. 빌이 시테에게 지시를 하는 것이다. 두 번째 스마트 시티에서는 기술이 조정 역할을 할 뿐 시테의 어지러운 활동을 지우지는 않는다. 처방적 스마트 시티는 정신적 상해를 입힌다. 시민들을 바보로 만든다는 말이다. 조정적 스마트 시티는 복잡한 인간적 차이 속에 사람들을 참여시킴으로써 정신적 자극을 가한다. 이 대조는 우리의 더 큰 프레임에 들어맞는다. 처방적 스마트 시티는 닫혀 있고, 조정적 스마트 시티는 열려 있다.

이 대조를 설명하기 위해 우리는 먼저 기술의 빙하시대인 1830년 대로 거슬러 올라갈 필요가 있다.

새로운 종류의 개인
─초연한 토크빌

19세기의 작가이자 정치가인 알렉시 드 토크빌을 스마트 시티의 위험에 대한 안내자로 삼는 것은 이상하게 보일지도 모른다. 비록 그가 '탈진실post-truth'(실제 일어난 일보다 개인의 감정이나 의견이 대중적 여론 형성에 더 큰 영향을 미치는 현상 – 옮긴이)의 매스미디어와 같은 오늘날의 주제에 관해 예언자 같은 모습을 보였지만 말이다. 현대 정치를 예견하는 그의 힘은 청년 시절인 1831년 미국 여행길에서 시작되었다. 프랑스의 지방 소귀족이던 그의 부모는 1790년대의 혁명으로 기요틴에서 사라질 뻔했다. 1830년에 프랑스에서 잠깐 일어났던 혁명 봉기로 인해 그는 살인자 군중이 또다시 나타날까 두려워하게 되었다. 게다가 그는 유럽이 지겨웠고, 그래서 친구 귀스타브 드 보몽Gustave de Beaumont과 함께 미국 감옥에 대한 사실 확인 여행을 떠나기로 했다. 그 여행으로 그는 적어도 한동안은 떠나 있을 수 있었다. 그는 감옥 방문 외에 다른 모험도 했고, 말을 타고 끝도 없는 황야를 돌아다녔고, 살롱에서 머물렀고, 시의회 회의에서 귀동냥도 했다.

그러나 후에 르봉이 분석했듯이 1835년에 출간된 《미국의 민주주의De la démocratie en Amérique》 제1권은 그 젊은 작가가 폭도의 파괴적 열정에 여전히 시달리고 있음을 보여준다. 토크빌의 저서는 부모 세

216   짓기와 거주하기

대의 폭도 – 군중이 어떻게 자기 세대의 다수의 독재자로 변신했는지를 설명했다. 거리의 폭도처럼 다수는 민주적으로 국가의 사무실들에 일단 자리잡고 나면 소수를 절제된 방식으로 지배하는 데 만족하지 않는다. 51퍼센트의 그들은 자신의 의지를 보편적인 것으로 만들려는 열정으로 가득하기에, 49퍼센트의 목소리에 신경 쓰지 않는다. 이것이 민주적 아메리카와 혁명적 유럽을 연결하는 정치적 탯줄이다.

5년 뒤, 토크빌은 초점을 바꾸었다. 1840년에 출간된《미국의 민주주의》제2권에서, 그의 눈에는 부르주아적이고 악착스럽게 돈을 긁어모으는 사회인 프랑스 한복판에 오스만이 등장한 것을 배경으로 하여 아메리카를 측정했다. 루이 필리프 통치 10년이 지난 뒤, 토크빌이 보기에 프랑스는 좀 말랑말랑해진 것 같았다. 안락과 자기 만족감이 지배했고, 사람들은 더 큰 참여에 흥미를 잃어갔다. 아메리카 생활에 관한 책 두 번째 권을 쓰면서 그는 머릿속으로 모국의 이러한 변화를 생각하고 있었다. 폭도로서의 군중은 다수의 개인, 사회 전반과 거리를 두고 안락을 추구하며 내면으로 눈길을 돌리는 개인이라는 새 이미지에 밀려났다.

오늘날 테크놀로지의 활용에 관한 한 이것은 그의 예언자적 순간이다. '개인주의'는 그의 통찰에서 핵심 용어로, 진정으로 그가 만들어낸 단어이다. 그것을 그는 다음과 같이 불러낸다.

각 개인은 자기 속으로 물러나서 모든 타인의 운명에 낯선 존재처럼 행동한다. 그에게 인간은 자녀와 친한 친구들이 전부다. 동료 시민들과의 관계에서 그들과 어울리기는 하지만 그들을 보지는 않는다. 건드리기는 하지만 느끼지는 않는다. 그는 혼자서,

자신만을 위해 존재한다. 이런 기준에서 볼 때 그의 머릿속에 가
족 의식은 있을지 몰라도 사회 의식은 더 이상 없다.[1]

이런 내향적인 개인은 아메리카 개척자들의 거친 개인주의와 대비
되는 안락하고 편안한 삶을 원한다. 토크빌이 말하는 개인은 안내인
을 따라가는 관광을 선호하지만, 거친 개인은 배낭여행을 한다. 낯선
도시에 떨어져 스타벅스와 그 지역 사람이 운영하는 카페 중 한쪽을
선택해야 할 상황에 놓인 토크빌의 신인간은, 결국 스타벅스로 향한
다. 지역인이 소유한 무수한 카페 중에서 선택해야 하는 수고가 불필
요해지기 때문이다. 낯선 이들과의 관계에서도 마찬가지다. "그는 그
들과 어울리기는 하지만 (…) 느끼지는 않는다." 그의 행동을 이끄는
것은 주로 익숙함이다.

토크빌은 거리를 둔 개인들 간의 관계를 "조건의 평등성"이라 부른
다. 이 구절의 의미는 딱히 겉보기 그대로는 아니다. 토크빌은 아메
리카가 장래에 소득이 더 평등해지리라는, 또는 민주주의가 권력 정
치power politics를 평준화하리라는 환상에 빠지지 않았다. 조건의 평
등성이라는 말로써 그는 무언가를 향한 경주에서 사람들의 출발점
이 매우 불평등하더라도 같은 것—같은 소비재, 같은 교육, 같은 주
택 표준—을 원하게 되리라는 뜻을 전달하고자 했다. 조건의 평등성
은 사회학자 테오도어 아도르노에게서는 "소비자 취향의 대중화the
massification of consumer taste"라는 아름답지 않은 이름을 얻었다. 토크빌
은 대량화를 행동 규준에까지 확대했다.

"개인주의"와 "조건의 평등성"이라는 두 구절 때문에 토크빌은 테크
놀로지의 어두운 예언자라는 이름을 얻었지만, 내가 아는 한 그가 기

계에 관해 쓴 문장은 단 하나도 없다. 그러나 그의 발상은 왜 휴대용 단말기와 컴퓨터 스크린이 개별화의 기계인지, 또 왜 그 두 가지가 운영되는 표준적 프로그램이 커뮤니케이션에서 조건의 평등성을 창출하는지를 설명해준다. 이런 통찰은 한 걸음 더 전진할 수 있다. 개인주의와 조건의 평등성에 대한 그의 설명을 합치면 어떻게 스마트 시티가 폐쇄적이 될 수 있는지가 설명된다. 이 모든 것에 있는 악마는 '사용자 친화적' 테크놀로지라 불리는 것이다. 그것은 열정을 앗아간다.

새로운 종류의 게토 —구글플렉스

MIT와의 관계 덕분에, 지난 수년간 나는 때때로 프로그램 베타테스트를 실행하는 여러 소프트웨어 개발자들과 접촉해왔다. 내가 그 소프트웨어를 쓸 수 있다면 누구든 다 쓸 수 있다는 말이니까. 구글과는 사람들이 온라인에서 협동하도록 도와주는 프로그램을 테스트하는 일로, 유쾌하지 않은 짧은 만남을 가졌었다. 나는 구글이 내놓는 굉장한 주장들이 항상 의심스러웠지만, 그래도 그 둥지 속을 엿보고 싶은 마음이 있었다. 그 소프트웨어 회사는 비밀 보호에 사력을 다하는 곳이어서, 본사에 들어가기는 힘들었다. 그러나 뉴욕 지부를 곧 그만둘 한 제자 덕분에, 그곳 내부를 둘러볼 기회가 생겼다.[2]

도시 안에 있지만 그것에 속하지는 않는다 뉴욕에 있는 구글플렉스는 껍데기만 남기고 완전히 개조된 곳이다. 예전에 뉴욕 항만국 사무실이던 오래된 건물 내부를 완전히 비운 다음 개조하여 구글을 산업 거물로 만든 내부의 창조적 활동을 지원하려 한 것이다. 뉴욕 구글플렉스는 그 위치 때문에 몇 가지 장애물을 만났다. 그리니치빌리지 바로 위쪽에 자리잡은 그곳에서 한쪽 편으로 거리를 건너면, 뉴욕에 타자들이 있던 시절의 잔재가 남아 있다. 술집, 매음굴, 값싼 아파트가 8번가를 따라 늘어서 있는 것이다. 뉴욕 구글플렉스가 들어선 구 항만국 건물 1층은 구글의 혁신과 관계 없는 몇 가지 활동도 수용하고 있다. 스트레스로 인한 신경쇠약으로 고생하는 구글 직원들뿐 아니라 웨스트빌리지 전체를 상대하는 큰 의료 센터, 거리를 향해 있는 소매 은행, 심지어 예전에 낮은 임대료 덕에 이 구역에 집중되었던 경공업의 잔재도 있다.

구글은 조만간 첨단 건축가 비야케 잉겔스Bjarke Ingels와 토머스 히서윅Thomas Heatherwick이 설계한 완전히 새로운 구조물을 만들겠다고 발표했다. 그들이 만든 가장 눈에 띄는 도시적 형태는 유리 지붕이 덮인 옥상 정원이 될 것이다. 이 공공의 공간은 구글 직원들이 물리적 주변 환경에 노출됨으로써 받는 불쾌감을 덜어줄 것이다. 그러나 그렇게 되면 바깥 거리는 일종의 더러운 봉투가 된다.

내부는 자족적 공간이 되도록 꾸며졌다. 일단 구글플렉스 안에 들어가면 직원이 바랄 수 있는 모든 것이 손에 들어온다는 것은 유명한 사실이다. 세탁소도 있고, 의사를 만날 수도 있으며, 체육관에서 체력 단련도 할 수 있고, 늦게까지 야근할 때는 잠을 잘 수도, 머리를 식힐 필요가 있을 때는 영화를 볼 수도 있다. 이런 풍요로운 작업 환경은 고용주의 친절에서 나온 것이 아니다. 이런 24시간 서비스는 사람들이 일에 방해가 되는 신경 분산을 최소화하고 직장 생활에만 집중할 수 있게 하기 위한 수단이다. 실리콘밸리에서 뮌헨까지 지구 전역에 흩어져 있는 구글플렉스는 모두 일 외의 다른 것에는 연결되지 않는

짓기와 거주하기

기업체 버전의 게토. 뉴욕의 구글플렉스는 스스로 외부의 거리 생활로부터 고립되었다.

구글플렉스 직원들은 건물 바깥으로 나갈 필요가 없다. 건물 자체가 일과 레크리에이션의 결합 공간이다. 회사는 이 안에서 청소, 의료, 그 외의 서비스도 제공한다.

20대들의 노동을 추출하도록 설계된 빗장 공동체다. 구글은 배우자, 파트너, 자녀를 갖게 되면서 그 장소에서 시간을 덜 보내고 싶어하는 직원들에게 집과 직장을 오가는 대형 흰색 버스를 제공하며, 또한 그 사이를 완전히 안정적인 인터넷으로 연결하여 작업 시간을 연장시킨다. 이 구글플렉스 공식은 미국 일리노이주 풀먼이나 영국 포트선라이트 같은, 1880년대에 건설된 산업 시대의 고전적 기업체 타운에서 시작되었다. 구글플렉스는 그 두 사례처럼 노동과 거주 사이의 시간을 바짝 묶는다.

구글 직원들은 '창조적 계급'의 수양 자녀들이다. 리처드 플로리다가 발명한 이 용어는 지금은 미국 노동통계국이 광고와 미디어 서비스, 대학 외부의 신생 테크놀로지 기업에서 일하는 사람들을 지칭할 때 쓰는 말이다. 독립적인 화가, 음악가, 시인의 수는 상대적으로 얼마 되지 않는다. 창조적 계급은 실제로는 호모 파베르라기보다는 분배자, 중개인, 이름 짓는 사람brander이다. 투자자들의 과녁이 되고 정치가들에게는 도시의 경기 침체를 풀어주는 해답으로 찬양되는 창조적 계급은 대중에게 도움을 주는 게 별로 없는 엘리트들이다. 사실은 전혀 도움이 안 된다. 네이선 헬러Nathan Heller가 지적했듯이, 2014년에 시티뱅크 같은 전통적 기업체는 25만 명가량을 고용한 데 비해 주식시장에서 더 높은 가치를 갖는 페이스북의 고용 인원은 약 6천 명이다.[3]

구글플렉스를 기반으로 한 뉴욕의 기업체 타운은 도시 내의 섬이면서도, 그 주변 지역에 상당한 영향을 미친다. 그곳이 끼친 가장 큰 악영향은, 맨해튼의 주택 가격을—또 다른 구글 타운이 있는 샌프란시스코에서 그랬듯이—연간 16퍼센트의 비율로 상승시킨다는 것이다(2017년 기준). 또한 구글플렉스 건물은 의류 상점, 레스토랑, 조리 기구점 같은 곳을 끌어들이는 역할을 하는데, 그러면 그 주변 임대료도 높아져 8번가를 따라 줄지어 있는 지역적이고 값싸고 너저분한 가게들을 몰아낸다. 창조적 계급은 창조성을 찬양하는 자들이지만, 아이러니하게도 그들이 먹고 마시는 장소는 누구나 즉시 알아볼 수 있다. 커다란 에스프레소 기계, 파슨스 테이블, 라이톨리어 X-50 트랙 조명이 있는 곳이니까.

구글플렉스는 보다 개인주의적인 특권의 아이콘이다. 구글플렉스를 구경하기 20년 전에 나는 신경제new economy에서의 하이테크 작업에 관한 책을 쓰기 위해 실리콘밸리의 청년들을 인터뷰했다. 그 원시적 시대에 신생 테크 기업들은 특정한 냄새를 풍겼다. 눅눅한 페퍼로니 피자, 다이어트 코크, 그리고 땀이 밴 양말 냄새였다. 이런 냄새는 아무도 창문을 열 생각을 하지 않는, 에어컨이 켜진 시원한 방에서 사라지지 않았다. 당시 실리콘밸리에는 혼잡한 거리도 없었고, 신생 테크 기업들은 모두 소규모였다. 네루 플레이스의 젊은 기업가들처럼 그곳의 야심 찬 천재들도 다른 회사 사무실에 직접 가서 사람들과 많은 시간을 보내면서 그 경쟁자들이 무슨 일을 하는지 지켜보고, 가끔은 협동하고 음모도 꾸몄다. 그 신생 기업들의 실패는 실리콘밸리 바깥을 둘러볼 필요를 자극했다. 예나 지금이나 실패율은 높다. 미국에서 2년 이상 버티는 신생 테크 기업은 전체의 7퍼센트 정도에 불과하다. 예나 지금이나 이력서를 이메일로 보내는 것으로는 새 직장을 얻을 가망이 없다. 사람들과 직접 만나서 관계를 맺어야 한다.[4]

이런 테크 문화는 충분한 관대함을 전제로 한다. 그래야 고꾸라지더라도 치명적인 결과가 생기지 않기 때문이다. 하지만 서문에서 지적했듯이 하이테크 경제는 급격히 변했고, 개방적이던 '광활한 서부' 의 상태가 더 폐쇄적인 여건으로 변했다. 지난 20년 동안 테크 세계 에서 독점이 지배적 사실이 되면서 구글, 애플, 시스코시스템스 같은 기업들이 언젠가는 경쟁자가 될지 모를 신생 기업들을 덥석 사들이거 나 문을 닫게 만들고 있다. 독점자본주의는 구글플렉스식 건축 양식 을 위한 아이러니한 프레임이 된다. 그런 건물들은 회사가 외부의 자 유 시장을 파괴할지라도 내부에서는 아이디어의 자유로운 교환을 자 극하도록 지어졌기 때문이다.

구글플렉스를 토크빌이 말한 개인주의적 환경으로 만들어주는 것 은 그곳의 매력적인 인테리어와 친밀한 분위기다. 하지만, 도시 속에 있기는 하나 도시의 일부라 할 구글플렉스는 아니다. 우리가 건물 밖 으로 나온 순간 차이를 나타내는 이 문장이 내게 떠올랐다. 우리는 운동 구역과 세탁실을 둘러보고, 스시를 맛보고(아주 맛있었다), 각 자 스크린을 뚫어지게 바라보는 사람들(아주 늦은 밤이었지만 책상 에 앉아 있는 사람들이 많았다)을 지켜본 뒤 그곳을 떠났다. 거리에서 는 한쪽 눈에 멍이 든 소년 남창이 내게 뭔가를 묻는 듯한 눈길을 흘 끗 던졌다. 8번가의 심야 술집 위 아파트들에서는 라디오와 TV 소리 가 시끄러웠다. 제자와 나는 수다스러운 야간 조 택시 운전사들이 좋 아하는 저렴한 카페에서 샌드위치를 먹었다. 그제서야 우리는 도시에 있었다.

초연한 창조성 구글플렉스를 모델로 삼은 건물들은 창의적 산업 에 가장 적합한 건물이 되는 것을 목표로 한다. 과연 그런 내향적 환 경inward-turning environment이 정말로 창조성을 고무할까?

건물 내부의 벽이 철거되어도 직원들을 고립시키는 정신의 '사일로silos'까지 제거되지는 않는다. 열린 공간 자체만으로는 창조적 교환이 가능하지 않다. 프랭크 더피Frank Duffy 같은 사무실 건축가들은 열린 계획 사무실open-plan office이라는 발상은 '핫데스킹hot-desking'(지정된 자리 없이 때에 따라 원하는 자리에서 근무할 수 있는 방식 – 옮긴이)과 다를 바 없다고 비판한다. 그런 중립적 환경에서 사람들은 소소한 잡담을 나누기보다는 조용히 스크린을 쳐다보는 경향이 있다. 그들을 자극하기 위해서는 보다 세심한 장치가 필요하다. 더 개성이 풍부해져 더피가 "오피스 스케이프office-scape"라고 부르는 것이 될 필요가 있다는 말이다.5, 6

구글플렉스의 사무실 풍경은 특이하다. 이런 디자인은 부분적으로 사람들이 편안하게 만나 커피 한 잔을 놓고 이야기를 나누고, 함께 생각할 수 있는 비공식적 사교 공간을 만들어낸다. 보다 중요한 것은, 그런 공간에서 창조적 만남이 연출된다는 점이다. 다른 여러 하이테크 업체가 그렇듯이, 구글에서도 전통적인 휴게실보다 카페와 체력 단련실에서 비공식적 인간관계가 이루어지는 경우가 많다. 사교 공간은 따로 분리되어 있지 않고 통행량이 많은 구역으로 통합된다. 화장실을 식품 트롤리와 작업대, 소파가 혼재한 구역 인근에 배치한 것은 영리한 수법이다. 용무를 마치고 나면 신체적으로 느슨해지기 쉬우니 말이다. 의도적인 비공식성의 설계는 표준적 사무실과는 완전히 딴판인 업무 공간을 만들어냈다. 구글플렉스에 있는 당구대, 식품 트롤리, 낮은 소파, 작업대는 그곳을 상류층 친목 클럽처럼 보이게 한다. 사실 창의성을 자극하는 사무실을 짓기 위한 구글의 공식은 대학 캠퍼스에서 힌트를 얻었다. 구글의 건축을 지휘한 건축 구루인 존 미쳄John

Meachem은 구글플렉스를 "느슨한 구조를 갖춘 대학교"로 구상했다.7

구글의 공간 계획가인 데이비드 래드클리프David Radcliffe는 이렇게 말했다. "혁신은 스케줄에 따라 일어나지 않는다." 따라서 오피스 스케이프 전략은 노동력이 일상적으로 부딪치는 장면을 연출하는 것이다. 구글이 새 회사 부지인 캘리포니아 마운틴뷰에 짓고 있는 새 건물 아홉 개는 전체적으로 직사각형이지만, 신발 상자처럼 단순한 일직선이 아니라 중간 부분이 꺾여 있다. 이런 꺾인 부분에서 "노동력의 일상적 충돌"이 일어날 것이라고 기대하는 것이다. 현재와 미래의 뉴욕에 있는 구글플렉스 건물 내의 이상한 각도의 복도들도, 직원들을 일상적 충돌이 일어날 법한 교차점을 향해 움직이게 한다.8

이 모든 것이 제인 제이콥스를 환기시키는 것 같다. 뉴욕 구글플렉스는 그녀의 글에 나오는 그리니치빌리지 거리 바로 위에 있다. 처음 언뜻 보면 그곳은 그녀가 찬양했듯이 그리니치빌리지처럼 활기차고 자발적이고 일상적인 충돌로 가득한 것처럼 보인다. 그러나 제이콥스가 사로잡혔던 그 바깥 거리는 음울하고 무질서했던 반면, 구글플렉스 내부는 유아적이고 놀이터 같은 아우라를 풍긴다는 점에서 다르다. 생각이 막히면 탁구를 칠 수도 있고, 맛있는 스시도 늘 먹을 수 있으며, 피곤하면 언제든 휴게실에서 쉴 수 있고, 의사도 하루 24시간 늘 대기 상태인 곳. 그런 업무 공간은 아주 비싼 사립학교의 지원 여건에 비길 만하다. 그렇게 값비싼 지원을 받는 사무실이 이제 '혁신 구역'의 설계 모델 노릇을 한다. 마치 그 구역이 더 근사해지면 사람들이 더 창의적이 된다는 듯한 태도로.

구글플렉스 사무실은 창조적 작업의 핵심적 특징인 저항과의 마주침을 부정한다. 물론 모든 힘든 노동은 장애물을 극복하기 위한 노력을 자극하지만, 사무실은 실험실이나 예술가의 스튜디오처럼 어려움을 숙고하게 만드는 환경을 제공해야 한다. 오락거리와 탈출로가 많은 재미있는 사무실이 반드시 벽에 막힌 사람들에게 길을 찾게 해주지는 않는다. 이와 반대로 MIT 미디어랩에는 온갖 종류의 구석과 골판지로 막힌 피신처가 있었다. 컴퓨터를 부팅하기에는 적당하지 않아 보이는 지저분한 곳이었지만, 사람들은 그곳에서 진지한 작업을 하고 있었다. 마음을 편히 해주거나 즐길 만한 오락거리는 없었다. 보다 큰 빌의 차원에서 볼 때, 미디어랩은 마치 '혁신 구역'으로 지정되기 전의 신생 기업처럼 보인다. 이는 그저 스타일의 문제만은 아니다. 먹다 남은 피자와 담배꽁초로 지저분한 잃어버린 내 젊은 시절의 공간은, 쾌적함이 금방 공급되는 단정하고 아늑한 환경은 하지 못하는 창조적 참여의 신호를 보낸다.

존 듀이는 저항과 장애물을 창조의 박차라고 분석했다.《경험으로서의 예술Arts as Experience》에서 그는 이렇게 주장했다. "내적 긴장이 없으면 유동체가 표적을 향해 곧바로 몰려갈 것이다. 발전과 달성이라 부를 만한 것이 없을 것이다. 저항이 있음으로써 예술품 생산에서 지성이 있을 자리가 정해진다." 삶도 예술과 마찬가지다. 저항은 우리로 하여금 생각하게 만든다. 물론 어려움을 자초하거나 만들어내고 싶은 사람은 아무도 없다. 어려움이 제공하는 자극은 뜻하지 않게 외부로부터 들어와서, 통제된 노동 구역을 침범한 다음 처리된다. 구글플렉스가 당면한 골칫거리는 실내가 고립되어, 그 자체로 완결되고 자족적인 영역이 되었다는 점이다. 바깥 현실의 견제와 저항은 설계에서부터 차단된다.

이제 나는 저항이 기술적으로 최소화되면 창조성뿐 아니라 사고

전체가 나빠짐을 보여주고자 한다.[9, 10] 이런 축소된 인지는 특정 종류의 스마트 시티의 성격에 영향을 미친다.

마찰 없음 기술—'사용자 친화적'이라는 것은 사용자들에게 정신적으로 어떤 대가를 치르게 하는가?

빌 게이츠는 "마찰 없음friction-free"이라는 용어로 사용자 친화적 기술을 설명했다. 마찰 없는 디자인이란 토크빌 예언의 두 번째 측면인 조건의 평등성을 구현하는 것으로 간주되어야 한다. 그것은 대중화한 취향의 출현이며, 이 경우에는 사람들이 테크놀로지를 소비하고 싶어하는 기준, 즉 쉽게 구할 수 있고 모두가 쓸 수 있어야 한다는 요건을 충족시키는 것이다.

엔지니어는 기계를 마모시키는 마찰과 저항을 최소화하고 싶어한다. 디지털 영역에서의 '마찰 없음'은 기계의 마모를 방지하는 것과는 전혀 다른 개념이다. 이 용어는 특히 사용하기는 쉽지만 대부분의 사용자가 그것이 어떻게 작동되는지 모르는, 예를 들면 컴퓨터 주도형 자동차 개발 기술을 설명할 때 쓰인다. 당신은 자신이 이해하지 못하는 것을 사용한다.[11]

프로그래밍 구루인 피터 머홀츠Peter Merholz는, 설계자는 기술의 복잡성을 사용자에게 감출 방법을 적극적으로 찾아내야 한다고 했다. 창조자가 소비자와 어떻게 연결되어야 하는지를 설명한 것이다. 제록스 파크Xerox PARC 연구 센터의 전임 소장 존 실리 브라운John Seely Brown은 동료들에게 사용에서 "기술을 치워버리고" 경험을 "이은 자국 없이" 보이게 만들라고 권한다. 페이스북 대표 마크 저커버그는 이 권고를 "마찰 없는 공유frictionless sharing"라는 슬로건으로 구체화해 사회적 공식으로 전환한다. 그의 프로그램의 목적은 친구를 얻거나 데이트를 하기 위한 어렵고 좌절감을 주는 노력을 줄이는 데 있다. 대체로 사용자가 '왜?'에 대해 생각할 필요가 없을 때, 마찰 없음이 사용자 친화적인 것이 된다. 이 에토스의 꼬리에는 테크놀로지를 비판적으로 흠잡기가 힘들어진다는 가시가 달려 있다. 사용자는 테크놀로지가 말한 바를 실행하는지 아닌지는 알지만, 그것이 그 일을 '왜' 행하는지 생각하는 것은 금지된다. 오픈소스인 리눅스 플랫폼과 그 알맹이는 훨씬 더 투명하지만 훨씬 더 까다롭다. 그것을 잘 쓰려면 대량생산 제품을 쓸 때보다 프로그래밍 원리를 훨씬 더 많이 알아야 한다.[12]

마찰 없는 프로그램에는 기술적 패러독스가 내재해 있다. 가장 특기할 만한 것은 '요소 과다over featuring' 경향인데, 이는 사람들로 하여금 버튼 하나로 원하는 모든 것을 할 수 있다고 확신하게 만든다. 어떤 문제에도 대답이 프로그래밍되어 있기 때문이다. 마이크로소프트 워드 같은 세계적 워드프로세서 프로그램에도 요소 과다 현상이 나타난다. 즉 옵션이 너무 많아 글쓰기 과정 자체가 지체될 수 있다. 더 기술적인 작업에 쓰이는 CAD에도 요소 과다가 나타난다. 어디에 집중할지 알기 힘들 정도로 가능성을 너무 많이 제공해, 시각적 집중에 방해가 될 정도다.

이해하지 못한 상태에서의 사용은 해묵은 딜레마다. 고대인들은 마늘의 화학 성분을 전혀 알지 못하면서도 그것을 효과적인 약품으로 사용했다. 스트라디바리우스 시절의 운 좋은 바이올리니스트들은 그가 만든 악기들이 왜 그렇게 좋은 소리를 내는지 모르는 채로 그의 바이올린을 켰다. 오늘날에도 악기의 음향적 품질은 여전히 미스터리에 속한다. 마찰 없음의 에토스는 이런 기술적 수수께끼를 옆으로 치워 버리려고 애쓴다. 그것은 사용자 측에서 요구하지 않아도, 기술적 도구를 쓰기 쉽게 만드는 동시에 무슨 일이든 할 수 있게 해준다. 토크빌이 두려워했던 것이 바로 이런 매력이다. 편안함이 복잡한 요구를 침묵시킨다. 하지만 기술 영역에서 사용자가 그런 판매 기술에 굴복하면, 비싼 정신적 대가를 치르게 된다.

마찰과 인지 수많은 테크놀로지 평론가가 온라인 생활의 비중이 너무 커져서 바보가 되어버리는 결과를 비판했다. 그런 평론가 가운데 심리학자 셰리 터클Sherry Turkle은 컴퓨터 게임에 흠뻑 빠진 젊은이들을 관찰해왔다. 현실의 운동장에서 공정성과 경기 규칙을 두고 아이들이 벌이는 논쟁은, 그 아이들이 컴퓨터 앞에 앉아 있을 때는 발생하지 않는다. 그들은 게임이 계속 진행되도록 사전에 결정된 규칙 체계 안에 흡수되어 있다. 니컬러스 카Nicholas Carr는 스크린상의 멀티태스킹은 사람들을 인지 불능으로 만들고 주의력이 지속되는 시간을 단축하여, 이해되기까지 오랜 시간 주의가 필요한 상황을 기피하게 만든다고 주장한다. 이 두 사람 모두 테크놀로지의 특정한 경험이 지속적이고 질문을 던지는 종류의 인지를 불능으로 만든다고 말하고 있다. 마찰 없는 컴퓨터 문화는 신체적 자극을, 특정한 억제 상태에서 받는 불편한 자극을 줄이는 마약 같은 것일 수 있다. 당신이 보는 내용이 마음에 들지 않으면 딜리트 키를 누르거나, 다른 윈도 창으로 넘어가면 되는 것이다.13, 14, 15

이런 비평은 세심하게 다듬어질 필요가 있다. 모든 테크놀로지가 두뇌에 나쁜 영향을 끼치는 것은 아니기 때문이다. 경험이 자유롭고 수월하게 흐르게 하기 위해 사용자에게 복잡성을 숨기자는 머홀츠의 발상은 특정한 방식으로 영향을 미친다. 그것은 '생성 효과generation effects'(그냥 읽기만 할 때보다 본인의 머릿속에서 그 단어를 적극적으로 기억해내려 할 때, 즉 힘써 '생성'할 때 더 잘 기억된다는 인지심리학 용어 - 옮긴이)를 수축시킨다. 이 용어는 불완전하고 상충적이거나 까다로운 정보, 즉 성격상 열린 정보를 분석하는 노력을 가리킨다. 여러 연구에 따르면 그런 노력을 통해 얻은 정보가 완전하고 명료하고 접근하기 쉬운 정보보다 사람들의 머릿속에 더 잘, 더 오래 남는다. 생성 효과는 또한 사람들에게 어떻게 하면 좋은 정신적 편집자가 되고 요소 과다 같은 찌꺼기를 제거할 수 있는지를 가르쳐줄 수 있다.

노먼 슬래메카Norman Slamecka는 1970년대에 단어와 구절을 기억하는 방법, 그리고 부분적으로 누락된 정보의 빈 곳을 채워넣어야 할 때 기억이 더 확장되는 현상을 연구함으로써 생성 효과 연구를 시작했다. 우리 시대에 생성 효과를 연구한 사람은 굶주린 자가 독실한 자를 숲과 대초원과 강에서 추적하는 〈선교사와 식인종Missionaries and Cannibals〉이라는 비디오 게임을 고안한 크리스토프 판님베헌Christof van Nimwegen이다. 판님베헌은 사람들에게 결함 있고 불완전한 소프트웨어와 꼬이지 않고 매끄럽게 진행되는 소프트웨어를 제공했다. 그는 말썽 많은 소프트웨어를 써본 사람들이 결함이 적은 것을 쓴 사람들에 비해 훨씬 능숙하게 〈선교사와 식인종〉 게임을 한다는 것을 발견했다. 어떤 움직임이 중요하며 어떤 길이 막다른 골목인지를 더 철저하게 익혔기 때문이다.[16, 17]

현대의 인지 연구자들은 20세기 초의 철학자 찰스 샌더스 퍼스의 통찰을 활용한다. 그는 "우리가 직접 관찰한 것과 다른 어떤 것, 또 많은 경우 우리가 직접 관찰하기 불가능한 어떤 것을 가정하는" 과정을 "귀추법abduction"이라고 불렀다. 귀추법이란 '만약 ~한다면 어떨까?'의 지식이다. 언젠가 미디어랩의 자동차 프로젝트에 참가한 한 엔지니어가 이런 질문을 던졌다. "만약 발로 페달을 밟는 방식이 아니라 운전대를 잡아당겨 브레이크를 건다면 어떨까?" 다른 사람이 그런 방법은 효과적이지 않을 거라고, 우리 몸은 멈추려 할 때 본성상 잡아당기기보다는 미는 쪽으로 프로그래밍되어 있기 때문이라고 했다. 그러자 엔지니어가 대꾸했다. "그게 뭐 어떻다고? 나는 내 몸뚱이의 현재 상태가 아니라 그것이 훈련될 수 있는 상태를 이야기하는 거야." 귀추법은 반反사실적 영역에 속한다. 퍼스는 그것이 상상적 역할뿐만 아니라 비평적 역할도 한다고 믿었다. 우리는 어떤 존재를 정신적으로 해체하여 현실에서 당연시되는 성격을 무너뜨리지 않으면 그 가치를 알 수 없다. 종교적 신념도 퍼스의 동료 윌리엄 제임스에 의해 이런 테스트의 사례가 되었다. 만약 신이 존재하지 않는다면 어떨까? 이런 의심을 경험해보지 않는 한 진정으로 독실한 신자는 될 수 없다.[18]

테크놀로지 세계에서 어떤 것이 사용하기 쉬울 경우, 우리는 그것이 현재와 다르다면 어떨지 물어볼 생각은 별로 하지 않는다. 워드프로서 프로그램의 문법 체크를 실시하다가 그것이 내가 문장을 쓰는 방식에 있는 수많은 어색한 점을 너무도 순식간에 잡아내어 경악한 적이 있다. 하지만 그 프로그램은 이런 오류에 대해 창의적이거나 특이한 해결책을 제안하지는 않았다. 마이크로소프트 워드의 문법 체크에는 장난기 많은 '만약 ~한다면 어떨까?'의 정신이 작동하지 않는다. (사전적 의미에서 '체크'는 감시와 제약이라는 뜻도 갖고 있다.) 이 결함을 상쇄하는 것이 그 프로그램에 있는 엄청나게 많은 편집과 포맷

　　　　　　　　　　　　　　　　　　　　　짓기와 거주하기

기능이다. 손가락만 몇 번 움직이면 시를 쓰거나 영화 대본을 작성하거나 표와 그림과 문장을 조합하는 등 못하는 일이 없다. 하지만 그 메뉴 자체가 문제다. 그것은 각 기능에게 사전에 예정된 형식을 제공한다. 메뉴에 있는 것만 선택할 수 있는 것이다. 이는 워드퍼펙트 5.1 같은 옛날의 도스 프로그램과 대조된다. 그 옛날 프로그램은 정해진 요소가 상대적으로 적기 때문에 사용하기는 더 까다롭다. 그러나 문장 구성이나 텍스트 포맷 실험을 제약하지 않기 때문에 더 만족스럽게 사용할 수 있다. 마이크로소프트 워드의 철자법 체크 기능은 터무니없을 정도로 가차 없어서, 제임스 조이스라면 그것은 질색하고 워드퍼펙트 5.1을 좋아했을 것이다. 같은 대비가 미디어랩에서도 나타난다. 그들에게 예/아니요 가설 테스트로 쉽게 포맷될 수 있는 실험은 이류다. 일류 실험은 미지의 것, 가능성, 만약이라는 가정을 기준에 포함시킨다.

명료하게 알기 쉬운 것과 모호한 '만약 ~한다면 어떨까?' 간의 대조는 노먼 슬래메카와 그의 동료들이 연구한 생성 효과로 설명된다. 불완전한 지식은 '만약'이라는 질문을 던지도록 이끈다. 그 질문자가 현실을 결정되지 않은 것으로 다루기 때문이다. 그것을 이해하는 것은 당신에게 달려 있다. 인지 연구의 또 다른 노선―모순을 다루는 노선―도 같은 결론에 도달했다. 이 연구는 '인지 부조화'에 관한 현대의 이해를 발전시킨 심리학자 리언 페스팅어Leon Festinger의 업적이다.

이 용어는 모순된 행동 규칙, 또는 혼란스러운 규칙이 있는 상황을 가리킨다. 주체는 여기에 어떻게 반응할까? 페스팅어는 동물을 이용하는―그는 비둘기를 자주 썼다―실험실에서 일했지만, 항상 자신이 발견한 내용을 인간에 적용해보았다. 그는 자신이 비둘기에게 조성한 인지 부조화가, 인간에게서는 스스로 만들어내는 고통스러운 상태임을 알아냈다.

이솝 우화 〈여우와 포도〉는 이런 상황의 고전적 보기다. 높은 곳에 있는 포도송이를 따지 못한 여우는 그것이 너무 시어서 먹을 만하지 못할 것이라고 판단한다. 정말로 신 포도인지 어쩐지는 알 길이 없다. 이 우화는 자신이 하고자 했던 일이 좌절되었을 때 '애당초 나는 그걸 바라지 않았다'고 생각함으로써 실패를 합리화하는 사고방식을 보여준다. 하지만 여우는 사실 여전히 포도를 원한다. 포도가 땅에 떨어지면 게걸스럽게 먹을 것이다. 페스팅어는 이 교착에서 벗어날 한 가지 방법은 "부조화를 줄이고 조화를 달성하려고 노력하는 것"이라고 했다. 이것은 '부조화를 줄이려고 노력할 뿐만 아니라 부조화를 늘릴 가능성이 큰 상황과 정보를 적극 피하라'는 의미일 수 있다. 될 수 있는 한 복잡성을 피하려는 것, 이것은 인지 부조화의 또 다른 부정적 측면이다. 여우는 포도를 무척 먹고 싶지만, 나중에 자신의 열망에 대해 거짓말을 하게 된다. "난 포도를 별로 좋아하지 않아"라고. 금연한 사람이라면 누구나 이런 사고 맥락을 알 것이다.[19, 20]

좌절이나 모순적 경험에 대응하는 긍정적인 방법도 있다. 내가 복잡한 환경에 흥미가 있다는 것을 안 페스팅어는 어느 날 비둘기 새장이 가득 찬 실험실로 나를 데려갔다. 새들은 물 먹이 튜브를 숨겨둔 장애물 주위를 엿보거나 실험자들이 이상한 각도로 놓아둔 먹이통을 알아내려고 애쓰고 있었다. 몇몇 비둘기는 그런 장치나 배치 때문에 방향감각을 잃었다. 내가 새장에 갇힌다면 나도 그럴 것 같았다. 하지만 다른 비둘기들은 부조화를 일으키는 환경을 만날 때 더 기민해졌다. 페스팅어의 말에 따르면, 비둘기들의 주의력은 시각적인 영역에만 국한되지 않는다. 따라서 더 기민해진 비둘기들은 희미한 소리도 더 잘 듣고 후각도 더 날카로워지며 기억력도 개선된다.

페스팅어는 새들이 그렇게 변한 이유가 부조화 그 자체에 집중하는 능력을 개발했기 때문이라고 했다. 그 새들은 저항을 탐구했으며, 그럼으로써 그가 "초점 관심focal attention"이라 부른 것을 개발했다. 그는 먹이나 안전이 직접 위협당하는 상황은 아닐지라도 환경이 당혹스러운 방향으로 달라질 때, 비둘기들의 관심이 어떻게 작동하는지를 밤낮으로 연구했다. 그가 다양한 실험을 통해 알아낸 결과에 따르면 그런 환경 변화가 불안의 수준을 높이기는 했지만(심박수와 호르몬 비율 측정 결과), 그래도 끈질긴 비둘기들은 여기저기 돌아다니면서 장애물을 부리로 쪼아 테스트를 해보더라는 것이다. 불안 때문이었을 수도 있지만 활기에 넘치는 이상한 새들이었던 것이다. 가장 중요한 점은, 이런 비둘기들이 다른 동료들에 비해 머리가 더 좋아졌다는 것이다.[21]

페스팅어는 "우리는 자신이 이해하려고 애써 노력했던 것들을 가장 귀중하게 여긴다"고 주장했다. 그는 인간이든 다른 동물이든, 이솝 우화의 여우처럼 행동하거나 토크빌의 개인들 중 하나가 되거나 온라인으로 피해 복잡한 현실로부터 멀어지는 존재보다는, 현실과 씨름하는 존재가 인지적으로 더 기민해진다고 믿는다. 나는 페스팅어의 명제가 도시에 얼마나 정확하게 적용될지 궁금해졌다.

페스팅어의 이론을 바탕으로 구축된 실험들은 직설적이고 즉각적으로 자명한 반대 상황들을 다룬다. 비둘기가 물 손잡이를 밀면, (물이 아니라) 곡식 몇 알갱이가 나온다. 발자크의 파리, 파크의 시카고, 제이콥스의 뉴욕, 미스터 수디르의 델리에서 길거리를 지배하는 것은 직설적인 모순보다는 모호성이다. 이런 모든 장소에서 거리의 삶은 표면에서는 유동적이다. 낯선 군중이 오고 가며, 일상적인 목격의 경험 또는 아주 드물게는 깊은 깨우침을 얻는 교환의 경험이 이루어진다. 하지만 초점 관심을 적용함으로써 이 흐름 속에서 질서의 포켓들을 탐지할 수 있다. 거리가 온통 검정색 바다여도 발자크의 파리인은 낯선 이들이 입은 그 검은 의복의 세부를 보고 그들의 계급을 추측해 낸다. 파크의 시카고에서 조보는 잠깐 마주친 눈길이, 상대가 친구인지 적인지 알려주는 색인 역할을 한다는 것을 알아냈다. 뉴욕에서는 '거리를 보는 눈'이 빌리지를 훑어보며 말썽을 일으키거나 범죄를 저지를 것 같은 사람들을 찾아낸다. 미스터 수디르는 항상 고객을 찾고, 경쟁자들이 무엇을 하는지 알아보고, 또 (나도 나중에 알았듯이) 뇌물을 주어야 할 비밀 경찰을 찾는다. 사회학자 일라이저 앤더슨Elijah Anderson은 유동성에서 질서를 추론하려는 그런 노력을 "거리의 코드the code of the street"라 부른다. 열린 시스템의 용어로는 '질서의 포켓'을 이해하는 것이다.[22]

반면, 마찰 없음을 지향하는 사조는 복잡한 장소의 특정한 사항들에 집중하는 초점 관심을 사소한 수준에서도 유보한다. 예컨대, 찾아가기 힘든 곳에 있는 어떤 지역 카페에 굳이 가지 않고 그냥 스타벅스에 들어가는 식이다. 더 심각한 예를 들자면, 마찰 없음은 흑인이나 무슬림 같은 타자의 전형성만 알아본다. 그 전형성에 맞지 않는 흑인 남자나 무슬림 여성의 특수성을 식별하려면 감정적 노동뿐 아니라 정신적 노동도 필요하기 때문이다. 또한 마찰 없는 삶을 위해서는, 타인들의 이해관계는 물론이고 심지어 자신 속에서 충돌하는 이해관계의 아우성에서도 물러나야 한다. 이솝 우화의 여우처럼, 혹은 토크빌의 새로운 개인처럼, 우리의 욕망과 쉽게 들어맞지 않는 복잡성과 차이점을 억압하고 무시하고 거짓으로 대한다면, 그 결과는 인지 상실이다.

페스팅어 실험의 인지적 목표는 새장 속의 새들이 복잡성에서 물러나지 않고 오히려 그것에 집중하도록 자극하는 조건을 발견하는 것이었다. 도시에도 그런 조건이 있을 것이다. 현대 도시에서 하이테크는 우리를 더 영리하게 만들어줄까, 아니면 바보로 만들까?

두 개의 스마트 시티 —처방 혹은 조정

스마트 시티에는 열린 것과 닫힌 것 두 종류가 있다. 닫힌 스마트 시티는 우리를 바보로 만들 것이고 열린 스마트 시티는 우리를 더 영리하게 만들 것이다.

처방 닫힌 스마트 시티는 구글플렉스의 확장판이며, 그 속에는 토크빌식 개인이 가득 차 있고, 그 시민을 바보로 만드는 사용자 친화적 테크놀로지를 연료로 쓴다. 이 디스토피아에 대해 네덜란드 도시계획가 마르턴 하여르Maarten Hajer와 톤 다선Ton Dassen은 이렇게 말했다. "도시 테크놀로지는 도시를 안전하고 깨끗하고 무엇보다 더 효율적으로 만든다. (…) 스마트 시티는 빅데이터를 통해 행동을 감지하고, 이 피드백을 이용하여 도시의 동학을 관리하고 서비스를 조율한다." 테크놀로지 연구자 애덤 그린필드Adam Greenfield가 말했듯이, 이러한 스마트 시티는 실은 사람들이 어떻게 생활해야 하는지를 처방하는 중앙집중적 통제 정치에 의해 움직인다. 이런 테크놀로지 악몽은 데이브 에거스Dave Eggers가 구글을 극화한 소설《서클The Circle》에 나타나 있

다. 실제 땅 위에서 실현되면 그것은 어떤 모습일까?[23, 24, 25]

서울에서 남서쪽으로 한 시간 차를 타고 가면 스마트 시티 송도가 나온다. 그곳은 바다를 개간하여 만든 땅 위에 건설되었다. 2012년에 그곳 주민은 약 3만 명이었지만 5년 안에 세 배로 늘어날 예정이다. 상하이와 마찬가지로 그곳의 개발 속도는 엄청나다. 미국의 활기찬 선벨트 도시들에서 집 한 채가 지어지는 시간에 중국과 한국의 신도시에서는 열여덟 채가 지어진다. 송도는 부아쟁 계획에 무성한 나무와 부드러운 곡선을 추가한 버전처럼 보인다. 상하이처럼 그곳의 고층 빌딩들도 녹지로 둘러싸여 있지만, 이 새 풍경은 나무가 더 풍부하게 심어져 있어 여유로운 분위기다.

앤서니 타운센드Anthony Townsend의 글에 따르면 원래 송도는 "무역 전쟁을 위한 무기"로 구상되었다. 즉 "다국적 기업을 유치하여 (…) 세금을 낮추고 규제를 줄여 송도에 아시아 작전 본부를 설치하는 것"이 목표였다. 그린필드에 따르면, 도시를 보다 매력적으로 만들기 위해 첨단 기술을 도입하기로 했다고 한다. 그러자 시스코와 소프트웨어 AG 같은 기업들이 입찰에 참가했고, 그 결과 규제가 적은 시장이라고 자랑했음에도 실제로는 환경에 대한 테크놀로지적 규제가 점점 더 심해졌다.[26, 27]

송도 스마트 시티의 통제 센터는 으스스할 만큼 조용한 장소다. 그곳은 '콕핏cockpit'(조종석 – 옮긴이)이라 불리는데, 그 단어는 한국어로는 발음하기 쉽지 않지만 다른 장소를 위한 모델이 되고 싶어하는 송도 계획가들의 열망을 나타낸다. 비행기를 조종하듯 도시를 조종한다는 발상을 담은 별명이다. 콕핏은 그 스마트 시티의 출발 단계부터 설치되었다. 거대한 스크린들이 줄지어 서서 도시의 대기 품질, 전기 사용,

교통 흐름의 상황을 보여준다. 기술자들은 회전의자에 앉아 스크린을 지켜보면서 가끔 뭔가를 지적하고 수정 작업을 한다. 말은 거의 없다. 말을 할 필요가 없다. 도시를 운영하는 기계를 작동시키는 공식이 효과를 보고 있는 것이다. 기술자들은 조용한 자부심을 품고 내게 시설을 보여주었다.

송도의 부드러운 외관은 녹지, 작은 연못들, 잔디가 잘 자란 축구 경기장이 모두 환경적 효율성과 절약을 위해 계산된 것이라는 사실을 숨기고 있다. 콕핏의 한 기술자가 지도 하나를 가리키면서, 어느 공원에서 발생하는 이산화탄소의 정확한 양을 말해주었다. 굉장한 계산으로 보였지만, 나는 슬라이드 자를 사용하던 시절에 자랐으니 놀라는 것도 당연하다. 중앙 통제 센터에는 감지기나 휴대폰으로 흘러가는 일방적 흐름이 있다. 휴대식이나 거치대식 감지기는 정보를 보고하지만, 그것을 해석하여 대응 방법을 결정하는 것은 통제 센터다. 구글 지도나 다른 비슷한 프로그램들도 이런 식으로 작동하지만, 송도 통제 센터가 관장하는 범위는 훨씬 크다. 어느 대기업 고용주는 직원들의 휴대폰 사용 모니터링을 통해 그들이 있는 장소를 파악한다. 도시 전체는 콕핏의 지휘하에 교통신호등 조정 같은 빅브라더 성격이 좀 덜한 테크놀로지들로 운영된다. 더 정확히 말하자면 그 방에서 시각적으로 보여지는 빅데이터 집합의 명령과 해석적 알고리즘에 의해 운영된다. 그런 콕핏은 스마트 시티의 처방적 모델을 구현한다.

송도의 자매 스마트 시티라 할 수 있는 마스다Masdar는 아부다비와 가까우며 그 시의 재정으로 운영된다. 마스다는 '스마트한 교외'라는 의미가 더 큰 곳으로, 주민 4만 명 외에 매일 아부다비에서 오는 5만 명의 통근자까지 수용한다. 거대한 에너지 소비국인 아랍에미리트는 자신들의 생태발자국을 줄이는 데 관심이 있다. 그 도시도 도시계획가들에 의해 송도처럼 미래로 나아가는 길을 보여주려 한다. 태양열같은 재생 에너지 사용도 노먼 포스터Norman Foster의 마스터플랜에서왔다. 계획가들의 말에 따르면 "패시브 디자인 요소를 사용하여 시너지 있고 효율적인 도시 디자인을 적용해" 인근 아부다비에 비해 70퍼센트의 에너지를 절약한다. 이런 좋은 일을 실현시키려면 "지속 가능한 선진 테크놀로지들을 광범위하게 도입하고 그것들을 서로 통합"해야 하는데, 그것은 오로지 빅데이터 처리 능력이 있는 컴퓨터만 할 수있다. 마스다는 자율주행 자동차의 실험장으로도 알려져 있다. 포스터가 설계한 그곳 건물들은 송도의 건물들보다 더 고급이기에 더 비싸다.[28, 29]

내가 송도에 간 것은 그곳이 막 개발되었을 때였다. 나중에 뇌졸중으로 쓰러지고 나서 그 도시가 어떻게 변했는지 알아보기 위해 기운넘치는 젊은 연구자 팀을 그곳에 파견했다. 처음에 그들은 경탄하며이렇게 보고했다. "엔지니어들에게 이곳은 유비쿼터스 컴퓨팅의 환상을 토대로 세워진 공간이다. 알고리즘 논리, 인간 주민, 수많은 블랙박스가 뒤엉킨 네트워크의 공간이다." 시간이 지나자 그들은 그 공간을 불편해했다. "단조롭고 모니터링이 과도하며 중앙 집중화된 송도에는 (…) 다양성이나 폴리스가 찬양하던 민주주의의 특징이 전혀 없다. (…) 이 공간은 도시계획가에게는 악몽이며, 컴퓨터 회사에게는 환상이다." 방문을 마칠 무렵 그들의 눈에 그곳은 "무미건조하고 무기력한 유령 도시"로 보였다. 그들의 불만감은 그곳에 클럽이나 마약이나술이 없는 것과는 전혀 무관했다. 불행하게도 내 연구자들은 도덕적으로 곧은 사람들이었다. 그리고 그들은 테크놀로지 러다이트주의자

폐쇄와 스마트 시티 1. 아랍에미리트의 마스다 시티. 하나의 통제 센터가 도시 삶의 모든 측면을 규제한다. '생활을 위한 기계'로서의 도시를 구현한 르 코르뷔지에의 부아쟁 계획을 상기시킨다.

폐쇄와 스마트 시티 2. 한국의 송도. 이곳의 꼼꼼하게 설계된 사회적 공간은 실패작이다. 거주민들은 도시계획에 논리적으로 들어맞지 않는, 비공식적으로 형성된 장소들을 더 좋아한다.

가 아니라, 그저 그 도시를 미래의 도시라고 선전하는 사람들이 호감을 얻었어야 했던 인텔리들이었다.

그들이 화가 났던 것은 송도가 전혀 스마트하지 않기 때문이었다. 그 도시의 운영 방식은 사람을 바보로 만드는 식이어서, 나의 똑똑한 조교들은 그 장소가 자신들의 지성을 모욕한다고 느꼈다. 그 도시에서 생성 효과, 귀추법, 초점 관심은 설계에 어떤 역할도 하지 못했고, 사용자 친화성만 지배했다. 송도 유형의 스마트 시티들도 구글처럼 세렌디피티를 포용할 것 같지만, 사실은 그렇지 않다. 처방이란 도시가 어떤 기능을 수행할 것인지 사전에 예견하여 그것을 공간과 건설된 형태 속에 정확하게 설치한다는 의미다. 송도 유형의 스마트 시티는 우연성을 두려워한다. 내 조교의 말에 따르면, 그 스마트 시티는 장소의 경험을 "가볍게" 취급했다.

이런 유보된 장소 감각은 부분적으로 르코르뷔지에와 관련이 있다. 부아쟁 계획은 형태와 기능이 엄밀하게 들어맞는 기계의 시대를 위한 선언문이었다. 1934년에 출간된 루이스 멈퍼드의《기술과 문명Technics and Civilization》은 르코르뷔지에의 노선을 따르는 영혼 없는 테크놀로지를 주의하라고 경고했다. 그렇지만 그의 스마트 시티 버전 또한 형태와 기능이 기계적으로 완벽하게 융합되는 장소였다. 모든 장소가 명분을 가지며, 모든 생활 요소가 엄격한 방사형 설계 속에 정밀하게 배치되어 있었다. 오늘날의 스마트 시티는 형태-기능의 엄밀한 조합이라는 발상을 디지털 시대에 구현하여, 자족적 환경이 되는 것을 목표로 한다.

형태와 기능을 지나치게 빈틈없이 조합하려다가는 기술적 완고함에 빠져버리기 십상이다. 사람들은 서로 다른 방식으로 일하기 때문

짓기와 거주하기

에 고정된 형식은 더 이상 쓸모가 없어지거나, 새로운 도구가 나와서 예전 기술이 구식으로 취급받을 것이다. 형태와 기능을 한데 얽어버리지 말라는 경고는 스마트 시티 실험에도 적용된다. 노먼 포스터는 새 자동차의 충전 시설을 만들려다가 이런 사실을 알게 되었다. 그와 동료들이 그 프로젝트를 시작한 이래로 전기 자율주행차가 진화를 계속하여, 초기에 예상했던 승객 수 한두 명이 너덧 명으로 늘어났다. 충전 시설의 크기가 상대적으로 작아졌다. 효율적이고 빈틈없는 설계는 모든 상황과 환경과 사람들의 거주 방식을 예상할 수 있다는 전제에서 나온다. 그러나 상하이의 한 도로가 어디에도 닿지 못하게 된 것처럼, 그 계산은 틀릴 수 있다.

테크놀로지적 효율성이 반드시 재정적 성공을 낳는 것은 아니다. 송도의 수많은 고층 빌딩은 불이 꺼져 있다. 세계적인 불황으로 구매자가 끊어졌기 때문이다. 아랍에미리트에서는 금융 버블이 터지는 바람에 마스다라는 사치스러운 실험이 일시적으로 유보되었다. 수잰 골든버그Suzanne Goldenberg는 그곳을 "세계 최초의 녹색 유령 도시"라 부른다. 그곳 지하에 있는 수많은 하이테크 시설이 아무 내용도 전송하지 않기 때문이다. 내가 받은 콕핏 동영상에도 컴퓨터 스크린에 검정색 덩어리가 보였다. 송도의 경제적 운세가 그런 형태로 나타난 것이다. 무로부터 건설된 처방적 스마트 시티들은 정말로 사치품이다. 그런 도시를 건설하는 비용은 줄어들지 않고 오히려 늘어난다. 그런데 왜 인도 같은 나라가, 깨끗한 식수도 없고 위생 여건도 제대로 갖추어져 있지 않으며 지역 의료 시설도 없는 그 나라가 스마트 시티 100개를 새로 계획하여 파산의 길을 따라가려 할까.[30]

스마트 시티에 관한 근본적인 질문은 왜 그것이 거주민들을 바보로 만드는 효과를 내는가이다. 그 부분적인 이유는 내 연구자들이 발견한 대로, 그곳에서의 생활이 너무나 안락하기 때문이다. 매우 사용자 친화적이라는 말이다. 또한 계획 자체가 실험적이지 않고 언제나 구성 요소들 간의 균형 상태를 추구한다는 의미에서 정태적이다. '만약 ~한다면 어떨까?'라는 대안, 막다른 골목으로 이어지는 흥미로운 가능성은 추구되지 않는다. 그러다가 생태계가 파열되고 균형이 깨질까봐 우려해서다. 이렇듯 처방적 스마트 시티는 문제점을 찾기보다는 문제 해결을 우선시한다. 좋은 과학에서, 연구자는 신약의 파생 효과를 알고 싶어한다. 좋은 장인 정신을 지닌 목수는 결이 다른 목재 두 쪽을 어떻게 짜맞출 것인지를 알아낸 다음, 그렇게 하여 만들어진 장롱에 윤을 낼 때 어떤 문제가 생길지 예견하고 싶어한다. 당신이 궁금해하는 한 문제의 해결책과 또 다른 문제의 발견은 연결되어 있다. 하지만 처방적 모델은 호기심을 죽인다. 스마트 시티에서 당신은 호기심을 가질 필요가 없다.

사람을 바보로 만드는 스마트 시티에는 윤리적 차원의 문제도 있다. 예를 들면, 현재의 거의 모든 지도 프로그램은 여행자에게 A 지점에서 B 지점으로 가는 가장 빠른 최단거리를 보여주며, 여행자를 고속도로로 보내려 한다. A에서 B로 향하는 고속도로를 타면 부서진 공장과 사람들이 모여드는 근사한 시장과 끔찍한 슬럼을 만나게 되는 느린 길을 피할 수 있다. 따라서 고속도로 여행에서는 타인들에 대해 많이 배우지 못한다. 장소를 경험하는 것이 아니라 공간 속을 움직일 뿐이다. 처방은 가장 효율적인 경로를 말해준다. 사람들은 다른 경로를 선택했다면 어땠을지, 또는 가장 풍부한 경험을 하게 만드는 경로는 무엇인지에 대해 생각할 필요가 없다.

물론 일상생활의 대부분은 순전히 효율성의 기준에서 구성되어야 한다. 그것은 균형의 문제다. 처방적 도시는 기능과 질문을 격리시킴으로써 균형을 잃게 된다. 노버트 위너는 이 위험을 예견했다. 노년에 그는 자신의 머리로 낳은 자식이 괴물이 될까봐 두려워했다. 빅브라더가 통제하는 빅데이터(이 용어를 만든 것이 위너다)는 사람들의 삶을 몇 개의 독점 기업이 제공하는 수요와 욕구의 디지털 비트로 축소시킬 수 있다. 빅브라더로서 테크놀로지라는 말은 아마 진부한 표현이 되어버렸겠지만, 위너는 더 깊은 어떤 것을 두려워했다. 기계를 사용함으로써 사람들은 배움을 중지할 것이다. 그들은 멍해질 것이다. 처방적 스마트 시티는 이런 마비화의 장소다.[31]

꼭 그래야 하는가?

조정 활동을 통제하는 것이 아니라 조정하기 위한 테크놀로지 사용은 아주 다른 종류의 스마트 시티를 만든다. 그런 테크놀로지는 더 저렴하고, 사람들이 되어야 하는 모습이 아니라 있는 그대로의 사람들 모습에, 칸트의 '비틀어진 목재'에 집중한다. 그리고 조정적 테크놀로지는 인간의 지성을 발전시킨다.

이런 덕목은 특정한 방식으로 네트워크를 조직함으로써 달성된다. 닫힌 네트워크는 대개 입장 자격을 제한하는 반면, 열린 네트워크는 모두를 포용한다. 온라인상의 분리는, 예를 들면 유료 서비스라서 신문을 읽을 수 있는 독자가 한정될 때 발생한다. 스마트 시티 영역에서 열린 네트워크와 닫힌 네트워크 사이의 차이는 피드백에 달려 있다. 닫힌 도시 네트워크 안에서는 시민들이 원하든 원치 않든 상관하지 않고, 감지기가 교통 속도나 전기 사용 같은 시민들의 행동을 읽는다.

피드백은 비자발적이다. 열린 도시 네트워크에서는 시민이나 시민 그룹이 피드백 통제권을 더 많이 가진다. 조정적 스마트 시티는 자체 데이터에 제한을 부여한 다음, 그것을 처리하고 다른 그룹의 정보와 연계시킨다.

열린 도시 네트워크의 초기 사례는 참여적 예산 수립의 고향인 브라질의 포르투알레그리에서 발생했다. 그곳 시장인 올리비우 두트라Olívio Dutra가 1989년에 출범시킨 참여적 예산은, 경제 자원을 상향식으로 분배하는 방식이었다. 그 과정은 학교, 진료소 같은 지역 기간 시설에 돈을 어떻게 써야 할지 논의하는 느슨한 이웃 모임에서 시작되었고, 그 단계에서 누구나 예산안을 볼 수 있었다. 완벽하지 않은 데이터가 토론을 위한 자료로 준비되었다. 이웃 동네들 간의 갈등은 선출된 대의원들의 손에서 처리되었고, 그들은 각자의 동네에 처리 결과를 보고해야 했다. 이 시스템은 약 20년간 잘 유지되다가 상부 권력에 의해 무너졌는데, 그렇게 된 것은 권력 탓이라기보다는 도시의 규모가 커지면서 그 과정에 포함되기를 원하는 사람들이 너무 많아졌기 때문이었다. 브라질에서 메가 시티가 출현하면서 초대형 지역 클러스터들 간의 협상이 일관성을 잃고 끝도 없이 질질 시간만 끌었다. 게다가 메가 시티를 만들어낸 엄청난 수의 이민자들은 참여적 예산안을 편성하는 조직과 의회에 들어가지 못하는 경우가 많았다.

스마트폰과 빅데이터 집합을 통해 스마트 시티에 진입해보라. 여러 지역사회에 대한 자금 분배 변화가 실시간으로 계산되기 때문에, 유권자들의 이동하는 표의 흐름도 처리될 수 있다. 이제 빅데이터가 처방을 내리기보다, 대규모의 참여를 조정할 수 있게 된 것이다. 시민들은 더 이상 직접 만나지 않고 온라인으로 소통한다. 준비된 데이터는 여전히 논쟁의 여지가 있고 문제가 있다. 지역 차원에서 운영되는 일종의 채팅방에서 의견과 제안이 나오고, 그에 대한 반응도 나온다. 이 피드백은 선출된 대의원들이 다른 지역사회들과 전리품을 나눠 가지는 회의에서 대변할 내용들이다. 이런 과정을 거쳐 책정된 예산은 구속력이 있다. 시의회는 변경을 요구하지는 못하더라도 제안할 수는 있다. 이와 비슷한 시스템이 현재 브라질의 250개 도시에 설치되어 있다.[32, 33]

제인 제이콥스에 대한 루이스 멈퍼드의 비판 가운데 하나는, 지역적 행동은 도시 규모의 행동으로 커질 수 없다는 점이었다. 브라질의 경험은 그런 문제를 피할 수 있는 방법을 제시한다. 세계은행은 지역들이 사회 기반시설, 특히 위생과 전기와 의료 시설에 돈을 쓰는 경향이 있음을 발견했다. 이와 관련된 유형적인 프로젝트들은 이웃 동네들 간에 진료소 같은 자원을 공유하거나, 도시 차원에서 전기와 수도 시설을 통합하게 해준다. 예산안을 짜는 시테는 커다란 빌에 초점을 맞추었다. 막스 베버가 오래 살았더라면, 베를린에서 멀리 떨어진 곳에서 시민들이 스스로의 운세를 통제하는 일종의 도시국가를 보게 되었을 것이다.[34]

이런 예산안 수립 과정처럼 스마트 시티의 실제 설계도 개방적이고 조정적인 형태를 따를 수 있다. 컴퓨터 게임 〈심시티〉는 상호작용적 하이테크를 통해 도시의 빌을 만들어내는 것을 목표로 했다. 프랑스 리옹에 있는 포시티ForCity 프로젝트는 빅데이터 조합들을 가져와 미래의 도시 직조의 자세한 이미지를 구축해 정교한 3D 모델로 보여준다. 전문적인 입력값을 넣어야 하지만, 포시티 모델은 '인구 X, 발걸음 조밀도 Y, 고착성 조밀도 Z를 가진 도로가 가질 수 있는 너비 세

가지를 보이라' 같은 상당히 직접적인 명령을 이미지로 변환할 수 있다. 따라서 시민과 계획가 모두가 '만약 ~한다면 어떨까?' 식의 질문을 던지고 가능한 응답들을 비교하면서, 귀추적 추론을 연습할 수 있다. 이 처리법과 지역사회 회의에 제시된 컴퓨터 이전 세대 모델링 간의 차이는, 예전에는 사람들이 어떤 계획의 특정 부분을 바꾸기를 원할 때마다 계획가들이 방을 나가서 계획을 다시 계산하고 다시 작성한 다음 모임을 다시 소집했다는 점이다. 지금은 그들이 방에 그대로 있어도 된다. 바뀐 내용을 기계가 아주 신속하게 계산해낼 수 있기 때문이다.[35]

이런 두 경우 모두에서 테크놀로지의 사용은 사람들의 선택에 도움이 된다. 도시 설계에 있어, 하이테크는 사람들이 선택해야 할 형태들을 만들어볼 수 있게 해준다. 처방적 스마트 시티에서 데이터는 사전에 모두 사용자 친화적 노선에 따라 단순하게 조정되어 있어서, 데이터 소비자들은 데이터 생산에 전혀 손을 보탤 수 없다. 보다 열린 도시 설계는 사용자들 스스로 대안들을 보고 결정할 수 있는 데이터를 준비한다.

오늘날의 시스템은 자체적으로 변화하는 여건을 분석하고 그에 대응할 수 있다. 닫힌 시스템과 열린 시스템은 스스로 학습하는 방식에 차이가 있다. CCTV 설정에 대해 생각해보라. 이 폐쇄회로 피드백 시스템은 카메라의 각도와 줌 포커스를 자체 교정할 여지가 있지만, 닫힌 시스템 운영자들은 키스하는 연인들을 볼 때 '엿보는 짓은 하지 말아야 돼'라고 생각하지 않는다. 반면, 열린 시스템에서는 카메라맨이 딱히 민망하지 않더라도 카메라를 끄곤 한다. 더 산문적인 방식으로 말하자면, 열린 시스템은 '노이즈'를 판단하면서 자기비판을 진행한다. 노이즈란 조화와 균형을 유지하는 데 도움이 되지 않는 정보로, 그런 정보의 흐름은 시스템의 기억장치 속에 저장된다. 몇몇 오픈소스 소프트웨어는 노이즈를 판단하며, 리우데자네이루의 교통 시스템 모델링 같은 스마트 시티의 몇 가지 버전도 그렇다. 반면 다른 스마트 시티들은 그렇게 하지 않는다. 그런 곳은 송도처럼 닫혀 있다. 미리 예정된 알고리즘에 들어맞지 않는 데이터를 무시하도록 프로그래밍되었다는 의미에서 닫혀 있는 것이다. 송도의 알고리즘은 자체 수정 기능은 있지만 자기비판 기능은 없다.

처방적 모델에서 테크놀로지는 도시를 하나의 전체적 시스템으로서 디지털적으로 조직한다. 도시계획은 그 시스템을 물리적으로 실행한다. 도시 거주자들은 사용자 친화적으로 디자인된 규칙에 따라 활동하기만 하면 된다. 조정적 시스템은 해석적인 반면, 처방적 시스템은 밀폐적이다. 피터 머홀츠가 원한 대로, 도시 작동에 필요한 복잡한 계산이 도시 거주자들에게 숨겨져 있기 때문이다. 그러나 조정적 스마트 시티에서는 사람들이 데이터에 개입해야 하며, 좋든 싫든 그것을 해석하여 그에 따라 행동하기에, 오류가 발생할 수 있다.

이 모든 것이 정치적으로 대비된다. 처방적 스마트 시티는 내적으로 권위주의적이지만 조정적 스마트 시티는 민주적이다. 송도에서는 민주적 고찰이 별로 중요하지 않다. 계획 자체에 자유롭게 운신할 여지가 거의 없기 때문이다. 그에 비해 쿠리치바(생태 도시로 유명한 브라질 동남부의 도시 - 옮긴이) 사람들은 테크놀로지적으로 민주주의를 실천한다.

처음 출발점으로 돌아가보면, 내 머릿속에서 토크빌은 다른 종류의 성향을 지닌 필자와 짝이 맞는 것 같다. 즉 로베르트 무질Robert Musil 말인데, 그의 위대한 소설《특성 없는 남자Der Mann ohne Eigenschaften》

는 합스부르크 왕조 시대의 신화적인 빈을, 하지만 부패하고 어리석어서 거의 신비하지 않은 그 장소를 해부했다. 내가 이 두 필자를 짝지은 것은 이 민족지학자와 소설가 모두 경험의 일상적 내용에 비상하게 몰두한 사람들이기 때문이다. 기질상 두 사람 모두 시카고학파였다. 무질과 토크빌은 예언자로서도 짝이 될 만하다. 무질의 경우, 그의 예언은 부분적으로는 그가 유능한 엔지니어였다는 사실에 기인한다. 그 소설에서 초반의 결정적인 순간은 그가 빈의 미래를 "슈퍼아메리카적 도시"의 "강박적 백일몽"에 지배되는 몰락하는 도시로 규정하는 때다. 그 도시에서 테크놀로지는 다음과 같이 표현된다. "공중 열차, 지상 열차, 지하 열차, 사람들은 특별 배달 튜브를 통해 편지를 보내고, 사슬처럼 연결된 차들은 지상을 달리며, 고속 엘리베이터가 수많은 사람을 수직으로 올려 보낸다." 그곳은 "철저한 실험실 연구"에 기초한 알고리즘을 쓰는 테크노폴리스다. 이런 미래 도시에서는 "질문과 대답이 기어가 맞물리는 것처럼 동시에 나온다." 다들 어떤 확정된 과제만 갖는다. 이는 아테네 헌장의 만화 버전이다. 하지만 이 테크노폴리스는 오직 "사람들이 망설이지 않거나 너무 오래 숙고하지 않는" 경우에만 작동한다.[36]

이것은 사람을 바보로 만드는 스마트 시티의 한 버전, 그것에 대해 많이 생각하지 않아야만 잘 작동하는 장소다. 무질의 소설은 무릇 소설이 그러하듯 캐릭터의 본성을 탐구한다. 이름 없는 주인공은 유동적인 사람, 즉 유연하고 너그럽고 적응력 있는 인물이다. 이렇게 겉으로는 사교적이지만, 내심은 주위 삶에 별로 개입하지 않는다. 그런 특성들이 '특성 없는 남자'를 규정한다. 그는 토크빌이라는 개인의 형제다. 이와 반대로 특성 있는 인간(독일어로는 'Eigenschaften'을 가진 사람인데, 이 단어는 번역하기 힘들다)은 주위 삶에 더 개입한다. 특성 있는 그 또는 그녀의 캐릭터는 장애물, 의심, 회한의 경험을 통해 개발된다. 이것은 무질의 말로 하자면 "망설이는" 또는 "너무 오래 생각에 잠기는" 사람들의 영역이다. 삶에 대한 그들의 이해는 행복하거나 순조롭지 못했다는 바로 그 이유로 깊어진다. 이 방대한 소설이 전개되면서 특성 없는 남자는 갈수록 삶이 자신을 스쳐 지나간다는 걱정을 많이 하게 된다. 자신의 경험 품질이 "가볍다"고, 현실에 대한 자신의 수월한 이해가 얄팍하다고 걱정하는 것이다.

그렇다면 어떻게 도시를 개방해서 경험이 더 조밀해질 수 있을까?

3부

도시의 개방

Building and Dwelling:
ethics for the city

⑦

유능한 도시인

2부에서는 도시가 사람들의 경험을 빈곤하게 만들 수 있는 세 가지 방식 즉 상하이 모델과 같은 고속 성장, 타자로부터의 도피, 오용된 테크놀로지의 바보 만들기 효과를 소개했다. 이런 시급한 문제들은 또한 제인 제이콥스가 내게 던진 "그래서 당신은 어떻게 할 겁니까?"라는 질문을 선명하게 만든다. 3부에서 나는 큰 주의를 기울여 그녀에게 대답하려 한다.

타자로부터의 도피라는 질병을 스스로 치료하기 위한 사회적 의미의 '치료약' 같은 것은 없다. 타자에 대한 두려움은 관리되어야 하는 만성질환이다. 만성질환의 징후들이 나아질 때도 있는 것처럼, 시민의 신체civic body 역시 활력을 얻고 건강해지는 상태가 장기간 이어질 수 있다. 상이한 사람들이 함께 살아갈 수 있는 그런 상황 말이다. 그렇다고는 해도 집합적 신체collective body는 나빠질 위험을 결코 피할 수 없다.

이 장에서 나는 도시 거주자들이 시테에 더 잘 관여할 수 있는 몇 가지 방법을 탐구한다. 그다음 장에서는 그들이 그렇게 하는 데 도움이 되는 빌의 형태는 무엇인지를 살핀다. 마지막으로, 시테와 빌을 합칠 수 있는 몇 가지 방법을 소개한다. 앞으로 보게 되겠지만 "그래서 당신은 어떻게 할 겁니까?"라는 질문에 대한 내 대답은, 건강한 도시를 열린 시스템으로 여기는 발상의 안내에 따라 제시된다.

스트리트 스마트— 한 장소를 건드리고, 듣고, 냄새 맡기

내 아내가 비행기 탈 일이 많은 사람이라, 콜롬비아 메데인으로의 여행 준비는 쉬웠다. 예전에는 마약 전쟁으로 유명했던 그 도시가 이제는 새로운 시민 건축의 본거지가 되었다. 산토도밍고 구역이 특히 그런데, 그곳에는 2007년에 건축가 히앙카를로 마산티Giancarlo Mazzanti가 세운, 우아한 모더니즘 스타일의 검은 상자형 건물 셋으로 이루어진 도서관-주민회관이 있다. 파르케 비블리오테카 에스파냐Parque Biblioteca España라 불리는 이 도서관은 콜롬비아 내전을 피해 온 농촌 난민인 빈민 수만 명이 거처하는 판잣집으로 뒤덮인 산비탈 위로 높이 솟아 있다. 그 내전은 정부가 콜롬비아 무장 혁명군이라 불리는 자생적 혁명가들을 상대로 자행한 폭력이었는데, 마침내 끝난 것으로 보인다. 산 위로 올라가는 거대한 케이블카가 있어서, 건축학적 보석이라 할 만한 그 도서관으로 왕래하기가 쉽다. 프랑스에서 설계된 그 케이블카 덕분에, 빈민들이 판잣집에서 일터가 있는 도심까지 가는 시간이 몇 시간에서 몇 분으로 줄어들었다.

고립된 지역사회 열어주기. 메데인의 케이블카는 과거에는 고립되어 있던 빈민 구역 거주민들에게 산 아래의 도시로 나갈 길을 열어주었다.

메데인 빈민 구역 거주민들이 운영하는 도서관이, 서로에 대한 공포심 때문에 고립되어 살던 사람들을 이어주었다.

짓기와 거주하기

당시 메데인 시장이던 세르히오 파하르도Sergio Fajardo는 그 빈민 구역에 또 다른 도서관들을 세웠다. 빈민들에게 주어지는 건물은 대개 구질구질해서 전혀 자부심을 느낄 수 없는 그저 기능적인 것인데, 그는 사람들이 지역사회에 소속감을 갖게 하려면 소유할 가치가 있는 것을 지어야 함을 알고 있었다. 따라서 유명한 건축가에게 돈을 주어, 세계 수준의 오페라 하우스가 아니라 글자를 익히기 시작하는 사람들을 위한 도서관을 설계해달라고 했다. 그는 좋은 시장이었다.

플라야 데 에스파냐Playa de España 밖에서 영양 상태가 나쁜 작은 소년 하나가 한쪽 손으로는 내 손을, 다른 쪽 손으로는 아내 사스키아의 손을 잡았다. 우리의 '공식 가이드'라는 글자가 프린트된 티셔츠를 입은 소년들은 예전부터 이런 가이드 투어를 하면서 푼돈을 벌고 영어를 연습할 기회도 얻었다. 사스키아가 그들에게 유창한 스페인어로 말을 걸자 그들은 좀 불편해하는 것 같았지만, 그래도 우리는 외국인이고 그들은 내국인이라는 차이가 그들의 지위를 결정해주었다. 깨끗이 씻기는 했지만 깡마른 8~10세 정도의 그 소년들이 우리의 보호자를 자처했다. 그들 중 한 명이 도서관으로 올라가는 경사로로 나를 안내하면서 말했다. "저와 함께 있으면 안전해요."

구글플렉스는 특권 덕분에 도시로부터 방어되지만, 이런 슬럼가의 아이들은 그들이 사는 도시의 환경에 대해 많이 알아야 한다. 그 환경을 기정사실로 당연하게 받아들이기에는 안전하지 못한 점이 너무 많다. 아니, 안전이 아예 결여되어 있다. 우리의 보호자를 자처해도 아이들은 아이들이었다. 사스키아가 그들에게 아이스크림만 사주어도 나는 앉아서 쉴 수 있었다. 그들은 아이들이 다들 그렇듯 잔인할 정도로 노골적인 말투로 이렇게 말했다. "세뇨르, 15분 더 쉬려면 1달러를 더 쓰셔야 해요."

산토도밍고의 남자들은 일자리가 없어 길거리에서 빈둥대며 잡담을 나누고 있었다. 시장에서는 너무 오래되고 시들어 다른 곳에서는 팔기 힘들 것 같은, 흠집투성이의 야채와 과일을 팔고 있었다. 하지만 그 바리오는 불안정하고 가끔은 위험해도 비참함을 과시하는 곳은 아니었다. 그곳 건물들의 지붕은 녹슬고 부식되어 있었고 벽은 미장이 안 된 콘크리트 벽돌로 되어 있었지만, 골목들은 꼼꼼하게 비질되어 있어 깨끗했다. 그곳의 '청결성'은 주택과 술집 밖에 내놓은 상자에서도 보인다. 제라늄과 팬지가 심어진, 잘 손질된 상자가 줄줄이 정렬되어 있었다. 다른 지역처럼 이곳 사람들도 부족한 것을 메우기 위해 끊임없이 임기응변으로 뭔가를 개선하고 있었다. 예를 들면 송전망에 불법적으로 선을 연결했다. 우리 가이드들도 그런 임기응변에 능했다. 내가 지루해해도 내 가이드는 병에 담긴 값싼 식수를 현재 누가 팔고 있는지 장황하게 설명하면서 삶과 씨름하고 있었다.

우리의 보호자들은 스마트폰을 노리는 사춘기 청소년과 청년에게서 우리를 보호하기에는 몸집이 너무 작은데도 자신감을 풍겼다. 그들은 그 구역의 모든 골목과 지름길을 알고 있었으며, 공식 투어가 끝난 뒤에도 우리가 도서관 주변에 흥미를 보이는 것에 기뻐했다. 그들은 마치 경찰처럼 자랑스럽게, 위험한 거리와 안전한 거리에 대해 전부 설명해주었다.

여덟 살 난 가이드의 손을 잡고 가던 나는, 그 아이가 길모퉁이를 돌 때마다 살짝 멈칫하는 조심스러운 몸짓을 느꼈다. 밤에 그 바리오를 다시 방문했을 때는, 내 보호자들이 길모퉁이를 돌 때면 속도를 조금 늦추고 길가에 늘어선 집들의 불빛을 살펴본다는 것을 알아차렸

짓기와 거주하기

다. 친구들 집에 불이 꺼져 있으면, 그들은 걸음을 멈추었다. '이 가족이 저녁을 먹고 있어야 할 시간에 왜 집에 없지?' 하는 뜻이었다. 한번은 내가 뭔가가 잘못되었냐고 물었더니, 열 살짜리 보호자가 대답했다. "아뇨. 그런데 그럴지도 몰라요."

그 바리오에서 스트리트 스마트는 달리 선택할 여지가 있는 문제가 아니다. 조금 오래 응시하기만 해도 도전으로 여겨져 싸움이 날 수 있기에, 상대방의 눈빛이 적대적인지 아닌지를 즉각 알아차려야 한다. 그렇게 되기까지 눈 맞춤의 경험을 쌓아야 한다. 문제가 될 만한 상황에 맞닥뜨리면 본능적이고 신속하게 반응해야 한다.

산토도밍고의 아이들은 끊임없이 사실 확인을 하고 생존 전술을 새롭게 짜야 한다. 메데인의 슬럼은 여러 다른 지역에서 유입되는 인구가 많아 빠른 속도로 변하기 때문이다. 인권 운동가 톰 페일링Tom Feiling의 말처럼 콜롬비아에서 폭력 사건은 2010년 이후 약간 수그러들었다. 마약 경제가 해안 도시로 옮겨갔기 때문이다. 또한 산토도밍고를 가로지르는 케이블카가 건설되면서 조명도 없는 길을 몇 킬로미터씩 터덜터덜 걸어가지 않아도 되고, 도심으로의 출근길도 안전해진 덕분이다. 지역은 계속 변한다. 지상에서는 그 어떤 것도 당연시될 수 없다는 뜻이다. 대규모 마약 전쟁은 사라졌지만 여전히 소소한 절도와 깡패 행각이 벌어지는 그곳의 아이들은, 다양한 변수와 심한 악천후 속에서 항해를 배우는 선원들과 처지가 비슷하다.[1]

체화한 지식 스트리트 스마트는 체화한 지식이라는 개념 구조를 만든다. 이는 도시에서 특정한 형태를 갖게 되는 아주 일반적인 개념이다.

우리가 어떤 행동을 하면서 그에 대해 의식적으로 생각하는 경우는 거의 없다. 걸을 때 '이제 왼쪽 다리를 올리고, 다음에는 오른쪽 다리를 들고, 다시 왼쪽 다리……' 하는 식으로 생각하는가? 우리는 그저 한두 살 때 배워 뇌리에 각인된 걸음마의 습관으로 걸을 뿐이다. 암묵적 지식의 영역에 속하는 동작이다. 못 박기도 망치 자루를 쥐는 법을 배우고 자신의 몸무게에 따라 어느 정도의 힘을 가하면 가장 좋을지를 익히고 나면, 의식적으로 생각하지 않고도 행할 수 있는 암묵적 지식의 영역에 속하게 된다. 그러나 이것은 체화한 지식의 첫 단계일 뿐이다.

심리학자 윌리엄 제임스와 철학자 앙리 베르그송에게는 암묵적인 행동이 명시적인 행동보다 낯선 개념이 아니었다. 이 두 사람은 '의식 연구'를 창시한 인물들로, 데카르트처럼 몸과 마음을 칼같이 구분하는 입장에 반대했다. 사람들이 신체적 감각 안에 머무르는 과정을 설명하기 위해, 제임스는 "의식의 흐름stream of consciousness"이라는 개념을 개발했다. 특히 '흐름'이 예리한 단어다. 흐름은 말 그대로 흐르는 것이다. 생각과 감정은 절대로 정태적이지 않다. 제임스는 자기 이전의 심리학자들이 정신적 조건이나 상태를 마치 무슨 견고한 덩어리나 존재의 고정된 이미지처럼 언급한 점을 비판했다. 제임스의 말에 따르면, 미술관의 벽에 걸린 그림을 살펴볼 때도 의식은 흐르고 있다. 왜냐하면 감상자의 주의는 자리를 옮기고, 왕성하게 일어났다가 쇠퇴하고, 다른 그림들에 대한 기억으로 도약하기 때문이다.[2]

의식의 흐름은 맥락에 대한 인지를 함의한다. 특정한 생각, 감정, 느낌을 가질 때 당신이 어디 있는지, 누구와 함께 있는지, 무엇을 하고 있는지가 맥락에 해당한다. 이러한 맥락에 대한 인지가 생각을 체화한다. 그것은 우리가 생각하고 있는 물리적 상황을 감지하는 문제이고, 그 '생각'은 감각적 연상들로 가득 차게 된다. 이런 상황이 변해야만 의식이 흐르기 시작한다. 의식은 데카르트의 주장과는 달리 독자적으로, 스스로 흐르는 것이 아니다.

베르그송은 의식을 딱히 이런 식으로 생각하지는 않는다. 프루스트의 《잃어버린 시간을 찾아서》 중 그 유명한 마들렌 과자를 맛보는 장면에서, 과거에 대한 기억을 불러일으킨 것은 일순간의 신체적 감각이다. 작은 과자 하나가 멀리 떨어져 있는 경험의 영토를 복원하는 방대한 프로젝트를 촉발시킨 것이다. 베르그송의 '지속durée' 개념은 때로 이 과자가 불러일으킨 의식과 동일시되지만, 실제로는 정반대다. 그의 지속 개념은 철저히 현재의 의식에 관한, 지금 여기서의 삶에 관한 것이다. 그것은 감정과도 다르다. 소설가 하틀리L. P. Hartley는 다음과 같이 말했다. "과거는 하나의 다른 나라다." 베르그송은 의식의 맥락과 설정에 대해 제임스만큼 관심이 크지 않다. 그보다는 인지 그 자체에 관심이 많다. 그는 감지된 모순이 어떻게 사람들에게 충격을 주어 익숙한 인식과는 다른 방식으로 '나는 지금, 여기에 있다'는 느낌을 갖게 만드는지에 관심이 있다. 그는 리언 페스팅어가 가졌던 "우리는 우리가 이해하고자 분투해온 것들에게 가장 애착을 느낀다"는 신념의 아버지 같은 존재다.

제임스와 베르그송은 각자 방식은 달랐지만 스트리트 스마트의 철학자다. 두 사람 모두 같은 문제를 제기한다. 무엇이 우리의 의식에 충격을 주는가? 암묵적인 지식이 현실을 감당하기에 불충분할 때, 체화한 지식의 두 번째 단계가 시작된다.

뭔가가 잘못되었다. 불이 대개 켜져 있는 곳인데 지금은 꺼져 있다. 맥락이 더 이상 당연시되지 못한다. 갑작스럽고 이상한 종소리가 난다. 걸음을 멈추어야 할까? 목공 일을 할 때 작업자는 나무토막 속에 숨어 있던 예상치 못한 옹이 때문에 팔 힘을 얼마나 주어야 할지 숙고하는 일이 생기지 않는 한, 자기 팔의 무게를 의식적으로 생각하지 않는다. 마찬가지로 의사가 수술을 할 때 예상치 못한 조밀한 결절을 감지한다면, 조직을 절개하는 정상적 절차를 재조정해야 한다. 두 경우모두, 기술자는 문제 상황에 집중한다. 습관은 의식 속으로 깊이 스며들고, 행동은 행위자가 보다 자기 의식적이 되는 명시적 영역으로 들어간다.

나중에 알고 보니 이상한 소리는 아이스크림 트럭이 낸 소리였는데, 예전에는 메데인에 그런 것이 없었다. 일단 받아들여져 암묵적 지식으로 다시 구체화되고 나면, 생각 없이 나오는 반응은 이전과 같지 않을 것이다. 이 특정한 종소리는 즐거움을 줄 호출이니 빨리 가보자, 라는 다른 반응을 끌어낼 것이다. '암묵적 – 명시적 – 암묵적'이라는 절차는, 걷는 동작이 의식적인 방식에서 본능적인 방식으로 확장되는 것과 동일하다. 자신이 무얼 하는지 고민하지 않고도 새로운 태도로 행동할 수 있는 것이다. 기술자들이 망치를 좀 다르게 잡아보는 것처럼, 스트리트 스마트들도 새로운 방식을 숙고해 그것을 암묵적 영역속에 각인시킨다. 이것이 스트리트 스마트의 세 번째 단계다.

메데인 아이들이 다가오는 위험의 냄새를 맡는 것은, 20세기 말 베이루트에서 벌어진 장기간의 내전 동안 행해진 위험 관리에 대한 사라 프레고네스Sara Fregonese의 설명과 비교된다. 베이루트 사람들은 보통 자기 집 밖에 깃발을 내걸어 그 속에 누가 사는지를 알렸다. 멀리서 총격 소리가 들리면 그 깃발들이 사라지므로, 배회하는 민병대는 거리의 사람들에 대해 아무것도 파악할 수 없었다. 베이루트의 스

짓기와 거주하기

트리트 스마트들은 명백한 힌트인 총격 소리를 해석하고 그에 반응하여 명쾌한 행동을 취한다. 메데인의 바리오에서는 힌트가 그에 비해 덜 극적이고, 더 많은 해석을 요한다.[3]

이런 종류의 스트리트 스마트들은 작은 세부 사항에 집중한다. 발자크도 세부 사항을 분석해 인물의 성격을 읽어냈다. 예를 들면 어떤 남자가 신사인지 아닌지를 그의 옷소매 단추가 어떻게 달려 있는지를 보고 추리해내는 식이다. 메데인의 아이들은 그런 성격 판독법을 훨씬 더 절박한 목적에 적용한다. 그들은 세부 사항을 전체 여건에 연관시켜 어떤 사실의 중요성을 평가하는 것이 아니다. '조용하지만, 그래서 어쩌라고? 이 거리의 사람들은 모두 서로를 알고 있고, 좋은 이웃들이야. 게다가 지난주에는 전기가 끊어졌어.' 이것은 맥락적 평가이겠지만, 여기서 세부 사항은 맥락과 상관없이 우긴다. 자기는 그 자체로 이해되어야 한다고 외친다.

심리학에서는 이런 식의 힌트 판독에 '집중 조명spotlighting'이라는 이름을 붙인다. 윌리엄 제임스가 1890년에 출간한 《심리학 원리The Principles of Psychology》에서 가져온 것이다. 관심attention에 대한 그의 버전인 '집중 조명'은, 문제든 사람이든 중심 대상만 머리에 남기고 나머지는 치우는 것이다. 그는 "의식의 집중이란 (…) 어떤 것을 효과적으로 상대하기 위해 그 외의 것은 제쳐둔다는 의미를 담고 있다"고 썼다. 우리가 어떤 문제를 '줌인zoom in 해서 본다'고 말하는 것은 제임스식 화법이다.[4]

집중 조명은 의식의 흐름에 어떤 질서를 부여한다. 말하자면, 그냥 흐름에 따라가는 것이 아니라 의식이 앞으로 움직이는 동안 이상한 노출부나 돌출한 바위를 알아차린다. 즉 그런 것을 집중 조명한다. 제임스가 볼 때, 정상적인 예상이 깨어질 때 사람들은 집중 조명한다. 제임스는 의식의 흐름은 한결같지 않고 불규칙적이라고 믿는다. 간혹 말라버리기도 하고, 때로 넘치기도 하며, '만약 그렇게 된다면if-then' 이라는 연역의 직선 경로에서 걸핏하면 이탈한다. 따라서 제임스가 내놓은 의식의 흐름이라는 발상은 개울에서 헤엄치는 것보다는 슬럼가를 걸어가는 것과 더 비슷할 것이다.

제임스의 관점에서 집중 조명은 통각apperception(지각과 정의의 마지막 단계 – 옮긴이)과 정반대의 것이다. 라이프니츠에 연원이 있는 유서 깊은 개념인 통각은, 어렵거나 위험한 문제를 더 큰 프레임워크 속에 두고 들여다본다. 라이프니츠는 줌아웃zooms out 하고, 제임스는 줌인 한다. 산토도밍고 거리에서 이루어지는 간략한 대화, 또 그곳 카페에서 이루어지는 더 긴 대화는 집중 조명에 의해 특정한 구조를 얻는다. 나는 그곳에서 대화 주제가 갑작스럽게 바뀌는 상황이 자주 벌어지는 것이, 내 형편없는 스페인어 실력 때문인 줄 알았다. 사스키아가 내 틀린 생각을 고쳐주었다. 그곳 사람들은 이런저런 잡담을 하다가 갑자기 어떤 세부 사항, 가령 이상한 총소리를 집중 조명하면서 그에 대해 말한다는 것이다. 그렇게 조명된 사실은 바로 논의되지 않더라도 나중에, 혹은 다른 대화에서 다루어질 것이다. 집중 조명된 그 소리는 메데인에서는 특별한 것이 아니지만 말이다. 집중 조명은 클러큰웰Clerkenwell에 있는 우리 동네 술집 미트르에서도 일어난다. 보석 강도 사건이 있은 뒤, 평소와 같은 사소한 대화 사이사이에 갑작스럽게 무슬림에 대한 집중 조명이 일어나면서 속마음이 분출된다.

체화한 지식에는 두 번째 측면이 있다. 어떤 것을 쥔다는 말은 신체적으로 그것을 향해 손을 뻗는다는 뜻을 포함한다. 컵을 손에 쥐는 익

짓기와 거주하기

숙한 동작을 보면, 손은 실제로 컵의 표면에 닿기 전에 이미 컵을 쥐기에 적합한 둥근 모양을 한다. 신체는 자신이 들게 될 것이 얼음처럼 차가울지 끓을 정도로 뜨거운지를 알기 전에 먼저 그것을 쥘 준비를 한다. 신체가 감각 자료를 얻기 전에 앞질러 예견하고 행동하는 움직임의 기술적 명칭이 '포착prehension'이다. 포착에는 예견에 따른 행동이 포함된다.

갓난아기는 빠르게는 생후 2주면 자기 앞에 있는 번쩍거리는 것에 손을 뻗음으로써 포착을 실행하기 시작한다. 생후 5개월 이내에 아기의 팔은 눈에 보이는 것을 향해 독립적으로 움직이는 신경근의 능력을 개발한다. 그다음 5개월 동안 아기의 손은 쥐는 형태를 취할 신경근 능력을 개발한다. 신경학자 프랭크 윌슨Frank Wilson은 "첫돌이 지날 무렵 손은 평생 할 신체적 탐험을 위한 준비를 마친다"고 말했다.[5]

포착은 앞 장에서 설명한 귀추적 추론 과정의 변형이다. 그것은 '만약 ~한다면 어떨까?' 식의 질문에 대답을 제공한다. 신체는 이 일을 하면 어떻게 될지를 미리 앞질러 상상한다. 물론 어떤 것을 실제로 경험하기 전에 예견하는 것은 나쁠 수도 있다. 페기다 시위에 참여한 사람들은 무슬림과 실제로 이야기해보기도 전에 폭력적인 상상에 지배되었다. 초기 기독교도들은 실제로 그런 일을 본 적도 없으면서 유대인이 아이들을 산 채로 파묻는다고 상상했다. 그러나 포착은 물리적 환경에 대한 이해를 확장시키는 더 온건한 형태를 띨 수도 있다.

측면이 아니라 정면을 바라볼 때, 도시 공간의 규모와 면적에 대한 포착이 가능해진다. 멀리 있는 사람이나 건물을 향해 앞으로 나아갈 때, 그것을 파악하기 위해 우리는 미리 상상하기 시작한다. 컵을 건드리기 전에 그것이 뜨거운지 차가운지를 먼저 생각해보는 것과 마찬가지다. 메데인의 아이들이 길모퉁이를 돌기 전에 앞에 무엇이 있을지 계산하고, 자신들의 신체를 그것에 적응시키는 것은 포착의 실행이다. 음식 냄새가 나면 산토스 부인이 집에서 요리를 한다는 뜻이니 긴장을 푼다. 아무 냄새도 나지 않으면 더 천천히 걷거나 조심해서 걷는다.

스트리트 스마트에게 가해진 제약 인류학자 클리퍼드 기어츠Clifford Geertz는 지역적 지식local knowledge이라는 특정한 발상을 설정했다. 세계관과 우주론적 이해를 설명하는 것이 목표였던 초기 인류학자들과는 반대로, 기어츠는 이런 큰 개념들이 상향식으로 발달된다고 믿었다. 사람들이 당면한 이슈를 다루는 방식은 점차 그들이 일반적으로 '삶'을 구성하는 방식으로 표현된다. 사람들이 지향하는 의례도 허공에서 건져지는 것이 아니라 장소별로 특정한 방식으로 시작된다. 이것이 기어츠가 한 번도 배운 적 없었던 고고학에 흥미를 느끼게 된 이유다. 고대에는 누군가에게 무슨 일이 일어났는지를 이해하려면 제일 먼저 사건 발생 '장소'를 살펴봐야 했다. 현대에서 무언가를 이해하기 위해 가장 먼저 평가해야 할 것도 장소다.[6]

이것은 콜롬비아의 위대한 소설가 가브리엘 가르시아 마르케스의 견해와 똑같다. 그가 소설에서 그려낸 것은, 작은 장소들에서 벌어진 자잘한 일들이 전설과 환상으로 바뀌어 가난한 사람들을 통해 대대손손 전해 내려온 이야기였다. 지역적 지식은 전통을 낳는다. 지역의 스트리트 스마트에 대한 이런 관점은 위대한 인류학이나 예술을 만들었을지는 몰라도, 메데인을 돌아다니는 어린 소년들에게는 그 가치를 증명하지 못했다. 지역적 지식으로서의 스트리트 스마트는 이 아이들의 앞날을 인도하기에는 역부족이다.

산토도밍고에서 가장 중요한 건설 프로젝트는 가파른 산비탈에 위치한 바리오와 직장, 교회, 운동장, 상점이 있는 아래쪽 시내를 왕복하는 효율적인 케이블카 건설이었다. 케이블카가 만들어지기 전에는 광역 도시와 분리된 메데인 바리오에서 살기가 힘들었다. 그 안의 노동시장은 수요가 적어서 사람들은 일자리를 찾아 언덕배기를 긴 시간 걸어 내려가지 않을 수 없었다. 그런데도 사람들의 세계관은 여전히 게토에 갇힌 상태였다. 마찬가지로 2차 세계대전 때까지 뉴욕의 수많은 이탈리아 노인은 직장으로 출근하는 사람을 제외하면 정신적으로 자신들의 지역사회를 거의 떠나지 않았다. 산토도밍고는 케이블카 덕분에 개방될 수 있었고, 그것은 특히 메데인 바리오의 젊은이들에게 큰 영향을 끼쳤다. 그 덕분에 그들은 바리오 밖으로 신속히 나갈 수 있었고, 값싼 버스를 이용하여 시내를 자유롭게 돌아다녔다. 게다가 최근에는 스마트폰도 그들과 바깥 세계를 연결해준다. 훔친 것이든 빌린 것이든 구매한 것이든, 스마트폰은 이제 다른 곳에서처럼 메데인에서도 도시 청소년들의 최고 필수품이 되었다.

그곳의 확장된 지평선은 구름에 뒤덮여 있다. 내 가이드의 형들인 사춘기 청소년들은 격리된 바리오 안에는 자신들의 미래가 없음을 알고 있다. 이런 수많은 청소년이 그 도시를 완전히 벗어나고 싶어한다. 이제는 삶의 다른 방식을 가까이에서 볼 수 있다는 점에서, 모든 도시가 젊은이들에게 열려 있다. 지역에서 배운 스트리트 스마트가 그들의 적응력을 길러줄까? 델리에서도, 라틴아메리카 여러 곳에서도, 한 마을에서 얻어진 지역적 지식이 대도시에 대처하는 준비는 되지 못한다. 넓게 펼쳐진 메데인이라는 도시 안에도, 그런 불연속성이 바리오와 메트로폴리스 사이의 간극으로 나타나 있다. 미스터 수디르는 연줄을 이용하여 그 간극을 뛰어넘었고, 메데인에서는 마약 거래가 그와 유사한 다리를 만들어냈던 게 사실이다. 하지만 요즘의 메데인에서는 지역을 벗어날 길이 그런 식으로 뚫리지 않는다.

메데인에 있던 어느 날 오후, 마산티가 설계한 도서관의 아주 젊은, 이제 막 열여섯 살이 된 수습 사서가 내게 뉴욕에 대해 물었다. 그녀는 미국의 거리가 금으로 뒤덮여 있지 않다는 것은 알고 있었지만 그래도 일 년 내에, 합법적으로든 불법적으로든 북쪽으로 가기를 원했다. 그녀는 뉴욕에서는 시에스타가 하루에 얼마나 되는지, 또 방과 후인 야간에 도서관에서 일할 수 있는지 물어보았다. 뉴욕에서는 아무도 시에스타를 갖지 않는다는 내 대답이 이상하게 들린 모양이었다 (사실 이상하긴 하다). 불법 이민자는 공립 도서관에서 일할 수 없다는 말에도 놀랐다. 그녀는 도시를 바꾸어, 런던에서는 시에스타가 어떤지, 또 체류증 없이 야간에 사서로 일할 수 있는지 물어보았다.

한 세대 전 국경을 넘어온 멕시코인들은 사회학자 퍼트리샤 페르난데즈켈리Patricia Fernandez-Kelly에게 고향에서는 외국에서 응용할 수 있는 교육을 거의 받지 못했다고 말했다. 일자리 구하기, 합법적 지위 얻기, 아파트를 얻어 정착하기, 통근하기, 의료 혜택 얻기 등등은 경제적으로 주변부에 있는 사람들에게는 언제나 힘든 일이며, 대가족의 유명한 '도움의 손'이 새 유입자들의 적응을 돕는 것에도 한계가 있다. 하지만 페르난데즈켈리에게 실상을 알려준 사람들은 자신들이 과거에 배운 대처 행동이 현재를 위한 대비가 되지 못한 것은, 단지 지역적 지식이라는 것이 너무 맥락 의존적이어서 다른 곳에 이식이 가능하지 않기 때문이라고 강조했다. 그래서 스트리트 스마트는 이사할

짓기와 거주하기

때마다 다시 배워야 한다.

그 수습 사서가 지역 밖의 복잡한 환경에서 살아남을 가능성은, 내가 스웨덴에서 마주친 적 있는 보스니아 난민들이나 오늘날 독일에 온 시리아 난민들이 살아남을 가능성과 비슷해 보였다. 당신은 낯선 곳에서 당신 지식의 한계를 어떻게 넘어서는가? 특히 아무도 원치 않는 이방인의 처지라면?

나는 그 젊은 여성이 자신의 상황을 개선하고자 하는 결단력이 감탄스러울 정도로 좋았다. 그래서 나중에 영국에서 그녀의 후견인 역할을 했다. 그녀가 "저는 어려움을 감당할 수 있어요"라고 단언했을 때, 그렇게 하기로 결심했다. 나는 그녀를 믿었다. 이곳의 이민국이 그녀를 거부했을 때 나는 낙심했지만 그녀는 아니었다. 그녀는 현재 뉴질랜드에서 시간제 사서 조수로 있다. 나는 그녀의 감탄스러운 결단력이 어떻게 실행에 옮겨졌는지가 늘 궁금했다. 낯선 나라의 맥락에서 어떻게 왕성하게 살아갈 수 있었는지가 말이다. 그녀는 어떻게든 자기 지식의 지역성을 초월하는 방법을 배운 것이다. 그녀가 워낙 멀리 있으므로, 어떻게 그런 일을 해냈는지 직접 알아내지는 못한다. 그래서 나는 사람들이 도시를 돌아다니며 지역적 지식을 어떻게 확장시키는지를 보다 일반적인 방식으로 생각하려고 노력해왔다.

걷기의 지식 — 낯선 장소에서 자리잡기

걷기 걷기는 오래전부터 구글 지도의 A 지점에서 B 지점으로 가는 행동 이상의 것을 의미했다. 고대로부터 발로 걷는 신체적 노력은 장거리 순례나 멀지 않은 사당에 가는 경험을 심화시켰다. 길거나 힘든 경로는 목적지의 아우라를 증가시켰다. 르네상스 초기인 1336년에 페트라르카Petrarca는 프랑스의 방투산에 올랐는데, 그저 산을 경험하기 위해서였다. 정상에 도착한 그는 아우구스티누스의 책 한 권을 펼쳤는데, 우연히 이런 문장이 나왔다. "사람들은 산봉우리에 경이를 느끼고 감동한다. (…) 하지만 (걷기 그 자체에는) 관심이 없다." 페트라르카는 걷기의 신체적 행동 자체에는 어떤 정신적 가치도 없다는 데 이론적으로는 동의했지만 그렇다고 시간 낭비는 아니라고 생각했다. 걷기에 관련된 신체적 노력은 그의 마음을 짓누르고 있던 요구와 압박에서 벗어나게 만들었고, 그런 '깊은 우울'이 완화되자 그것을 계기로 자신이 어떻게 살아가는지에 대해 성찰하게 되었다. 지금 같으면 걷기로 인해 그가 본연의 자아를 접하게 되었다고 할 수 있겠다. 하지만 피코 델라 미란돌라도 그랬듯이, 페트라르카는 자신의 '자아'와 접한다는 것이 무슨 의미인지를 정확히 몰랐다.[7]

현대에 오자 걷기와 내성內省의 연관성은 더 알기 어려워졌다. 1782년에 출간된 루소의 《고독한 산책자의 몽상》은 걷기를 성찰의 자극제로 묘사한다. 그저 이 이유 때문에 루소는 도시처럼 주의를 산만하게 만드는 것이 없는 시골에서 걷기를 좋아했다. 이와 반대 종류의 산책자가 루소와 동시대를 살았던 레티프 드 라 브레톤Rétif de la Bretonne이라는 인물이었다. 그는 마치 광부가 금을 탐사하는 것처럼 도시를 걸어다니면서 낯선 장면에 푹 잠겨 자아를 살찌우기를 원했다. 1785년 이후 도시에서 돌아다닌 과정을 기록한 일종의 일기인 《파리의 밤Les Nuits de Paris》에서, 레티프는 거리의 조밀한 삶을 이용하여 그 자신의 대체로 포르노적인 욕망을 고무시켰음을 털어놓았다. 레티프의 뒤를 이어 그다음 세기에는 보들레르가 파리의 창녀와

짓기와 거주하기

거지, 폐허가 된 궁궐, 지갑을 털어가는 비싼 레스토랑 등에서 자극을 받았다. 그것들은 그의 내면에 있는 어떤 것을 반영하고 드러내는 것처럼 보였다. 그런데 그게 무엇일까? 그것이 무엇인지 말하기 어렵게 만드는 것이 바로 도시의 복잡성이다.

만보객이라는 존재는 이 곤혹스러움에서 태어났다. 어떻게든 자신을 알기 위해 도시를 걷는 것이다. 이런 인물들은 시카고학파 연구자들에 의해 구체화된 민족지학자의 모습과 상반된다. 민족지학자는 타인을 연구한다. 만보객은 타인들 속에서 자아를 탐색한다.

걷기가 주는 자극은 더 산문적인 인물, 즉 움직임을 체계화하고자 하는 계획가에게는 아주 다르게 나타났다. 2장에서 지적했듯이, 17세기 후반과 18세기 초반 도시계획의 목표는 자유롭게 움직이는 신체였다. 이런 목표를 가진 계획가들은 생물학의 외투로 스스로를 꽁꽁 싸맸다. 특히 윌리엄 하비의 혈액순환 분석은 도로를 동맥과 정맥처럼 배치하고, 원활한 교통을 건강한 신체 내 순환에 비유하는 모델이 되었다. 이 구도에서 걷기는 가치를 잃었고, 보도는 차도보다 덜 중요해졌다. 움직임의 자유가 움직임의 속도와 동일시되었기 때문이다. 이것은 한 가지 면에서 비논리적이었다. 흔들리는 마차에서는 사람이 움직이지 않고 앉아 있지만, 두 발로 걸어다닐 때는 심장이 더 빠르게 뛴다. 계획가들은 자유롭게 움직인다는 생물학적 가치를 인간에게서 기계적인 것으로 바꾸어놓았는데, 앙시앵레짐에서는 그렇게 바꿀 좋은 이유가 있었다. 마차를 타고 다닐 여유가 있는 사람들과 그럴 수 없어서 걸어갈 수밖에 없는 사람들 사이에 엄청난 경제적 사회적 간극이 있었기 때문이다. 빠르고 자유롭게 움직이는 도시는 특권층을 위한 도시였다.

'자유로운 움직임'은 무엇을 야기할까? 방랑하는 만보객처럼 움직임의 주체가 왜, 어디로 가야 하는지 명확하게 알지 못하는 사람이냐, 출근이나 섹스 상대 찾기 같은 뚜렷한 목적을 가진 사람이냐에 따라 다르다. 이언 싱클레어 Iain Sinclair(웨일스 출신의 영화감독, 작가 — 옮긴이)도 목적이 있는 도보 여행가라는 점에서 평범한 관광객과 구분된다. 그의 도보 여행은 도시가 빈민을 포기한 장소와 방법, 또는 계획가들의 어리석음을 밝힌다는 목적을 갖고 있다. 리베카 솔닛 Rebecca Solnit은 이런 도보 여행자—임무를 갖고 걷는 사람—와 방랑자를 구분한다.8, 9

방랑하는 만보객은 밤의 친구다. 도시의 비밀은 밤에 출현하기 때문이다. 밤은 오래전부터 도둑이나 창녀를 보호하는 시간이자, 런던과 파리의 거대한 홈리스 집단이 거리를 점령하는 시간이었다. 가스등의 등장도 숨어 있다가 밖으로 기어나오는 움직임을 변화시키지 못했다. 가스등은 희미했고, 그 빛의 반영은 작았다. 19세기 중반에도 그 범위는 5~6미터를 넘지 못했다. 지금도 나트륨 불빛이 균일한 오렌지 – 노랑 빛을 거리 위에 드리울 때면 밤은 변신한다. 인물들에게서 색깔이 빠져나가고, 나트륨 불빛이 그 자체의 그림자를 만든다.

방랑하는 만보객은 목적의식을 가진 도보 여행자보다 더 열린 정신을 가졌다. 장소와 인간에 대한 그들의 지식이 예견 불가능한 방식으로 확장될 수 있기 때문이다. 하지만 그 또는 그녀는 정확하게 무얼 배우는가? 이것은 이제 도시를 헤매 다니는 메데인의 아이들 같은 사람에게는 실질적인 질문이다. 그들이 구글을 검색하거나 유튜브를 보는 것이 아니라, 방금 설명한 것처럼 도시를 걸어다님으로써 어떻게 지역의 한계를 부수고 나갈 수 있을까?

측면적 설명 나는 걷기의 정신적 결과에 관해 전문가로서 말한다. 뇌졸중을 겪은 뒤 회복 과정에 들어섰을 때 나는 걷기가 내 사고 과정에 미치는 영향에 주목했다. 몸을 움직이는 것이 처음에는 피로감의 안개 밖으로, 발작에서 회복 중인 환자를 우울하게 만드는 흐릿한 탈진 상태 밖으로 나를 끌어내는 데 도움이 되었다. 그다음에는 균형을 잃고 넘어지는 것이 문제였다. 새로 걷는 환자는 신체를 곧고 안정적으로 유지하게 하는 롬버그 검사법 Romberg Manoeuvre 이라 불리는 훈련을 통해 이 위험에 대처한다. 일단 걷기 시작한 다음에는 전정 감각 재활 프로그램 Vestibular Rehabilitation Programme 즉 세 걸음마다 머리를 오른쪽으로, 다음에는 왼쪽으로 돌리는 훈련을 하는데, 그럼으로써 신체는 옆쪽을 보고 있는데도 꾸준히 앞으로 움직인다. 이런 걷기 훈련은 매일 두 번씩 20미터가량 진행된다. 걸을 때 다리를 높이 쳐들고, 세 번째 걸음마다 머리를 옆으로 돌릴 때 허벅지를 찰싹 때린다. (이 훈련법은 권하지 않겠다. 공원에서 한 번 해봤는데, 경찰의 관심을 끌 가능성이 많다.)

방문한 귀빈 앞에서 퍼레이드를 벌이는 군인들과 약간 비슷해 보이는 이 훈련법은, 신체 동작과 공간 지각의 관련성에 대한 하나의 힌트를 제공한다. 전정 감각 재활에서, 전진 운동과 측면 시야의 조합은 당신이 머리를 돌리면서 특정한 문, 항아리, 다른 신체에 초점을 맞출 때 가장 잘 작동한다. 곁눈질로 보는 그런 대상물은 발작을 겪은 사람이 점차 자기 주변의 차원 즉 가까움, 멂, 높음, 낮음의 차원을 구축할 수 있게 해준다. 이것이 측면적 설명 lateral accounting 이다. 측면적 설명은 당신이 전에는 제대로 알아차리지 못했던 대상물의 성격을 새롭게 보게 해준다.

측면적 설명은 건강한 만보객에게도 일어난다. 그가 도시를 탐색할 때 시행되는 일은 전정 감각 재활과 비슷하다. 그 또는 그녀는 시각적 의식의 측면에서 새로운 '데이터'를 받아들인다. 측면적 설명은 차원적 측정dimensional measuring을 유발하여, 건강한 만보객은 회복기의 발작 환자처럼 의식의 가장자리에 있는 대상물을 더 생생하게 볼 수 있다. 이처럼 측면으로 분류하고 걸러내는 작업은 어떻게 작동되는가?

주변 시야peripheral vision(시야의 1차선에서 벗어나서 중심 시야의 바깥에서 물체를 보는 것 – 옮긴이)는 거의 모든 동물에게 자연스러운 지각이다. 인간의 시야각은 60도인 데 비해 피사체심도depth of field(초점이 선명하게 맺히는 영역 – 옮긴이)는 범위가 더 짧기 때문에, 우리는 항상 초점에 맺히는 것보다 더 많은 정보를 받아들인다. 그런데 인간이라는 동물은 일곱 개 이상의 대상에 대해 동시에 신중하고 개별적인 비판을 하는 것이 힘들다. 그래서 보통 속도로 걸을 때, 윌리엄 제임스가 말한 두뇌의 '집중 조명'은 측면 설명의 대상을 서너 개로 좁히는 경향이 있다. 반면 자동차를 타고 시속 80킬로미터로 갈 때는 의식을 중요한 대상 하나로만 좁힌다. 보통 속도로 걸을 때, 집중 조명된 대상물은 '둥글다'. 우리가 그것을 오래 숙고하고 그 윤곽과 맥락을 연구할 수 있다는 의미에서 둥글다는 것이다. 반면 빠른 속도에서 집중 조명된 단 하나의 대상물은 신경학적으로 '평평한' 것으로 나타난다. 깊이도 맥락도 없이 스쳐가는 이미지다. 이런 의미에서 천천히 걷는 것은 빠른 움직임에 비해 더 깊은 측면적 의식을 만들어낸다. 측면적 설명은 장소(당신이 거처하는 곳)와 공간(당신이 움직여 지나가는 곳)을 구분하는 기준 가운데 하나다. 그것은 자전거족이 자동차족보다 신경학적으로 도시에 대해 더 많이 알고 있다는 기본적인 인지적 주장을 확립한다.[10]

측면적 설명은 오스만 시대의 파리인들이 시내에서의 이동을 주도하기 시작한 쾌속 마차와 기차에 대해 느꼈던 당혹감을 설명해준다. 쾌속으로 이동할 때 그들은 도시의 더 많은 부분을 볼 수 있었지만 특정한 장소에 대한 인식은 더 적어졌다. 기차 여행의 장점을 부각시키는 도시 가이드북은 거의 없었다. 가령 1882년에 나온 〈베데커의 가이드Baedeker's Guide〉는 관광객을 위한 도보 투어 계획은 짜주지만 기차 여행은 도시 이해에 관한 한 쓸모없는 방법으로 취급한다. 물론 빠른 교통수단은 도시를 돌아다닐 때 꼭 필요하지만 자동차와 기차는 인지를 손상시키는 기계이기도 하다. 빌의 계획가들이 극복해야 할 문제가 바로 이것이다. 만약 그들이 걷기의 지식을 전혀 제공하지 않는다면 어떻게 될까? 보도도 없고, 골목길도 없고, 벤치도 없고, 공공 식수대도 없다면? 공공 화장실도 없다면? 이런 것들이 없으면 도시는 바보가 된다.

입지 설정 구글 지도에서 내 현재 위치 표시는 보는 사람에게 방향을 알려준다. 그것은 '내가 어디 있는가?'라는 질문에 아주 정밀하게 대답한다. '내가 어디 있는가?'의 좀 더 복합적인 인식은 낯선 공간을 체험할 때 필요하다.

심리학자 이푸 투안Yi-Fu Tuan은 사람들이 미로 탈출법을 익히는 과정을 분석하여 답을 얻는다. 미로 방랑자가 처음 미로에 들어갔을 때, 자신이 있는 곳에 대한 그의 이해를 기준으로 보면, 그곳은 표시도 없고 구별도 되지 않는 공간이다. 미로 방랑자가 이곳저곳을 헤매며 처음으로 출구를 찾을 때, 그 또는 그녀는 '공간적 내러티브'가 있다는 것, 그러니까 자신의 움직임을 체계화하는 시작과 끝이 있다는 것은 안다. 그러나 그 공간적 내러티브를 구성하는 '장chapter'은 모른다. 계속 돌아다니다 보면, 그는 자신을 인도할 수 있는 특정한 부분들로 나아가게 하는 움직임을 배우게 된다. 그런 부분들은 투안이 '이정표'라고 부르는 것을 포함하고 있기 때문이다. 대좌 위에 세워진 조각상은 눈에 띄는 이정표일 것이고, 벌레 먹은 잎사귀가 달린 나무나 발목을 삐게 만들 수 있는 함정도 똑같이 도움이 될 것이다. 이런 것들이 움직임의 내러티브 안에서 장을 만들어낸다.

투안은 공간 속의 움직임은 일시적인 사건이 아니라, 되풀이하여 거듭 발생할 수밖에 없는 것이라고 본다. 방랑자가 항해법을 배우려면 방랑을 반복해야 한다. 더욱이 투안 학파에 따르면 만보객은 방향을 알려주는 이정표를 선택할 때 방향 제시를 가장 잘해줄 대상이나 이미지를 중심으로 생각한다고 한다. 다른 말로 하면 미로를 이루고 있는 균일하고 동질적인 식물들에서 어떤 대상이나 이미지가 두드러져 보이느냐의 문제다. 이런 예외적인 것들은 겁에 질린 만보객이 얼핏 똑같이 보여서 당혹스러운 터널들을 뚫어지게 쳐다볼 때 시야의 측면에 놓인다. 그리하여 투안 학파는 인지적 거리와 초점 관심에 관한 페스팅어의 연구에 살을 붙여, 이렇게 주장한다. 경험이 충분하다면 그 사람은 이리저리 돌아다니면서 아주 특별하지만 두드러지지 않은 힌트들에 집중하여 방향을 잡을 수 있다고. 우리 식으로 말하자면, 당장은 보이지 않는 출구를 향해 사람들을 인도하는 포착을 가능케 하는, 측면적 설명이 있는 것이다.[11]

자기 방향을 정하는 전혀 다른 방식이 지리학자 미셸 뤼소Michel Lussault의 연구에 등장한다. 그는 걷기가 원근의 관계를 설정하는 방식에 흥미를 가졌다. 지도를 보면서 당신은 주유소가 당신으로부터

1천 미터 거리에 있음을 알지만, 그건 숫자에 불과하다. 주유소가 당신에게서 가까운지 먼지를 말하려면 어떤 종류의 신체적 노력을 직접 해봐야 한다. 그러나 '가깝다'와 '멀다'라는 단어를 쓰고 싶을 때마다 매번 10킬로미터는 고사하고 1천 미터를 걷기는 힘든 노릇이다. 뤼소는 이 말이 사실이기는 하지만, 한 사람의 성장 과정에서 1킬로미터를 걸어본 경험이 한 번뿐일지라도 그 신체적 노력이 가깝고 멂을 표현하는 숫자에 의미를 부여한다고 주장한다. 당신은 가까운/먼 곳을 걷는 것과 똑같은 식으로 위/아래로도 걸을 필요가 있다. 당신의 고도 이동이 엘리베이터로 오르락내리락하는 것뿐이라면, 척도로서의 '높음'은 당신에게 별 의미가 없을 것이다. 어느 순간엔가 그 단어를 제대로 쓰려면, 적어도 한 층은 계단으로 걸어 올라가봐야 할 것이다. 뤼소의 주장에 따르면, 장인의 '단단한'이라는 단어에 대한 정신적 이해가 신체적 경험과 결합되어 있는 것처럼, 지리학도 정신적인 것과 신체적인 것의 결합으로 구성된다고 한다. 새로운 공간의 치수들을 알아가는 과정에서, 걷고 올라가는 신체가 최초의 자가 되어준다는 것이다.[12]

앞으로 나올 내용은 사람들이 낯선 장소를 돌아다니면서 어떻게 방향을 잡을 수 있는가에 대한 두 가지 설명이다. 델리나 뉴욕 같은 큰 도시를 도보로 횡단할 수 있는 만보객은 거의 없다는 반박이 나올 수도 있다. 그렇다면 '크다'는 단어를 어떻게 수량화할 것인가? 도시에서 이 질문은 사실 휴먼스케일(건축, 인테리어, 가구 제작 등에서 인간의 체격과 자세를 기준으로 삼는 척도 – 옮긴이)에 관한 질문이다.

규모 조정 건설 환경에서 휴먼스케일의 척도는 논리적으로는 인체의 크기를 기초로 했다고 봐야 할 것이다. 고대 로마의 기술자이자 건축가인 비트루비우스Vitruvius로부터 시작된 이러한 척도 규정 방식은, 레오나르도 다빈치의 그 유명한 인체도를 통해 우리에게 잘 알려져 있다. 그 그림에서 쭉 뻗은 팔과 다리는 사각형 속에 든 완벽한 원을 그린다. 이것은 정태적 신체의 척도다. 우리 시대에 휴먼스케일의 기하학적 버전으로 가장 유명한 것은 르코르뷔지에의 모듈러 맨Modular Man으로, 한쪽 팔을 약간 굽힌 채 쳐들고 있는 인물의 그림이다. 르코르뷔지에는 인체의 수학적 비례에 초점을 맞춘 이 그림을 통해 미터 체계와 인치-피트 체계를 아우르려 했다. 건축가들은 수직적으로 모듈러 맨의 몇 배수인지를 계산하여 높은 건물에서 휴먼스케일을 창출할 수 있다. 1930년대에도 모듈러 척도가 여러 빌딩에 적용되었지만, 르코르뷔지에는 2차 세계대전 이후 이 과정을 정교하게 다듬었다. 요점은 인체의 크기를 살아 있는 유기체로 다루지 않고 그것을 수리화하는 데 있다.

휴먼스케일에 대한 또 다른 사고방식은 위대한 건축 평론가 제프리 스콧Geoffrey Scott이 제시했다. 스콧은 이렇게 선언했다. "우리는 우리가 서 있는 공간에 자신을 투사하여 (…) 상상 속에서 그곳을 우리의 움직임으로 채운다." 스콧은 바로 이 이유로 특히 바로크 시대 베르니니의 조각상, 그 비틀리고 구부러진 석조 신체와 회오리치는 주름진 천에 열광했다. 스콧은 움직이는 인간 형체에 대한 이런 심미적 이해에 의거하여, 우리가 공간에서 확대된 인체의 움직임을 상상함으로써 "휴먼스케일을 투사한다"고 단언했다. 그것은 뤼소가 말한 구체적이고 감각적인 경험을 상상하는 행위이기도 하다. 슈퍼맨과 배트맨의 도약은 이런 종류의 스칼라적 투사scalar projection(크기와 방향을 동시에 갖는 벡터와 달리 스칼라에는 크기만 있다 – 옮긴이)를 만들어낸다. 과거에 조너선 스위프트의 《걸리버 여행기》도 그랬다(초대형 걸리버와 초소형 걸리버 모두). 실용적인 건축물을 염두에 둔 스콧은 방들을 지나 거리로 나가는 계단 통로를 만드는 것이, 인체 그 자체의 고정된 이미지와의 관계 속에서 방의 크기나 도로 폭을 계산하는 것보다 휴먼스케일로 느껴지는 공간 설계에 더 나은 가이드라고 주장했다. 움직임이 기하학보다 더 중요하다는 뜻이다.13

멀고 가까움에 대한 뢰소의 교훈이 1980년대에 샌프란시스코를 위해 일한 도시계획가 앨런 제이콥스Allan Jacobs(제인 제이콥스의 친척이 아니다)의 작업에 나타났다. 그에게 60도 시야각은 곧 법칙이었다. 그는 그 원뿔의 꼭지점에서 건물의 지붕선이 언제나 눈에 보여야 한다고 주장했다. '제이콥스의 법칙'이 사용되면서 일부 계획가들은 거꾸로 그것에 의거하여 도로 폭을 결정하게 되었다. 도로가 넓을수록, 땅에서 지붕선이 보이는 한 늘어선 건물들도 얼마든지 높아질 수 있다. 샌프란시스코는 도로 폭이 좁기 때문에 낮은 건물들이 우세하다. 그에 비해 파리의 샹젤리제를 따라 걷는 보행자의 눈에는 훨씬 더 높은 건물 꼭대기가 보인다. 앨런 제이콥스는 혼자 떨어져서 서 있는 상하이의 고층 빌딩 같은 건물들은 싫어했다. 그 주변을 걸어다녀도, 그것들의 높이에 대한 감각이 형성되지 않기 때문이었다.14

휴먼스케일에 따른 동작지향적 거리 측정을 처음 시도한 사람은, 덴마크의 도시계획가 얀 겔Jan Gehl이다. 그는 움직이는 신체들이 '가깝다'는 단어를 어떻게 처리하는지를 탐구했다. 이것은 뢰소 이론의 또 다른 응용이다. "배경과 빛의 상태에 따라 우리는 300~500미터 떨어져 있는 대상이 동물이나 덤불이 아니라 인간임을 알아볼 수 있다." 그다음에 "그 거리가 100미터로 줄어들면 우리는 움직임과 신체 언어의 개괄적인 윤곽을 볼 수 있다." 그래도 여전히 우리는 앞으로 움직여야 한다. 더 짧은 또 다른 간격이 있기 때문이다. "우리가 어떤 사람을 알아보게 되는 것은 대개 50~70미터 거리에서다." 그다음 마지막 단계가 있다. "22~25미터 거리에서는 대상의 얼굴 표정을 알아볼 수 있다." 소리에 대해서도 이와 비슷한 계산을 해볼 수 있다. 구조요청을 외치는 소리는 50~70미터 정도에서 들린다. 그 거리의 절반이 되면 말소리가 야외 연단에서 들려오는 큰 목소리처럼 울린다. 다시 절반으로 줄어들면 도로 양편에서 짧게 대화를 나눌 수 있다. 하지만 "더 자세하고 명료한 대화가 가능해지는" 것은 7미터 이내로 들어온 뒤다. 겔은 결정적인 "사람 간의 입구"는 25미터 정도 거리에서 생긴다고 믿었다. 그것은 시각과 청각을 통해 서로에 대한 특정한 데이터가 구체적으로 채워지는 거리다. 휴먼스케일을 측정하는 이런 방식에서, 사람의 크기는 중요하지 않다. 중요한 것은 사람들이 서로를 향해 움직이면서 무엇을 보고 듣는가이다.[15]

왜 자동차, 기차, 비행기는 그런 스케일을 만들지 못하는가? 움직임을 유보하기 때문이다. 기계가 움직이는 데는 인간의 노력이 거의, 또는 전혀 들어가지 않는다. 실제로 일하는 것은 기계다. 이 측면에서 수동 기어 운전과 자동 기어 운전을 비교한 연구가 흥미롭다. 수동 기어 운전이 사고를 덜 낸다. 기어를 바꾸려 하면서 자동차 바깥의 환경에 더 잘 부응하기 때문이다. 자율주행 자동차 시대가 오면 인간이 주변 환경에 개입하는 일은 완전히 유보될 것이다. 이것은 윌리엄 미첼의 꿈에 포함된 어두운 측면이다. 어떤 작업자에 의거하여 결정되는 규모가 사라지는 현상은 피터 머홀츠의 사용자 친화적 테크놀로지에 대한 찬양과 맥을 같이한다. 프로그램을 작동시키는 데 드는 노력이 줄어들수록, 그것이 어떻게 작동하는지에 대한 이해도 줄어든다.

여기서 나는 휴먼스케일은 단순한 움직임이 아니라 미로에서처럼 헤매는, 또는 군중 속에 있을 때처럼 장애에 부딪히면서 천천히 이동하는 움직임을 통해 확립된다는 결론을 끌어냈다. 그것은 측면적 시각처럼 무거운 감각적 부담을 감당해야 하는 일이다. 걸리는 곳 없는 보행자 환경을 창출하려는 도시계획가는 보행자에게 경험의 혜택을 주는 것이 아니다. 앞에서 구글플렉스를 다루면서 설명했듯이, 경험은 길거리에 있다. 사람들은 저항에 대처하면서 휴먼스케일을 경험한다.

앞에서 말한 젊은 사서 조수가 걷기를 통해 낯선 장소에서 자신의 길을 개척하는 법을 배웠는지는, 나는 알 수 없다. 하지만 움직임의 측면적 설명, 포착, 자리잡기, 규모 조정은 모두 그녀가 알지 못하는 장소에서 스스로 방향을 찾아가는 굳건한 방법이 될 것이다.

대화적 실천 — 낯선 사람들과 이야기하기

언어적 방향 찾기란 무엇일까? 그 젊은 사서 조수는 어떻게 낯선 사람에게 말을 걸어 지역의 한계를 넘어설 수 있을까? 이 질문에 대한 대답 하나는 러시아의 문인 미하일 바흐친Mikhail Bakhtin이 처음 제시한 소통에 관한 아이디어에서 도출된다.

'대화체Dialogics'란 그가 1930년대에 만든 용어로, 언어가 "현재와 과거 사이의, 과거의 상이한 시대들 사이의, 현재의 상이한 사회적 - 이데올로기적 그룹들 사이의, 성향들과 학파들과 서클들 사이의 사회적 이데올로기적 모순으로" 가득 찬 것을 지칭하는 용어다. 모든 목소리는 다른 목소리들에 의해 틀이 구축되고 그 목소리들을 인지한다. 이것이 바흐친이 "언어적 다양성heteroglossia"(이어성 異語性, 다어성 多語性이라고도 한다 - 옮긴이)이라고 부른 상황이다. 인간이란 다른 인간의 복사본이 아니기 때문에 발언은 오해, 모호성, 의도치 않았던 제안, 입 밖에 내지 못한 욕구로 가득 차 있다. 칸트의 말을 빌리면 언어는 비틀어져 있는데, 특히 동일한 지역적 여건과 동일한 지역적 지식을 공유하지 않는 낯선 이들 사이에서 그러하다. 시에스타라는 주제를 놓고 내가 수습 사서 조수와 나눴던 조금은 코믹한 대화는 곧 언어적 다양성의 표시였다.16

대화체는 1930년대 스탈린 치하의 모스크바에서 글을 쓰던 사람들에게는 의미가 깊은 단어였다. 거기서는 이데올로기적 불순응의 표시가 조금이라도 보이면 그대로 강제 노동 수용소로 끌려갔다. 술집에서의 대화체는 변증법, 적어도 사상경찰에 의해 변증법적 유물론으로 승인받은 변증법적 추론에 대립한다는 점에서 사유의 독재에 대한 도전이었다. 사회에서 언어의 공식적 개념은 정립과 반정립 사이의 놀이를 통해 사유들과 감정들을 통합하는 종합에 도달하는 것이다. 누구든 같은 페이지에 실리며, 그 페이지는 감시될 수 있다. 반면에 변위displacement, 파열disruption, 결론 나지 않음inconclusiveness의 대화 기술은 다른 종류의 발언 공동체를 세운다. 그것은 사람들이 레비나스적 의미의 이웃으로 대화하는 공동체로, 절대 같은 페이지에 있지 않다. 이 발언 공동체는 감시될 수 있는 것이 아니다.17

내 생각에, 특별히 도시 거주자에게 유용한 대화적 도구로 다음 네 가지가 있다.

짓기와 거주하기

말해지지 않은 말 듣기 사람들은 속마음을 말하지 않을 때가 많다. 말은 부정확하기 때문이다. 달리 말하면, 언어는 사람들의 생각이나 느낌을 포착하지 못한다. 바흐친에 따르면 문학에서는 어떤 인물이 말하는 맥락을 강조하고, 대화보다는 장면 설정에 더 주의를 기울임으로써 이런 언어의 한계를 처리한다. 따라서 독자들은 인물 자신의 발언보다는 그와 그의 세계에 대한 저자의 묘사를 통해 그가 말하고 싶은 바를 추론한다. 《돈키호테》의 산초 판사가 말도 제대로 할 줄 모르고 우둔해도, 이런 맥락화 덕분에 독자는 그가 하고 싶은 말을 알아낼 수 있다.

보통 사람들의 삶에서 말해지지 않은 말의 의미를 찾아내는 것은 듣는 기술의 역할이다. 당대의 인류학자들처럼 시카고학파는 '말해지지 않은 말을 듣기'를 원했지만 대표 표본representative sample이라는 사회학적 신경증 때문에 어려움을 겪었다. 이 신경증은 어떤 종류의 인간에게 진짜 목소리, 또는 전형적인 본보기라는 것이 있다고 믿는 증세다. 이런 믿음은 무식한 폴란드 농부, 또는 분노한 백인 같은 전형화로 이어진다. 게다가 대표 표본이라는 신경증은, 어떤 범주의 구성원에게 기대되는 방식으로 발언하는 사람에게 특권을 준다. 발언자는 전형성을 실행함으로써 관심을 끈다. 로버트 파크는 제자들이 본인의 종족이나 계급에 대해 덜 전형적이고 더 복잡한 이해를 가진 사람들의 말을 잘 듣지 않는다고 걱정했다. 게다가 복잡한 생각과 감정을 가진 사람들은 입을 떼는 것을 힘들어한다. 그리하여 샬럿 타울은 인터뷰어들에게 입을 닫는 법을 익히라고 요구했다. 그래야 적절한 말을 찾으려는 인터뷰이의 노력을 격려할 수 있기 때문이다. 시카고학파의 젊은 인터뷰어 훈련에는 침묵을 허공에 내버려두는 것도 포함되었다.

플로리안 즈나니에츠키는 인터뷰이가 침묵하면 인터뷰어가 불편해져서 '다른 말로 하면 슈워츠 씨, 당신이 하려는 말은……' 하는 식으로 이야기 속에 뛰어들고 싶은 유혹을 느낀다는 것을 알아차렸다. 즈나니에츠키는 인터뷰이의 입에 말을 떠넣어주지 말라고 조언했다. 그런 행동은 사회학의 가장 심각한 죄라면서.

시카고학파 이후 불분명하거나 모순적인 상태로 남아 있는 의미를 집중 조명하는 기술이 진화했고, 인지 부조화에 대한 주목이 현대 민족지학자의 교육 과정에서 중요해졌다. 어떤 주체가 자기모순에 빠지는 것을, 그가 어리석거나 무식하다는 신호로 받아들이면 안 된다. 바흐친이 본 대로, 비틀어지고 모순된 것은 언어 행위의 맥락이다.

인터뷰어가 '슈워츠 부인, 당신은 자기모순에 빠졌어요'라는 식으로 말한다고 얻어지는 것은 거의 없다. 그렇게 하면 문제가 있는 쪽은 그녀의 상황이 아니라 그녀 자체가 되어버린다. 심층 인터뷰를 할 때 사람들은 실제로 긴 인터뷰 도중에 초점 관심이 발생하여 자기모순에 빠질까봐 걱정한다. 정해진 90분이 끝날 때쯤에는 처음 시작했을 때와 다른 주제를 다루고 있는 사태가 벌어지지 않을까 하고 말이다.

가령 조너선 콥과 내가 《계급의 숨겨진 상처 The Hidden Injuries of Class》을 쓰기 위해 인터뷰했던 노동계급 주체들 대다수는 인터뷰를 처음 시작할 때는 반흑인적 발언을 했지만, 차츰 그런 발언은 완화되고 분노의 표현은 보다 상층부 계급으로 향했다. 우리의 인터뷰어들―대부분 중상층 백인―이 잘 듣기 위해서는 정체성 확인 연습보다 공감 훈련이 더 필요했다. 인터뷰어는 '당신이 어떤 기분인지 내가 잘 알아요'라는 말보다 발언자를 진지하게 받아들이겠다는 의지를 전달해야 진심 어린 말을 끌어낼 수 있다. 인종주의적 감성을 표현하다가 나중에는 계급 감성의 문제로 화제가 바뀌더라도 인터뷰어는 일종의 평정심을 유지하며 존중하는 태도를 보여줄 필요가 있다. '흥미롭군요' 또는 '그런 생각은 안 해봤는데요'라고 하면서. 이런 발언 공식은 혼성 지역사회에서의 삶을 매끄럽게 만드는 교양 있는 허구와 등가물이다. 그렇게 하면 서로에게 공격적 태도를 보이던 주체들이 종종 말을 바꾸는 결과가 생긴다.

결론적으로, 침묵의 실천에는 자기 수양적 측면뿐 아니라 사회적 측면도 있다. 언어적 수동성은 타인을 한 유형으로서가 아니라 한 인간으로서 대하는 존중을 보여준다.

평서문과 가정법 대화체의 두 번째 측면은 듣기보다는 말하기와 관련이 있다. 소통을 열기 위해 가정법의 목소리를 쓰는 것이다. '나는 X를 믿는다'라든가 'X가 옳고 Y는 틀렸다'라는 평서문의 목소리에 따라오는 응답은 동의나 부동의뿐이다. 그에 비해 '나라면'이나 '아마'라는 가정법의 목소리는 훨씬 더 넓은 범위의 응답을 허용한다. 의문과 망설임도 도입되고 공유될 수 있는데, 첫 번째 발언자의 자기방어 기제를 자극하지 않는 방향의 사실이나 의견이 나올 수 있기 때문이다. 바흐친은 이런 개방성을 "직설적이지 않고 조건적이며 거리를 두는 방식의 언어 사용"의 허용으로 본다. 철학자 버나드 윌리엄스Bernard Williams는 평서문의 목소리는 대개 공격성을 띤 자기주장이라고, "주장에 대한 집착"이라고 말했다. 하지만 아무리 심리학적 덧칠을 한다 하더라도, 평서문의 목소리에 관한 핵심적 사실은 그것이 표현의 명료성을 우선시한다는 점이다. 그에 비해 가정법의 목소리는 모호성을 앞세운다.[18, 19]

가정법의 목소리가 평서문의 목소리보다 더 사교적인 방식이라는 것이 대화체적 발상이다. 가정법을 쓰는 사람들은 더 개방적이 될 수 있고, 더 자유롭게 이야기하며, 덜 긴장하고, 덜 방어적으로 행동할 수 있다. 그들은 각자의 자리를 걸고 싸우지 않는다. 다른 말로 하면 모호성은 협력적 대화를 유도하며, 명료성은 경쟁적 대화를 유도한다.

잘 듣기와 마찬가지로 가정법 사용에도 기술이 필요하다. 외교관이든 노조 관리자든 직업적 협상가는 모두, 단언했던 내용에서 언제 어떻게 물러서서 협상의 도입부를 열지, 처음에는 명백하게 요구한 내용을 어떻게 보다 잠정적으로 표현해 일을 진척시킬 수 있는지를 배운다. 협상 기술은 욕구나 의견을 불쑥 내뱉지 말고, 어떻게 하면 친밀한 관계를 유지할 수 있는지를 고민하라고 요구한다. 협상 기술은 자제력과 술수의 결합이다. 사람들이 '아마'라고 말할 때 자신이 생각하는 내용을 충분히 잘 알고 있을 수도 있다. 즉 이때의 '아마'는 다른 사람들을 대화로 이끄는 초대장이다.

말해지지 않은 것을 듣고, 가정법을 사용하는 것은 침대와 식사 자리와 사무실에서의 대화적 방법이다. 그리고 세 번째 대화적 실천은 낯선 사람들끼리 이야기할 때 펼쳐질 수 있다.

비인칭 목소리 나는 시카고학파가 작성한 인터뷰 초고를 읽다가 그들이 언급하지 않았던 것으로 보이는 어떤 사실에 충격을 받았다. 그들의 인터뷰 대상은 두 개의 목소리를 사용했다. 하나는 1인칭이었고, 다른 하나는 더 비개인적이었다. "아프리카계 미국인으로서 나는 시카고 대학이 일리노이 대학의 내 친구들보다 더 포용력이 크다고 느꼈다"가 첫 번째 목소리였고, "왜 백인들은 아프리카계 미국인들을 그토록 괴롭히는가?"가 두 번째 목소리였다. 인터뷰 주제가 인종이었으므로 발언자는 자신의 경험을 통해 대답을 너무나 잘 알고 있는 수사학적 질문을 던질 수도 있었지만, 그러지 않았다. 낯선 사람들이 만나면, '비인칭 목소리'가 그들이 계속 소통하는 동안에도 서로 간의 거리를 유지하게 해준다.[20]

시카고학파가 했던 몇몇 인터뷰에서, 이 비개인성은 인터뷰가 장시간 진행되는 동안 계속 유지되었다. 인터뷰 대상들이 자신의 프라이버시를 지키고 싶어했기 때문이다. 하지만 다른 인터뷰에서 모든 것을 자신의 작은 경험으로 돌리는 발언자의 말은, 그가 살고 있는 사회를 설명하기에는 너무 부족해 보였다. 폴란드의 작은 마을에서 온 어느 이민자가 윌리엄 아이작 토머스에게 "나는 시카고에 오기 전까지는 내가 폴란드 사람임을 깨닫지 못했다"고 말한 뒤, 폴란드 마을과 시카고의 폴란드인 게토 간의 차이를 보다 일반적인 방식으로 설명했다. 이런 발언은 화자의 내면이 아니라 외부에 초점을 맞춘, 비인칭 목소리다.

비인칭 목소리는 대화적이다. 그 주체가 자신으로부터 풀려나서 관찰하고 판단할 수 있기 때문이다. 바흐친의 훌륭한 미국인 번역자 마이클 홀키스트Michael Holquist는 돈키호테 같은 피카레스크적 주인공이나 라블레 같은 해설자가 어떻게 그토록 자유로운 영혼이 될 수 있었는지를 연구했다. 그 이유는, 그들은 내가 누구인가가 아니라 무엇이 존재하는가에 대한 탐험자였기 때문이다. 이런 인물들의 에너지는 자아로부터의 해방에서 나온다.[21]

자신이 살고 있는 장소를 분석할 때도 사람들은 1인칭 목소리와 비인칭 목소리 둘 다 사용한다. 'I'는 자신이 어느 장소에 속하는가에 대해 이야기할 때 쓰는 대명사다. 'it'은 장소 그 자체의 장단점을 평가할 때 쓰는 대명사. 이 차이가 중요한 것은 비인칭 목소리가 더 평가적이고 비판적이기 때문이다. 예전에 샬럿 타울이 주목한 사실은, 여성들이 결혼에 대해 이야기하는 방식이 장소에 대해 이야기하는 방식과 유사하다는 점이었다. 그녀와 내 어머니가 인터뷰한 여성들은 부도덕한 남자의 배우자로 살면서 겪은 경험을 이야기하다가, 공산당이나 정부가 부도덕함에 대해 무슨 조처를 취했는지 평가하는 쪽으로 화제를 바꾸었다. 버락 오바마가 시카고에서 지역사회 조직가로 일할 때, 그는 개인적 상처에 대한 비탄을 세세하게 늘어놓는 수준을 넘어서 자신이 할 수 있는 행동에 대해 생각하도록 사람들을 변화시키는 것이 자신이 할 일임을 깨달았다. 개인적 고통의 사연은 싸울 힘을 불어넣지는 않을 것이다.

비공식성 내가 미스터 수디르와 나눈 것과 같은 비공식적 대화가, 대화적 교환의 네 번째 종류다. 우리는 의제 같은 것 없이 사람들을 만나서 이야기를 나눌 수 있는데, 그런 비공식적 잡담은 악의라는 무언의 의제를 품고 있는 가십과는 다르다. 비공식적 잡담은 이 주제에서 저 주제로, 이 감정에서 저 감정으로 여러 층위의 의미 사이를 옮겨다니고, 그 과정에서 밀려난 주제가 다시 표면으로 떠오르기도 한다. 따라서 비공식적 잡담은 목적 없는 방랑이 될 수 있다. 대화의 흐름이 취할 수 있는 어떤 형태가 그것을 대화적 교환으로 전환시킨다. 메데인 카페에서 그랬듯, 중요한 사실은 겉으로는 정처 없이 떠도는 것처럼 보이다가 갑자기 조명을 받을 것이다. 발언자는 따라갈 만한 가망 있는 길이 어디인지 냄새를 맡겠지만, 무엇을 발견하게 될지 미리 정확하게 알지는 못한다. 이런 탐색 기술이 토론을 계속 이어지게 만든다.

비공식적 대화를 계속 이어가려면 어떤 종류의 비책임성이 필요하다. 변증법적 토론은 어떤 주제를 공격하지만, 대화적 잡담에서는 중간에 얼핏 사소해 보이는 발언들이 튀어나와 이야기 방향이 바뀌고 비틀어진다. 대화의 물꼬를 다시 터주는 것은 바로 이런 사소한 발언이다. 당신이 당신 아버지의 잔혹성에 대해 이야기하고 있는데, 내가 '뜬금없이' 내 아버지는 대머리라고 말한다. 이런 뜬금없는 반응이 사실 당신이 마음속에 오래 묵혀두었던 아버지의 악행에 대한 고백을, 고통스럽고 고착된 독백이라는 물길에서 해방시킨다. 내 아버지의 대머리에 대한 이야기로 당신과 나 사이의 교환의 무게는 가벼워졌지만, 더 중요한 것은 그것이 교환을 계속 이어지게 한다는 사실이다. 당신 아버지가 잔혹하다는 사실을 내가 잊어버린 것은 아니다. 사실 나는 술을 한 잔씩 더 주문하면서 그 힌트와 흔적을 당신에게서 찾아보려고 한다. 우리는 이야기를 더 할 것이다.

어떤 사람을 두고 대화를 잘한다고 말하는 것은, 그가 비공식성의 파도를 넘나드는 능력을 가졌다는 뜻이다. 토론자나 변증법자 가운데 비공식적 대화에 능한 사람은 거의 없다고 말할 수 있다. 그들은 다른 사람들의 뇌리에 자신의 요점을 박아넣는 데 성공할 수는 있겠지만 그렇게 하면 다른 사람들은 대화의 무대를 떠난다. 대화는 결실 없이 끝날 것이다.

열린 시스템 분석가들은 비공식적 대화의 흐름에 관해, 그 전환점을 명료하게 설명한 공이 있다. 여기서 전환점은 엄밀히 말하면 비선형적 경로의존성non-linear path dependency이다. 이것은 물건 제작을 예로 들면 이해하기 쉽다. 소목장小木匠이 큰 쟁반을 만들려고 한다. 그런데 나무에 옹이가 있다. 그래서 평평한 쟁반이 아니라 대접을 만들기로 한다. 그러다가 흥미 있는 나뭇결을 발견하고는 대접의 가장자리를 전에는 한 번도 시도한 적 없는 물결 모양으로 조각하기로 한다. 각 단계마다 뭔가가 발생하여 소목장이 원래의 계획을 바꾸는 것, 이것이 비선형적 경로의존성이다. 그 소목장은 대접이 처음 생각과 다른 모양으로 만들어졌다며 가능성을 알아채는 자신의 능력을 겸손하게 축소하여 말할지도 모르지만, 그는 변화를 일으켰다. 마찬가지로 낯선 사람과의 대화가 의미 없는 술집 잡담에 그칠 수도 있지만, 당신들 둘은—성적 페로몬이 예기치 않게 내뿜어져—특정한 힌트들을 알아채는 기술을 발휘하여 대화를 의외의 방향으로 이끌 수도 있다.

열린 시스템에서 운명이란 없다. 사랑과 관련해서도 이 점을 명심해야 한다. 솔직히 말해, 당신이 이 낯선 사람과 방금 만나게 된 것은 운명 때문이 아니다. 가장자리를 조각한 대접이나 당신의 포옹을 발생시킨 단계들을 회귀적 분석을 통해 역추적하는 것이 가능할 수도 있지만, 그런 각각의 변화가 진행되고 있을 당시에는 전혀 예견할 수 없었던, 바로 앞 단계에 대한 반응이었다. 인생이 반드시 어떤 방식으로 이루어져야 한다고 가정하는 운명적 사고방식과 달리, 열린 시스템에서는 과정이 끝을 형성한다.

열린 시스템 이론에서 이것은 좋은 일이다. 경로의존성이 누적될수록 열린 시스템은 더욱 역동적이고 흥미로워진다. 바흐친은 사회적 소통 안에 있는 이런 에너지를 설명하려 했다. 그는 이런 비선형적 경험이 서로 다른 "사회적 방언, 특징적 집단 행동, 전문적 용어, 총칭적 언어, 세대 및 연령 언어, 편향적 언어, 당국과 다양한 서클과 지나치는 유행의 언어" 간의 교차 때문에 발생한다고 생각했다. 그는 이런

짓기와 거주하기

언어적 상황을 '언어적 다양성'이라 불렀고, 우리는 '시테'라 부를 것이다.22

언어적 다양성은 무대 위에 오를 수 있다. 소설가가 그런 일을 한다. 어떤 종류의 빅토리아시대 소설은, 첫 두어 페이지를 넘기면 사태가 어떻게 전개될지가 아주 분명하게 보인다. 주인공은 반드시 보상을 받고, 악당은 징벌당하고, 운명의 커플은 결국 맺어진다. 일관성 있는 인생을 손에 쥘 수 있다는 식의 이야기다. 또 다른 종류의 소설에서는 플롯이 비틀어지고, 사건이나 인물들이 처음에 예상했던 경로에서 엇나간다. 악당은 영광스럽게 승리하고, 사랑하는 커플은 헤어진다. 이런 소설을 밀고 나가는 것은 그저 깜짝 놀랄 만한 전개가 아니라 강력한 힘을 가진 모호성과 난관이며, 바로 그것들이 인물들을 예상된 경로에서 멀어지게 만든다. 이탈로 칼비노Italo Calivino는 이런 종류의 허구를 만드는 소설가는 사실 독자들과 게임을 하고 있는 것이라고 말했다. 모든 것이 잘 들어맞는 것처럼 보일 때 규칙을 교묘하게 바꾸는 게임을 하고 있는 거라고. 내가 장물 아이폰을 파는 미스터 수디르와 계속 대화를 나누게 된 것도, 예상치 못하게 가정적 고결성을 그에게서 발견했기 때문이다.

비선형적 소설은 잘 구성된 소설보다 훨씬 더 매력적이다. 첫 페이지를 읽고 소설의 결말이 쉽게 예상되면 나는 보통 그 소설을 그만 읽는다. 도시에서도 정석적인 기대치와는 다른 다양한 목소리와 행동이 우리를 매혹시킨다. 소설에서든 실제 삶에서든 사람들의 관심을 계속 붙들어두고 흥미를 유지시키기 위한 기술 하나는, 외관상 목적이 없는 듯 보이는 과정과 사소한 이야기 속에 예상을 뛰어넘는 씨앗을 심어두는 것이다. 이것이 비공식적 소통의 핵심이다.

결론적으로 나는 앞서 나온 사서 조수가 이런 대화의 네 가지 방법으로 낯선 이들과 이야기함으로써 자신의 길을 찾아나가는 모습을 상상한다. 말해진 것보다 의미하는 바에 주의하며 듣기, 타인에게 맞서기보다 협동하기 위해 가정법 쓰기, 자신의 자아와는 별개인 현실을 놓치지 않기, 비공식적 대화 경로를 따라가기. 이런 대화적 실천은 그녀 앞에 문을 열어줄 것이다.

도시는 흔히 공격적인 자만 살아남는 정글로 그려진다. 그런 시뻘건 이빨과 발톱의 이미지는 어딘가 비현실적이다. 발자크, 플로베르, 스탕달은 이를 오래전에 알고 있었다. 그들의 소설에서는 덜 전투적인 인물들이 짓밟힌 자아의 괴물들보다 도시에서 더 잘 살아남았다. 2장에서 보았듯이 그 소설가들은 그런 괴물들의 몰락에서 즐거움을 얻었다. 소설 밖에서도 마찬가지다. 내가 여기서 제시한 대화의 기술들은, 세련됨과 기술이 적나라한 자만을 대체하는 복잡한 현실에 적응하는 방법들이다. 이런 실용적 가치를 가진 대화체는 또한 그 자체로 타인을 존중하고, 경쟁적이기보다 협동적이며, 내향적이기보다 외향적인 소통의 윤리적 실천이다. 이런 종류의 윤리가 도시에서의 생존을 위한 유용하고 실용적인 스트리트 스마트의 지침이 될 수 있을까?

파열 관리—
이민자, 모범적인 도시 거주자

이민의 힘 태주 콜Teju Cole의 놀라운 소설《열린 도시Open City》의 주인공은 도시를 비공격적인 방식으로 배워나가는 만보객이다. 첫 소설이 많이들 그렇듯 콜의 이 첫 소설도 자전적인 면을 숨김없이 드러낸다. 화자는 저자와 똑같은 젊은 나이지리아인 의사로, 뉴욕에서 정신과 레지던트로 일한다. 화자는 혼자서 도시를 돌아다닌다. 이는 직업상의 스트레스를 진정시키기 위해서이기도 하지만, 낯선 장소를 이해하기 위한 노력이다. 어느 날 황혼녘, 화자는 망상증에 시달리는 환자 M을 상담한 뒤, 또 그렇게 돌아다닌다. 상담은 그리 성공적이지 못했다. 그러고는 맨해튼 웨스트사이드에 있는 집으로 가려고 지하철을 탔는데, 그는 내려야 할 곳에 내리지 않고 섬의 남쪽 끝까지 간다. 거기서 어느 문 잠긴 교회에 들어가보려 하고, 9·11이 남긴 폐허를 돌아다니기도 하고, 술집에 들어가 어느 남자 곁에 앉기도 하고, 그런 식으로 계속 걸어다닌다. 그의 걷기는 그런 식으로 이미지의 콜라주를 만들어나간다.

주인공이 흑인, 백인, 푸에르토리코인, 멕시코인 환자를 상대하기 때문에 이 소설에는 대화적 발언도 담겨 있다. 그가 직업상 만나는 사람들 가운데 본토 출신 사람은 거의 없다. 따라서 그는 환자들이 쓰는 낯선 단어나 어법의 장막 뒤에 있는 생각과 감정을 꿰뚫어봐야 한다. 하지만 그가 환자들과 나누는 대화는 고전적인 정신분석 상담 과정에서 일어날 법한 길고 탐색적인 과정이라기보다는, 단편적인 이야기 교환으로 보인다. 정신과 의사가 다들 그렇듯, 이 소설의 화자/주인공은 환자들의 정신적 변위displacement에 대해 들으면서 역전이(상담자가 본인의 감정이나 문제를 환자에게 투사하는 것 – 옮긴이)를 체험하여 본인의 지리적 뿌리 상실을 반복한다. 그리하여 그는 이렇게 쓴다.

우리는 삶을 하나의 연속체로 경험하며 그것이 해체된 뒤에야, 그것이 과거가 되어버린 뒤에야 그 불연속성을 본다. 과거란, 그런 것이 존재한다면, 거의 모두가 텅 빈 공간이며 광대한 범위의

무無다. 그 속에 중요한 인물들과 사건들이 떠다닌다. 내게 나이
지리아는 그런 곳이었다. 거의 모두가 잊혔지만, 다만 특히 치열
하게 기억하는 몇 가지는 예외다.[23]

이런 아프리카 뿌리에 대한 회상이 향수병이었다면, 이 소설은 아
마도 천박한 감상주의에 그쳤을 것이다. 이 소설이 힘을 갖는 것은 화
자가 자신이 여기에도 저기에도, 그때에도 지금에도 속하지 않고 이
중으로 소외되었음을 깨닫기 때문이다. 그는 본질적으로 뿌리 없는
코즈모폴리턴이 되었다. 유대인을 상징하던 그 단어가 이제는 뉴욕으
로 몰려든 아프리카인, 아시아인, 라틴아메리카인을 포함시키고 있는
것이다. 화자는 이 딜레마를 어떻게 처리할지 배우는 도중에 있다. 그
는 이민의 고통을 탐색하는 깊이 있는 인물이 되지만, 변위는 그를 무
너뜨리지 못한다. 비록 고향에 대한 갈망은 채워지지 않았지만, 복잡
성을 다루는 방법을 배움으로써 그는 뉴욕에서 안정을 찾았다. 그리
하여 그의 도시 이야기는 깊이와 무게를 얻는다. 그는 여기서 살 수
있다. 비록 여기에 완전히 소속되지는 않더라도 말이다.

이 소설을 읽어나가면서 나는 아주 판이한 인물 세 명을 떠올렸다.
한 명은 하이데거의 제자인 오카쿠라다. 그는 어떤 장소에 거주하기
위해 뿌리를 내던질 필요는 없고, 그보다는 뿌리의 부재와 화해할 필
요가 있다고 주장하면서 자기 스승과 갈라섰다. 그가 구현한 선불교
적 방향성은 이민자의 최고 이론으로 간주할 수 있다. 콜의 설명은 그
보다는 덜 철학적인 것으로, 19세기 러시아의 망명자 알렉산드르 게
르첸Alexander Herzen이 떠난 이민의 메아리다. 정치적 개혁을 신봉하던
게르첸은 1848년에 모스크바를 떠나 로마로 갔다가 파리를 거쳐 런

던으로 이동했다. 노인이 되어 지치고 가난한 상태로 런던에 있던 그는 이렇게 썼다. "나는 우연이 나를 던져놓은 런던에 앉아 있다. (…) 그리고 내가 여기 있는 것은 오로지 나 자신을 어떻게 활용해야 할지 모르기 때문이다. 낯선 인종들이 혼란스럽게 내 주위에 몰려다닌다." 그러나 이것이 전적으로 절망의 외침은 아니다(러시아인이었으니 당연히 절망에 빠져들었겠지만). 이런 말을 쓴 지 두어 시간 뒤 그는 술집에 가서 "흥미 있는, 예기치 못한" 노동자 그룹을 만난다.24

오랫동안 방랑한 뒤 게르첸은 '고향'은 휴대용 필요성mobile need이라고 결론짓게 되었다. 즉 이주민이나 망명자는 고향에 대한 욕구를 트렁크 속에 꾸려 넣고 다닌다. 항상 그것 때문에 번민하지만, 아직은 그것이 그 또는 그녀의 여행을 막지는 말아야 한다. 게르첸은 영원한 후회의 상태로 운세가 그들을 내던져둔 장소에서 고립된 채, 과거를 살고 있는 러시아 망명자들에 대해 분노했다. 그들은 주위 상황에 의미를 부여하기 위해 '자신에 대한 임무'를 소홀히 했다. 그가 볼 때 그들은 현재를 인식하고 기민하게 대처해야 한다. 게르첸은 고향을 떠나는 여행이라는 점에서 망명을 선물로 여기게 되었다. 고향을 떠나본 적 없는 사람들에게는 결여된, '지금 여기'에 대한 인식을 얻게 되었으니까.

내가 후원한 메데인 출신의 젊은 여성은 고향을 떠나기를 바랐고, 그곳을 떠나 잘 살고 있다. 그녀는 여전히 다정한 고향에 대한 기억을 품고 있지만, 외국에서의 새로운 경험을 열정적으로 얻고 싶어하는 숙련된 만보객이 되었고, 합법적인 지위를 얻어 이주를 원하는 자기 가족을 도울 수 있기를 희망한다. 젊기 때문이기도 하겠지만, 현재와 미래에 대한 열린 자세가 그녀를 새로운 사회와 접목시켰다. 그녀는 낙관적인 코즈모폴리턴이다. 게르첸은 강제로 러시아에서 축출되었고, 그 비자발적 추방으로 인한 상처가 치유되기까지 수십 년이 걸렸지만, 결국 자신의 상황과 화해했다. 그는 끝내 법적으로는 영국인도 프랑스인도 되지 않았지만, 그 나라들에서 친구들을 만들어 사람을 무력하게 만드는 향수병이라는 덫을 피하려고 애썼다. 그는 러시아에서의 복잡하고 위험한 경험으로 인해 급진파가 되었지만, 현재에 살고자 하는 욕망을 가지고 있었다는 점에서 메데인 출신의 젊은 사서 조수와 공통점이 있다.

자발적인 이민자와 비자발적 망명객이라는 양극 사이에 콜이 쓴 소설의 화자가 있다. 그는 자유의지로 나이지리아를 떠났지만 전문성을 개발하는 새 장소에서 공허함을 느꼈다. 아니면 적어도 뭔가가 빠져 있음을 느끼게 되었다. 내가 스웨덴에서 상대했던 발칸 난민들이 아마 그와 비슷할 것이다. 그 난민들의 여건은 게르첸의 경우와 더 비슷하지만 말이다. 처음에 그들은 더 낫고, 더 자유롭고, 더 안전한 삶을 기대했지만, 시간이 흐르면서 자신이 겪는 경험을 둘러싸고 유감의 구조물을 쌓아나갔다. 실질적으로 그들에게는 스웨덴어를 배워 적응하는 것밖에 달리 선택지가 없었다. 언어 실력이 부족하면 택할 수 있는 직업은 주변적인 것밖에 없으니까. 성인 세대는 처음부터 새 보금자리에서 사람들과 잘 섞여 살면서 그들을 알아가려고 노력했다. 그렇게 해야 자녀들의 활동 반경이 좁아지지 않을 테니까. 그렇지만 스웨덴 사회에 융합되기까지 장애물들이 있었고, 그중 일부는 그들 탓이 아니었다. 독일에 페기다 행진을 벌인 사람들이 있듯이, 당시 스웨덴에도 이민자에 대해 강한 거부감을 표현하는 세력이 있었다. 하지만 발칸 난민이 그런 세력 때문에 유감의 구조물을 쌓았다고 설명하기에는 뭔가 부족한 부분이 있다. 시간이 흐르면서 발칸 이민자 지역사회에서 부재의 감정, 뭔가가 빠져 있다는 느낌이 발생했다. 콜 역시 그런 감정을 겪었다. 과거의 고통이 현재의 생존에 비해 주관적으로 더 중요해지는 감정 말이다. 이상하게도 한 번도 노숙자를 본 적 없는 젊은 발칸 이민자 2세대가, 잃어버린 고향이라는 기준에 입각해 자신들을 규정했다. 그들 모두는 융합되지는 않은 채 계몽된 스웨덴에 소속되었다. 콜과 게르첸도 그랬지만, 그들에게는 여기서 살지만 여기 속하지는 않는다는 것, 현존하지만 부재한다는 것이 중요한 문제다.

이민자의 힘은 변위를 받아들이는 데 달려 있다. 이 사실이 어떻게 도시계획가들을 위한 모델로 작용할 수 있을까?

변위의 철학자　내가 아는 한 가스통 바슐라르Gaston Bachelard는 동시대인인 하이데거처럼 실제로 오두막을 짓지는 않았지만, 경이로운 산문으로 오두막을 상상했다. 그의 책《공간의 시학La poétique de l'espace》은 오두막에서 평화롭게 거주하는 삶에 대한 찬양으로 보인다. 끝부분에서 그는 단언한다. "단어의 몽상가에게 있어서 '둥글다'라는 단어는 얼마나 고요한가. 그 단어가 얼마나 평화롭게 사람의 입과 입술을 둥글게 만들며 (…) 숨을 둥글게 만드는가. (…) 현존재는 둥글다." 이것이 실제 오두막에 대한 묘사라면 그것은 티벳식 유르트(정확히는 몽골식 천막집 – 옮긴이)일 수 있다. 이 은유는 울타리와 그 안에 들어 있음의 안전함, 보호받는 느낌을 전달한다. 이런 안온한 느낌을 그는 도시의 가혹함과 대비시키면서, 신학자 막스 피카르트Max Picard의 "길거리는 그 속으로 인간들이 빨려 들어가는 파이프와 같다"는 말을 인용한다.[25]

오두막에 있던 하이데거와는 달리, 바슐라르는 빨아들이는 삶으로부터 숨지 못한다는 것을 알았다. 결국은 모두가 각자의 내면의 오두막을 떠나야 한다는 것, 알지도 못하고 이해도 공감도 못 하는 사람들과 상대하지 않을 수 없다는 것을 강조했다. 그 자신의 지적 궤적이 이런 입장을 잘 보여준다. 바슐라르는 성인 시절 초년에 시골 우체부로 일하다가 대학에 들어가서 물리학을 공부했으며, 그런 다음에는 과학철학으로 넘어갔다. 중년에 그는 파리에서 자리를 잡았다. 그러나 그곳에 도착하자마자 학계의 사다리 올라가기를 포기하고, 대신에 《불의 정신분석La Psychanalyse du feu》, 《공간의 시학》 같은 책을 썼다. 일상 경험에 대한 감각적 묘사로 가득한 작업이었다. 불에 그을었다가 치유된 손, 섹스가 끝난 뒤 창문을 통해 보는 비 오는 풍경. 하이데거의 언어는 추상적이지만 그의 언어는 각성시킨다.

파리로의 이주로 물리학과 정신분석학 사이에 다리가 이어졌다. 물리학을 하던 시절 바슐라르는 과학적 사고의 변덕스럽고 비연속적인 성격을 강조했다. 그는 지식 제작자들의 은유에서 "거인들의 어깨 위에 올라서는" 것으로 표현되는 관점, 즉 지식이 서서히 그리고 꾸준히 축적된다는 관점을 거부했다. 그 대신에 물리학에서 사유가 막혀 있다가 갑자기 새 아이디어가 출현하는 현상을 추적했다. 루이 알튀세르Louis Althusser는 나중에 바슐라르에 관해 설명하기 위해 이 현상에 '인식론적 단절epistemic break'이라는 이름을 붙였다.[26, 27]

바슐라르는 정신분석학적 틀 안에서 이러한 파열의 처리를 자아의 힘의 한 형태로 서술한 첫 세대에 속한다. 자아는 맹목적 욕구에 따르기보다 외부 현실에 관여하는 다른 힘을 추구한다는 것이 표준적인 프로이트식 관점이다. 바슐라르는 자아의 힘을 기존 현실에 적응하는 힘일 뿐 아니라 그것과 단절하는 힘으로 본다는 점에서 프로이트식 관점과 구분된다. 물리학자―혹은 미디어랩 연구자―들처럼 자아는 인식론적 단절을 만드는 것에, 상자 밖에 대해 생각하는 것에 적극적으로 관여하고 있다.

바슐라르 시대의 정신분석학 작가들은 거의 대부분 성인 시절로부터 어린 시절로 뒤를 돌아보았다. 그는 다른 방향을 선택했다. 성인 생활로 나아가는 방향을 본 것이다. 바슐라르가 포용한 정신분석은 우리가 도시에서도 원초적 온기, 친밀함, 내부성을 가진 오두막을 추구할 것이라고 말한다. 그러나 성인들은 밖에서 복잡하고 알려지지 않은 것들과 맞닥뜨리면서 오두막을 상실하고, 도시를 얻는다. 부재와 현존은 불가분의 관계가 된다. 하지만 바슐라르가 강조하는 것은 현재에 참여하는 것, 인식론적 단절을 처리하는 것, 아무리 고통스러울지라도 변위를 일으키는 것이다.

바슐라르의 입장에서는 변위에 대처하는 법을 배우면 그로부터 사회적 결과가 발생한다. 사람들이 하이데거처럼 자신과 다른 타인들에 대해 너무 취약해져서 그들로부터 달아나는 것이 아니라, 타인들과 함께 살 수 있다고 확신하게 되는 것이다. 사람들은 고향이 주는 안락을 포기함으로써 심리적으로 또 윤리적으로 발전한다. 자아는 강해진다.

여기서 이민자들과 연결된다. 다른 도시로의 이동은 인식론적 단절을 유발한다. 그 이동이 내가 메데인에서 만난 젊은 사서의 경우처럼 자발적인 것이든, 스톡홀름에 온 발칸 난민의 경우처럼 비자발적인 것이든 마찬가지다. 자아는 이 단절을 이해함으로써, 특히 현존과 부재, 지금과 그때라는 두 차원에서 살아감으로써 강해진다. 바슐라르에게 변위는 순도 100퍼센트의 악이 아니다. 그것은 섞임과 한계에 대한 어른스러운 지식을 길러낸다. 우리가 알지 못하고 좋아하지 않는, 아니면 그저 이해하지 못하는 사람들로 채워진 도시는 그것을 길러내는 묘판이다.

영어로 우리는 경험한다having an experience, 혹은 경험자가 된다becoming experienced고 말한다. 독일어는 이 두 의미를 두 개의 단어 Erlebnis와 Erfahrung으로 분리한다. Erlebnis(경험하다)는 모험적인 단어이며, 중년의 괴테가 춥고 딱딱한 북쪽의 튜턴족 세계를 벗어나 따뜻하고 감각적인 남쪽 라틴 세계, 자신의 감각이 새로운 환경에서 되살아난 세계로 달아난 경우에 해당한다. 현존과 생생함이 Erlebnis의 성격을 표시한다. 그것은 순진하게 방랑하는 만보객의 영역이다. 그것은 바슐라르의 인식론적 단절의 일상적 수행으로 보인다. 반면 Erfahrung(경험자가 되다)은 한 인간이 충분한 분량의 인상을 축적한 다음 그것을 걸러내는 과정을 포함한다. '경험자가 되다'는 흥분의 남아 있는 잔재들을 조직하고 정리하여 장기적인 것으로, 안정적인 가치를 지닌 것으로 만드는 문제다. 이것은 더 숙련된 만보객의 영역, 낯선 이들을 대화체로 끌어들이는 능력을 가진, 변위의 달콤쌉쌀한 교훈을 품고 살아가는 사람들의 영역이다. 이것은 오히려 바슐라르가 말한 "자아의 힘"에 가깝다.

Erfahrung에는 어두운 측면이 있다. 구스타브 플로베르의 《감정교육》, 토마스 만의 《부덴브로크 가의 사람들》, 샐린저의 《호밀밭의 파수꾼》 같은 소설에서 경험자인 아버지는, 잘못을 저지르기도 하고 모험심도 강한 자식들에게 엄격하게 말한다. '인생은 그냥 모험이 아니다! 성장해라!' 직업 경력, 가족 부양, 학자금 대출 상환 등이 모두 뭔가 새롭고 어려운 일을 추구하는 당신의 열성을 꾸짖을 것이다. 성인 세계는 당신에게 안정을 위해 자극을 희생하라고 요구할 것이다. 토마스 만은 실험의 생생함이 의무와 책임감의 무게 밑에서 시들어가는 모습을 그렸다. Erfahrung이 많아지면 곧 Erlebnis가 적어진다는 뜻이다.

열린 경험의 구조를 이해하기 위해 부르주아적 체념의 문제와는 다른, Erlebnis와 Erfahrung의 관계를 생각해보려 한다. 그것들의 관계를 장인의 눈으로 보고 싶은 것이다. 시간이 흐르면서 장인 — 외과 의사라고 가정하자 — 은 가령 인대 절개를 위한 다른 기술을 배운다. 한 가지 일을 한 가지 방식으로만 하려 하지 않는 것이다. 이러한 태도는 인대를 '정확하게' 절개하기 위해 고정된 모델에 따르려 하는 하급 의사의 태도와 대비된다. 새로운 Erlebnis가 없으면 외과의사는 자신이 하는 일을 재고하고 재구성할 마음을 먹지 못한다. Erlebnis는 좋은 인식론적 단절을 수반한다. 발전하려면 이 길밖에 없다. 시간이 흐르면 다른 기술들이 개발되고, 어떤 일의 방법에 대한 모델도 늘어난다. 외과 의사는 이런 변화에 개방되어 있으면서도 통제력을 유지할 수 있다.

이민자도 이렇게 할 수 있다. 장소가 바뀌면 새로운 Erlebnis가 강요된다. 살아남기 위해 그는 변위 관리에 익숙해져야 한다. 즉 변위의 충격을 부정하지도 말고 그 잠재력, 파괴력에 굴복하지도 말아야 한다. 이 균형이 이민자의 Erfahrung이다. 이런 이민자의 지식이 안전함을 제공하는 친숙한 지역을 떠나온 모든 도시인에게 필요하다. 새로운 경험에 대한 욕구의 재촉을 받은 사람이든, 새로운 경험이 강제된 사람이든, 그들 역시 테주 콜처럼 과거를, 더 단순했던 그 시간을 마음에서 지워버릴 수는 없을 것이다. 그런 마음 상태로 그들은 더 큰 도시로 들어갈 것이다. 그들은 이 장에서 설명한 이동에 관한 기술들을 필요로 할 것이다. 좋은 공예 기술을 습득하는 데 천재성이 요구되지 않듯이, 거주에 숙달될 수 있는 잠재력도 대부분의 사람이 가지고 있다. 나는 이상적 시테가 아니라, 이미 우리 속에서 대기하고 있는 시테를 묘사한다.

8

다섯 가지 열린 형태

미스터 수디르가 기적처럼 한 도시를 설계할 힘을 얻었다고 상상해보자. 그는 대학교에서는 배울 수 없는 거주 기술을 이미 갖고 있다. 그는 스트리트 스마트다. 낯선 환경에서 방향을 찾을 줄 알고, 낯선 사람들을 상대하는 데 능하다. 변위를 배운 이주민이다. 그의 인생은 열려 있다. 이제 책상 대용의 엎어둔 골판지 상자 위에 놓인 차를 홀짝홀짝 마시면서, 그는 이런 인생 수업을 어떻게 물리적 형태로 다듬어낼지 곰곰 생각한다.

수많은 일이 한꺼번에 발생하는 동시적 공간을 계획하기 위해, 미스터 수디르는 우선 네루 플레이스에서 자신을 둘러싸고 있는 군중에 대한 즉각적인 경험을 끌어낼 것이다. 그런 다음 소용돌이치는 대중 한복판에서 중요하게 부각시킬 곳, 사람들에게 방향을 제시할 수 있는 특정한 장소를 표시할 방법을 찾을 것이다. 그는 네루 플레이스의 가장자리가 대규모 수송 허브와 근처의 밀집된 주택들로 생기가 넘치는 모습을 관찰한다. 그는 이 다공성porosity이 도시에서 어떻게 더 큰 규모로 설계될 수 있을지 자문한다. 그의 가족이 오랜 세월에 걸쳐 지은 시멘트 블록으로 된 자신의 집을 생각하면서, 그는 불완전한 건설 형태의 본성을 성찰한다. 주차장의 안과 위에서 겪은 경험의 다양성과 맥을 같이하여, 그는 동일한 형태가 상이한 상황에서 반복될 때 어떤 일이 발생하는지 곰곰 생각한다. 마지막으로 그는 도시 전체가 어떤 모습을 취해야 할지를 생각한다. 하나의 명료한 이미지를 가져야 할까, 아니면 상이한 방식으로 결합된 여러 개의 이미지여야 할까? 그는 후자로 결정한다. 그의 인생이 바로 그런 식이었으니까. 동시적이고, 간간이 중단되고, 다공적이고, 불완전하고, 다중적인 방식이 그의 손에 있는 모든 가능성을 전부 소화하지는 못하지만, 그의 경험을 건축 형태로 바꾸기에는 충분하다.

중심은 동시적이다 — 두 개의 중심적 공간과 실패한 설계

도시의 중심에서 활동은 다음과 같은 두 가지 형태로 나타난다. 첫째, 여러 가지 일이 동시에 발생하는 형태. 둘째, 한 번에 한 가지 일만 발생하는 형태. 첫 번째 종류의 활동이 나타나는 곳은 네루 플레이스 같은 재래시장이다. 두 번째 종류의 활동은 축구장이나 극장에서 일어난다. 달리 말하면 재래시장은 동시적 공간이며, 운동장은 순차적 공간이다. 내가 직접 도시계획을 실천하는 과정에서 알아냈듯이, 동시적 공간은 뭔가를 예상하여 설계하기가 힘들다. 한꺼번에 여러 다른 일이 발생하면 조정의 원리가 필요해지기 때문이다.

아고라와 프닉스 이 두 형태는 고대 아테네에서 나타났다. 도시의 중심 광장이 아고라였고, 그 중심에 있는 극장이 프닉스였다. 아고라는 네루 플레이스처럼 건물로 둘러싸인 열린 공간이었고, 프닉스는 사발 형태의 원형극장으로 춤과 연극 공연만이 아니라 도시의 정치적 회의에도 사용되었다. 아고라에서 사건들은 동시적으로 전개되었고, 프닉스에서는 순차적으로 전개되었다.

아테네의 아고라는 약 4만 제곱킬로미터 넓이의 마름모꼴 열린 공간이었다. 그 야외 공간에서, 아테네인은 한 시간 동안 돈을 빌리거나 재판에 대한 자신의 의견을 소리 높여 외치거나 꿀을 사고 팔거나 신전에 있는 신들에게 경배할 수도 있었다. 아고라 주변에는 스토아stoa라 불리는, 직육면체 건물들이 줄지어 서 있었다. 그 건물들 안에서 사람들은 식사를 하고 음모를 꾸미고 유녀遊女들에게서 위안을 얻었다. 아고라 북쪽에 있던 스토아 포이킬레stoa poikile에는 칼 삼키는 자, 재주 부리는 자, 거지, 기둥서방, 생선 장수, 그리고 철학자가 모여들었다. 여기서 키티온의 제논이 스토아주의라 불리는 철학 운동을 창시한다. 좀 이상하지만, 이 오락과 겉치레의 장소에서 세속적 관심사와 거리를 두는 스토아 철학이 탄생한 것이다.[1]

아고라는 빈부를 막론하고 모든 시민에게 열려 있었지만, 그곳에서 벌어지는 일은 대부분 그 오래된 도시의 경제를 떠받치는 엄청난 수의 노예나 외국인은 접근할 수 없는 영역이었다. 고대 전체에 걸쳐 시민은 아테네 거주 인구의 15~20퍼센트를 넘은 적이 없었고, 이 자유민들은 동시적 공간인 아고라를 통해 아테네 민주주의의 진화에 기여했다.

시민들은 이 무리 저 무리 사이를 걸어다니면서, 도시에서 무슨 일이 벌어지고 있는지 파악하고 그것에 대해 논의할 수 있었다. 또 아고라라는 열린 공간 덕분에 시민들은 법률 소송에 편안하게 참여할 수 있었다. 그 법정을 에워싸고 있는 벽의 높이가 약 90센티미터에 불과했기 때문이다. 그래서 지나가는 사람들이 거길 들여다보다가 자기 의견을 외치곤 했다. 아고라의 열린 공간에서, 아테네인들은 자신들의 가장 진지한 정치적 업무인 도편추방제를 실행하여 사람들을 도시에서 내쫓고 유배했다. 한 해에 한 번씩 전체 시민이 모여 독재자가 될 위험성이 있는 개인들에 대해 연설을 하고, 추방자 명단을 작성했다. 그리고 두 달 후 다시 모여 추방자를 결정할 때까지 거래와 가십과 귓속말 선거운동이 횡횡했다. 그렇게 정치적 물결이 아고라의 언덕 위를 휩쓸고 지나갔다.

특정한 종류의 신체적 행동이 아고라를 지배했다. 시민은 다른 신체들의 소용돌이 속을 단호하고 최대한 신속하게 걸어가고자 했고, 멈춰 서 있을 때는 낯선 사람들과 눈을 마주쳤다. 고대 그리스인들에게는 아고라의 군중 사이에서 막대기처럼 곧게 걷는 것이 중요했다. 그들에게 꼿꼿한 신체란 개인적인 자부심과 존재감을, 미국 슬랭으로 말하자면 '꼿꼿하게 선다standing tall'라는 뜻을 함축했다. 그에 비해 프닉스라는 공간에는 더 순종적인 도시인들이 모여들었다.

'극장theatre'이라는 현대 용어는 바라볼 공간, 관찰할 공간, 배우와 관중이 분리된 공간을 의미하는 그리스어 테아트론theatron에서 유래했다. 원형극장에서 오케스트라가 앉는 자리나 춤추는 장소는 부채처럼 펼쳐진 좌석 맨 아래에 있는 원형의 단단한 땅바닥이다. 기원전

5세기에 프닉스가 연극뿐 아니라 정치적 모임도 수용하게 되었을 때, 아테네의 6천 명 시민은 여러 시간 동안 똑바른 자세로 돌 의자에 앉아서 연단이 있는 공간인 베마bema에서 울려퍼지는 목소리들을 들으며 연극이나 토론의 줄거리를 따라가곤 했다. 앉는 것은 수동적인 지위, 사태를 수용하는 청중들의 자세로 여겨졌다. 인간 신체의 두 가지 자세—서는 것과 앉는 것—에서 그리스인들은 배우와 관객의 구분을 끌어냈고, 이것이 예술뿐 아니라 삶의 기본적인 범주가 되었다.

프닉스는 순차적인 공간이었다. 시민들이 앉아서 길고 선형적인 말의 전개를 받아들이는 장소였기 때문이다. 반면 아고라라는 동시적 공간에서는 그런 자세로 있으면 대화의 작은 토막, 단편적인 말만 들을 수 있었다. 따라서 이 두 공간은 상반된 위험을 구현하고 있었다. 플라톤은 프닉스에서 벌어지는, 정신을 무력하게 만드는 수사학의 위력을 두려워했다. 거기서 수동적으로 앉아 있는 군중은 무자비하게 흘러나오는 언어에 의해 무력화되고 굴욕당하는 제물이 될 수 있었다. 그에 반해 아고라는 수사학적 방식보다는 인지적 방식으로 마음을 무력화시켰다. 불연속적인 인상들이 축적되는 곳이기 때문이다. 플라톤은 다시 한 번 젊은이들에게 아고라를 떠나, 사건이 더 적게 벌어지는 김나지움의 차분한 공간에서 심신 양면에 집중하라고 조언했다. 순차적 공간에는 감정적 지배의 위험이 있고, 동시적 공간에는 지적 파편화의 위험이 있기 때문이었다.

이런 고대적 구분법은 현대 도시의 경험과도 공명한다. 바흐친이 '언어적 다양성'이라고 설명한, 아고라의 뒤섞인 목소리들은 그저 떠들어대는 목소리일 뿐이지만, 동시적 형태라는 점에서 매력적일 수 있다. 시내 광장에서 벌어지는 언어적 소통의 파편들은 사람들을 보고 듣게 하고, 움직이게 하고, 신체적으로 기민해지도록 강제할 수 있다. 우리가 메데인에서 본 어린 소년들 같은 스트리트 스마트들은 곧 '아고라 스마트'들이다. 그에 비해 연사演士의 수사학에 의해 흥분되는 군중―르봉이 말하는 혁명적 폭도, 또는 나치 전당대회 참석자 등―은 생각하지 않는 군중이다.

미스터 수디르가 어떻게 아고라 스마트를 개발하게 되었는지는 조금만 생각해도 알 수 있다. 네루 플레이스에서는 아마도 언어적 다양성이 너무 심했을 것이다. 그는 그 복잡성을 다루는 법을 차츰차츰 배워나가, 마침내 자신의 벌이에서 한몫 뺏어가려는 경찰과 경쟁자와 모리배 사이에서 사업을 벌일 수 있었을 것이다. 그 옛날 아고라도 그와 비슷한 기만의 위험이 있는 공간이었다. 사실 그 어떤 동시적 공간도 '안전한' 축제의 장소라기보다는 이런 식으로 위태위태한 장소다.

오늘날의 도심 계획이 고대 아고라의 결점을 처리하면서도 그 동시적 에너지를 조금이라도 포착할 수 있을까? 다음에서 바로 이런 일을 하려고 시도한, 그랬다가 실패한 어떤 프로젝트를 설명하겠다.

실패한 설계 2012년에 건축가 헨리 콥Henry Cobb은 조경 설계자, 토목기사, 조명 전문가로 구성된 팀과 함께 워싱턴 D.C. 내셔널 몰의 남쪽 하단 부분을 재설계하겠다고 신청했다. 나는 미스터 수디르 같은 역할을 맡아, 그 몰이 동시적 공간으로서 어떤 분위기이면 좋을지 자문해주었다. 1791년에 랑팡L'Enfant이 설계한 워싱턴은 국회의사당과 포토맥강 사이의 거대한 야외 행사용 공간을 둘러싸는 형태로 구성되었다. 앤드루 잭슨 다우닝이 19세기 중반 몰을 조경하면서 상상한 것은, 나중에 옴스테드가 구상한 센트럴파크와 유사했다. 그러니까 미

짓기와 거주하기

국인들이 사교적으로 서로 섞일 수 있는 공간을 구상했다는 의미다. 그러다가 상업과 운송이 개입했다. 남북전쟁 이후의 급격한 워싱턴 성장 기간 동안 몰의 북쪽 끝, 분주한 기차역 옆에 큰 시장이 생겼다. 도시계획가들은 반발했다. 지난 세기 초에 맥밀런 위원회가 그 시장의 주인들을 쫓아내고 몰을 더 아름다운 상태로 되돌렸다. 시간이 흐르자 그곳에 박물관들이 줄지어 세워지게 되었다(헨리 콥은 그중 한 곳의 설계에 힘을 보탰다).

박물관들을 찾는 방문객은 많았지만, 몰 그 자체는 상대적으로 한산한 공간이 되었다. 적어도 어디에나 사람들이 모여 있는 센트럴파크와는 대조적이었다. 우리가 맡은 현장은 국회의사당 바로 아래 위치했는데, 주중이나 밤에는 특히 한적했다. 엄청나게 넓고 얕은 연못 앞쪽에 관광버스들이 승객을 내려주는 도로가 있었고, 그 연못 뒤의 그늘진 장소에 수많은 저명인사의 조각상들이 눈에 띄지 않게 서 있었다. 우리는 상인들을 몰아내고 싶었던 맥밀런 위원회의 욕구는 존중했지만, 몰의 그 부분을 더 동시적인 공간으로 조성하여 활기를 불어넣고 싶었다. 상이한 사회적 활동들이 동시에 벌어지게 하고 싶었다.

우리가 다룬 문제는 세 가지였다. 첫째, 하나의 동시적 공간 안에 얼마나 많은 상이한 활동을 섞어야 할까? 멀티태스킹에 관한 연구들이 이 질문에 대한 대답 하나를 제시했다. 19세기 초반, 윌리엄 해밀턴 경Sir William Hamilton은 사람들이 코웃음 치고, 듣고, 보는 행위를 모두 동시에 한다는 사실로부터 멀티태스킹이라는 개념을 도출했다. 해밀턴은 그것을 한 손에 구슬 여러 개를 쥐고 있는 것과 같은 것으로 취급했다. 해밀턴의 추종자 윌리엄 제번스William Jevons는 이 설명이 충분치 않다고 생각하여, 한 사람이 — 정신적으로 — 동시에 쥘 수 있는 구슬 수는 최대 네 개임을 보여주었다. 제번스에게 영감을 받은 멀티태스킹에 관한 연구들도 최대 네 가지의 상이한 활동이 동시에 일어난다고 보았다. 그리하여 우리는 몰 프로젝트에서 고전적인 아고라 모델과 결별했다. 아고라는 너무 많은 활동이 동시에 일어나는 곳이기 때문이다. 워싱턴 중심부에 있는 공공 공간이 도시의 응축된 버전이라도 되는 양, 거기서 모든 활동이 축소된 형태로 나타나게 해서는 안 되었다.

동시에 일어나는 일의 수에 관한 제번스의 법칙은 두 번째 설계 규칙으로 이어진다. 진정으로 다른 일들이 동시에 벌어져야 한다는 것이다. 우리는 맥밀런 위원회와 동일한 노선에서, 몰에 늘어서 있는 대부분의 박물관이 내부에서 운영하는 트로피와 부적 상점들을 없애자고 제안했다. 길거리 음식을 파는 노점에는 우호적인 입장을 취하여, 관광버스가 차지하던 공간을 그들에게 내주기로 했다. 우리의 계획안은 또한 즐거움 제공을 위해 아이들이 놀 수 있는 피크닉 장소와 분수대를 마련하고, 분수대는 물을 빼면 콘서트 장으로 쓸 수 있게 했다. 또 간혹 그 공간이 정치 집회에―제발 그런 일이 없기를 바라지만―쓰일 수도 있다고 생각했다. 무엇보다 우리는 그 공간이 사회복지 업무에 더 많이 활용되기를 원했다. 그 방면의 업무는 대개 그것을 필요로 하는 시민들로부터 멀리 떨어져 건물 안에 깊이 묻히는 경향이 있다. 내가 구상한 방식은 스토아 스타일의 이동형 그늘막을 여러 개 연이어 설치하는 것이었다. 그곳에서 정부 단체가 시민들에게 자문할 시설을 운영하고, 관광객에 대한 서비스도 제공하는 등 상이한 일들이 동시에 발생하기를 바랐다.

방과 후 학교를 지역 정치 단체 모임 장소나 성인 클럽으로 이용하게 하는 것도 공공 공간의 시간 순차적인 활용의 한 가지 방식이다. 밤은 야외 공공 공간 설계에서 특히 까다로운 시간이다. 안전에 대한 두려움과 성적 문란이나 마약 복용에 관한 우려로, 여러 프로젝트가 지나친 관심을 받는 사태로 이어진다. 몰의 연못 뒤쪽 조각상들 주위의 그늘진 장소들은 낮 동안에는 매력적이지만 밤에는 위험한 곳으로 간주되었다. 그래서 우리는 밤 시간에 많은 사람을 그곳으로 불러들이기 위해 머리 위에서 비추는 조명이 아니라 얼굴 높이의 조명 시스템을 제안했다. 행동이 있을 때 불이 켜지는 센서 조명도 추가했다. 뿐만 아니라 우리는 그 공간의 가장자리에 야외 카페 같은 야간 활동과 아동용 풀장 같은 주간 활동을 동시에 배치했다. 가장자리의 다공성은 그 공간이 고립되어 있지 않다는 신호를 보내기 때문이다.

이런 조치들은 동시성 설계의 세 번째 측면을 보여준다. 섞임을 강요하는 것이 아니라, 섞임을 위한 초대장을 발부하는 것이다. 옴스테드의 뒤를 이은 우리에게는 공공 공간에 사람들을 끌어들이기 위한 설계 전략이 필요했다. 그것은 공간을 예쁘게 꾸미는 것을 넘어서는 문제다. 진정으로 동시적인 공간이 되려면 다른 곳에서는 쉽게 얻을 수 없는 무언가를 사람들에게 제공해야 한다. 그래서 나는 몰에 노인을 위한 사회보장 센터를 설치하고자 했다. 침울하고 관료주의적인 일 처리 방식이 그 즐거운 야외 공간에서는 부드러워질 것을 기대하면서.

우리의 계획안은 대중들에게는 인기를 얻었지만, 의뢰자인 미국 의회의 한 분과에게 승인을 받지 못했다. 물론 나는 우리의 실패를 의뢰자 탓으로 돌렸지만, 사실은 초대를 설계하는 방법을 몰랐기 때문이다. 그 계획에는 물리적인 유인 요소가 너무 많았다. 사회적 기능들을 편집하고 군살을 줄여 제번스의 한계에 맞추었는데도 말이다. 울타리는 적고, 통로는 많으며, 특히 야간에 조명을 신중하게 배치한 매력적인 장소들이 있는 그 공간은 어디로 들어갈지, 들어가면 무슨 일이 생길지 혼란스럽게 만들었다. 우리가 제안한 몰의 형태는, 도시인들은 과도한 자극 앞에서는 뒤로 물러선다는 지멜의 믿음을 확인시켜주는 예였다.

동시성은 활기차지만 방향감각을 상실하게 하는 공간적 체험을 야기한다. 이것이 동시성 설계가 해결해야 할 과제이다. 통시적 공간 안에 있는 고정된 공간들은 그렇지 않다. 그러므로 아고라적 활기라는 혜택을 얻으면서도 혼란을 줄이려면, 공간에 방향을 설정해주는 표시가 필요하다. 우리가 실패한 뒤, 나는 그렇게 반성했다.

구두점 찍힌 곳
—기념비적이고
세속적인 표시들

도시 설계의 궁극 목표는 특정한 성격을 지닌 장소를 만드는 것이다. 부아쟁 계획에는 그것에 속한 장소를 두드러지게 만드는 요소가 하나도 없다. 르코르뷔지에는 연속되는 똑같은 고층 빌딩들이 마레 지구 전체로, 나아가 파리 전체로 무한히 확장될 수 있기를 희망했다. 그 설계는 균질적이고 추가 가능한 부분들로 구성된 닫힌 시스템을 보여준다. 그 무차별성은 Q 부인의 상하이와 한국의 신도시에서 현실화되었다. 그런 곳의 똑같은 건물들은 외벽에 거대하게 적힌 숫자로 구별된다. 그 숫자를 보지 않으면 사람들은 자신이 사는 건물을 분별하기 힘들다. 시스템이라는 기준에서 볼 때 그런 환경은 교환 가능한 부분들로 이루어지기 때문에 폐쇄적이다. 이와 반대로 열린 시스템은 다른 것으로 대체될 수 없는 부분들로 이루어진다. 하지만 인구 500만 명에다 제각기 전혀 다르게 생긴 도심 1만 개를 가진 도시를 상상해보라. 어떤 설계자도 그 정도의 다양성은 고안할 수 없고, 어떤 도시 거주자도 그런 것을 이해할 수 없다. 그렇다면 상상할 수 없이 특별하지는 않아도, 차별성이 식별되는 정도의 장소를 큰 도시에서 어떻게 만들 수 있을까?

글을 쓸 때처럼 공간에도 구두점을 찍어 성격을 부여할 수 있다. 글을 쓸 때 문장 끝에 붙는 감탄부호는 강조를 더한다. 세미콜론은 흐름을 잠시 끊고, 마침표는 흐름을 완전히 정지시킨다. 남자라는 단어 주위에 인용부호가 찍혀 있으면, 독자들은 그 성별 언어에 잠시 눈을 멈춘다. 도시 설계에서도 마찬가지다. 크고 과감한 기념물은 감탄부호로 쓰인다. 벽은 마침표다. 교차로는 흐름을 잠시 끊는 세미콜론 역할을 한다. 인용부호처럼 작용하여 사람들을 멈춰 서서 생각하게 만드는 물리적 형태도 있다.

감탄부호 식스토 5세는 1585년에 교황으로 즉위하자마자 로마를 변화시키기 시작했다. 그는 삶의 막바지에 와 있었고, 1590년에 그가 죽기까지 교황으로 지낸 것은 고작 5년뿐이었다. 마치 과업을 달성하기까지 시간이 얼마 없음을 아는 듯 그는 교황이 되자마자 추기경 때부터 오래 간직해온 로마를 위한 계획을 선포했다. 식스토가 로마를 개조할 명분은 종교적인 데 있었다. 그 도시의 순례지 일곱 군데를 연결한다는 것이었다. 그는 이런 장소들을 직선 도로로 연결해 순례자들을 인도하려 했다. 그리하여 우선 사람들을 그곳으로 움직일 수 있게 하는 표시가 필요해졌다. 식스토는 표시물을 찾기 위해 로마 이교도 시절의 과거를 파고들다가 오벨리스크를 만났다. 오벨리스크는 상자 모양의 주추 위에 위쪽으로 갈수록 가늘어지는 3면, 혹은 4면의 기둥을 세운 형태다. 그 꼭대기는 뾰족하거나, 작고 둥근 공 모양의 물체가 얹혀 있다. 이것이 감탄부호 역할을 하게 되었다. 고양이를 숭배하는 다신교적인 이집트에서 실려 온 그 오벨리스크들이, 이제 부활 교회들의 정면을 장식했다. 그것들은 종교적 여정으로 불러들이는 초대장 역할을 했다.

이런 감탄부호는 기독교가 과거에 쓰던 것과는 달랐다. 중세 교회의 건설자들은 높은 첨탑을 지어 사람들이 교회가 어디 있는지 알 수 있는 표시를 교회에 포함시켰다. 교황 식스토 5세는 로마의 중세적 직조를 관통하는 직선 도로들을 만들어, 순례자들이 오벨리스크의 뾰족한 끝이 표시하는 지점을 향해 나아갈 수 있게 했다. 이것은 국회의 사당과 워싱턴 몰 반대편 끝에 있는 에이브러햄 링컨 좌상 중간 지점에 있는 메모리얼 오벨리스크가 수행하는 것과 동일한 기능이었다. 오벨리스크는 사람들을 예식 공간 속으로 인도한다.[2]

로마의 이 기념물들이 오로지 순례의 길을 표시하는 것이었다면, 전례에서 기도를 진행하는 순서에 따라 배치되었을 것이다. 식스토는 더 복잡한 계획을 세웠다. 로마의 도시인들은 기도하는 군중이 아니라 놀고 있는 군중과 섞이고, 여러 주거 지역과 시장을 가로지르면서 마음대로 돌아다닐 수 있었다. 오벨리스크가 영적 여정을 인도하는 데 그치지 않고, 사람들이 자기 위치를 알게 하는 역할도 했기 때문이다.

19세기가 되자 기념물 중심의 도시계획은 감탄부호의 목적을 바꾼 것으로 보인다. 도시의 주요 건물들이 바라보아야 하는 대상으로, 다른 연극적 스펙터클처럼 관람해야 하는 대상으로 인식되었다. 이

것이, 예를 들면 파리의 마들렌 성당 건축을 이끈 원칙이었다. 그곳 정면에 있는 거대한 기둥들은 종교적 목적이 없는 감탄부호로, 순수한 시각적 표시였다. 새로운 공공 공간들을 기사 조각상들이 장식하자, 셰필드에 있는 어느 공장은 이런 조각상을 산업적 규모로 다수 제작해서 수출했다. 각 지역 영웅의 머리를 따로 주조하여, 말에 올라탄 남자가 식민지로 실려 가기 직전에 부착했다. 산업 시대의 기념물은 더 이상 예식용이나 방향 표시라는 목적에 봉사하지 않게 되었다. 그것은 순수한 장식물로 변했다.

이 점에서 식스토의 표시물들은 런던의 트래펄가 광장에 있는 것들과 비슷하다. 그 광장은 1805년에 나폴레옹을 상대로 치러진 트래펄가 해전의 기념물이다. 그 해전의 승리로 영국은 제국적 권력으로서의 지배권을 확고히 했다. 존 내시John Nash, 다음에는 찰스 베리Charles Barry가 설계한 트래펄가 광장 중심에는 거대한 표시물이, 그 전투의 승자 넬슨 경에게 바쳐진 넬슨 기념주가 세워져 있다. 트래펄가 광장 가장자리에는 네 개의 동상 대좌가 있는데, 셋은 국가적 영웅들에게 봉헌되었다. 비어 있는 네 번째 대좌는 현재 전 세계에서 가져온 조각상들을 전시하는 용도로 쓰인다. 관광객들은 이곳에 모여들지만, 런던 주민들은 오지 않는다. 국가적 위대함의 표시물이 런던에 사는 사람들을 끌어들이지 못하는 것이다. 런던에 30년간 살아본 내가 관찰한 바, 토박이들은 이런 표시물에 거의 눈길도 주지 않는다.

그러니까 무언가를 만드는 사람은 주목할 가치가 있는 것을 가리켜 보여야 한다. 오벨리스크나 기사상 같은 크고 극적인 표시물들은 원래의 목적이나 위력을 잃을 수도 있다.

세미콜론 도시계획은 감탄부호보다 더 세속적인 대안을 제공한다. 이것이 교차로, 즉 세미콜론의 물리적 상응물이다. 걷거나 운전하는 신체는 교차로의 모퉁이를 돌 때마다 움직임이 반쯤은 멈추는 것을 느낀다. 도시계획가 마누엘 데 솔라모랄레스Manuel de Solà-Morales의 견해에 따르면, 이런 도시의 세미콜론을 만들려면 교차하는 도로들의 크기가 현저하게 달라야 한다. 뉴욕의 애비뉴와 스트리트가 바로 그런 교차로를 이루며, 모퉁이가 둘 사이의 대조를 표시한다.

뉴욕에서 애비뉴는 횡방향의 스트리트에 비해 더 크고 더 넓은 건물을 수용하도록 만들어진다. 애비뉴는 상업적이고, 스트리트는 주거지 성격이 강하다. 작은 골목들이 더 넓은 도로에 연결되는데, 이것은 상하이도 따랐던 원칙이다. 모퉁이는 표시물 역할을 한다. 도시 주민들이 모퉁이에서 기어를 바꿀 때 규모의 변화에 적응하면서 초점의 변동, 작은 감각적 충격을 경험하기 때문이다. 솔라모랄레스가 보기에, 바르셀로나에 있는 세르다 격자의 깎인 모서리에서도 대조가 발생한다. 모퉁이를 실제로 돌기 전에는 그 너머에 무엇이 있는지 알 수 없다.

솔라모랄레스를 포함한 '교차로론자crossroadist'들은 모퉁이에 활동을 증가시켜 사람들을 그곳으로 끌어들이려 한다. 스트리트나 애비뉴에서 벌어지는 활동과 차별화하는 것이다. 그들은 모퉁이에 있는 큰 건물의 입구를 찾아내어, 보행자 통행량을 애비뉴를 따라 길게 늘이지 않고 그곳에 집중 배치한다. 그들은 큰 소매점들을 더 작은 거리에 두기를 꺼린다. 대신에 옆길에는 소박한 소매점과 작은 레스토랑을 둔다. 교차로론자들은 스트리트를 애비뉴와 흔적 없이 융합시키는 것보다는 충돌을 계획하는 것이 중요하다고 본다.[3]

사무실 설계에는 교차로론과의 내적 유사성이 있다. 프랭크 더피가 선호하는 사무실 계획은, 사무실의 모퉁이와 교차점을 강조한다는 점에서 구글플렉스의 디자인과 다르다. 그는 스트리트와 애비뉴 비슷한 것을 사무실 내부에 설치하여 활동이 구분되게 하지만, 구글플렉스의 평면도에는 활동 구분 표시가 전혀 없다. 더피의 사무실들은 이 같은 규모 변동 때문에 시각적으로 흥미롭다. 선한 사회주의자인 그는 하급 노동자들 및 그들의 작업을 공간의 아래쪽 영역에 보이지 않도록 치워버리기보다는 모퉁이에 배치하고자 했다.

어떻게 실현되었든 교차로는 바슐라르의 의미에서 인식론적 단절이며, 공간 속으로 도입된 괴리disjuncture다. 우리는 스트리트나 애비뉴의 한복판이나 사무실 복도보다는, 대체로 모퉁이에서 자세를 추스르고 자신이 어디 있는지를 파악하게 마련이다.

인용부호 공간적 구두점의 세 번째 종류는 인용부호 기능을 한다. 모퉁이도 그렇지만, 공간적 인용부호는 특히 당신이 있는 곳에 관심을 끌어온다. 하지만 교차로가 직설적인 장소의 표시물인 데 비해 도시의 인용부호는 그렇지 않다. 이 수수께끼 같은 선언의 실질적 의미는 빈곤하거나 가진 것 없는 지역사회에서 공간을 표시하는 데서 나타난다.

실제 작업을 할 때 나는 거리의 설비에 관심을 많이 기울였다. 벤치라든가 식수대, 콘크리트 화분에 담긴 작은 나무, 다양한 형태의 보도 포장재 등등. 빈민의 공공 공간을 이런 방식으로 더 밝게 만들기 위해 시행된 것이 너무나 없어서 놀랐다. 시카고의 빈민 지역에서 빡빡한 예산으로 일하던 내 의뢰인과 나는 덩굴식물 화분을 비치하여, 메데

장소 만들기 1. 메데인의 표시물은 주택의 빈 공간에 식물을 내놓는 단순하고 비공식적인 동작으로 만들어진다.

인 바리오의 주민들이 창가 화분에서 뻗어 나온 다양한 덩굴이 벽을 타고 계속 이어져 전진하는 느낌을 주던 것과 비슷한 효과를 내려고 했다. 정부 후원자들은 그것을 프릴 장식이라고 생각했다.

그런 단순한 조치에는 도시 미화 이상의 의미가 포함되어 있다. 가령 벤치를 거리의 흐름이 아니라 건물 입구를 바라보도록 설치하면, 그 표시물은 이렇게 선언하는 것이다. '여기서 당신이 쉴 수 있으니 이곳은 소중한 장소다.' 설계자가 거리를 따라 서 있는 어떤 건물의 정면에 임의로 벤치 하나를 설치하면, 이런 의미를 전달할 수 있다. '이곳은 멋진 자리다.' 건물은 인상이 나쁜데 그 앞에 그처럼 마음을 끄는 벤치가 있으면, 좀 색다를 것이다. 가난한 지역사회는 그런 자의적인 표시물에 의해 개선될 수 있다. 예를 들면 거리의 각 부분들의 포장재를 달리하여 변화를 준다거나, 아무것도 그려지지 않은 벽에 원색의 페인트로 칠을 한다거나 하는 것들이다. 이런 표시물은 주변 환경에

짓기와 거주하기

장소 만들기 2. 똑같이 인공적인 표시물이지만 훨씬 더 계산되고 건축적인 사례.

관해 표시하는 것이 아니라, 스스로를 표시한다.

우리가 기억하기에 센트럴파크는 도시에서 벗어나서 고도로 계산되어 만들어진 자연에서 즐거워할 수 있게 기획된 거대한 구조물이다. 임의로 놓여 있는 플라스틱 벤치가 센트럴파크를 지배하는 구조물과 공통점이 있다고 생각한다면 좀 지나치다. 심각할 정도로 지나친 것은 아니지만 말이다. 센트럴파크의 장난스러운 다리, 지하도, 호수, 나무 그늘은 원래의 자연을 활용한 것이 아니라 명백히 인공적인 시설물이다. 도시에서 가장 널리 확산된 자연적 시설물은 사람들과 차량 통행을 갈라놓기 위해 보도 가장자리에 직선으로 심어진 가로수들이다. 일정한 간격을 두고 서 있는 나무들이 이루는 직선은 자연 상태에서는 보기 힘들다. 그것들은 생태적으로도 심미적으로도, 거리에 부과된 귀중한 형태다. 우리는 한 줄로 늘어선 나무들이 거리의 가치

맥락에 특화된 개입. 계단을 더 크게 축조함으로써 생성된 거리의 시설물.

를 높인 것을 보면서, 그 가치가 매우 자의적인 방식으로 높아졌음을 알아차린다. 그러한 방식은 그 맥락에 원래 들어 있던 것이 아니다. 가치는 부과된 것이다.

단어 둘레에 붙은 인용부호는 그 안의 의미로 당신의 관심을 끌어들인다. 문법학자들이라면 인용부호는 그 안에 있는 단어나 구절의 가치에 의문을 던진다고, 그러니까 그것을 당연한 것으로 받아들이지 말라고 말할지도 모른다. 하지만 인용부호는 또한 그 속의 단어의 가치를 키우기도 한다. 리언 페스팅어는 인용부호란 자의적이고 문제적이고 중요한 것에 대한 초점 관심을 자극한다고 했을지도 모른다. 건설 환경에서도 마찬가지다.

나는 세부적인 사항에 집착하는 강박증을 절제하려고 노력하는 중이지만, 잠시 두어 단락만 참아달라. 내가 왜 플라스틱 벤치에 그토록

짓기와 거주하기

비특화된 개입. 어디에든 놓일 수 있는 유색의 의자와 테이블은 어떤 공간에
도 가치를 더할 수 있다.

매혹되는지 알게 된 것은 일본에서였다. 그곳의 조경사들은 간단한
돌을 사용하여 극히 정교한 수준의 자의적이고 문제적이고 가치 창조
적인 표시물을 고안한다.

　성벽에 쓰이는 용도를 제외하면 돌은 고전 일본 건축에서든, 일본
건축에 영향을 준 중국 건축에서든 가정용이나 상업용 건축 자재로
는 별로 쓰이지 않았다. 일본은 숲의 나라였다. 집 짓는 사람들은 그
나라의 가혹한 기후 여건에 적응하기 위해 목재 및 그 부산물인 종이
로 만들어진 건축물을 배치하는 데 숙련되었다. 그러나 바위도 중요
했다. 고대 중국의 애니미즘에서 바위를 숭배한 뒤로, 바위는 정말로
신성한 가치를 지니게 되었다. 정원 역사가 순니바 하르테Sunniva Harte
는 이렇게 지적한다. "특히 장대한 바위는 명상의 중심이 된다. 그리

고 그 주변 지역에는 그곳이 종교적 영적 장소임을 가리키기 위해 흰 돌이 깔려 있다."[4]

바위 숭배가 시작된 지 수천 년 뒤인 5세기와 6세기에, 신도神道는 야외가 아니라 건설된 사당에서 거행되는 숭배 예식으로 지역화되었다. 바위의 신성한 성격에 대한 인식이 이제는 그것의 아름다움에 대한 감식과 건물 안팎에 그것을 배치하는 문제로 바뀌었다. 바위는 건설 환경에서의 표시물로 변신했다.

카마쿠라 시대(1185~1336)에 불교가 일본에 들어오자, 이런 암석을 보는 사람들은 그것을 특정한 상징을 나타내는 것으로 생각하지 말도록 요청받았다. 형식적 정원에 있든 집 밖에 그냥 놓여 있든 암석은 무언가 중요하지만 불확정적인 것을 표시한다. 그것은 부유하는 시니피에signifier가 된다.

돌을 애니미즘적 배경에서 승격시키려는 의도가 교토 료안지龍安寺에 있는 방장方丈 건물 설계의 지침이 되었다. 그곳을 설계한 사람은 15세기에 그 절에 살았던 승려 테센 소키Tessen Soki로 알려져 있다. 방장 건물은 암석과 모래로 된 장방형 정원을 내다보는 구조다. 모래에는 갈퀴질로 단순한 직선이 그려져 있고, 그 속에서 암석 열다섯 개가 솟아올라 있다. 암석은 다섯 무리로 나뉘어 있다. 건물을 마주보고 있는 남쪽과 서쪽 담은 높이가 낮고, 그 너머에 숲이 있다.

료안지의 방장 정원은 발견된 자연이 아니라 꼼꼼하게 창조된 인공물임에 틀림없다. 암석의 토대는 깎여져서 풍수 원리에 따라 서로 다른 각도로 놓여 있다. 엄격하게 선별되어 크기가 균일한 석영 자갈이 깔려 있고, 튀어나온 암석에는 끌질 자국이 보란 듯이 선명하다.

정원까지 완비된 그 장소는 심오한 인상 하나를, 아니 두 개를 남겼

짓기와 거주하기

다. 하나는 신중히 고려된 부재不在의 인상으로, 배제와 섬세한 삭제의 감각이라 부를 수 있겠다. 그 정원이 나타내는 바는 그곳에 있음의 핵심이 아니다. 선불교에는 핵심이랄 것이 없다. 선불교는 이름 붙이기, 핵심 지적하기, 밑줄 치기, 의도하기에서의 해방을 추구한다. 그러나 또 하나의 인상은 이 신중하게 설계된 공간에 있는 물리적 대상물의 강한 존재감이다. 감상자는 거기 있는 암석들을 그 자체로 강렬하게 인지하게 된다. 정원의 낮은 담 너머로, 초록색 나무가 만드는 풍경 너머로, 멀리서 고속도로를 지나는 차량의 소리가 들리지만, 우리의 눈은 암석과 모래에 계속 붙들려 있다.

신도의 정원은 직설적인 상징의 장소, 표상의 정원이었다. 선禪의 정원사는 이러한 표현을 넘어서, 그가 그토록 주의 깊게 조형한 자연적 요소들의 신비를 회복하기 위해, 그것들에 식별될 수 있는 내용을 부여하려는 그 자신의 요구를 지우고자 했다. 그런 자의성, 탈자연화로 인해 선의 암석 정원은 더 성찰적인 반응, 자신에게 질문을 던지는 반응을 불러일으켰다. 암석들은 주의 환기용 인용scare quote(인용부호 속의 내용에 대해 의문을 품는다는 뜻을 가진 부호 사용법 – 옮긴이) 표시물이다.

요컨대, 오벨리스크 같은 감탄부호는 어떤 장소가 중요하다고 선언한다. 슬프게도 인생이 그렇듯이, 이런 선언도 트래펄가 광장의 경우처럼 시간이 흐르면서 그 의미가 축소될 수 있다. 공간의 세미콜론은 그보다는 요구가 덜하다. 교차로에서처럼 그것은 모퉁이를 돌아갈 때 작은 충돌을 수반할 수 있다. 그것은 교차로론자들이 강조하고 싶은 대조다. 물리적 인용부호는 플라스틱 벤치를 설치하고, 가로수를 줄 맞춰 심고, 땅 위에 돌을 배치함으로써 만들어질 수 있는데, 그것은 자의적이고 문제적이고 가치를 만드는 형태를 표시한다.

다공성 —세포막	**놀리 지도** 스펀지는 물을 흡수할 수 있기 때문에 구멍이 숭숭 뚫려 있으면서도 그 형

태를 유지한다. 건물 역시 안팎으로 흐름이 열려 있으면서도 그 기능
과 형태의 상태를 유지하는 경우가 있는데, 이런 것을 다공성 건물이
라고 한다. 조반니 바티스타 놀리Giovanni Battista Nolli가 1748년에 제작
한 지도는 가장 큰 로마 지도 중 하나로, 다공성이 도시에서 어떻게
나타나는지를 보여준다. 그 지도는 놀리가 12년 동안 지휘한 도시 조
사를 기초로 제작되었고, 결과물은 두 가지 버전으로 출간되었다. 하
나는 전체를 모으면 큰 지도가 되는 열두 개의 판화다. 다른 하나는
로마에 있는 실제 장소들과 상상의 감옥을 디자인한 조반니 바티스타
피라네시Giovanni Battista Piranesi와 함께 제작한 더 작은 판화다.

놀리 이전에 거의 모든 로마 지도는 풍경화 같았다. 화가 자신이 새
라면 그 도시가 어떤 모습으로 보일지 상상한 내용을 그린 환상적인
그림이었다. 건물들은 3차원으로 그려졌고, 로마를 향해 동쪽으로 날
아가는 새가 보았을 법한 각도로 자리잡았다. 놀리는 동쪽이 아니라
북쪽을 그림 위쪽에 둔 첫 로마 지도 제작자였다. 그가 도시 전역을
힘들게 돌아다니면서 공통의 기저선baseline을 얻기 위해 나침반을 사
용하여 작업했기 때문이다. 놀리의 지도는 수직으로 내려다보는 2차
원 평면도였다. 그 속에서 건물은 검정색으로, 빈 공간은 흰색으로 표
현되어 흑백의 대조가 뚜렷했다.[5]

이런 표현법은 섬세한 세부 표현을 통해 견고한 형체와 허공 사이
의 다공적 관계를 보여준다. 사각형 속에 갇힌 원은 판테온을 버티고
있는 원기둥을 나타내며, 근처의 산타 마리아 소프라 미네르바 교회

원기둥을 가리키는 섬세한 T자 표시와 대조된다. 당시 비아 시스티나와 피아자 바르베리니가 만나는 모퉁이에 있던 작은 꿀벌 분수대도 눈에 띄는 점으로 표시되었는데, 물이 있는 공간은 어른들은 피하지만 아이들이라면 뛰어들 법한 곳이기 때문이었다.

시각 매체는 사회적 표상이기도 하다. 이를 테면 돔으로 덮인 저 거대한 고대 로마 신전 판테온에서 조명은 오로지 돔 맨 위에 난 구멍을 통해 들어오는 빛뿐이다. 지도에서 판테온의 중앙에는 가장자리가 너덜너덜한 흰색 공간이 있는데, 놀리가 살던 시절 그곳은 교회로 쓰였고, 하루 종일 대중에게 개방되었다. 또 가장자리가 날카로운 검정색 덩어리는 개인용 건물들을 나타낸다. 대부분은 주택이지만, 그중에는 일반 로마 시민에게는 출입이 금지되었던 바티칸 부속 건물도 있다. 놀리가 자신의 표현법을 현대적으로 번역하여 1920년대 파리 지도를 만들었다면 부아쟁 계획은 전체가 검정색으로 칠해졌을 것이고, 구멍이 많고 매우 압축된 마레 지구는 흰색 바탕 위에 원형, 사각형, 점, T자, 회색 그림자로 표시되었을 것이다.

놀리는 성숙하기까지 수천 년이 걸린 도시의 다공성을 지도에 그려넣었다. 미스터 수디르라면 그보다 더 짧은 시간 안에 다공성을 어떻게 건설할까?

세포막 스티븐 제이 굴드Stephen Jay Gould는 우리로 하여금 자연 생태에 있어서 두 종류의 가장자리인 경계boundary와 접경지대border의 중요한 차이에 주목하게 했다. 접경지대는 구멍이 많은 가장자리이고 경계는 그렇지 않다. 경계는 상황이 끝나는 가장자리, 그 너머로 어떤 종이 들어가지 말아야 하는 한계, 또는 거꾸로 말하자면 사자나 늑대

무리가 소변 따위의 배설물을 통해 다른 동물들에게 '물러나!'라고 말하면서 지키는 한계다. 경계가 이처럼 낮은 수준의 가장자리 표시라면, 이와 반대로 접경지대는 다른 그룹들이 교류하는 가장자리다. 가령 호수와 육지가 만나는 기슭은 유기체가 다른 유기체를 발견하고 먹어치우는 교환이 적극적으로 행해지는 구역으로, 이곳에서 자연 도태가 가장 치열하게 발생한다는 사실은 놀랄 일이 아니다.

인간의 지역사회에도 이런 생태학적 차이가 나타난다. 현대 도시를 지배하는 것은 폐쇄된 경계다. 도시 거주자들은 노동 구역, 상업 구역, 가정, 공공 영역 사이의 기능적 격리에 의해, 그리고 교통의 흐름에 의해 서로 분리된다. '문어 도시' 델리는 다른 곳에서처럼 영역 전체에 성장을 전파하지 않고, 더 좁은 물꼬만 터준다. 베네수엘라의 카라카스는 부자와 빈민을 격리하는 고속의 차량 교통을 벽으로 삼아 또 다른 종류의 봉인된 경계를 설정한다. 어떤 나라에서든 새 주거 개발지의 가장 인기 있는 형태는, 앞에서 보았듯이 경계의 벽 안에서 보호되는 빗장 공동체다. 그 결과, 벽 안에 고립된 주민들이 외부 여건에 별로 자극받지 않는다. 상이한 인종, 민족, 계급, 지역사회 간의 왕래는 거의 없다.

하지만 흑백 대비로 방치된 접경지대/경계의 구분은 너무 조야하다. 살아 있는 세포는 확대해서 보면 그것을 정교하게 다듬을 수 있다. 이 차원에서 세포벽과 세포막 사이의 차이가 나타난다. 세포 차원에서는 이 둘을 뚜렷하게 구별하기 힘든데, 그 이유 중 하나는 세포 내막이 가끔 기능을 바꿀 수 있다는 점이다. 게다가 완전히 봉인된 벽이라면 세포가 죽어버리며, 안팎이 완전히 유동적일 경우에도 마찬가지다. 세포막은 물질을 세포 안으로 또 바깥으로 동시에 흘러가게 해

짓기와 거주하기

닫힌 가장자리의 경계선. 상파울루에서 극단적인 형태로 나타난다.

흐르는 교통의 강물은 견고한 벽만큼 난공불락의 경계선이다.

주어야 하지만, 선별적이어야 한다. 그래야 세포에 필요한 영양분을 남겨둘 수 있기 때문이다. 다공성은 저항과의 대화에 존재한다. 그것은 세포가 감당 못 할 정도로 열릴 때도 있고, 자기 상태를 유지할 때도 있음을 의미하는 대화다.

도시계획가들은 순수한 야외 공간, 순수한 허공이 다공적 존재로 인정된다고 상상만 할 것이 아니라 바로 이런 대화를 스스로 주도해야 한다. 완전히 봉인된 것도 완전히 노출된 것도 아닌, 다공성과 저항 사이의 역동적 관계는 놀리가 자신의 로마 지도에서 제시한 것이기도 하다. 베네치아의 게토는 그와 상반되게, 계획가들의 원래 의도대로 밤중에는 주위의 도시를 배경으로 꼭꼭 닫히는 곳이었다. 덧창이 내려진 창문과 금줄이 쳐진 다리, 그곳을 에워싸는 운하를 야간 순찰하는 배 등이 그 도시 안에서 내적 경계를 만들어냈다.

도시의 세포막은 무엇으로 만들어지는가? 다소 모순적이지만, 그것은 돌로 만들어질 수 있다.

초기의 도시 성벽 축조 논리는 군사적인 이유에서 최대한 두텁고 높고 침투 불가능한 형태여야 했다. 일례로 베이징 주위를 둘러싼 흙으로 된 고대 성벽은 하단 두께가 약 18미터, 상단 두께 12미터, 높이는 12미터다. 군사적 성벽 건설 기술은 더 세련되어져서 프랑스의 카르카손에서처럼 이중의 성벽을 쌓고 그 사이의 공간을 비워두는 방식으로 발전했다. 그런 방식으로 도시의 내부 직조와 격리된 작업 공간이 얻어진다. 또 다른 발전의 예는 반월형 보루를 설치한 성벽이다. 그 보루는 성벽 바깥쪽으로 튀어나온 화살 형태의 연단으로, 성벽을 기어오르려는 공격자들을 창이나 대포로 조준할 수 있게 해주는 시설물이었다.

짓기와 거주하기

막스 베버에게 벽은 경계, 그것을 넘어가면 정치적으로든 사회적으로든 시민적인 것이 전혀 없는 도시국가의 바깥 한계였다. 그에게 벽 그 자체는 물리적 존재라기보다는 사법적 관념이었다. 고대 성벽의 부피감 그 자체가 그를 착각하게 만들었는지도 모른다. 두꺼운 벽도 사람들을 머물도록 불러들일 수 있는데 말이다. 엑상프로방스 성벽 양쪽에서 시의 규제를 받지 않고 발전한 장소들이 발견되었다. 암시장이나 비과세 물건을 파는 비공식적 시장이 그 성벽의 돌에 의지하여 출현한 것이다. 벽 구역은 이단자, 외국인 망명자, 기타 불법자가 마치 인력에 이끌리듯 들어오는 장소였다. 또 이런 군사적 경계는 현대의 화기 덕분에 장벽으로서의 용도가 줄어든 뒤에는 사회적 공간으로 변신하기도 했다. 루이 14세는 1670년에 파리 성벽을 사람들이 걸어다닐 수 있는 그늘진 산책로로 전환함으로써 이런 변화를 실행했다. 그의 도시계획가들은 이런 새 공간에 불바르boulevard라는 이름을 붙였다. 한 세기도 안 되어 유럽의 여러 다른 도시가 이를 따라 했는데, 특히 1734년 베를린이 그랬다. 나폴레옹 1세는 자신이 정복한 도시에서 성벽을 완전히 허물라고 명령했는데, 이것은 군사적 필요 때문이라기보다는 굴욕을 주는 의미가 더 컸다.[6]

이 모든 조처는 견고한 물질 덩어리가 어떤 변화도 수용하지 않을 것 같아 보이지만 사회적 의미에서는 다공적일 수 있음을 말해준다. 거대한 구조물도 내부적으로는 기민하게 변할 수 있다. 세포막에서 나타나는 성질들이 규모가 작은 건물, 혹은 현대적 팝업식 구조물에서만 나타날 수 있다는 생각은 착각이다.

세포막 만들기 오늘날 계획가들이 만나는 도전은 세포막을 만드는 일이다. 구멍 뚫기는 벽을 세포막으로 바꾸는 가장 직접적인 건축 기술이다. 덴마크의 도시계획가 얀 겔은 길거리에 생기를 불어넣으려면 어디를 얼마나 부숴야 할지를 정확하게 계산해서, 아무것도 없는 벽에 문과 창문을 내는 법을, 그 벽을 뜯거나 깨뜨려 새 출입구와 새 창문을 만드는 법을 고안해냈다. 이와 비슷하게 새 고층 빌딩을 지을 때, 큰 출입구 하나만 내어 각 층을 서로 격리된 부분처럼 처리하는 기법 대신에, 상하이 푸둥 지구에 있는 상하이 타워를 지은 설계 회사 겐슬러Gensler나 맨해튼 중앙부의 뉴욕 타임스 타워 인테리어를 담당한 렌조 피아노Renzo Piano의 작업처럼 다공성 정도가 더 큰 수직 설계를 쓸 수 있다. 겐슬러는 고층 빌딩을 각각 격리된 층에 업무를 공급하는 중추부가 있는 공간이 아니라, 여러 개의 차별화된 엘리베이터와 여러 층에 걸친 공공 공간과 방사형 복도를 가진 거리처럼 설계했다.

지역사회의 삶을 어디에서 볼 수 있을지 상상하는 사람들은 대개 중심부에 주목한다. 계획가들이 그곳에서 지역사회 생활을 강화하려고 노력하기 때문이다. 계획가들이 가장자리는 소홀히 한다는 뜻이다. 그 결과 지역사회의 삶은 내부로만 향하게 된다. 이는 잘못이다. 내가 여러 해 전 뉴욕 스페니시할렘의 히스패닉 지역사회를 위한 시장 설립 계획에 참여했을 때, 바로 그런 잘못을 범했다. 뉴욕에서 가장 가난한 곳 중 하나인 이 지역사회는 맨해튼 어퍼이스트사이드 96번가 위쪽에 있었다. 그 바로 아래에 갑작스러운 변화가 생겨 거기서부터 59번가에 걸쳐 세계에서 가장 부유한 지역사회가 생겨났는데 런던 메이페어나 파리 7구가 연상될 정도였다.

라마르케타La Marqueta 시장은 그 부유한 지역사회의 정중앙으로부터 스무 블록 떨어진, 스페니시할렘의 중심부에 자리잡고 있다. 우리

계획가들이 장소 선택을 잘못한 것이다. 96번가를 죽은 주변부로, 일이 별로 일어나지 않는 곳으로 여겼기 때문이다. 시장을 96번가에 배치했더라면, 그곳은 부자와 빈민의 상업적 신체적 접촉이 일상적으로 일어나는 공간이 되었을 수도 있다. 더 현명한 계획가들은 우리의 착오에서 배운 바가 있어, 맨해튼 웨스트사이드의 새로운 자원을 그 지역사회 가장자리에 배치했다. 더 다공적인 주변부를 만들어, 상이한 인종적 경제적 지역사회들 사이에 통로를 열기 위함이었다. 중심부가 중요하다는 우리의 생각은 결과적으로 라마르케타 시장을 고립시켰지만, 우리보다 더 현명한 계획가들의 주변부와 접경지대에 대한 이해는 이웃들을 일상적으로 섞일 수 있게 만들었다.

주변부가 친근한 교환만 이루어지는 장소가 아니라 긴장도 필요한 장소임은 분명한 사실이다. 유색인종 아동들을 백인 노동계급 학교에 등하교시키는 통학버스가 서는 보스턴의 주차장이 그런 예다. 하지만 일상적인 신체적 교류는 대결의 성격이 훨씬 적다. 부유한 부인과 하녀가 같은 장소에 우유를 사러 왔다거나, 늦은 밤 같은 장소에서 술을 한 잔 하게 되는 경우처럼 말이다. 그런 신체적 교류는 런던 클러큰웰 신문 판매원의 특징이라 할 예절을 갖추게 해준다. 계획가는 차이의 명시적 표현을 강요하는 것이 아니라, 차이를 평범한 일상에 개입시킨다. 이런 종류의 가장자리 경험은 도시에서의 사회적 차이에 관한 우리의 논의가 그어놓은 구분선을 기준으로 말하자면, 통합적integrative이기보다는 포괄적inclusive이다.

그러나 미스터 수디르가 본인의 경험으로 잘 알고 있었듯이, 가장자리의 삶이 칼끝 같다는 것은 아슬아슬하다는 의미다. 이런 표현은 언어적 수사 이상의 것이다. 이런 사실이 세 번째 종류의 세포막 만들기를 설명한다.

2차 세계대전 이후의 암스테르담은 음울한 곳이었다. 구시가지는 자동차에 잘 적응하지 못했다. 그곳은 비좁은 도시이기도 했다. 대운 하에서 멀리 떨어진 곳에는 사람들이, 특히 아이들이 놀 만한 곳이 거 의 없었다. 알도 반에이크는 그 도시에서 발견한, 잘못 쓰이고 있거나 방치된 공간들을 공원으로 변신시켰다. 텅 빈 벽이나 너무 넓은 도로 교차로 등의 공간에, 옴스테드나 복스와는 달리 가난해진 자기 도시 에서 가장 쉽게 구할 수 있는 꽃이나 모래 상자나 벤치를 배치하여 눈 에 보이는 표시가 없어도 아이들의 놀이터와 어른들의 쉼터가 구분되 는, 다공성 있는 공원을 만든 것이다.

반에이크의 공원에서 급진적인 요소는 아이들이 어떻게 놀아야 할 지에 관한 개념이었다. 그의 공원 안에 있는 아이들의 놀이터는 안전 을 이유로 도로와 격리되지 않았다. 턱은 있었지만 철제 울타리는 없 었다. 반에이크의 입장은 아이들이 차량이 통행하는 곳과 풀밭의 차 이를 배워야 한다는 것이었고, 아이들은 그것을 배웠다. 이 다공성 때 문에 일어난 사고는 거의 없었다. 같은 방식으로 어른들을 위해 마련 된 벤치는 아이들이 노는 곳과 공간적으로 분리되지 않았다. 아이들 은 거기서 대화를 나누거나 졸고 있는 노인들을 방해하지 않으려면 어떻게 처신해야 하는지를 배웠다.

형태적 측면에서 보자면, 반에이크는 경계역적 주변부liminal edge를 만들었다. 여기서 '경계역적'이란 분명한 방벽이 없는 두 상태 사이에 서 일어나는 변환 경험을 의미한다. 경계역적 변환은 도널드 우즈 위 니콧D. W. Winnicott이 말한 일종의 '과도기적 의식'을 형성한다. 그는 심 리학자들에게 아이들의 경험 사이에 접경지대를 처음으로 설정해주

네덜란드 건축가 알도 반에이크는 암스테르담의 너무 넓은 교차로 공간에 공원을 만들었다. '열림'은 전유에 의해 만들어진다.

반에이크의 공원에는 차량이 통행하는 위험한 모서리가 있는데, 그곳에서 아이들이 논다. 반에이크는 도시의 아이들은 그런 위험을 다루는 법을 배워야 한다고 생각했다. 아이들이 물리적으로 고립되면 그런 것을 배울 수 없다.

는 과도기적 순간의 중요성을 환기시켰는데, 반에이크 공원은 그에 해당하는 일상적인 예다. 어떻게 놀지를 알기 위해 아이들은 움직이는 자동차나 잠든 할아버지, 할머니와 관련된 한계를 경험한다. 그들은 갑작스럽게 양자택일하기보다는 세포막 같은 경계역적 변환을 실행한다. 마찬가지로 도시라는 더 큰 지리에서도 경계역적 주변부는 부유한 곳에서 가난한 장소로 넘어가는 변환을 표시할 수 있다. 시카고학파는 골드코스트에서 호수 연안을 따라 서쪽으로 도시의 슬럼 지대까지 이어지는 동서 횡단 도로에 면한, 경계역적 주변부―이런 이름으로 불리지는 않았지만―를 연구했다.

다공성 음향 도시의 소리는 나쁜 방식의 다공성인 것 같다. 침투해 들어오는 차량 소음은 흔히 잠을 방해하는 적이다. 내 나이가 되면 레스토랑에서 절그렁거리는 소리도 귀가 멀어버릴 듯 시끄럽게 느껴지기 때문에 불쾌한 외출이 될 수 있다. 고요함에 친숙해진다면 건설 환경에서 소리의 경계는 소리의 접경지대보다 나아 보일 것이다.

  사실 음향의 부재는 소음과 똑같이 불편하게 느껴진다. 음향학자 레이먼드 머리 셰이퍼Raymond Murray Schafer는 "듣기는 먼 거리에서 서로 접촉하는 방법"이라고 주장한다. 기술적으로 이 말은 가청 음향이 20헤르츠 이상 진동하면 촉각처럼 느껴질 수 있다는 뜻이다. 밤중에 들리는 발자국 소리, 또는 낮 동안의 경적 소리는 타인이 있음을 알리는 경고다. 안전을 위해 건축이 '길거리에 눈을 제공해야 한다'는 제인 제이콥스의 유명한 구호는 '길거리에 귀를 제공해야 한다'로 확장되어야 한다. 특히 밤에 그렇다. 미하일 불가코프의 환상 소설《거장과 마르가리타Мастер и Маргарита》에서 공포를 유발하는 여러 종류의

짓기와 거주하기

유령, 악령, 마법 고양이는 너무나도 조용히 나타나는데, 그들은 들리지도 만져지지도 않기 때문이다.[7]

좋은 것이든 나쁜 것이든 다공성 음향은 아주 정확하게 구체화될 수 있다. 도시에서 음향의 경험은 두 가지 요인, 강도와 명료도로 형성된다. 강도는 부분적으로는 순전히 크기의 문제다. 중키에 중간 정도 몸무게의 남자가 내는 발자국 소리는 다른 소리가 없는 밤중의 길거리라면 20미터 거리에서 35데시벨 정도다. 반면 록 밴드가 야외에서 내는 소리는 적어도 115데시벨이다. 하지만 그것은 빈도의 문제이기도 하다. 어떤 음향이 초당 4회 터진다면 귀는 그것을 하나의 연속적 음향으로 알아듣는다. 전기 기구가 내는 지잉 하는 소리는 음향적 용어로 말하자면 '수평선 음향flat-line sound'을 구성한다. 꾸준히 나는 교통 소음은 또 다른 문제다. 소총 발사 소리는 '충격 음향'이며, 소음 처리가 되지 않은 모터사이클의 갑작스러운 배기음도 그렇다. 이런 음향은 뚜렷하고, 식별이 가능하다. 텅 빈 거리에서 나는 발자국 소리는 충격 음향이 될 수 있다. 산토도밍고의 내 어린 보호자들에게는 그랬다. 잠든 바리오가 내는 낮은 수준의 수평선 음향과는 반대로 분명한 경고를 발하는 소음이었다. 대개 '앰비언트 음향ambient sound'(인위적으로 조성한 소리가 아니라 자연적으로 발생하는 소리 - 옮긴이)이라 불리는 것은 기술적으로는 수평선 음향과 충격 음향의 평균치다. 어느 러시아 연구자 그룹이 발견한 바에 의하면, 대략 35데시벨의 앰비언트 소음이 잠들기에 최적이며, 그것이 50데시벨 수준으로 올라가면 깊은 수면이 툭툭 끊기고 잠이 깬 뒤에도 피로감이 느껴진다고 한다.[8, 9, 10]

음향 환경을 설계할 때 우리가 원하는 것은 수평선 음향을 35데시

반에이크의 전유는 도시 안에서 발견된 공간을 새롭게 활용하는 방법을 제안한다. 이 사진 속 공간은 맨해튼 서쪽을 달리는 고속도로 아랫부분으로, 과거에는 헤로인 매매자와 중독자 외에는 아무도 없는 곳이었다.

고속도로 아래에 야채 가게를 집어넣자, 거의 백인들로 이루어진 컬럼비아 대학 공동체와 흑인 할렘 모두가 그 상점을 이용했다.

짓기와 거주하기

벨, 충격 음향을 50데시벨 정도로 유지하는 것이다. 그렇게 하면 소음이 우리에게 전해지기는 하지만 파괴적이지는 않게 된다. 이것은 긍정적인 다공성이다. 분명히 알아들을 수 있으면서도 압도적이지는 않은 음향이기 때문이다. 레스토랑에 갔을 때 앰비언트 평균치가 유지된다면 기분이 좋을 것이다. 한 테이블에 같이 앉은 사람들의 말소리를 들을 수 있고, 아마 다른 테이블의 말소리도 엿들을 수 있을 것이다. 이런 목소리는 더 불분명한 소음을 쿠션 삼아 공중에서 떠다닐 것이다.

놀리 지도는 이런 다공성 방식으로 음향을 형성하는 장소들을 보여준다. 판테온 안뜰이 그런 곳이다. 압도적인 크기를 갖고 있어서 울림이 커질 것 같은데도 판테온의 앰비언트 음향은 그 복잡한 표면, 주랑 현관과 정간井間이 있는(표면이 매끈하지 않고 나무 판들로 조립된) 곡면 천장 같은 것들로 인해 좋은 수준으로 유지된다. 판테온 주위의 동서로 뻗은 거리도 마찬가지다. 벽의 불규칙적인 표면, 안으로 물러난 현관, 좁은 옆 골목, 이 모든 것이 앰비언트 음향 수준을 40데시벨 정도로 낮춘다. 현대의 건물에서도 같은 음향 효과가 나타날 수 있다. 예를 들면 1927~1929년에 세워진 뉴욕의 채닌 빌딩은 그 이리저리 꺾인 모습으로 내부 중심은 비교적 낮은 앰비언트 수준이 유지된다. 그러나 문이나 창문이 열리면 인근의 소음이 몰려 들어온다(문이나 창문이 열려 있다면 말이다. 길 건너편의 호텔처럼 이 건물도 봉인된 유리 상자나 마찬가지라서 소음이 차단되고 에너지 효율성은 낮다).

고요함을 이루는 재료는 주름과 굴절을 포함한다. 평평한 콘크리트 바닥 위에 첩첩이 겹쳐진 현대의 방음 재료는 효과가 거의 없다.

런던의 버러 마켓 가장자리의 열린 경계. 이곳은 다공성의 공간이다.

오래된 건물이 방음 효과가 더 좋은 경우가 많다. 여러 요소의 혼합물—부순 조개껍질, 말총, 석고 묻힌 넝마 등등—로 구성된 건물 바닥 자체가 복합적인 필터 역할을 하기 때문이다.

울림(엄밀히 말하자면 소리의 반향 시간)은 다공성 건물들 사이에서는 크기가 줄어들고 세기도 약해지지만, 서로 마주보는 거대한 유리 구조물들 사이에서는 신속하고 날카롭게 울린다. 잔향 시간이 길수록 울림은 약해진다는 원리는, 인테리어 디자인도 지배한다. 연주회장에서의 최적의 잔향 시간—무대 위에서 나온 음향이 측면과 후면 벽을 때리고 객석 중간쯤 앉아 있는 사람의 귀에 들어가는 시간—은 2초 이내다. 아파트 건물에서 우리가 원하는 것은 절대 이런 공명이 아니다. 가령 계단실의 잔향 시간은 3.5초 이상 되어야 한다. 그래야 울림이 약해지기 때문이다.

짓기와 거주하기

몸바이의 이 가장자리 공간은 열려 있기도 하고 닫혀 있기도 하다. 열차가 거리 뒤편을 지나다녀 주민들이 두려워하며 피하는 위험 구역이면서도, 다양한 기능을 수행하는 그 거리는 24시간 내내 사람들로 가득 차 있다.

당신은 절대로 이웃의 대화를 듣고 싶지 않을 것이며, 그들이 사랑을 나누는 소리도 아마 듣기 싫을 것이다. 그러나 다른 상황에서는 다공성 음향이 사람들을 불러들일 수 있다. 도시계획가 존 빙엄홀John Bingham-Hall과 나는 매우 엉뚱한 장소에서 사교적 음향을 연구했다. 그곳은 빈민과 이민자가 많은 파리의 신흥 외곽 지역을 더 부유하고 혼성적인 구시가지와 분리시키는 외부 순환도로Périphérique 아래의 지하도였다. 사람들은 일상 용품을 사거나 그저 어울리기 위해 지하도에 모이지만, 피하는 지하도도 있다. 우리는 그 지하도에서 사람들이 어울리면서 내는 소리가 고속도로의 웅웅대는 소리 바로 위의 음역인 충격 음향처럼 또렷하게 들린다는 것을 알아냈다. 더 나아가 그

소리는 바깥으로 나가 사람들을 불러들이는 역할을 했다. 이렇듯 사람들을 불러들이는 음향을 내는 지하도는 구겨진 듯한 형태다. 반면에 비사교적인 지하도는 더 단순하고 깔끔한 형태라서 고강도 수평선음향을 만들어내기에, 밖에서는 알아듣기 힘든 소음만 들린다. 외부순환도로 밑의 그 구김살 많은 지하도는, 네루 플레이스가 그토록 활발하게 유지된 까닭을 일부 설명해준다. 그곳에서도 아이폰 밀매자들의 목소리가 움직이는 신체가 내는 소리와 붕붕거리는 교통 소음 속에서 뚜렷하게 들리기 때문이다.

도시의 역사에서 길거리 행상들의 시끄러운 호객 행위—칼 가는 사람, 생선 장수, 석탄 배달부 등 거의 40가지에 달하는 런던 길거리의 외침 소리—가 맡은 역할이 바로 그런 사교적 기능이었는데, 1864년 메트로폴리탄 경찰법에 의해 그런 활동이 금지된다. 그 이전에 도시에서 외치던 사람들은 뉴스를 전하거나 송가를 노래하기도 했는데, 그 내용이 존 밀턴의 《사색하는 사람Il Penseroso》, 83행에 기록되어 있다. 가장 근본적인 종교적 의무를 규제해온 교회의 차임벨 소리는 14세기 이후 정기적인 시간 단위로 유급 노동을 규제하는, 시간을 알리는 종소리에 밀려났다. 이런 시계 종소리는 모든 교구의 교회 종소리보다 더 크고 더 강렬하게 도시 전체에 울렸다. 다공성이 있는 시계 종소리는 정해진 일과가 된, 간섭이 심하고 피할 수 없게 된 노동의 소리였다. 그것은 사교적 음향이 아니었다.

요컨대, 닫힌 도시에서는 경계가 지배할 것이다. 열린 도시에는 접경지대가 더 많이 있을 것이다. 이런 접경지대는 다공성과 저항 사이의 역동적 긴장이 있는 세포막 같은 기능을 한다. 장소의 가장자리에 만들어지는 세포막은 단단한 벽에 구멍을 뚫고, 길거리의 기본 직조를 쭈그러뜨리고, 인지 가능하고 사교적인 음향을 만들어낸다.

미완성―
셸과 일반형

마지막으로, 집에 있는 미스터 수디르를 상상해보자. 미스터 수디르는 돈이 허락하는 만큼 시멘트 블록을 사서 아들과 함께 오랜 시간을 들여 하나씩 하나씩 쌓아올려 가족이 살 집을 짓고 있다고 말했다. 이민자들이 점거하거나 정착한 거의 모든 곳에서 이와 비슷한 일이 일어난다. 빈민들은 직접 집을 짓는다. 고작해야 시멘트 블록을 쌓아올리고 비닐이나 함석으로 지붕을 이은 판잣집일 것이다. 그래도 그들은 시간을 들여 제대로 지붕을 잇고, 유리 창문도 달고, 가능하면 2층도 올리려고 할 것이다. 건축은 장기간 진행되는 노동이다. 그러나 어느 시점에서 봐도 직접 집 짓기 프로젝트는 미완성 형태다.

도시계획은 빈민들의 미완성 형태 집 짓기에서 배울 것이 많다. 미스터 수디르 가족처럼 그렇게 할 수밖에 없어서가 아니라, 설계에서부터 의도적으로 어떤 형태를 미완성으로 만들 수 있을까? 그렇게 하면 어떤 이득이 있을까?

셸 칠레의 이키케가 하나의 대답이 될 수 있다. 그곳은 산티아고 북쪽 약 1500킬로미터 지점의 사막에 있는 도시로, 원래는 칠레-페루-볼리비아 고원 평야에 퍼져 살던 아이마라족 약 100가구가 이주해 살던 킨타 몬로이라는 곳이었다. 이처럼 작은 장소 밖에서 수만, 수십만 인구를 가진 거대한 정착촌들이 우후죽순처럼 생기고 있었다. 여기서 칠레의 건축가 알레한드로 아라베나Alejandro Aravena가 미완

설계상 미완성. 칠레의 이키케에서 건축가 알레한드로 아라베나는 우수한 건축물의 골격을 짓고, 나머지는 빈민 거주자들에게 맡겨 그들이 완성하게 했다.

이 건물의 완성품은 건축학적으로는 재앙이지만, 경제적 사회적 기준에서는 성공작이다. '열린'은 미학적 척도가 아니다.

짓기와 거주하기

성 형태의 집을 짓는 프로젝트에 착수했다. 저품질의 거주지를 완공된 형태로 제공하기보다는 고품질의 집을 반쯤 짓고, 거주민이 직접 나머지를 완성하게 하자는 것이 그의 아이디어였다. 이키케의 미완성 형태 버전을 보면, 2층으로 된 건물의 절반까지 담이 세워져 있고 제대로 된 전기와 상하수도 시설이 제공된다. 이런 기반시설은 아직 완성되지 않은 공간의 공유벽party wall이 아니라 그 집의 박공벽gable end에 설치되어 있다. 이런 세심한 조처 덕분에 매우 융통성 있게 나머지 공간을 완성할 수 있다. 또 다른 세심한 배려는 집 밖에 출입 계단을 만들어, 필요하다면 1층과 2층을 독립된 주거 공간으로 쓸 수 있게 한 점이다. 각 층을 임대하거나 한 가족의 다른 세대가 사용할 수도 있다.

아라베나의 프로젝트는 킨타 몬로이를 사회적 주거를 위한 시험장으로 다루었다. 도시계획적으로는 개별 주택들이 무리 지어 모여, 마을 광장의 각 면을 이루는 직사각형을 만들어냈다. 그것은 런던 블룸즈버리에 있는 테라스 스퀘어의 칠레식 빈민형 버전이다. 세르다도 그랬지만, 그 직사각형의 규모를 키워 추가적 격자가 되게 하는 것이 아라베나의 의도였다. 그는 작게 시작했지만, 제인 제이콥스와는 달리 규모 확대를 겁내지 않았다. 자국 빈민들의 끔찍한 생활 여건을 개선하려면 대규모 해결책이 필요했기 때문이다. 하지만 루이스 멈퍼드의 기성품 전원도시와는 달리, 이 해결책은 빈민들 자신이 환경을 만드는 자로서 직접 개입해야 한다. 이 미완성 형태 배후에 있는 사회적 논리는 공유벽과 계단의 위치로 구체화된다.

셸shell은 이키케와 같은 프로젝트의 건설 유형이다. 셸은 빈민들의 필요에 대한 대답만이 아니라 다양한 겉모습을 띠고 나타났다. 예를 들면 18세기 조지아식 테라스는 구두 상자처럼 생겼고, 그 측면들은 모두 도시의 광장과 거리를 마주하고 있다. 구조적 기준에서 그 테라스는 벽돌이나 돌로 된 내부 구조 벽은 최소한으로 줄이고 바닥 판은 기둥 몇 개로만 지지하는, 오늘날의 로프트의 과거 버전이다. 조지아식 구두 상자는 특히 좋은 셸이었다. 부피가 워낙 작아 집의 앞뒤에 있는 모든 방이 자연광과 환기를 누릴 수 있었기 때문이다. 이 점에서 그것은 오스만 남작이 만든 파리의 주택과 대조된다. 그 주택은 전체 규모가 더 크고, 눅눅하고 어두운 중앙 계단을 둘러싸고 배치되었으며, 그 안쪽의 수많은 방에는 빛과 공기가 닿지 않았다. 세기가 넘어가면서 조지아식 셸은 형태는 비교적 꾸준히 유지되었지만 기능 면에서는 진화했다. 토머스 커빗Thomas Cubitt이 1820년대에 설계한 워번 워크Woburn Walk에는 이제 주거용 아파트뿐 아니라 고층 사무실도 들어서 있다. 열린 공간은 셸과 비슷한 기능을 할 수 있다. 1차 세계대전 동안 그 거대한 버클리 스퀘어에서는 꽃을 다 치우고 그 자리에 부상병들을 눕혔다. 2차 세계대전 때는 그 광장 주위의 금속 난간이 뜯겨 포탄의 재료가 되었다. 전쟁이 끝난 뒤 광장의 기능은 다시 진화하여 개발이 제한된, 열린 자연의 공간이 되었다.[11]

원칙적으로, 오늘날은 셸 전성시대가 되어야 한다. 대량 생산되는 타설 콘크리트와 I자 철강빔 덕분에, 우리는 기둥이나 다른 구조물을 최소한으로 줄이면서 거대한 바닥판을 가진 건물을 지을 수 있다. 투자 회사의 영업장이 있는 층은 셸의 승리가 구체화된 곳으로, 모두가 서로를 볼 수 있는—그들을 쳐면에 거는 모니터 스크린에서 고개를 들 수 있다면 말이다—공간에 책상들이 줄지어 놓여 있다. 게다가, 얇은 셸 구조물은 이제 땅 위에 떠 있을 수도 있다. 떠 있는 셸의 구조

짓기와 거주하기

적 원리는 러시아 엔지니어 블라디미르 슈호프Vladimir Shukhov에게서 나왔다. 그는 1897년 러시아 빅사에 거대하고 자체 지지적인 곡면의 구조물을 만들었다. 내부 지지대가 없는 그 구조물은 어떤 용도로도 쓰일 수 있었다. 지오데식 돔geodesic dome은 삼각형 격자를 서로 얽어 만들었다는 점에서 빅사 구조물의 후손이다. 미국 건축가 버크민스터 풀러Buckminster Fuller는 그런 돔이 아주 가볍고 강하기 때문에 크기를 무한정 키울 수 있다며, 도시 전체를 지오데식 돔으로 덮는다는 엉뚱한 생각까지 했다. 그보다는 작지만 그럼에도 거대한 지오데식 돔인 일본의 후쿠오카 돔은 다용도로 사용된다. 리처드 로저스Richard Rogers가 1999년 런던에 만든 밀레니엄 돔(엄밀히 따지면 지오데식이 아니지만)도 마찬가지다.

셸은 처음에 주어진 특정한 배열에서 다른 가능성들을 시험해볼 수 있는 형태들을 만들어낸다. 또한 건물 내에 다공성을 만든다. 구조적으로 고정된 벽이 거의 없기 때문이다. 일단 벽을 만들면, 더 많은 벽이 만들어진다. 소통에서는 단어가 의미를 감싸고 있는 셸이다. 단어는 사람들이 말하고자 하는 바를 불완전하게 표현한다.

그런데, 결말이 나지 않는 과정은 언제 멈추어져야 할까? 건축은 언제 완성되며, 소통은 언제 종결되는가?

미완성 및 완료 불가능함 순수한 처리 과정pure process은 파괴적일 수 있다. 조지아식 테라스는 오랜 세월 수많은 변화를 겪으면서, 원래의 좀 심하게 아름답던 형태가 퇴락했다. 네온사인이 켜진 상점들과 간판들은 과거에는 소박했던, 거리를 향한 발언을 지워버렸다. 계단 위의 방들은 작게 쪼개져 벽장 같은 공간으로 나뉘었고, 에어컨 때문에

설계상 미완성의 대안으로서의 공동 제작. 파리의 리옹 역에서, 설계자와 사용자 사이의 끊임없는 교류가 더 나은 결과를 만들어낸다. 개조 이전의 리옹 역.

개조 이후의 리옹 역.

짓기와 거주하기

창문의 크기도 줄었다. 뉴욕의 수많은 로프트 공간 역시 변형되었고, 상하이 신티엔디의 순수주의자들은 끔찍해했지만 최근까지만 해도 널찍하고 속물스럽던 시쿠멘의 복원된 로프트들 역시 새로 등장한 가난한 세대, 잘라내고 삭제하는 데 능한 젊은 세대에게 굴복하고 있다.

형태의 기본 규칙은 이런 무형적 표류에 맞서 방어하는 것이다. 시테에서의 순수한 처리 과정 뒤에 목적 없이 방랑하는 트위터의 소통 흐름이 따라와, 시테는 순간적 자극이라는 저주에 걸렸다. 여기에 딜레마가 있다. 만약 표류가 적이라 해도 변화는 여전히 가능해야 한다. 그렇지 않으면 사람들은 고정된 장소에서 미리 처방된 역할을 하는 데 그친다. 그들에게는 정태적 형태를 바꿀 수 있는 자유와 수단이 필요하다.

순수예술에서 이 딜레마는 저 치명적인 말로 나타난다. '끝났다.' 치명적이라고 한 것은 '끝났다'는 '죽었다'와 동일시될 수 있기 때문이다. 로댕은 자신의 점토 조각품 표면에 온통 거친 칼자국과 완료되지 않은 세부 표현을 남김으로써 끝냄의 문제를 기록했다. 한때 그의 스튜디오 조수였던 라이너 마리아 릴케는, 그런 것들을 남긴 것은 감상자의 눈을 그 작품의 재료 표면에 붙들어두기 위한 것이었다고 썼다. 창조의 과정이 진행 중인 것처럼 보였지만, 조각가는 점토 표면이 얼마나 많은 절개를 감당할 수 있는지 계산함으로써 언제 멈출지를 배웠다. 악보를 보며 연주하는 클래식 음악가는 언제 연주를 멈출지를 명확하게 알지 못한다. 그 음악가가 '드디어 하머클라비어 소나타가 그렇게 되어야 하는 바로 그 모습이 되었다!'고 생각한다면, 왜 그 작품을 다시 연주하겠는가? 연주자는 계속 연주하고 싶어하고, 하머클라비어를 언제나 새롭게 듣고 싶어하며, 그 음악(그리고 음악가)을 살아 있게 만들고 싶어한다. 이런 의미에서 연주는 끝낼 수 없는 예술이다.

열린 성격의 도시계획은 이 문제를 일반형type-form의 창조를 통해 해결하려 한다.

일반형 일반형은 상이한 상황에서 상이한 형태를 띠는 도시적 DNA의 한 조각이다. 일반형은 음악의 테마와 변주 중 테마에 비유할 수 있다. 음악에서 테마는 작곡가가 작은 휴지부들을 화성적 또는 선율적으로 이용할 때 개방된다. 이음매가 없는 것처럼 지극히 매끈한 음악에서도 그렇다. 가령 헨델의 〈즐거운 대장장이〉 변주곡을 보면, 첫 선율 끝부분에서 반음 정도 살짝 미끄러지는 부분이 헨델에게 뛰어놀 자유를 허용한다. 같은 방식으로 일반형은 도시 설계를 열어준다. 도시적 테마가 변주의 여지가 없을 정도로 통합되고 총괄적이고 '조화로운' 것은 아니지만, 그 테마에 연결된 변화는 일정한 논리를 따른다.

평범한 옥외 계단을 짓는 일을 생각해보라. '테마'는 인체 안에서 결정되어 있다. 계단을 올라갈 때 다리를 얼마나 높이 들어야 편안한가. 계단의 높이는 '수직면riser'이라 불린다. 주먹구구식으로 보면 수직면은 실내에서보다 실외에서 더 낮다(실내 계단에서는 150밀리미터 정도, 실외 계단에서는 110밀리미터 정도). 로마의 스페인 광장 계단처럼 앉는 계단은 약 150밀리미터 높이다. 계단실의 계단에서 발이 놓이는 곳의 수평적 너비는 보통 수직면의 두 배다. 옥외 계단은 아주 살짝 아래쪽으로 경사져야 한다. 그래야 물이 흘러내릴 수 있어 추운 날씨에도 빙판이 되지 않는다.[12]

이런 제약 속에서 계단 폭, 계단 재료, 계단 위치 등에 대한 수많은 변주가 가능하다. 사람들이 다리를 들어 올릴 때, 에스컬레이터처럼 융통성 없이, 항상 예측 가능하게 움직이는 것이 아니기 때문이다. 워싱턴 몰 프로젝트에서 우리는 걷는 계단 옆에 설치된, 앉는 계단의 폭과 구성을 다양한 방식으로 변주했다. 워싱턴 몰은 전통적으로 위쪽 조명으로 밝혀진다. 우리는 계단 안쪽에 전선을 넣어 계단에 불이 켜지게 했다. 계단의 수직면과 수평면 사이의 이음매에 LCD 조명을 설치한 것이다. 이 평범한 설계가 물론 하머클라비어 소나타에 상응할 만한 도시적 경험을 주지는 못하겠지만, 구축되는 방식은 같다. 기본 관계는 규정되어 있다. 음악에서는 화성학적으로, 도시 신체에서는 생리학적으로. 건축가와 음악가는 이런 제약 속에서 변주를 만들어 낸다.

일반형은 물리적일 뿐 아니라 언어적일 수도 있다. 가스통 바슐라르는 "시적 이미지는 본질적으로 변주적"이라고 썼다. 이는 은유, 환유, 운율의 시구가 구조적 테마의 변주라는 뜻이다. 롤랑 바르트 또한 시인들의 "이미지 – 레퍼토리"를 언급한다. 기본적 이미지를 즉흥으로 변주하는 것이, 그가 볼 때는 완전히 새로운 이미지를 만드는 것보다 시인에게 더 힘든 작업이다.[13, 14]

건설의 영역에서 일반형은 변주뿐 아니라 대체substitution도 용납한다. 킹브레이스king-brace 지붕(지붕의 두 면이 삼각형 꺾쇠로 한데 묶인 형태의 지붕)은 위쪽의 무게가 건물의 측면을 밀어내는, '전단shear'이라는 근본적인 문제를 해결했다. 킹브레이스는 목재나 금속, 또는 플라스틱으로도 만들 수 있다. 반면에 수세식 변기는 그리 융통성 있는 일반형이 아니다. 그 법랑 재질을 나무나 종이로 대체하기는 쉽지 않기 때문이다.[15]

일반형에서 형태와 기능은 느슨하게 맞춰져 있지만, 여전히 둘의 관계는 우발적이다. 도시공학 영역에서 이 느슨한 맞춤은 배관이나 전기 설비 등을 여분으로 마련해놓은 덕분에 가능해졌다. 건물에 당장 필요한 양 이상의 것을 마련해두면, 그 여분을 새 여건에 응용할 수 있다. 이런 여분은 낡은 사무실 건물을 아파트로 개조하려 할 때 특히 중요하다. 뉴욕 월스트리트와 상하이의 와이탄에서 지금 그런 일이 벌어지고 있다. 쉽게 개조 가능한 건물들은 대부분 처음에 과잉으로 지어진 것들이다. 파이프와 복도, 비구조적 분할 벽이 풍부하여 가정용 욕실, 부엌 같은 것을 새로 설치할 수 있는 것이다. 말하자면 기반시설이 과잉으로 설치되면 건물의 사용에 여유가 생기는 반면, 원래 필요한 것만 설치하면 그 건물이 단기간에 기술적인 면에서 완고해질 수 있다. 앞서 말한 노먼 포스터의 충전 시설처럼 딱 맞아떨어질수록 유연성은 줄어든다. 그러므로 일반형은 그 친척인 셸과 다르다. 셸은 속이 빈 것이고, 일반형은 말하자면 셸 속의 달팽이다. 일반형에는 변화를 제한하는 동시에 권장하는 내용물이 들어 있다. 일반형은 원형prototype과도 다르다. 일반형은 존재 가능한 대상물—앞으로 만들어질 대상물—의 가족이 되는 기준을 설정하는 반면, 원형은 무엇을 해낼 수 있는지 보여주는 구체적인 예시로서 건축 형태 속에 이미 존재한다. 윌리엄 미첼이 미디어랩에서 행한 자율주행차 실험에서 중요한 요소 중 하나는 그가 원형이 아니라 일반형에 입각하여 생각했다는 것이다. 그는 하드웨어와 인체의 관계를 설명할 수는 있었지만, 자신이 의미하는 바의 실제 보기를 보여줄 수는 없었다. 그렇기는 해도 원형보다는 일반형 기준에서 생각하다보니 그의 상상력이 느슨하게 풀어졌다. 원형은 이 같은 가능성들을 선별하고 불가능한 대안을 폐기하는 과정에 있는 전환점을 나타낸다.

도시 개발은 대개 기존 상황을 개선한다는 견해가 대중에게 널리 주입되었지만, 일반형은 변주가 품질에 치중한다는 생각에 제동을 건다. 어떤 테마의 변주가 항상 테마 자체를 개선시키지는 않는다. 강력한 음악적 비유를 들어보자. 세월이 흐르면서 스트라디바리우스는 첼로용 목재를 살짝 다르게 재단하고 다양한 종류의 칠(지금까지도 정확하게 성분을 파악하지 못하고 있는)도 실험했지만, 이런 후기의 악기들이 전기의 것들보다 더 우수하지는 않다. 그저 다를 뿐이다.

일상 세계에서, 변주는 품질 향상에 대한 호모 파베르의 욕구에 기인하기보다는 새 제품을 팔아야 할 필요 때문에 추진되는 경우가 더 많다. 이는 '업데이트'라고 하지만 실제로는 오히려 개악이 되어버린 컴퓨터 프로그램을 써본 사람이라면 다들 아는 사실이다. 도시계획가 고든 컬런이 맞서 싸운 것이 바로 이런 상업적 형태의 영혼 없는 변경이었으며, 그가 공간의 장기적 사용을 설계의 가이드라인으로 확립한 것도 그 때문이었다. 하지만 일반형화type-forming에 대한 이러한 합리적 비판은 학계에서는 누구나 익히 알고 있는 보수주의, 즉 지금 이대로도 충분하다거나 전례가 없다는 이유를 들어 뭔가 다른 일을 하는 것을 꺼리는 두려움과도 충돌한다. 이 양극 사이에서, 도시의 일반형은 어떻게 품질에 치중할 수 있을까?

바르셀로나, 격자를 일반형화하다 세르다가 바르셀로나에 격자 계획을 실행한 지 150년 뒤, 그에 대한 재고가 필요해졌다. 그 도시는 움직이는 차와 주차된 차로 질식할 지경이 되었다. 그것들이 만들어내는 오염은 베이징이나 델리만큼 치명적이지는 않았지만 그래도 해로웠다. 게다가 세르다의 거리가 차량으로 뒤엉키자 모퉁이에서 일어나던 사교 활동이 줄어들었다. 바르셀로나의 녹지 면적도 줄었다. 세르다 시절에는 풍부했던 녹지가, 지금은 바로셀로나 주민 1인당 6.6제곱미터에 불과해 런던의 27제곱미터와 암스테르담의 87.5제곱미터와 대조를 이룬다(세계보건기구가 세운 원칙에 따르면, 최소 녹지 비율은 1인당 9제곱미터).

'거리 되찾기'는 대규모 관광업의 위협이 일으킨 바르셀로나의 움직임으로, 그 아래에는 경제적 이유가 깔려 있다. 이 도시를 찾는 관광객 숫자는 매년 대폭 증가한다. 이런 일시적 주민들은 람블라스, 대성당, 해변 같은 큰 관광지에만 가고 동네들은 무심하게 지나친다. 관광객으로 질식당하는 또 다른 도시인 베네치아의 1일 관광객들처럼 바르셀로나 방문객들도 남기는 것보다 가져가는 것이 더 많고, 도시 서비스를 사용하면서도 그에 대한 세금은 거의 내지 않는다. 전반적으로 관광 경제는 파생 효과를 가진 비관광업과는 달리 창출해내는 것이 별로 없고, 고숙련 노동이 하듯 도시 주민들을 위해 만들어내는 것도 많지 않다.

그리하여 바르셀로나 시장부터 일반 시민에 이르기까지, 공공 공간을 좀 다르게 사용하고 싶다는 강한 욕망을 품게 되었다. 그 해결책은 세르다식 블록을 고정된 형태가 아니라 일반형으로 다루는 데서 만들어졌다. 계획은 다음과 같았다. 도시 블록 아홉 개로 이루어진 세르다 직조 한 조각을 상상해보자. 사람들과 차량이 그 블록들을 관통하여 가로 방향 도로 셋과 세로 방향 도로 셋을 지나가고, 그 지나간 자리에 하나의 슈퍼블록, 슈퍼빌superville이 생긴다. 그때부터 차량 통행은 슈퍼블록 외곽을 둘러싸고 흐르고, 내부의 도로들은 보행자 전용이 된다. 이렇게 하는 이유는 그저 자동차 없는 쾌적한 도로를 만들기 위해서가 아니다. 그보다는 슈퍼블록 전체에 걸쳐 사람들의 이동을 용이하게 만들어, 길모퉁이에 집중되어 있던 사회적 경제적 활동들을 확산시키기 위해서다.

세르다의 고향 동네인 에익삼플레에서 시작된 이 개조 작업은 간혹 '제인 제이콥스, 바르셀로나에 오다'라는 식으로 선전되었지만, 이는 착각이다. 이 계획은 결코 상향식이 아니다. 슈퍼블록이 작동하기 위해서는 대규모의 조정이 이루어져야 한다. 슈퍼빌 내부에서 쫓겨난 차량은 각 슈퍼빌의 외곽을 빙빙 돌아 더 큰 도시로 지나갈 수 있어야 한다. 에익삼플레 슈퍼빌 하나는 가로세로 400미터의 크기로, 5천에서 6천 명의 인구를 수용할 수 있어야 한다. 교통 시스템이 작동하려면 이런 큰 규모가 필요하다. 그 정도가 되어야 슈퍼빌에서 운영되는 버스의 숫자를 최소한으로 유지하면서도 어떤 주민이든 도보 5분 이내의 거리에서 버스를 탈 수 있기 때문이다. 가능하다면, 시간이 흐르면서 규모가 더 확대되어 슈퍼빌에 녹지가 복원되기를 희망한다. 명시적으로 발표된 것은 아니지만, 이 계획은 공공 기념물을 향해 몰려드는 관광객과 새 바르셀로나 공공 공간의 분리를 목표로 한다.

이런 계획은 중요한 보편적 의제의 한 예다. 일반형은 어떤 장소에서 그 형태의 규모를 키움으로써 그곳의 성격을 긍정적으로 상향 발전시킬 수 있다. 관찰하고 분석할 때처럼 무언가의 크기를 더 키우면, 그것은 더 다양하고 복잡해질 수 있다. 결국 작은 유기체에서 큰 유기체로의 진화가 성공한 것은 그런 방식을 통해서다. 비록 건설 환경에서 규모 확대는 작은 장소가 큰 장소보다 더 많은 개성을 가진다는 믿음과 충돌하지만 말이다. 오늘날의 대규모 건축 대다수가 조야한 동일성과 특징 없는 성격을 지닌 것은 사실이지만 경우에 따라, 바르셀로나의 슈퍼빌처럼 큰 것이 품질이 더 나을 때가 있다.

다중성—
씨앗 계획

내 상상 속의 미스터 수디르는 이제 열린 도시를 창건할 단계에 와 있는 것 같다. 하지만 그가 만약 '그the'라는 단어를 쓴다면 이 일은 할 수 없다. 열린 도시의 단 한 가지 모델은 없다. 셸과 일반형, 접경지대와 표시물, 미완성 상태의 공간. 이 모두가 테마와 변주라는 음악적 모델을 따라 다양한 형태를 띤다. 스마트 시티의 하이테크 또한 효율성이라는 단일한 표준으로 환원시키지 않고 변화하는 복잡성을 조화롭게 조정한다면, 열려 있는 것이다. 빌에서 유효한 것은 시테에서도 유효하다. 상이한 종류의 경험들은 사회적으로 융합되지 않는다. 복잡한 시테는 합성물이기보다는 혼합물에 가깝다. 따라서 미스터 수디르는 '하나'의 열린 도시를 계획할 수 있지만, 차파티를 파는 그의 이웃은 똑같은 공식 도구를 사용하여 전혀 다른 장소를 구성할 수 있다.

이 합리적 제안은 열린 방식으로 규모를 키워가는 열쇠다. 길거리 시장의 일반적 형태를 도시 전역의 다양한 장소와 상황에서 반복하면, 다양한 종류의 길거리 시장이 발달한다. 메데인은 이런 계획의 놀라운 본보기다. 도시계획가들은 이 도시의 빈민 구역 여러 곳에 도서관을 세우기로 하고, 비용의 최대한도와 건설의 최소 표준을 설정했다. 하지만 도서관의 형태에 대한 구상은 지역사회와 건축가들에게 맡겼다. 그 결과, 아주 다양한 구조의 도서관들이 생겨나 아주 다양한 방식으로 운영된다. 어떤 것은 24시간 개방이고, 어떤 것은 야간에는

짓기와 거주하기

문을 닫는다. 어떤 것은 아이들을 입장시키고, 어떤 것은 성인 전용이다. 어떤 것은 전통적인 도서관 모습이고, 히앙카를로 마산티가 지은 검정 블록 건물은 전혀 도서관 같지 않다.

나는 이 테크닉을 '씨앗 계획seed-planning'이라 명명할 것이다. 농부라면 이런 종류의 계획이 무엇인지 즉각 알아차리겠지만, 불행히도 여러분은 카페에서 너무 많은 시간을 써왔다. 가족 농장에서 농사를 지어본 사람이라면 같은 씨앗이라도 물과 바람과 토양의 여건에 따라 상이한 식물군을 만들어낸다는 것을 알 것이다. 어떤 식물군은 잎사귀는 무성하지만 꽃이나 열매는 적게 맺고, 또 다른 식물군은 개체수는 상대적으로 적지만 각각의 식물이 더 무성하게 자란다. 세양액洗羊液을 썼느냐, 우분 퇴비를 줬느냐에 따라서도 식물군의 성장 결과는 달라진다. 카페에 계속 앉아 있어도, 무슨 말인지 이해할 것이다. 씨앗은 일반형 역할을 하며, 그 결과물(식물)은 여건에 따라 특징이 달라진다.

오늘날 도시들은 경작되지 않는다. 대신에 마스터플랜에 따른다. 세부 내용은 몇 가지 바뀔 수 있다. 상이한 여건에 적응하기 위해 높은 건물의 한두 층이 잘려 나갈 수 있고, 1층이 1미터 더 높아질 수도 있다. 하지만 이러한 가지치기는 너무 늦게 시행된다. 오로지 초기의 미완성 형태(씨앗)라야 주변으로 성장해나갈 시간이 확보된다. 마스터플랜은 각각의 장소를 기능이 다른 장소들과 논리적으로 연결시키는 닫힌 시스템으로 도시를 분할한다. 즉 같은 종의 씨앗에서 발아한 여러 식물군이 서로 물을 더 많이 얻으려고 경쟁하거나, 시간이 흐르면서 변형되거나, 다른 것들과의 접촉 과정에서 소멸되는 경작의 현실을 무시한다. 농장은 고정되어 있지 않은 역동적 생태계다. 도시계획에서 예상과 다른 일이 일어날 때, 가령 사람들이 어떤 버스 정류장은 무시하고 100미터 떨어진 다른 정류장에만 몰린다면, 매우 정확하고 합리적인 인구/교통 분포 지도를 가진 마스터플랜 수립자는 그 마스터플랜이 실패했다고 생각할지도 모른다. 반면 그가 농부처럼 생각한다면, 그것이 식생이 작동하는 방식임을 알 것이다. 날씨처럼 완전히 예측할 수 없고 통제할 수 없는 어떤 것이 작동하고 있다는 것을.

이런 어긋남은 오피스 건물 내에서도 발생할 수 있다. 거액의 보수를 받는 공간 계획 컨설턴트들은 사무실에 구글 지도식의 효율적인 경로를 제공하여 정체 현상을 방지하려 하지만, 그 계획은 사람들의 '욕망의 노선'에 의해 왜곡될 수 있다. 직원들은 보스에게 접근하거나 ("날 봐주세요, 난 늦게까지 일하고 있다고요!"), 데이트를 하고 싶은 멋쟁이 직원에게 가까이 가게 해줄 경로를 찾으려 할지도 모른다. 이 두 가지 욕망 모두 마스터플랜 보고서에는 들어 있지 않다. 씨앗 계획은 전체를 기안하는 것이 아니라 열린 시스템을 기준으로 하여 '질서의 포켓'을 만들려고 한다. 씨앗 계획의 본질은 형태가 기능에 관련되는 방식을 최소화하는 것이다. 그래야 최대한의 변주와 혁신을 위한 여지가 생긴다.

오스만 남작―그 뒤에는 알베르트 슈페어Albert Speer, 또 그 뒤에는 로버트 모지스가 있다―은 사람들의 욕망과 필요를 무시하면서 고집스러운 마스터플랜을 작성했다. 하향식 마스터플랜의 단점은 도시를 큰 규모로 파악하려는 데 있지 않다. 오히려 자유 시장의 장소 파괴적 힘에 대항하기 위해 도시를 큰 규모로 사고한 사람들도 있었다. 멈퍼드와 그 외 페이비언 사상가들이 바로 그런 경우다. 그들의 전원도시 계획은 모두에게 좋은 주거와 직업과 공공 서비스를 제공하기 위

해 구상되었다. 그러나 도시법학자 제럴드 프루그Gerald Frug가 지적했
듯이, 시간이 흐르면서 그런 열망은 토론과 고찰에서 사라졌다. 이처
럼 일부 진보주의자들이 비전을 잃는 이유는, 부분적으로는 '큰' 것과
'좋은' 것을 연결시키는 방식에 있었다. 선의에서 나온 멈퍼드의 마스
터플랜은 사람들이 안정적이고 균형 잡힌 생활을 누리고 싶어한다고
가정한다. 도시의 단순화는 이 가정에서 비롯되며, 결과는 좋지 않다.
안정적이고 균형 잡힌 삶은 에너지를 잃는다. 안정적이고 균형 잡힌
도시 역시 그렇다.

유연성과 복잡성을 추구하는 씨앗 계획을 가로막는 장벽은, 장소
들이 명료한 시각적 정체성을 가져야 한다는 확신이다. 도시계획가들
의 세계에서 보자면, 이 믿음은 미디어랩이 생기기 한 세대 전 MIT의
도시계획가들 중 현자로 존중받던 케빈 린치Kevin Lynch에게서 비롯되
었다. 린치는 고정되고 명료한 이미지의 도시 형태를 수집하는 것이
중요하다고 주장했다. 그의 주장은 어떤 연구를 기초로 했다. '도시
의 이미지The Image of the City'라는 제목의 그 연구는, 건설 환경과의 관
계를 주제로 보스턴 주민들과 가진 인터뷰에서 시작되었다. 그 연구
의 결론에 따르면, 사람들은 집 또는 자신에게 중요한 도시의 다른 장
소들을 고정되고 명료한 스틸 사진 형태로 떠올린다. 린치는 사람들
이 마음속에서 여러 장면의 사진들을 연결하여 도시 전체의 마인드맵
을 만드는 방법을 보여주었다. 그는 판독성legibility을 긍정적인 사회적
가치로 강조하면서, 어떤 장소가 더 많이 규정될수록 더 많은 사람이
'이건 내 동네야', '나는 여기 속해 있어'라고 느낀다고 주장한다.[17]

이런 주장의 배경이 된 것은 모든 땅은 토양과 미세 기후 등의 측면
에서 뚜렷한 지역적 특징을 갖고 있다는 믿음이었다. 정원사들은 땅

을 파고 다듬고 식물을 심는 방식에서 그런 특징, 즉 '기운'을 표현해 내야 한다. 토종 식물에 대한 추종은 지역적 장소의 뚜렷한 특성에 대한 믿음에서 나왔다. 브리튼 제도는 지형과 기후가 워낙 다양하기 때문에, 영국 농촌에서는 위의 주장이 타당하다. 20킬로미터만 가도 완전히 다른 땅의 '기운'이 드러난다. 하지만 린치는 이 '기운'을 가져다가 도시 설계의 범위를 좁히는 데 사용했다.

그의 연구가 진행될수록 용어는 더 추상적이 되었고, 사진 대신 기하학이 사용되었다. 린치는 인간의 서식지가 네 가지 기본적인 기하학적 형태로 건설되었다고 믿었다. 선, 원, 프랙털, 직각이 그것이다. 도시의 다섯 가지 원초적 장소인 길, 구역district, 가장자리, 교점, 이정표에 이 형태들이 어떻게 배열되는지가 사람들이 이러한 형태에 어떻게 거주하는지보다 더 중요해졌다. 그는 도시 설계가 명료한 패턴, 판독 가능한 이미지 같은 기하학적 정체성의 달성을 목표로 해야 한다고 주장하면서, 자신이 처음에 갖고 있던 신념에 매달렸다. 이는 로버트 벤투리가 중요시했던 "까다로움, 모호성, 복잡성"에 대한 고려와 정반대다.[18]

사회적 관점에서 보면 큰 이의 제기가 있다. '저것이 아프리카계 미국인 지역사회의 모습이다'라는 말을 쉽게 바꾸면 '저기는 흑인들이 사는 데야'라는 말이 된다. 보다 온화한 환경에서, 그러니까 폴란드 사람들이 잔뜩 있는 동네에서 도시계획가는 그 시각적 정체성을 어떻게 분명히 할 것인가? 그 지역 가톨릭교회 옆에 가로등을 설치할 수도 있다. 런던의 어느 바르샤바 술집 임대료를 올리지 않을 수도 있다. 킬바사라든가 또 다른 맛있는 폴란드 간식을 파는 노점상에게 허가를 내줄 수도 있다. 하지만 그곳에는 웨일스 이주민이나 영국에서

짓기와 거주하기

태어난 유대인도 산다. 한 지역사회의 정체성 이미지를 명확히 하려다가 이런 소수 그룹의 존재를 지워버릴 위험이 있다. 빌에서 위험한 것은 심리적으로도 위험하다. 흑인으로서, 라틴계로서, 게이로서, 또는 영국인으로서, 자신의 대표 이미지, 지배적 정체성을 가져야 한다는 확신은 자아의 다층적 풍요로움을 위축시킨다.

씨앗 계획이 세워진 빌, 개방형 요소를 사용하는 빌은 콜라주 같은 모습이 될 것이다. 이 비유는 많은 의미을 담고 있다. 콜린 로우Colin Rowe와 프레드 쾨터Fred Koetter가《콜라주 도시Collage City》라는 저서를 집필했을 때, 그들은 비예술적 콜라주 형식을 가져왔다. 어떤 장소나 여건에 대한 자료 한 세트를 다른 세트 위에 겹쳐두는 플립차트flip-chart를 만든 것이다. 이 방법의 전문가는 에드워드 터프트Edward Tufte로, 그는 상상력 넘치는 통계 자료 전시 분야의 개척자다. 로우와 쾨터의 플립차트 기법은 익히 보는 거리 지도로 시작한다. 그다음 층은 주택 밀도를 보여주고, 그다음은 주간 활용도, 그다음은 야간 활용도를 다룬다. 문제는 층들이 더해지면서 그래픽적인 이미지를 이해하기가 힘들어진다는 점이다. 지나치게 단순 명료해서 문제가 생기는 린치의 기하학이나 파크와 버지스의 동심원 과녁과는 정반대다. 보통 플립차트가 제대로 작동할 때는 하나의 이미지가 형태와 색채 면에서 그 아래층의 이미지와 깨끗하게 들어맞을 때뿐이다. 그리고 그런 명료성은 로우와 쾨터가 도시의 작동 방식이라고 생각한 것과는 다르다. 그들은 자신들의 방법 때문에 좌절했다.[19, 20]

복잡하고 열린 형태의 도시를 시각화하는 방법을 조르주 브라크Georges Braque에게서 가져올 수도 있다. 그는 피카소와 함께 콜라주의 발명가라고 불리는데, 사실 콜라주는 19세기 가정에서 기억 회상

용으로 잘 쓰던 방법이다. 평평한 표면에 여러 가지 리본, 신문 스크랩, 오래된 무도회 카드, 스케치, 토끼 꼬리 등을 붙이는 식이었다. 이 아늑한 가정용 미술을 1912년에 브라크와 피카소가 고급 예술로 변모시켰다. 브라크는 처음에 참나무 나뭇결이 있는 벽지 조각을 자른 다음 그 위에 목탄으로 그린 스케치를 풀로 붙였다. 여기서의 콜라주 원리는 플립차트처럼 중첩이 아니라 인접성 adjacency이다. 가장자리와 대비를 강조하는 이런 종류의 예술은 '판독성'이 있어서, 잘 구성된 다공성 음향이 그랬듯이 거기서 무언가 독특한 것을 잘 식별해낼 수 있다. 조지프 코넬Joseph Cornell의 3차원 콜라주는 한 걸음 더 나아가, 모호성을 분명하게 드러낸다. 그는 나무 상자에 아스피린 약병과 뜨개질 바늘, 그리고 같은 선반에 앉아 있는 작은 참새 인형들을 넣었다. 그 참새는 바이엘 아스피린 약병의 경고 라벨을 읽는 것처럼 보인다. 이러한 인접성이 무언가를 뜻할 수도 있고 아닐 수도 있다는 모호성이 그 상자의 매력이다.

한 세기 전 철학자 존 듀이와 베네데토 크로체Benedetto Croce는, 콜라주 형태와 면도날이 잘라낸 것 같은 명확한 형태를 두고 친밀한 서신을 주고받았다. 듀이가 볼 때, 서로 대화하고 교류하는 사람들은 언어적 가장자리와 인접성, 오해와 공유된 이해가 표시된 일종의 콜라주를 생산한다. 듀이의 동시대인인 제임스 조이스와 거트루드 스타인 같은 작가들의 언어는 문학적 콜라주다. 이러한 복잡성이 듀이에게는 매우 중요했는데, (마찰 없음의 에토스를 다룬 6장에서 보았듯이) 사람들은 저항을 억압하기보다는 그것으로부터 배우면서 일을 하기 때문이다. 반면 크로체에게 형태란 용도나 배경과는 무관한 독자적 본질이다. 그에게 인접성은 흥미롭지만 중요하지는 않다. 그는 콜라주

짓기와 거주하기

를 '형태에 대한 두려움'이라고 생각한다. 린치의 네 개의 기하학적 형태와 다섯 가지 원초적 장소는, 그에게 도시의 단순화가 아니라 그 본질을 밝혀주는 것으로 호소력을 가질 것이다.[21, 22]

요약하면, 개방형 빌은 다섯 개의 형태로 표시되는데 그것들로 인해 시테는 복잡해질 수 있다. 공공 공간은 동시적 행동을 증진시킨다. 그것은 경계에 비해 접경지대를 우선시하며, 도시의 부분들 사이의 관계를 다공적으로 만드는 것을 목표로 한다. 그것은 단순한 재료를 사용하고 평범한 장소를 집중 조명하기 위해 자의적 표시물을 설치하는 등 도시를 소박한 방식으로 표시한다. 그것은 도시의 건물에서 일반형을 활용하여 테마와 변주 양식의 도시적 버전을 만든다. 마지막으로, 씨앗 계획을 통해 테마 그 자체 — 학교, 주택, 상점, 공원을 어디에 배치할지 — 는 도시 전역에서 독립적으로 발전할 수 있어서, 도시 전체의 복잡한 이미지를 만들어낸다. 개방형 빌은 반복과 정태적 형태라는 우를 범하지 않으려 할 것이다. 그것은 사람들이 집단적 삶의 경험에서 두께와 깊이를 키울 수 있는 물질적 여건을 창출할 것이다.

미스터 수디르는 현대 예술가도, 철학자도 아니다. 내가 볼 때 콜라주에 대한 그의 관심은, 네루 플레이스에서 쫓겨나면(그럴 가능성이 크다) 어디로 가야 할지 알아내려는 노력과 같다. 그는 사방에서 고객들을 끌어들이려고 도시의 다른 부분과 연결되는 자신의 사업 장소를 찾을 것이다. 하지만 그 연결은 부정기적이고 어떤 중앙의 통제에 종속되지도 않을 것이다. 이렇게 아등바등 노력하는 과정에서 그가 활용할 도시는 다섯 가지 열린 형태로 구축될 것이다.

9

만들기의 연대

침대에서 '~한다면 좋을 텐데'라는 간결한 말이 들리면 이는 좌절하거나 거절당한 연인이 꾸는 꿈의 표현이다. 그랬더라면 상황이 정말 좋았겠지만, 그런 일이 일어날 확률은 낮다. 이제 연인은 체념하고, 순수한 갈망은 오로지 혼자에게만 달콤하다. 침실 밖에서 말해지는 '~라면 좋을 텐데'는 학교나 직장에서 충족되지 않은 개인적 열망을 가리키며, 달콤함은 없다. 버티는 데 필요한 에너지를 후회가 집어삼킨다.

파트타임으로 소규모 도시계획 사무실을 개업하기로 결정했을 때, 나는 내 생각을 '~한다면 좋을 텐데'라는 연옥에 떠넘기고 싶지 않았다. 나는 현실에 대해 수동적 관계로 살고 싶지 않았다. 실무를 해보면 내 확신이 누그러지고 변하리라는 것을 알고 있었지만, 수시로 실패하겠지만, 나는 후회하지 않기로 했다. 그리고 실제로 그렇게 되었다.

나는 도시계획의 양극단에서 일했다. 작은 지역사회에서 일했고, 국제기구의 컨설턴트 일도 했다. 대부분의 계획가들, 즉 시 정부를 위해 일하는 전업 전문가들은 그런 경험이 없다. 제인 제이콥스의 "그래서 당신은 어떻게 할 겁니까?"라는 질문에서 조롱이 느껴져 따끔거렸던 것은 내가 도시계획의 실무 경험이 부족했기 때문임을 처음으로 인정한다. 건설되는 것과 사는 것, 빌과 시테 사이의 간극에 개입할 방법을 찾는 데는 시간이 걸렸다.

공동 제작 —
열린 형태로 작업하기

협의가 아닌 공동 제작 제인 제이콥스 이후 어떤 계획가도 로버트 모지스처럼 '항복하라. 무엇이 최선인지 내가 안다'라고 대중에게 대담하게 선언하지 않는다. 그런 선언 말고도 채찍을 더 섬세하게 휘두를 방법이 있기 때문이다. 지역사회의 건축 관련 '협의consultation'에는 일반적으로 기획 부서도 포함된다. 그 부서가 가령 새 도로의 위치와 건설 방법에 관한 제안서를 냈을 때, 그 위치 인근에 사는 사람들이건 사이클 챔피언들이건 항의하면서 큰소리를 내면 기획 부서는 "유익한 견해 교환" 후 이런 반대에 대해 "숙고"한 다음, 애초에 하려고 했던 것과 크게 다르지 않게 일을 진행한다. 이 과정에서 계획가들은 마치 외교 협상과 비슷하게 기꺼이 폐기할 수 있는 몇 가지 세부 사항을 제안서에 심어두어, 실제로 협상이 진행된 것 같은 착각을 불러일으킨다. (런던의 일부 계획들이 공통적으로 쓴 트릭은, 너무 높은 와트의 가로등 전구를 제안한 다음 협의를 거쳐 낮은 와트로 결정한 것이다.)

처방적 스마트 시티와 조정적 스마트 시티라는 구분을 넘어, 공적인 협의회에서 일반인은 관중일 뿐이고 계획가가 스타다. 미셸 칼롱Michel Callon은 전문성에 관한 놀라운 저서 《불확실한 세계에서 행동하기Acting in an Uncertain World》에서, 구루가 자신이 권위자가 아닌 분야의 문제를 부적절하거나 사소하다고 무시할 때 '전문성'에 대한 숭배가 더 커진다고 말한다. 앞서 델리에 관한 장에서 나온 용적률 같은 실무 용어나 다양한 기술 용어도 전문성의 신비한 아우라에 싸여 등장한다. 심지어 전문가가 고압적인 방식으로 회의를 지배하지 않더라도, 공적 협의회의 공간적 구성이 의견 교환을 질식시킨다.[1]

회의장에는 거의 누구도 읽지 않는 자료가 있고, 슬라이드 쇼도 이어지지만 그림이 너무 빨리 지나가서 곰곰 생각할 시간이 없다. 회의장의 물리적 배치가 몰입을 방해할 수도 있다. 줄지어 놓인 의자들을 마주보는 높은 연단은, 고대의 프닉스처럼 대중을 관중으로 바꾸어놓는다. 제안을 완벽하게 보여주는 꼼꼼하게 제작된 모형 역시 보기는 하되 건드리지는 말라는 메시지를 담고 있다. 그 결과, 제안 자체가 비물질화된다. 그 제안서에 담긴 건축물이 신체적으로 어떻게 느껴질지, 또는 그것이 시간이 지나면서 사람들의 경험에 어떻게 자리잡을지에 대해 대중이 관여하지 못하게 되는 것이다.

협의라는 형식은 갈등을 처리하는 아주 나쁜 방식이다. 분노—레이저 포인트, 그래프, 통계로 무장한 채 양복 차림에 넥타이를 매고 연단에 서 있는 사람에게 고함을 치는 것—는 이런 상황에서 권력자에게 진실을 말할 수 있는 극단적이지만 논리적인 방법이다. 하지만 소규모 도시계획과 관련해서 연단에 선 인물들은 개발업자나 정치인, 또는 막강한 전문가가 아닌 경우가 많다. 그들 중 많은 수는 중간급 기술자이며, 분노한 대중이 그들에게 떠맡긴 권력의 푸들 노릇을 불편해한다. 강제로 떠밀려 대중과 적대적인 위치에 선 그런 무지한 계획가들은 규칙과 규제를 내세우며 그것에 의지한다. 날 탓하지 말라, 내가 그런 규칙을 만든 게 아니다. 이런 방어는 협의회 자체를 위축시키는 또 다른 방법이다. 규칙은 규칙이라며 기술자들은 그에 대해 기꺼이 설명하지만, 결코 그것을 판단할 위치에 있지는 않다. '권력의 푸들'이든 '날 탓하지 말라' 모드이든, 계획가 본인이 그 자리에서 얻는 것은 전혀 없다. '여러분의 견해를 두고 상의하겠다'는 마무리 발언은 대개 행사가 끝났다는 안도감과 함께 나온다. 대중은 분노를 삭일 수밖에 없다.

이와 반대로 공동 제작은 처음부터 기술적으로 훈련된 제작자와 삶의 경험을 가진 거주자가 함께 계획을 만들게 함으로써, 양쪽 모두의 참여를 이끌어내는 것이 목표다. 내가 앞 장에서 설명한 열린 도시 형태는 이를 위한 지향점 역할을 할 수 있다. 이론은 그렇다. 실제로 그렇게 하려면 어떻게 해야 할까?

공동 제작의 세 가지 기술 나는 스티로폼 모형, 플라스틱 투명 시트, 사람들이 만지고 조립할 수 있는 부품 포트폴리오를 사용해 회의 중에 본능적인 방식의 공동 제작을 불러일으키려 했다. 그러려면 수동적인 극장식 포맷과는 다른 환경을 조성해야 한다. 유엔개발계획과 유엔해비타트가 수행하는 계획 업무에는 특히 그런 환경이 필요하다. 그런 기관들은 사무실이나 콘퍼런스 센터보다는, 빈민들이 참여하기 쉬운 장소를 선호한다. 내가 제일 좋아하는 장소는 교회인데, 종교적 성향 때문이 아니라 모형, 플립차트, 포트폴리오를 펼쳐놓아도 비교적 안전한, 지붕이 있는 넓은 공간이기 때문이다. 내가 좋아하는 '책상'은 4×8피트 합판을 놓을 수 있는 A자 형 가대다. 회의를 하는 동안 사람들은 그 가대에 놓여 있는, 자신들이 만들고 있는 모형 주변을 걸어다닐 수 있다.

나는 스티로폼을 아주 좋아한다. 자르고 조각하기 쉬운 재질이어서 사람들이 직접 모형을 제작할 수 있다. '전문가'의 역할은 일반형으로 쓰일 만한 부품들을 가져와서 사람들에게 보여주고, 그들이 직접 모형을 만들어보게 하는 것이다. 이런 모형 건축의 요점은 같은 건물 모형을 하나가 아니라 여러 개 만든다는 점이다. 일단은 빨리 마르는 수용성 접착제를 사용해 모양을 만들고 변경하고 해체하는 법과, 구성 요소들이 어떻게 여러 방식으로 조합될 수 있는지를 사람들에게 보여준다. 가정법의 목소리가 시각적 형태로 변형되는 것이다. 즉 정책이 선언되는 것이 아니라, '만약 ~한다면what-if?'의 시나리오가 출현한다.

설계 경험이 없는 사람들은 장방형 블록을 기본으로 생각하는 경향이 있는데, 그런 형태는 자르기도 제일 쉽다. 하지만 세르다처럼 블록의 모서리를 깎아낼 경우, 그렇게 깎인 블록이 어떤 앙상블을 만들어내는지 보려면 충분한 수의 블록이 필요하다. 이때 전문가는 격자 하나를 만드는 데 모서리가 깎인 블록이 몇 개나 필요한지를 알려준다. 기술적 측면에서 더 중요한 것은 규모다. 부품들의 크기는 클수록 좋다. 본능적으로 느낌이 오는 모형은, 사람들이 들여다보고 곰곰 생각하면서 실제로 그 속을 걸어다니는 것을 상상할 수 있게 해주는 큰 모형이다. 작은 모형은 대개 조감도 같은 시각을 부여하지만, 우리는 새가 아니다.

이 관점에서, 르코르뷔지에의 부아쟁 계획을 두 가지 크기의 모형으로 다시 보았을 때 큰 충격을 받았다. 작은 버전은 그럭저럭 괜찮다. 그런데 확대판 모형을 보면 그 불모성을 분명하게 알 수 있다. 그러므로 계획가는 주어진 프로젝트를 고려하여, 사람들이 모형 속을 걷는 환상을 가지려면 그 규모를 어느 정도로 해야 할지 계산해야 한다. 스티로폼 블록 사용에 있어 그 모형 구조물이 시간이 흐르면서 어떻게 마모되는지를 보여주려면, 까다로운 전문 지식이 필요하다. 사람들은 어떤 구조물에서 무엇이 가장 큰 취약점이 될지 모를 때가 많다. 그래서 카이로에서 열린 유네스코 도시계획 경연에 제출된 일부 모형들에는, 다양한 컴퓨터 예측에 기반하여 스티로폼에다 낸 베이고 찌그러진 자국이 있었다. 보통의 도시 주민들은 명확히 알아차리지 못하는 구조물의 변형을 그런 식으로 미리 보여준 것이다.

일상적인 계획 차원에서 보자면, 여러 가지 대안을 구현하는 스티로폼 모형들로 가득한 테이블은 형태와 기능이 일대일로 상응한다고 생각하는 습관을 무너뜨린다. 더 생생하게 말하자면, 그것들은 사람들이 일반형의 본성에 대해 생각하도록 자극한다. 새 초등학교의 배치 방식을 모색한 어느 시카고 프로젝트는 무엇이 가장 중요한 공간인지를 결정해야 했다. 교실인가, 강당인가, 아니면 운동장인가? 구글플렉스라면 이 모든 공간과 기능을 한꺼번에 뒤섞었을지도 모르지만, 가난한 학교에 다니는 아동에게는 그렇게 신경을 분산시키는 구조보다는 분리되고 안전한 교실이 더 중요할지도 모른다. 그런 경우, 교실에 해당하는 블록은 미리 설정된 외피 속을 채우는 방식이 아니라 따로 구조를 세워 나타낸다.

건축학교에서 배우는 모형 제작은 복잡한 2차원의 시각적 아이디어를 구체적인 3차원 형태로 만드는 훈련이다. 컴퓨터 지원 설계CAD

가 나왔지만 모형 제작이 불필요해지지는 않았다. 건축 대상을 물리적으로 세워보면, 컴퓨터가 그린 것을 볼 때보다 그것을 더 직접적으로 알게 되기 때문이다. 건축학교 교실 밖에서, 지역사회는 이와 비슷한 방식의 모형 사용을 생각할 것이다. 모형은 7장에서 설명한 '포착'을 활성화시킨다. 게다가 모형 주위를 걸어다니다보면, 역시 7장에서 설명했듯이 신체가 움직임으로써 인체 비례에 의거한 규모 측정 작용이 활발해진다.[2]

상하이의 공원 프로젝트를 위해 Q 부인과 나는 큰 스티로폼 블록을 샀다. 지역 주민들이 그것을 자르고 조각하여 다양한 형태의 테라스, 벤치, 아동 놀이 기구 등을 만들게 하고 싶었기 때문이다. 그들이 만든 모형은 형태적으로 매우 엉성했지만, 그 엉성함 자체가 실제 현실이 어떻게 되어야 할지에 관한 논의를 유발한다. 게다가 스티로폼 모형은 크게 만들어질 수 있기 때문에 지역사회에서 그것이 갖는 가치가 커진다. 상하이에서 우리 제안을 시험 운영할 때, Q 부인은 자기 몸뚱이의 4분의 1 크기의 건물 모형을 집어들거나 그 주위를 돌아다니는 경험이, 사람들의 참여도를 높인다는 사실을 발견했다. 실물 크기의 말을 가지고 하는 야외 체스 게임이 테이블 위로 허리를 구부린 채 하는 체스 게임이나 온라인 체스 게임보다 더 구체적인 경험으로 느껴지는 것과 비슷한 맥락이다.

테이블 크기든 운동장 크기든, 이동 가능한 스티로폼 모형은 형태-기능의 매듭을 푸는 데 도움을 준다. 상하이 실험에서 우리는 두 개의 서로 다른 테라스에 다섯 가지 공원 벤치를 놓아두고는, 주민들과 체류 허가증이 없는 사람들(당시에는 상하이에 살려면 여권이 있어야 했다) 모두가 다양한 조합으로 배치된 그 벤치와 테라스를 사용할 수 있을지 사람들에게 물어보았다. 질문이 이상하다 보니—공원 벤치가 법적 거주권과 무슨 상관이 있다는 건지—그 논의는 옆길로 샜고 통제하기 힘들어졌다.

투명한 플라스틱 시트는 영업 현장에서 흔히 볼 수 있는 물건으로 대개 플립차트와 함께 배치되며, 이야기가 절정에 달해 '사라!'는 말이 나올 때까지 활용된다. 공동 제작에서는 이런 플라스틱 시트를 다른 방식으로 가공해야 한다. 다음과 같은 방식이다. 이젤 위에 칠판을 얹고 그 꺾쇠에 넓고 투명한 플라스틱 시트를 느슨하게 끼운다. 그 시트에는 어떤 장소의 구체적인 특징들, 즉 그것의 외부 형태와 내부 교통로, 보도 패턴 등이 스텐실로 인쇄되어 있다. 기존 현실을 담은 그 시트 위에 변경된 새 제안을 담은 시트를 추가할 수 있다.

우리의 프로젝트 가운데 학생들과 공동 제작하는 학술 훈련으로 시작되었다가 전혀 다른 종류의 의뢰인들이 있는 지역사회로 옮겨간 것이 하나 있다. 귀도 로바차Guido Robazza, 앙투안 파쿠Antoine Paccoud와 나는 뉴욕 로어이스트사이드의 주거용 쉼터를 짓는 방법을 모색하기 위해 플라스틱 시트를 만들었다. 그 쉼터는 노숙자, 노인, 고아 청소년 그룹을 한꺼번에 수용해야 했는데, 그들이 잘못 섞이면 나쁜 결과가 생길 수도 있었다. 이 세 그룹에게 방을 분배하는 다양한 방법이 각각의 플라스틱 시트에 그려졌고, 그것들을 겹쳐보면서 각 방법 간의 유사점과 차이점을 연구할 수 있었다. 학생 건축가들은 전체 이미지를 종합하고 싶어했다. 실제로 그곳에 살 사람들은 또 다른 공간적 욕구를 가지고 있었다. 고아 청소년들은 부모를 필요로 했기에 조부모뻘인 노인들과 최대한 가까이 있고 싶어했다. 노년에는 고립이 곧 저주이므로 이를 해결하고자 하는 반응이 있었지만 미약했다. 따라서 회의에서는 기능적인 면보다는 사교적인 면을 중심에 두고, 플립차트에 다양한 수준의 접촉이 가능한 공간 분할을 표시했다. 플라스틱 시트의 특별한 장점은, 다공성을 발견하게 한다는 것이다. 노인과 청소년을 숙소의 같은 층에 섞어두는 상이한 두 방식을 겹쳐보니, 완충 지대 역할도 하고 상호 교류의 공간도 될 수 있는 모퉁이가 발견되었다.

나는 술수를 약간 부려 이 프로젝트를 기술적으로 단순해 보이게 만들었다. 프레드 쾨터와 콜린 로우가 콜라주 도시에 필요한 콜라주를 제작하면서 알아냈듯이, 데이터 중첩overlaying data(하나의 프로그램을 몇 개의 영역으로 분할하여 보조 기억장치에 수용해두고, 처리의 흐름에 필요한 영역을 주 기억장치에 순차적으로 불러내어 실행하는 방식 – 옮긴이)은 복잡한 과정이며 별 의미 없는 콜라주를 만들어내기도 한다. 기술적 어려움은 데이터 수치들이 대개 공통점 없는 범주에 따라 서로 다른 출처에서 수집된다는 데 있다. 따라서 데이터를 제대로 활용하려면 빅데이터에 들어갈 필요가 있다. 쉼터 프로젝트에서 우리는 건축가, 도시, 자선 단체가 노인과 청소년을 대상으로 어떤 공간에서 살고 싶은지를 물은 조사에서 얻은, 전혀 다른 데이터들을 비교할 수 있는 공유 데이터 '베드bed'를 만드는 데 많은 시간을 소모해야 했다.

오늘날 여러분은 컴퓨터로 대단히 정교하게 중첩을 만들어낼 수 있지만, 커다란 플라스틱 시트(우리는 거의 등신대에 가까운 100센티미터와 140센티미터 시트를 사용했다)들은 순전히 그 물리적 크기 때문에 60명에서 100명 규모의 그룹에게 차이점을 더 직감적으로 느끼게 해준다. 누구든 상이한 이미지들을 오가며 그 시트들을 다룰 수 있다. 그 시트가 만만한 크기가 아니어서 그랬는지, 뉴욕 스페니시 할렘 소재의 한 교회 남성들이 나 대신 프레젠테이션을 맡겠다고 했다. "교수님, 허락해주십시오"라고 하면서. 당시 나는 육체적으로 건강했지만, 허약한 지식인의 역할을 기꺼이 맡았다.

이런 종류의 분석에서는 시트를 영업 행사에서 쓰이는 플립차트 양식으로 묶지 않고 낱장으로 써야 한다. 그렇게 해야 그것들이 하는 이야기를 재설정하고 재배치할 수 있기 때문이다. 그림 바탕 시트figured-ground sheet(앞 장에서 설명된 놀리의 지도처럼 건물은 검정색으로, 빈 공간은 흰색으로 나오는) 위에 단색 점으로 지도처럼 작성한 조밀도 시트는 사연 하나를 이야기한다. 조밀도 시트를 건물 내 사람들의 부富의 지도—다른 색 점으로 그려진 시트—위에 겹쳐놓으면 전혀 다른 사연이 설명된다.

나는 중첩 과정이 한 지역사회가 형태 - 기능의 매듭을 느슨하게 풀어야 하는 상황, 예를 들면 학교 건물에서는 수업만 해야 한다는 꽉 막힌 제안을 처리하는 데 가장 적합한 방법이라고 생각한다. 겹쳐놓은 시트들만 바꾸면, 그것들이 어떻게 보이는지 이야기하면서 학교 건물 안에서 다른 활동들이 발생할 수 있는 장소들을 쉽게 가공해낼 수 있다.

공동 제작의 세 번째 방법은 부품 포트폴리오를 활용하는 것이다. 나는 평생 카탈로그를 중독될 정도로 좋아했다. 건축 자재 카탈로그에서부터 건축학적으로 과도한 창문 장식에 이르기까지 어떤 내용의 카탈로그든 좋았다. (말할 필요도 없지만, 프로이트식으로 내가 서너 살 때 장난감을 빼앗겼던 일에 초점을 맞춰 이 증상을 설명할 수도 있다.) 이 중독적 애정을 나는 공동 제작의 노동 속에 끌어들였다.

부품 카탈로그는 스티로폼 설계와 관련이 있지만, 그것과 쌍을 이루는 것은 아니다. 그것은 오히려 스티로폼의 거친 형태에 살을 붙여 구체화시킨다. 건축가 렘 쿨하스Rem Koolhaas는 최근 베네치아 비엔날레에 정교한 부품 카탈로그를 출품했지만, 가난한 지역사회는 전시실처럼 열다섯 개의 서로 다른 창문들을 실제로 보면서 선택할 여유가 없기에 상상의 작업은 본능적으로 제거된다. 바로 그래서 포트폴리오의 생산 가치가 더욱 중요하다. 우리는 남들이 상업용 카탈로그에 돈을 쓰듯 부품 카탈로그에 돈을 쓴다. 유네스코가 주최한 카이로 도시계획 경연에서 사람들은 실내 장식을 추가하는 것처럼 테이블 위에 부품 카탈로그를 전시했다. 카탈로그 집착증 덕분에 나는 대중에게 공급되는 다양한 종류의 가정용 금속제 문과 플라스틱 창문 틀에 관한 전문가였고, 그런 평범한 물건들을 더 멋있게 그래픽으로 소개하는 법도 알고 있었다.

개방형 설계에서, 사람들은 자신에게 매력 있게 느껴지는 재료와 구성 요소를 자유롭게 고를 수 있어야 한다. 하지만 그것들에 대한 지식에 한계가 있기 때문에 익숙하고 전통적인 것에 의지하는 경향이 있다. 1960년대 네덜란드에서 계획가들이 지역 주민들과 함께 새 주택을 지으려고 했을 때, 주민들은 새것을 원하지 않았다. 신티엔디의 최신 유행파들에 비해 경제적으로 가난했던 그들은, 익숙함이 보장되기를 원했다. 같은 맥락에서, 이키케 프로젝트의 현대적 건물 외피도 점차 스페인 식민지 시대 양식의 창문으로 채워졌다. 셀프 건축 프로젝트에서, 사람들은 무엇이 가능한지를 모를 때가 많다. 왜 알아야 하는가? 그들이 건축 잡지 구독자도 아닌데 말이다. 토목기사도 건축가도 아닌 사람들에게, 즉각 뭔가 새로운 것을 발명해보라는 요구는 비현실적이다.

우리는 대부분 가난한 지역사회와 일해왔기 때문에, 우리가 모아둔

짓기와 거주하기

카탈로그들에는 가난한 사람들이 셀프 건축을 할 때 쓸 수 있는 건축 자재들이 실려 있다. 그것들은 대체로 질이 낮지만, 놀랍게도 시장에는 저렴하면서도 혁신적인 자재들이 있기에 우리는 예산 내에서 가장 적합한 것들을 고를 수 있었다. 그들은 최저 수준 이상의 돈이 생겨도, 더 부유한 지역사회 사람들처럼 혁신적이거나 흥미로운 것들보다는 이미 써봐서 확실히 믿을 수 있는 것들을 찾았다. 고품질 설계 프로젝트와 주민들의 욕구 간의 불일치는 어떤 방식으로든 해소되어야 한다.

전문가의 퇴장 나는 시카고 지역사회의 조직가 사울 알린스키Saul Alinsky의 작업에서 이 불일치를 다룰 한 가지 방법을 생각해냈다. 알린스키 휘하의 조직가들은 '조력자'가 아니었다. 그 끔찍한 단어는 통제를 조언으로 위장한다. 알린스키의 사람들은 개입했다. 그들은 토론하고 화를 내고 수정을 받았고, 함께 일하는 사람들보다 자신들이 더 지식이 많고 경험이 넓다는 사실을 전혀 내세우지 않았다. 그와 같은 조직가들은 사람들이 스스로 알아서 해석하게 하는 시카고학파의 방법, 즉 소극적 공감의 정치와 길을 달리하는 것처럼 보인다. 하지만 완전히 다르지는 않다. 알린스키의 지역사회 조직 방법은 추종자들을 민감하게 만들어서, 그가 떠날 무렵 지역사회가 모든 결정을 스스로 할 수 있는 수준이 되게 하는 것이다.

나는 내 계획 작업의 지향점을 나와 내 팀이 비켜서야 할 순간에 맞추려고 애썼다. 제시된 다양한 설계안들의 장단점을 알려준 뒤, 어느 순간 손을 놓고 지역사회 스스로의 판단을 지켜보기 위해서였다. 계획이 개방형이 되려면 그 절차가 개방적이어야 한다. 권위가 퇴장하면 무슨 일이 일어날까? 이와 관련된 아주 상반되는 두 가지 사례가 있다.

시카고의 가난한 지역인 카브리니그린(내가 자란 곳)에서 우리의 퇴장은 동기 부여가 되었다. 그때까지 당국은 주민들이 스스로 결정할 수 있다는 것을 믿지 않았기 때문이다. 그 지역사회는 우리가 남기고 간 재료를 활용하여 새 유치원에 대한 결정을 내렸고, 그 결정 과정 자체에 '카브리니의 자부심 Cabrini Pride'이라는 이름이 붙었다. 우리가 떠난 뒤, 우리가 남긴 물건들은 다른 방식으로 인지되었다고 한다. 절단되거나 짓눌린 스티로폼이 우리와 고객들 사이의 의사 교환을 위한 매개체가 아니라 그 자체로 존재감, 현실이 되었다고. 한 여성이 내게 말했다. "나는 그 플립차트를 바라보았어요. 그걸 설명할 때 당신이 얼마나 담배를 많이 피웠는지 생각하면서요. 당신도 없고 담배 연기도 없으니, 그냥 그것만 보게 되더군요." 나는 그녀에게 그게 왜 중요한지 물어보았다. "당신이 있을 때는 알아차리지 못했던 것을 그 플립차트에서 봤으니까요."

전문가의 퇴장으로 얻는 경험의 훨씬 더 심각한 사례를 베이루트 내전이 끝난 뒤에 겪었다. 이 일에 대해서는 배경 설명이 좀 필요하다.

레바논 내전은 1975년에서 1990년까지 15년간 지속되었음에도 불구하고, 아직까지 레바논에는 무력 충돌이 이어지고 있다. 원래는 그 나라의 마론파 기독교 특권층과 팔레스타인해방기구를 중심으로 모인 이슬람 연합 사이의 전투였지만, 내부에서 파벌이 생기고 외부에서 이스라엘과 시리아까지 끼어들면서 갈등이 더욱 복잡해졌다. 내전 기간 동안 25만 명이 사망했고, 수십만 명이 난민이 되었으며, 또 다른 수십만 명은 외국으로 달아났다. 유엔은 1978년과 1982년에

짓기와 거주하기

이스라엘이 레바논을 침공한 뒤, 국제적 평화 유지를 위해 레바논 임시 주둔 유엔군UNIFIL을 창설하여 그 내전에 개입했다. (이스라엘군은 2000년에 마침내 철수했지만, 그 뒤에도 공군에 의한 위협은 계속되었다. 2006년에는 레바논에 주둔한 시리아군을 대상으로 대규모 공격을 감행했다.) 다른 유엔 단체들은 1990년 이후에 베이루트 재건을 위한 기술적 지원을 시작해, 작지만 유용한 도움을 주었다.

내전 당시 베이루트 내부에서 이웃 동네들 사이의 전투가 빈번해 박격포와 기관총이 도시의 물리적 사회적 직조를 바꿔놓았다. 예를 들면 한 건물에서 유리창이 있는 방보다 계단실이 상대적으로 안전한 구역이 되었다. 그곳이 공습이 계속되는 동안 여러 가족이 먹고 잠자는 공공 공간이 된 것이다. '그린 라인Green Line'은 최근까지의 장기적 분쟁의 결과를 보여준다. 그곳을 경계로 하여 기독교도들과 이슬람교도들이 어찌나 오래 싸웠던지, 전투의 잔해 속에서 키 큰 풀과 나무까지 자라났다. 내전이 벌어지기 전에 내가 대학생으로서 그곳에 갔을 때는, 여러 다른 집단이 공존하는 베이루트에서 국제적인 장소에 대한 영감을 얻었다. 30년 뒤 그곳에 다시 가서 그 엄청나게 파괴된 현장을 보니, 옛 기억이 지워져버렸다. MIT에서 열린 콘퍼런스에서 베이루트 재건 계획에 대해 알게 되었지만, 내가 그곳에 다시 간 것은 직접 그 계획에 참여하기 위해서가 아니라 재건이 제대로 이루어지는지 지켜보기 위해서였다.[3]

남베이루트에 온 재건 팀은 파괴의 잔해 제거를 비롯한 재건 방법을 논의하는 자리에, 당사자들이 적어도 일부라도 참석해야 한다고 주장했다. 처음에는 참석자들이 서로에게 으르렁대느라 회의는 아무 소득이 없었다. 그래도 점차 서로에게보다 물리적 상황에 더 집중하게 되면서 다양한 재건 방식에 관심이 모아졌다. 그렇게나마 파벌들 사이에 일종의 정전 협정이 맺어진 것이다.

이때 전문가가 자리를 비우는 일이 발생했다. 어느 유엔 계획가가 어머니 병환 때문에 베이루트를 떠나야 했던 것이다. 일주일 뒤에 돌아와서 "당신들을 남겨두고 가서 미안했습니다"라고 말하자 남베이루트인이 대답했다. "우리끼리 그럭저럭 해냈어요." 서로 간의 원한보다 동네에 어느 정도 길이의 전선이 필요한지에 집중한 끝에 그런 일을 해낸 것이다. 전문가의 퇴장이 따뜻한 화해를 불러오지는 않았다. 차이로 인한 부담이 너무 컸기 때문이다. 하지만 전문가가 사라져도 계획이 무너지지는 않았다. 오히려 그의 퇴장은 잔해 치우기 프로젝트의 작업 시한이나 임시로 쓸 전선 구매 방법 등 재건 문제와 관련된 결정권을 그들이 쥐게 하는 결과를 낳았다.

5장에서, 나는 런던에서 있었던 갈등의 불씨가 어떻게 피상적 예의로 관리되었는지를 설명했다. 베이루트에서는 갈등을 처리하기가 더 어려웠기 때문에, 서로에게보다는 물리적 직조에 집중하는 방식을 택했다. 이런 식의 협업 방식은 사우디의 한 건설 회사가 그 도시의 다른 구역에서 주도하고 있던 하향식 재건 방식과는 아주 달랐다. 공동제작의 에토스는 메데인의 시장 세르히오 파하르도의 에토스와도 대조를 이룬다. 메데인의 도서관이 주민들의 자부심이 된 것은, 건축가가 그럴 만한 건물을 제공했기 때문이다. 돌이켜보건대 내가 베이루트에서 목격한 것은, 사람들이 '누구'에 대한 논의를 중단하고 비인격적인 '무엇'에 집중한 순간이었다.

이런 모든 이유로 나는 지역사회들과 함께 일하면서, 그 장소나 거기 사는 사람들을 특별하게 보이게 만드는 브랜드나 정체성을 부여하게 되는 함정에 빠지지 않도록 노력했다. 공동 제작의 가치는 여러 버전의 열린 도시를 창조하면서 단수형이 아니라 복수형으로 발언한다는 데 있다. 내가 서술한 공동 제작의 세 가지 방법은, 장소의 명확성보다는 장소의 대안적 모델을 제공함으로써 개방성을 지향한다.

이 세 가지 방법 모두 '공유지commons'의 윤리적 가치와 관련이 있다. 원래 공유지는 농부들이 풀 뜯는 동물들을 위해 공유하는 들판을 뜻했다. 17, 18세기에 여러 나라에서 시행된 인클로저 법안은 이런 공간을 사유화하여, 동물들이 개인 소유지에서만 풀을 뜯을 수 있게 만들었다. 물리적 공간으로서 공유지는 다공성을 입증했다. 가축무리들은 바로 이웃하여, 또는 섞여서 풀을 뜯어 먹었고, 그들 사이의 가장자리가 동물 무리로 표시되는 유동적 경계를 이룬다. 그에 비해인클로저는 돌담을 쌓아 영역 표시를 하도록 권장했다. 인클로저 과정에서 가족의 식량 부족 사태가 자주 발생했다. 작은 규모의 땅을 가진 가족이 기를 수 있는 소나 양의 수는 한정되었기 때문이다. 그리하여 부동산이 생산성에 우선하게 되었다.

좌파적인 상식은 공유 자원이 생산성을 증대시킨다고 주장함으로써 이 공식을 뒤집고자 했다. 19세기에 펠리시테 드 라므네Lamennais수도원장은 기독교적 관점에서 같은 견해를 주장했다. 수도원의 농원이 한 개인이나 한 가족이 경작하는 채소밭보다 경제적으로 더 효율적이라고 믿은 것이다. 그에게 공동 노동이란 밤낮도 없고 주말도 없는 지속적 노동, 자기 자신보다 높은 원리에 헌신하는 노동을 의미했다. 카를 마르크스는 완전히 세속적인 관점에서 공유 자원의 중요성을 주장했다. 에밀 뒤르켐도 '유기체적 연대'에 관해 설명하면서 유사한 주장을 했다. 뒤르켐의 조카인 인류학자 마르셀 모스Marcel Mauss

도 마찬가지였다. 협동에 관한 현대적 연구의 창시자인 그는 자기 주장의 구체적 예시로 당시 창건된 저축대출조합cooperative bank, 장례조합burial society, 상호보험mutual insurance 등을 들었다.

오늘날 시스템의 영역에서, 오픈소스 소프트웨어는 흔히 '디지털 공유지'라 불리는 자원의 저수지를 나타낸다. 공유지 찬양은 이제 라므네처럼 더 높은 원리에 대한 봉사에 관한 것이 아니라, 상호 이익에 관한 것이다. 그렇기는 해도 상품과 서비스를 공유하려는 충동, 또는 공유를 조직하려는 다양한 그룹들을 지칭하는 '공유지화commoning'에는 이상주의적인 분위기가 있다.

공동 제작은 그와는 조금 다른 윤리적 초점을 가진다. 그것은 사포처럼 까끌까끌한 경험이다.

기계와 함께하는 공동 제작 기술적 빌은 처방적 스마트 시티와 조정적 스마트 시티로 나눌 수 있다(6장을 보라). 처방적 스마트 시티는 시민과 함께하는 공동 제작 형태가 아니다. 장소의 형태와 기능은 미리 정해져 있고, 시민들은 가장 사용자 친화적인 것을 행한다는, 매력적이지만 정신을 둔감하게 만드는 규칙에 따른다. 그것은 폐쇄적인 빌이다. 조정적 스마트 시티는 공동 제작적인 곳으로, 실시간 데이터를 통해 그 도시를 사용하는 방법뿐 아니라 리옹이나 쿠리치바에서처럼 건물 형태와 거리 계획을 어떻게 다르게 고안할지도 생각하는 스마트 시티다. 그렇게 고안된 대안 형태들이 현대적인 개방형 빌의 모델을 보여준다.

기계와 어떻게 대화를 나눌까? 사실 오늘날 우리는 눈을 뜨고 있는 거의 모든 시간에 기계들과 말하고 있다. 그들과의 대화는 보통 미리 프로그램된 문자나 목소리로 마무리된다. '명령' 버튼은 자판에 그렇게 써진 대로 누르면 된다. 그것은 대화체적 토론도, 공동 제작도 아니다.

내가 설명한 처리 과정은 종이나 스티로폼에서 스크린으로 곧바로 이전될 수 있다. 컴퓨터 지원 설계CAD 덕분에, 내가 앞에서 말한 스티로폼 모형에 해당하는 것을 스크린에 세우고 그 사이를 걸어다닐 수 있게 된 지 10년이 되었다. 3D 프린팅도 등장해 그것을 통해 실제 스티로폼 모형이 재단되어 나오게 되었다. 모든 스크린 작업이 그렇듯 직접 손을 써서 참여하는 일이 어느 정도 줄어들기는 하지만, 사회적으로는 엄청난 이득이 있다. 가령 이제 도시계획 회의에 직접 참석하지 않아도 된다. 하지만 이런 이전transfer은 완벽하지 않다. 이는 부분적으로는 디지털 기계의 본성 탓이다. 이전을 가능하게 하는 기계는 두 가지 형태로 만들어진다. 리플리컨트replicant와 로봇robot. 우리 사용자들은 이들과 각기 다른 종류의 대화를 나눈다.

리플리컨트는 인간의 기능을 모방하는 기계로, 인공 심박기나 자동차 공장에서 사용하는 기계 팔처럼 인간보다 기능이 더 뛰어나다. 리플리컨트는 절대 지치는 일이 없으며, 우리가 하는 일을 하기 때문에 우리가 이해할 수 있는 존재다. 리플리컨트와 교류할 때, 가령 목소리로 시동되거나 목소리로 대답하는 도구를 쓸 때 우리는 다른 인간들과 하듯 그들과 소통한다.

제대로 된 로봇은 인체가 아니라 다른 논리에 의거한 독자적 형태를 가진다. 윌리엄 미첼이 설계한 자율주행차를 예로 들어보자. 그 차에 한 번도 쓸 일은 없더라도 운전대와 브레이크를 붙이면, 승객은 기계의 손에 의존한다는 수동적인 기분을 느끼지 않을 수 있다. 만약 그

차가 운전대도 브레이크도 없이 로봇처럼 작동한다면, 승객은 기차나 비행기에 탄 것 같은 수동적인 상태를 경험할 것이다. 거의 모든 스마트 기술이 동일한 선택 앞에 놓여 있다. 가령 구글 지도를 사용할 때 지도 이미지는 숨기고 문자 지시에만 따라도, 지도 화면을 띄우고 움직이는 점을 따라가는 것과 동일한 결과를 얻을 수 있다. 지도 없이 문자 지시에 따르는 방법은 로봇식이고, 화면상의 움직이는 점을 따라가는 방법은 리플리컨트식이다. 빅데이터 처리를 조정하는 컴퓨터 집합체는 두뇌의 신경 활동을 본떠 회로를 만들었다는 점에서 리플리컨트지만, 두뇌세포 화학 작용을 모방할 필요 없이 정보를 분배한다는 점에서는 로봇이다.

공동 제작에 더 바람직한 기계 파트너는 로봇이 아니라 리플리컨트라고 여겨질 수 있다. 하지만 그들이 퇴장해야 하는 결정적 순간이 되면 그렇지 않다. 리플리컨트보다는 로봇에게서 문제를 넘겨받는 편이 더 쉽다. 로봇은 우리와 덜 비슷하기에 우리의 힘을 그것과 비교할 일이 없기 때문이다. 공장이나 작업장에서 로봇은 무한한 힘을 가졌으나 특정한 기능만 수행하는 한정적인 도구로 간주되는 경향이 있음을, 몇몇 연구가 보여주었다. 그에 비해 리플리컨트는 조립 라인에서 인간을 대체하는 위협적인 존재로 간주된다. 거의 모든 로봇은 우리와 비슷한 모습이 아니라는 점에서 사용자 친화적이지 않으며, 그래서 우리는 그들의 활동을 인정할 수 있다. 반면 리플리컨트는 우리와의 비교를 야기하기 때문에 우리에게 불리하게 작용한다. 5장에서 설명한 인격화한 계급 영역처럼, 테크놀로지 세계에서도 불공평한 비교가 펼쳐지는 것이다.[4]

설계 작업에서 로봇의 기능은 건물의 피부 아래 숨은 구조를 보여주는 스크린 상의 이미지로 표현되지만 3D 프린팅은 리플리컨트의 성격이 더 강해, 기계칼이 인간의 손처럼 스티로폼 재단 작업을 수행하지만 훨씬 더 잘한다. 따라서 불공평한 비교가 발생하기에, 나는 공동 제작 작업에서 3D프린팅을 많이 쓰지 않으려 했다. 하이테크의 다른 측면과 마찬가지로, 로봇은 사용자 친화적인 구글 영업 사원들이 의도하지 않은 방식으로 유용하게 쓰인다. 대체물이 아니라 자원으로서 친화적인 것이다. 사람들은 환경과 관련해서 조종석에서 내리는 지시를 수동적으로 따르기보다는 자신의 이성을 사용할 필요가 있고, 그 과정에서 더 유용한 것은 리플리컨트가 아니라 로봇이다. 우리는 기계를 사용자 친화적 존재가 아니라 사용자 이질적 존재로 생각할 필요가 있다. 낯선 이들에게 개방적이어야 하지만 그들에 대한 의존은 제한적일 수밖에 없듯이, 하이테크와 우리의 관계도 그래야 한다.

요약하면 공동 제작은 어떤 일을 하는 데 하나의 옳은 길만 있다는 믿음을 정면으로 반박하며, 전문가들—인간이든 기계든—이 최선의 방법이라고 규정한 것을 모방해야 한다는 폐쇄적인 관념도 거부한다. 기계는 우회적인 방법으로, 다음과 같은 뜻을 담은 신호를 보낸다. 복잡한 환경에서의 협업에는 거리 두기가 필요하다는 것이다. 타인들과 함께 일할 때 요구되는 거리 두기는, 지멜의 가면과는 다른 의미를 가진다.

협동은 하지만 가깝지는 않은 —사회성

사람들이 서로를 더 잘 알게 되면 더 가까워지지 않을 수 없다. 낯선 사람이 사라지고 친구나 연인으로서의 이웃이 등

장할 것이다. 이는 사회생활의 복잡한 중층법layering을 오해하는 것이
다. 사회생활을 하면서 우리는 가끔 타인의 알 수 없는 점, 이해 불가
능한 점을 존경하게 된다. 이와 반대로 '연합'과 연대성은 타자의 특
이성을 뒤흔들 수 있다. 그것은 귀스타브 르봉이 도시 군중의 신랄한
영향이라고 묘사한 뒤흔들기로, 사람들을 생각 없는 대중으로 용해시
킨다.

  그렇다면 우리는 어떻게 타자들과 어울리면서도 그들로부터 거리
를 유지하는가? 존 로크 이후 이 질문에 대한 대답 중 하나는 공리주
의적인 입장을 따른다. 우리는 혼자서 이룰 수 없는 일을 하기 위해
타인들과 함께 있어야 한다. 이를 악물고 합류하라. 하지만 술집에서
맥주잔을 놓고 빈둥댈 필요는 없다. 사실, 공리주의적 계산법에 따르
면 여러분은 시간을 허비하고 있다. 그러나 이 공리주의 계산법은 친
하지 않고 또 친해지지도 않을 사람들과의 협업을 활성화하는 사회적
충동을 셈에 넣지 못한다.

작업장 글 쓰는 인생을 살아오는 동안 나는 보스턴의 어느 빵집을 계
속 관찰해왔다. 거의 50년에 이르도록 그 집을 추적해온 것이다. 그
동안 그 빵집은 주인이 세 번 바뀌었다. 그곳은 원래 가족 기업이었
는데, 그리스 이민자인 창립자가 30년쯤 전에 더 큰 제과 기업에게
팔았다. 새 주인은 거기에 자동화한 장비를 설치하여 장인의 상점이
던 곳을 산업적 공장으로 변모시켰다. 그러다가 10년쯤 전에 그 빵집
은 다시 가족 기업이 되었다. 이번에는 라틴계 가족이었다. 고용인이
40명 정도인 그 빵집은 보스턴의 젊은 엘리트층에게 유기농 사업으
로 알려지면서 틈새시장을 장악했고, "구글 납품 빵집"이라는 라벨을

달 수 있었다.5, 6

이 빵집이 제과 기업에게 인수되었을 때는 제빵의 전 과정에 리플리컨트식 기계가 도입되었다. 직원들은 기계를 다루는 법은 알았지만 빵 굽는 법은 몰랐다. 표준화된 빵의 품질은 좋았지만, 고객들이 다른 곳이 아닌 바로 이 빵집에서 빵을 사야 할 이유는 없었다. 반면 빵집의 새 주인이 된 라틴계 주인은 특별한 빵을 만드는 기술을 갖고 있는 제빵사들을 고용했고, 오븐은 기계가 설정한 온도계가 아니라 그들의 눈으로 조절되었다.

내가 반세기 전에 이 빵집에 처음 관심을 갖게 된 것은 그 주인 가족이 보스턴의 학교에서 벌어지던 인종 통합 운동에 항의하는 진영에 속했기 때문이었다. 그 그리스인 가족은 아프리카계 미국인을 실패 바이러스 보균자로 여겨 한 명도 고용하지 않았다. 그 빵집이 큰 회사에 인수되었던 시기에, 마침 인종적 이유로 사람들을 채용하지 않는 것은 불법이 되었다. 이는 곧 공장 내 고용인들의 재직 기간이 짧아졌다는 뜻이었다. 최소 임금을 받는 포르투갈인, 멕시코인, 아프리카계 미국인이 그 빵집에 채용되었지만 최저임금으로 일하는 그들은 직장에 별다른 애착을 갖지 못했고, 조금이라도 더 나은 임금을 주는 곳이 있으면 즉각 이직했다. 한편 빵집의 세 번째 주인인 이주민 가족은 야심이 컸다. 그들은 라틴계, 아프리카계 미국인은 물론, 원래 소유주의 2세대 친척들도 고용했다.

그들은 매장에서 협동적으로 일하면서 회사의 생산성과 수익성을 증진시켰다. 여기서의 협동은 혼성 지역사회인 클러큰웰에서 볼 수 있는 외교적 예절과 달리, 작업자들 사이의 치열한 의견 교환을 포함한다. 그 과정에서 믹서를 멈추고 반죽의 점도를 판단할 수도 있고, 오분의 두꺼운 유리문을 들여다보면서 빵의 색깔을 판단할 수도 있다. 이런 판단들은 시간의 압박을 받는 와중에도 많은 토론을 유발한다. 이런 순간에는 그들 간의 문화적 차이는 별로 중요하지 않다. 나는 선한 자유주의자지만, 그곳의 그리스인 제빵사 한 명이 바게트 하나를 가리키며 마치 쿠바 사람 색깔 같다고 했을 때 불쾌해졌다. 하지만 다른 사람들은 아무도 그 말에 신경 쓰지 않았다. 도시계획가 애시 아민Ash Amin의 말을 빌리면, 이런 작업장에서는 "차이에 무관심해진다."

그러나 이런 식의 협업이 사람들 사이를 더 가깝게 만들지는 않는다. 그 빵집 직원들 간의 거리감은, 그들이 어울려 술을 마시는 술집에서 분명하게 확인할 수 있다. 예전에는 흐릿한 조명 아래로 체크무늬 비닐 식탁보가 덮인 금속제 카드 테이블이 있던 그 술집에, 이제 무광 마감재 얼룩이 묻은 목제 테이블이 놓여 있으며 곧 젠트리피케이션이 진행될 것 같은 징후가 보인다. 세상 모든 곳의 직원들이 그렇듯이, 그 빵집의 제빵사들도 그 술집에서 가끔 주인의 바보 같은 행태에 대한 이야기를 나눈다. 하지만 대화의 대부분을 차지하는 주제는 스포츠다. 나는 그에 관해서는 잘 모르지만, 그들 사이의 거리감이 표현되는 방식은 알 수 있다. 술집에서 긴장을 풀고 대화를 나누는 와중에도, 그들은 상대방에게 어떤 민족 출신이냐고 절대 묻지 않는다.

그 이유는 그 빵집이 대도시에 있기 때문인지도 모른다. 연대성을 강조하는 작업장들은 일반적으로 도시 외곽에 자리잡았다. 예를 들면, 클로드 니콜라 르두Claude Nicolas Ledoux가 18세기에 아르케스낭에 만든 제염소의 노동자들은, 프랑스 동부의 쇼Chaux 숲에서 자급자족하는 공동체를 이루어 살았다. 그곳은 종교가 없는 수도원 같은 곳이었다. 샤를 푸리에Charles Fourier가 19세기에 고안한 팔랑스테르는 의

짓기와 거주하기

도적으로 도시에서 떨어진 곳에 만들어졌다. 폐쇄적이고, 자급자족적이고, 완전한 공동체였다. 도시라는 복잡한 사회에서 사람들은 서로 구분 지어지며 부분적인 관계를 맺는다. 그러나 당신은 당신과 비슷하지 않거나 심지어 좋아하지 않는 사람과도 함께 잘 일할 수 있다.

협력적 작업장과 다양한 인종으로 구성된 혼성 동네는 대조적이다. 혼성 동네의 주민들은 공동의 위협하에 있을 때만 각자의 차이점을 직접 거론하는 것을 피한다. 협력적 작업장에서 서로 다름은 생산에 관련된 사실이 아니다. 그곳에서 서로 얼마나 같고 다른지를 숙고하는 사람들은 함께 어울려 잘 일할 수 없다. 작업장에서는 누구와 일하는지보다 무엇을 해야 하는지가 중요하다. 구글플렉스와 장인의 빵집도 대조적이다. 구글플렉스는 즐거움을 제공하여 생산성을 자극하기 위해 스시집, 탁구대, 체육관 등을 모두 사내에 마련했다. 그에 비해 제빵사들은 즐거움을 찾고 싶으면 작업장 밖으로 나간다.

이런 모든 이유에서, 오늘날 빵집은 철학적 신호를 보낸다. 그것은 사회성이 무엇인지 잘 보여준다.

사회성 공리주의적 사고방식에서는 사람들이 함께 행동하려면 공통의 목표나 목적을 공유할 필요가 있다. 회의에서는 행동하기 전에 합의에 도달해야 한다. 전작인 《투게더》에서 나는 협력이 반드시 합의와 결부될 필요는 없음을 보여주려고 노력했다. 합의에 이를 수 없는 사람들끼리의 협력 형태는 여러 가지인데, 이해관계가 일치하지 않는 사람들 사이의 외교적 협상이 그런 경우다.7

그렇다면 무엇이 사람들을 묶어줄까? 로크는 혼자서 할 수 없는 일을 하려면 타인들이 필요하다고 말했다. 이것이 집단적 방어와 교역의 기준에서 아리스토텔레스가 설명한 시노이키스모스synoikismos다.

이 공리주의적 대답에 누락된 것이 협력의 주관적 차원이다. 전투가 파국으로 치닫는데도 계속 싸우는 군인들을 생각해보라. 공리주의적인 싸움 방식은 싸움의 최종 결과가 절망적이라면 동지를 버리라고 지시할 것이다. 빵집은 그보다는 덜 극단적인 주관적 연대를 보여준다. 그것은 사람들이 서로와 관계를 맺게 해주는, 함께 잘 일하고 싶다고 느끼게 해주는 억제된 사회성이다. 설사 더 친밀하게 묶이지 않더라도 그들은 그런 작업에 자부심을 느끼며, 다른 작업자들은 그것을 보고 존경심을 기른다.

'사회성'은 비개인적인 과제의 공유를 통해 타인들에게 느끼는 일종의 제한적 우애의 감정이다. 그것은 그냥 함께 있는 것이 아니라 함께 무언가를 할 때 발생한다. 도시계획 작업에서도 사회성은 결정적인 역할을 한다. 그것의 징후는 회의에서 각자가 자신의 견해에만 매달리지 않고, 다른 사람들의 말을 점점 더 주의 깊게 경청할 때 나타난다. 카브리니그린이나 남베이루트에서는 계획가들이 떠나자 사회성이 강화되었다. 더 이상 전문가의 지원을 받지 못하자, 건설이라는 공동의 과제에 모두의 관심이 집중된 것이다.

개방형 계획에서는, 특이하게도 문제가 있는 대상이 사회성을 촉발시키는 방아쇠가 된다. 가령 테이블 위에 놓여 있는, 스티로폼으로 만들어진 학교나 병원의 네 가지 버전 모형을 떠올려보자. 매우 엉성하고 거친 형태지만, 그것들은 사람들이 무슨 일을 해야 할지 생각하게 만든다. 흥미롭게도, 어떤 모형이 선택된 뒤에도 사람들이 품고 있는 의구심이 사라지지 않을 수도 있다. 회의를 마친 뒤에도 사람들이 테이블 위의 스티로폼 모형을 계속 바라보거나 플라스틱 차트를 다시

짓기와 거주하기

들춰보곤 하면, 의구심이 남아 있는 것이다. 협업의 시간은 끝났을지라도, 제작된 대상물에 대한 참여는 끝나지 않았다.

시테에서 사회성은 비개인성의 감정적 대위법이다. 폭력적 연대성이 군중을 지배한다고 생각한 르봉에게는 실례지만 말이다. 사회성은 대도시 생활에 대한 게오르크 지멜의 설명에는 등장하지 않는다. 그가 다룬 대상은 공공장소에서 거리를 따라 움직이는 사람들, 타인들과 아무런 생산적 관계를 갖지 않는 사람들이었기 때문이다. 사회성은 낯선 사람들이 함께 생산적인 일을 할 때 나타난다. 퇴근한 뒤 같이 맥주 한잔을 하고, 버스 정류장이나 지하철역에서 잘 가라고 인사하는 것은 타인에게 신경을 쓴다는 신호다. 반면 구글플렉스는 타인들과 함께 있고 쾌락과 안락을 공유한다고 선전한다. 내가 볼 때 빵집 주인은 교묘하지 못하다. 전체적으로 보아 사회성은 소박하고 솔직한 사회적 연대다.

삶의 모든 측면이 그렇듯이, 사회성의 경험에는 특정한 종류의 정치가 포함되어 있다. 6장에서 나온 알렉시 드 토크빌은 민주주의라는 말을 두 가지 의미로 사용했다. 첫 번째는 다수결의 원칙으로, 그가 두려워한 것이다. 다수가 소수를, 51퍼센트가 49퍼센트를 탄압할 수 있기 때문이다. 두 번째는 개인주의다. 여기서의 개인주의는 사람들이 따로 떨어져서 각자의 일에 몰두하는 것을 말한다. 그는 이런 종류의 개인주의를 두려워했다. 그것이 "행동의 활기를 소리도 없이 해제해버리기" 때문이다. 사람들이 거의 같은 취향과 신념을 공유하는 사회, 삶이 단순화되고 사용자 친화적이 된 사회는 에너지를 잃어가는 사회다. 서로 다른 사람들끼리의 협동이 시들어가는 사회다. 토크빌은 이런 위험을 막아주는 것이 자발적 조직, 사람들을 물러나게 하기보다는 끌어들여 참여하게 만드는 조직이라고 믿었다. 그가 생각하기에 자발적 조직은 사회성의 현장이었다.

내가 설명한 공동 제작의 세 가지 기술은 이 토크빌식 참여의 논리에 따른 것이다. 하지만 전문가가 자발적으로 퇴장할 경우 이 과정이 독특하게 변주되어, 사람들은 작업을 다시 초기화하지 않을 수 없다. 그냥 내버려두면, 한 조직의 결정 과정은 투표에 의해 단순해질 수 있다. 그 결과는 토크빌이 말한, 다수에 의한 장악이라는 의미에서 민주적이다. 대화적 과정, 사회적 연대는 이런 민주적 행동에 의해 종식된다. 다수의 독재가 등장한다. 소수의 목소리는 더 이상 고려되지 않는다.

그러나 내가 설명한 개방형 계획에서는 소수의 목소리가 고려된다. 결정이 내려진 뒤에도 양가감정이 남는 것은 분명 다른 방식의 건축도 가능하기 때문이다. 따라서 개방형 계획에는 종료도 없고, 하나의 옳은 방식도 없다.

공정하지 못한 결정에 대해서는 저항하는 것이 좋다. 헤겔은 주인과 노예에 관한 기술에서, 저항이 효과를 거둘 수 있는 한 가지 방식을 설명했다. '당신은 나를 괴롭히고 있다!'라는 고통받는 사람의 외침은 주인의 행동에 초점이 맞춰져 있다. 그 고통의 언어도 주인이 만든 억압의 궤도 안에 있다. 사실 고대 그리스어에서 '고통'이라는 단어는 '수동적'이라는 단어의 친척이다. 헤겔이 볼 때 고통받는 자는 자신의 감정이 더 이상 그 궤도에 구애되지 않아야만 비로소 노예 상태를 벗어날 수 있다. 정치사회학자 제임스 스콧James Scott은 미국 남부의 노예들이 자기들끼리는 통하지만 주인에게는 웅얼거림으로 들리는 언어를 어떻게 개발했는지를 연구했다. 그 언어를 통해 그들은

　　　　　　　　　　　　　　　　　　　짓기와 거주하기

적어도 정신적 노예 상태에서는 벗어나게 되었다.

이 장을 마무리할 무렵, 런던에서 끔찍한 비극이 일어났다. 이 사건은 헤겔의 고전적인 명제를 다른 시각으로 보여준다. 2017년 6월 14일 이른 아침, 패션의 거리인 웨스트런던의 켄싱턴 구역 가장자리에 있는 고층 공동주택 그렌펠 타워에서 대형 화재가 발생해 79명이 사망했다. 4층 실내에서 일어난 불길은 새로 덧붙인 외장재를 타고 올라가 순식간에 24층 건물 전체로 번졌다. 그 외장재는 폴리에틸렌 심지를 알루미늄 판이 샌드위치처럼 감싸고 있는, '레이노본드 PE'라는 제품이다. 반짝거리는 외관을 만들어 건물을 '업그레이드'시켜준다고 선전된 그 제품은 위험할 정도로 연소성이 크다. 그것보다 1제곱미터당 2파운드가량 더 비싼 발화 지연성 심지가 들어 있는 다른 외장재가 있었지만, 영국의 계획가들은 '비용 효율적' 선택을 했다. (레이노본드는 미국과 독일에서는 고층 빌딩에 사용하지 못한다.)[8]

당국과 피해자들은 그 사건에 대해 같은 나라 말을 쓰는 것 같지 않았다. 거기서 문제가 생겼다. 당국과 공식적 계획가들 모두 그 건물에 가난한 사람들이 살고 있기 때문에 가장 저렴한 것을 선택했다고 솔직하게 털어놓을 수는 없었다. 화재로 충격과 혼란에 빠진 피해자들은, 자신들이 겪은 고난을 사람들이 알아주기를 바랐다. 트라우마는 말로 표현되기 힘들기에 그들의 불분명한 언어보다는 그들의 감정을 대화적 방식으로 감지할 필요가 있었다. 하지만 켄싱턴 당국은 정서지능이 부족했다. 인식의 격차는 순식간에 벌어졌다. 공식적 회의는 어찌할 바를 모르는 피해자들이 소란스럽게 등장하자 폐정되었다. 재난 현장을 방문한 수상은 소방관들과는 이야기를 나누었지만 주민들에게는 말을 걸지 않았다. 공식적 조사가 착수되었다. 전직 회계사인 조사단장은 자신은 빈민 주거 문제에 대해 아무것도 모른다고 인정하면서, 개인의 피해에 한정된 조사를 원한다고 말했다. 이 발언은 당국과 피해자들 사이의 간극을 더 넓혔을 뿐이다. 피해자들에게 집을 잃었다는 사실은, 세부적인 피해 항목을 나열하는 것으로 설명할 수 있는 것이 아니었다. 주인의 언어와 피해자들의 언어가 어긋났을 때, 이득을 본 건 결국 주인이었다.

내가 이 장에서 설명한 공동 제작 방식에 따랐더라면, 그렌펠 타워의 비극은 일어나지 않았을 거라고 확신한다. 외장재에 대한 정보가 제공된 후 선택할 기회를 얻었더라면, 주민들은 결코 값싼 것을 선택하지 않았을 것이다. 하지만 주민들은 그런 기회를 얻지 못했다. 계획가들이 협의회 자리에서 자신들이 선호하는 제품이 미국과 독일에서는 사용 금지되었음을 언급할 수도 있었지만, 이 불편한 사실은 거론되지 않았다.

일반적으로 건축 초기 단계에서 대안을 찾으려 하면, 공동 제작 과정에서 위험과 어려움이 생길 수 있다. 그러나 대안에 대한 성찰은 합리적 평가를 이끌어낸다. 프로젝트의 최종 형태를 결정하는 시점에 전문가들이 떠나면, 그 결과물에서 살아가게 될 사람들이 권한을 쥐게 된다. 대중은 처리될 상대가 아니라 신뢰할 상대다. 전문가들은 조언자로서의 적절한 역할을 찾는다. 내가 보여준 과정들은 공동 제작으로 가는 일방통행이다. 그것들은 직접 참여를 기초로 했지만 내가 보여주려 한 것처럼 하이테크를 도구로 사용하면서 온라인이나 더 큰 규모로도 작동할 수 있다. 우리에게는 주인과 노예 관계에서 물러나 버리는 헤겔의 방식이 아니라 환경을 건설하는 상호작용적 열린 방식이 필요하다. 그 결과는 모호할 수도 있고, 사람들을 불만족한 상태로 남겨둘 수도 있다. 그래도 이것이 이 끔찍한 화재를 일으킨 폐쇄적이고 하향식이고 경제화된 접근보다는 더 민주적이고 더 진실한 종류의 건설이다.

4 부

도시를 위한 윤리

Building and Dwelling:
ethics for the city

⑩

시간의 그늘

퍼시 비시 셸리의 시 〈오지만디아스Ozymandias〉는 이렇게 시작한다.

> 태고의 땅에서 온 여행자를 만났지.
> 그가 말하길, 몸통 없는 거대한 석상의 두 다리가 덩그러니
> 사막에 서 있더군.

몇 줄 아래에서 그는 이렇게 말한다.

> 그리고 받침대에는 이런 말이 쓰여 있더군.
> '내 이름은 오지만디아스, 왕 중의 왕.
> 내 업적을 보라, 너희 강대한 자들아, 그리고 절망하라!'
> 그 외에는 아무것도 남아 있지 않더군.

짓기와 거주하기

이 시는 시간이 인간의 작업을 마모시킨다는, 명백하지만 소홀히 취급되는 진실을 담고 있다. 우리 탐구의 마지막 부분에서 오지만디 아스는 도시 안으로 들어간다. 셸리는 짓는 사람builder의 키워드인 '지속 가능한sustainable'을 씁쓸하게 비튼다. 그렇다면 인간은 자신이 짓는 것에 대해 어떻게 생각해야 하는가? 또 어떻게 살아야 하는가?

내가 뇌졸중에서 회복되고 있을 때, 한 친구가 내게 《스워브The Swerve》라는 책을 가져다주었다. 이 책의 저자는 고대에 루크레티우스가 쓴 시 〈사물의 본성에 관하여De rerum natura〉가 르네상스 시대에 재발견된 일에 대해 설명한다. 그 긴 시는 죽음을 앞둔 사람들에게 죽음에 대한 공포감을 버리라고 조언한다. 죽음 뒤에는 아무것도 없고, 초월적 영혼도 없으며, 삶은 그냥 시작하고 벌어지고 멈추는 것이라면서. 이것은 셸리의 세계관을 극한까지 추구한 형태다. 루크레티우스를 잠들기 전에 읽으라고 권하다니, 그 책을 가져다준 내 친구의 행동이 부적절했다고 생각할지도 모르겠다. 그러나 루크레티우스는 우리가 이 상태와 화해해야 한다고 말한다. 왜냐하면 인생에서 그 어떤 것도 미리 결정되어 있거나 예견 가능한 것은 없기 때문이다. 사건의 진행 경로가 인과관계의 직선을 따르는 경우는 거의 없다. 우회로도 있고 구부러진 길도 있고 막다른 길도 있다. 저자는 이런 것을 "스워브"라 부른다. 원자는 "절대적으로 예측 불가능한, 직선 경로에서 살짝 어긋난 시간과 장소에서 움직여서 미세하지만 확정 불가능한 움직임을 만든다. 그리하여 충돌과 교차를 유발하고 물리적 질료를 예견 불가능한 경로에 올려놓는다." 루크레티우스는 끝이 열려 있는 시간관을 가진 철학자였다.[1, 2]

고대 세계는 이런 우연의 힘을 포르투나 여신이라는 존재로 현현시켰다. 포르투나는 발견과 발명을 관장하는 여신이자 새로 담근 포도주의 여신이며, 배의 돛을 새로 만들고 건물의 새로운 형태를 만들어준다. 그러나 달콤한 불로장생약을 독약으로 변하게 하거나 새 신전을 무너지게 할 수도 있다. 고대 후기에는 포르투나가 운명의 수레바퀴라는 은유로 변했는데, 그 은유는 우연이 인간의 창조를 지배한다는 의미를 담고 있다. 이는 루크레티우스의 '클리나멘clinamen'(수직 직선 운동을 하던 원자들이 불특정 공간과 시간 안에서 방향을 바꾸어 자유자재로 빗금 운동을 하다가 다른 원자들과 충돌할 때 생성되는 새로운 가능성 – 옮긴이)이 물리학을 지배하는 것과 똑같다.

계몽주의는 포르투나의 미소를 강조했다. 1754년에 예술 애호가 호레이스 월폴Horace Walpole은 친구 호레이스 만Horace Mann에게 보낸 편지에서 자신이 '세렌디피티'라는 새 단어를 만들었다고 썼다. 페르시아어에 어원이 있는 그 새 단어는 '운 좋게 만난 우연'을 의미했다. 월폴은 이 단어에 '우연과 현명함에 의해 원래 추구하던 것이 아닌 다른 것을 발견한다'는 의미를 담았다. 그가 만든 단어는 열린 시간의 긍정적 버전이다. 예상하지 않던 것의 발견에 대한 그의 신뢰는 자연이 본질적으로 자비롭다는 확신에 기초하고 있었다.[3]

오늘날에는 포르투나가 더 이상 단호하게 미소 짓지 않는다. 기후가 변하면서 그녀는 건설 환경을 위협한다. 그 '변화'—오해를 유발하는 평면적 단어—에 담긴 내용은 방향을 잃게 하는 파열적인 사건에서 펼쳐지는 우연의 전개다. 이런 포르투나의 힘은 갑작스러운 홍수나 불규칙적인 기온 상승에서 명백히 드러난다. 도시가 그런 위기를 벗어날 길을 구축할 수 있을까? 그렇게 하려는 시도는 모든 건설 환경의 불안정한 성격을 더 넓게 드러낸다. 나는 이 사실을 보여주려고 한다.

짓기와 거주하기

자연이 도시를 공격하다
—장기적, 단기적 위협

시간의 두 그늘 2012년 가을, 로어맨해튼에 어둠이 내릴 무렵, 허리케인 샌디가 타격을 가했다. 어느 전문가가 라디오에서 발표했듯이, 걱정할 일은 하나도 없었다. 맨해튼 14번지 동쪽 끝 이스트리버에 면한 안전벽은 약 3.6미터 높이로, 그 안에 있는 발전소를 물로부터 보호하기에 충분하고도 남는다고 그는 말했다. 그러나 "충분하고도 남는다"는 것은 과거의 범람 수위를 바탕으로 한 통계적 평균치였다. 그래서 강물이 약 4.2미터로 높아져서 그 벽을 부수자 전기가 끊어졌다. 그 전문가는 비상용 전력을 쓴 다른 라디오 방송국에 출연해서, 허리케인 샌디가 100년 만에 한 번 있을 법한 큰 사건이라고 발표했다. 그런데 우리는 바로 1년 전에 한 세기 만에 온 대형 폭풍우를 만난 적이 있었다(다행히 도시는 피해 갔지만).

이런 거짓된 주장이 발생하는 것은 전문가는 상대적으로 폐쇄적인 평균치 궤도 안에서만 생각하는 경향이 있기 때문이다. 기후변화는 장기적으로 보면 확실한 현상이지만, 매해 일어나는 변화는 불규칙적이다. 그래서 한 세기에 한 번 있을 법한 폭풍우가 1년 간격으로 두 번이나 온 것이다. 마찬가지로 극지방의 얼음이 녹아 해수면이 상승해 걸프 해류의 경로가 바뀌리라는 것은 확실하지만, 그 해류가 나아갈 새 경로를 예측하기는 힘들다. 온난화에 대해서 말하자면, 미국의 나사 지구 관측NASA Earth Observation 프로젝트는 이따금씩 점점 더 강한 폭풍우가 발생하리라고 예측한 바 있다. 이는 폭풍우가 형성되는 지역의 수괴water mass가 꾸준히 데워진 결과지만, 그 역시 어느 정도로 강해질지는 정확히 예측하기 힘들다. 기후변화 발생에 대해서는

그 어떤 과학적인 의심도 없지만, 상황의 전개를 지배하는 것은 불확실성이다.[4]

기후변화는 단기적이고 예측 불가능한 포르투나적 사건일 뿐만 아니라 불가피한 장기적 그늘도 드리운다. 단기적 영향과 장기적 영향 모두 도시 건설 방식에 대한 재고를 요구한다.

즉각 알아볼 수 있는 장기적 그늘은 오염이다. 사람들이 숨을 들이쉴 때마다 메스꺼움을 느낀다면 그것은 명백한 오염이다. 그러나 최악의 살인자는 그처럼 명백히 감지되는 것이 아니라 PM 2.5로 측정되는 초미세먼지로, 시간이 지나면서 폐의 기능을 떨어뜨리고 여러 종류의 암을 유발한다. 2013년 중국 대도시에서 측정된 초미세먼지 PM 2.5 평균 수치는 런던의 12배, 뉴욕의 14배였다. 건강을 해치지 않는 PM 2.5의 최대치는 20이지만, 베이징은 가끔 525까지 치솟는다. 가장 큰 원인은 석탄을 연료로 쓰는 발전소다. 이 예측 가능한 악당을 제거하기 위해 중국인들은 도시에서 사용할 대체 에너지 개발에 엄청난 투자를 하고 있다.[5] 지속 가능성을 비꼰 시인 셸리는 이런 노력과는 무관하다.

장기적 도시 기후 위협 요인 가운데 일부에 대해서는 직접적인 대응책이 없다. 기후변화에 관한 정부 간 협의체IPCC는 지구온난화의 허용 한도를 2도로 제한한다는 목표를 세웠지만, 그 목표는 달성 불가능하다. 이 목표치에 맞추려면 지구 어디에서든 시멘트—제조 과정에서 오염을 다량 유발하는—를 건축 자재로 쓰면 안 된다. 하지만 시멘트를 대체할 값싼 재료는 현재 없다. 에어컨에 드는 에너지를 절약하려면 건물의 창문을 열어두어야 하지만, 60층짜리 건물에서 창문을 여는 것은 너무 위험해서 허용되지 않는다. 외부에서 공기가 자

짓기와 거주하기

연적으로 유입될 수 있게 하려면 그 밀폐된 유리 상자의 고도를 낮추어야 하지만, 무슨 남근 경쟁이라도 하듯 도시들은 계속 더 높은 빌딩을 짓고 있다. 고도가 낮은 건물이나 에너지 절약형 건물의 광고는 실제보다 훨씬 더 높은 절약 수치를 선전한다. 유엔해비타트의 평가에 따르면, 성장하는 도시의 새 건물들 가운데 에너지 효율성 면에서 조금이라도 인정할 만한 것은 15퍼센트 정도에 불과하다.[6, 7]

불규칙적인 폭풍우와 기온 상승은 때때로 '카오스'라고 표현되지만, 시스템 분석가 닐 존슨Neil Johnson은 그 단어 사용에 이의를 제기한다. 복잡한 시스템은 '다른 유형으로 배치된 것들 사이에 질서의 포켓이 만들어지게 하는 경향'이 있다. 그에 비해 카오스란 '시스템의 산출물이 너무 불규칙적이어서 제멋대로인 것처럼 보이는 것'을 의미한다. 이 구분은 일부 카오스 열성분자들이 좋아하는, 나비가 날갯짓을 하면 일련의 사건이 연쇄적으로 일어나서 지구 반대편에서 폭풍우가 친다는 이야기와 충돌한다. 사실 이것은 카오스라기보다는 경로 의존성 사슬에 관한 이야기다. 비뚤어졌지만 설명 가능한 경로를 따라 곤충의 날개가 미풍을 일으키고 그것이 점점 더 큰 바람을 휘저어 끝에 가서는 폭풍우가 만들어지는 것이다. 이런 경로 의존성은 기후 영역에서도 작동하기에, 대양 한복판에서 일어나는 대기 온도 변화의 사슬이 일련의 사건을 거쳐 다양한 해일을 만들어낼 수 있다.[8]

우리는 언제나 장기적 차원에서 생각하라는 조언을 받는다. 하지만 기후변화 문제는 장기적으로 보면 너무 막막해서, 부정적 방향의 스토아주의를 야기할 수 있다. 즉 아무것도 가능하지 않으니 아무것도 시도하지 않겠다는 태도를 낳을 수 있다. 그러나 그 문제를 단기적이고 불규칙적인 사건으로 다루면, 해결의 의지를 고취시키킬 수 있다.

그러니까 물에 대해 다시 생각해보자는 말이다.

해로운 물 대도시들 중에서 완전히 육지 속에 갇힌 곳은 거의 없다. 태곳적부터 지금까지 물길은 경제를 떠받쳐왔고 상하이, 런던, 뉴욕 같은 대도시의 형태를 결정해왔다. 물 관리는 오랫동안 협업의 초점이 되었다. 일례로 중세 네덜란드 사람들은 도랑을 파고, 수문을 만들고, 제방을 쌓고, 바다를 땅으로 만들려는 노력을 통해 연대했다. 암스테르담의 역사가 헤이르트 막Geert Mak은 이런 연대가 "권력 관계를 굳히고 치열한 세대 갈등도 유화시켜 결국 합의와 타협의 문화를 야기시켰다"고 말한다. 그러나 제방과 수문은 현대 이전의 설계자들에게는 심미적 관심 대상이 아니었고, 물 관리는 그저 도시의 공리주의적 주제일 뿐이었다.9

현대에 이르러 도시의 수변 공간은 다른 의미를 갖는 심미적 장소로 변했다. 1802년에 이미 〈유러피언 매거진〉은 지금은 그 일부에 카나리워프가 들어선 런던의 웨스트인디아 도크를 다음과 같이 묘사했다. "도크보다 더 아름다운 것은 상상도 안 된다. 수심은 충분히 깊고 (수문 덕분에), 거울처럼 매끄러운 수면은 폭풍우에서 안전한 피난처로 보인다." 이러한 경관은 상업과 미학의 결합에서 나왔다. 하지만 항구가 점점 더 많은 공간을 필요로 하자 도시 중심부에서 분리되기 시작했다. 현재의 컨테이너 항구는 대개 인구가 많은 중심부로부터 멀리 떨어져 있고, 트럭과 비행기가 보트의 기능을 장악한 상태다. 도시 중심부에서 순수하게 심미적인 물의 체험이 시작된 곳은 옴스테드의 센트럴파크였다. 그곳의 거대한 저수지는 그저 바라보는 대상이었다. 대니얼 버넘은 1909년에 시카고 호수 연안 설계를 하면서 심미적 차원의 우위를 실현했다. 실용적인 면은 배제하면서, 물과 땅 사이의 경계를 따라 공원과 산책길과 그 밖의 한적한 시설을 배치한 것이다. 그는 이렇게 썼다. "물을 바라보는 것은 고독한 행위이며, 무의 관조다. 물을 바라볼 때 사람들은 자기 삶을 지탱해주는 여건에 대해서는 문자 그대로 등을 돌린다."10

물의 미학은 도시 내 가치가 불평등해지는 원인을 만들어내어 실질적으로 그로 인한 간접적 영향이 연쇄적으로 일어났다. 예를 들면 뭄바이의 새로운 수변 프로젝트는 작은 점포들과 노숙자들을 수변 공간에서 추방하기 위한 계획이었다. 개발업자들이 제안한 그 계획의 정당성은 부분적으로는 시각적인 데 있었다. 즉 인구밀도를 낮추고 용도의 복잡도를 줄여 시야를 '청소'한다는 명분이었다. 이 프로젝트에 영향받아 부에노스아이레스와 런던에서도 비슷한 제안이 나왔다. 둘 모두 형태상 버넘 계획의 자식들로, 시각적 즐거움이라는 명분으로 사회적 배제를 꾀한 것이다.

기후변화 시대를 맞아 또 다른 변화가 생겼다. 실용적이며 풍경을 제공해주는 물이 파괴적인 요소가 된 것이다. 도시에서는 물의 위협이 배가된다. 뉴욕이나 리오, 뭄바이처럼 해변에 지어진 도시들은 간헐적인 홍수의 위험을 감당해야 한다. 내륙 도시에서는 물 부족 문제가 생기는데, 대수층帶水層이 고갈되고 있기 때문이다. 홍수는 지표수의 양이 너무 많을 때, 가뭄은 지하수의 양이 너무 적을 때 발생한다. 이렇듯 기후변화는 홍수와 가뭄 모두를 악화시킨다. 빙하가 녹아 해수면이 상승하면서 비가 너무 많이 오거나 너무 적게 오는 불규칙한 강우 유형이 나타난다.

물의 위협은 수리적 순환 변화로 인해 발생한다. 일반적으로 바다에서 증발하는 물의 양이 강우에 의해 바다로 돌아오는 물의 양보다 약 9퍼센트 많다. 이 9퍼센트가 강우의 형태로 육지로 흘러든다. 그중에서 유실되지 않고 땅속에 저장되는 물의 양은 얼마나 될까? 하수도 시스템을 갖춘 완전히 포장된 지면이냐 미개발 토지냐에 따라 다르다. 전자의 경우, 전체 강우의 약 85퍼센트는 흘러내리고 15퍼센트만 땅속으로 스며든다.[11]

거의 모든 물의 생태는 심장박동처럼 항상 균형을 이루지는 못한다. 우연의 클리나멘이 없어도, 물 생태계의 평형은 변한다. 호수가 빈영양 상태에서 부영양 상태로 변하는 것도 그런 일에 속한다. 처음에는 잡초와 해조가 희박하고 어류가 풍부했던 깊은 물에 식물이 뒤엉키면서 물고기가 없어지다가 마지막에는 바닥에 점토가 쌓이게 된다. 이 과정은 긴 세월이 지나는 동안 호수를 육지로 변모시킨다. 이런 시간에 따른 자연적 변이를 막으려면 인간의 개입이 필요하다. 적절한 식물종과 어종을 도입해 잡초와 물고기 간의 균형을 꾀해야 한다. 물 보존을 목적으로 하는 이런 인공적 노력과는 달리, 인공적 대기 온난화는 빈영양 상태에서 부영양 상태로의 이동을 가속화시켜 습지를 건조지로 변모시킨다.

요컨대, 지하의 대수층 고갈로 인한 물 부족은 기후변화의 장기적 위협이다. 한편 불규칙적인 폭풍우와 지표수 유출로 인한 물 과잉은 단기적 위협이다. 도시 건설이 이 파괴적인 물의 힘을 어떻게 다루어야 할까? 이것은 엄청나게 중요한 질문이다. 허리케인 샌디가 지나간 뒤, 두 가지 대답이 나왔다.

두 가지 단구 일반적으로 기후변화를 다루는 전략은 두 가지로, 완화

짓기와 거주하기

와 적응이다. 폭풍 해일을 막기 위한 해빈단구berm 건설은, 첫 번째인 완화 전략에 속한다. 반면 끊임없이 스스로를 완충지대로 개조하면서 범람의 속도를 늦추는 습지의 보호는, 두 번째인 적응 전략에 해당한다. 완화와 적응 전략은 서로 보완적이어야 하지만 상충할 때도 많다. 허리케인 샌디가 왔을 때 뉴욕 발전소를 두고 벌어진 토론에서, 이스트리버 연안을 등지고 서 있는 발전소 시설을 보강하고 방벽을 쌓을지 아니면 감당하기 힘든 폭풍우가 자주 발생할 가능성을 인정하고 발전소를 아예 내륙으로 옮길지를 두고 논쟁이 벌어졌다. 그 결과 모래와 흙과 자갈을 각기 다른 방식으로 쌓아올린 두 개의 해빈단구가 지어졌다. 하나는 폭풍 해일이 처음 들이칠 때 그 힘을 깨뜨리기 위한 완화적 단구, 다른 하나는 물이 들고 나는 흐름을 제어하는 적응적 단구였다.

완화론 지지자들은 강한 도시는 도전을 받더라도 균형과 평형을 유지하는 것이 이상적이라고 생각한다. 그래서 그들은 발전기를 보호하는 높은 방벽을 지어 폭풍 해일이 절대로 넘어오지 못하게 해야 한다고 주장했다. 발전소를 무너뜨릴 수 없는 요새로 만들자는 것이었다. 그들은 또 발전기 주위에 고압 펌프와 배수 장비를 설치하자고 주장했다. 또 다른—제일 비용이 많이 드는—주장은 첫 번째 방어선이 실패할 경우에 대비하여 두 번째, 심지어 세 번째 지원 시스템을 지어야 한다는 것이었다. 이 완벽하게 그럴듯한 개념 뒤에는 신속하게 정상화되는 시스템이라는 목표가 있었고, 그것이 '복원'이라는 단어로 표현되었다.

완화 전략에 대한 비판자들은 그것은 틀을 벗어나지 못하는 사고방식이며, 보다 적응력 있는 전략이 필요하다고 주장한다. 혼란에 맞

REINFORCED SOIL
GEOTEXTILE

16' ELEVATION

RIPRAP
EXISTING GRADE
AIR LAYER
STRUCTURAL ROOT ZONE

2012년 허리케인 샌디가 뉴욕을 강타한 뒤, 비야케 잉겔스 그룹은 맨해튼 남단을 거대한 해빈단구(인공 사구)로 둘러싸자고 제안했다.

서기보다는, 혼란에 적응하면서 도시를 안정되게 유지해야 한다는 뜻 이다. 발전소를 위한 적응적 제안은 해안이라는 장소를 포기하고 내 륙의 더 높은 곳으로 발전소를 이전하는 것이다. 장소를 옮기면 발전 소의 규모는 작아질 텐데, 건물들이 빽빽이 들어서 있는 맨해튼 고지 대에서는 큰 부지를 확보할 수 없기 때문이다. 따라서 한 곳에서 이루 어지던 발전소 업무가 여러 곳으로 나누어져 진행될 것이다. 이와 같

짓기와 거주하기

해빈단구는 큰 상처를 남기는 기후변화를 차단하고 미래의 폭풍우의 힘을 완벽하게 누그러뜨려 사람들이 정상적인 일을 해나갈 수 있게 하려는 것이다.

은 제안에서 적응이라는 개념은, 변칙적인 사건을 만나면 건축 형태가 변해야 함을 의미한다.

　완화 전략과 적응 전략의 차이는 허리케인 샌디가 지나간 뒤 내 동료 헹크 오빙크Henk Ovink와 에릭 클리넨버그Eric Klinenberg가 정부와 록펠러 재단의 위촉을 받아 뉴욕의 기후변화 프로젝트를 위한 제안을 마련했을 때 더욱 명백해졌다(현재 오빙크는 네덜란드의 수자원 국제협력 특사이며, 클리넨버그는 재난 사회학 전문가다). '재건을 위한 설계Rebuild by Design'(허리케인 샌디의 피해 지역 복구와 미래 기후 현상에 대한 해결책을 위해 개최된 설계 공모전 - 옮긴이)는 다가오는 세기에는 수백만의 인구가 뉴욕 같은 해안 도시를 포기해야 할 것이라는 유언비어나 할리우드 영화가 좋아하는 문명의 종말에 관한 SF소설의 비관주의에 저항하기 위한 시도였다.[12]

완화적 접근법은 비야케 잉겔스의 회사가 맨해튼 남단 지역을 위해 제안한 '드라이라인Dryline' 해빈단구에 가장 잘 나타나 있다. 잉겔스는 앞에서 도시와 단절된 창조적 혁신 허브인 구글플렉스의 설계자로 등장하기도 했다. 폐철로를 활용하여 만들어진 하이라인을 떠올리게 하는 드라이라인은, 본질적으로는 16킬로미터 길이의 긴 해빈단구다. 맨해튼 남단의 수변 공간 바로 아래에 모래와 흙을 매립하여 만들어진 곳으로, 그 꼭대기와 뒤쪽에 놀이공원과 도시철도 같은 것들이 세워져 있다. 그래서 드라이라인은 폭풍 해일을 막는 방벽이자, 장소 만들기place-making(어떤 건물이나 지역을 이용자에게 더 유용하게 만드는 작업 – 옮긴이)의 즐거움도 약속한다. 다만 기후과학자 클라우스 제이콥Klaus Jacob의 지적에 따르면, 드라이라인의 높이가 고정되어 있어(현재 5미터) 해수면이 높아지면 해일에 파괴될 것이라는 문제가 있다.

라디오 방송 캐스터와 마찬가지로 설계자들도 고정되고 폐쇄적인 계산의 덫에 걸려 있다. 또한 구글플렉스 주변 거리를 보면 알 수 있듯이 장기적인 주위 환경 차단은 불가능하다. 그러나 지속 가능한 안전성이라는 환상을 제공한다면, 이 프로젝트는 도시에 대한 물의 해로운 지배력을 줄일 수 있다는 장점이 있다. 더욱이 공원으로서의 계획도 훌륭하여 16킬로미터에 달하는 해빈단구 전체에 여러 시설물이 세심하게 배치되어 있다. 해빈단구가 파괴되면 시설물 대부분은 사라지겠지만.[13]

'재건을 위한 설계' 공모전에 나온 것 중 적응을 강조한 프로젝트

Wetlands and their capacity for gradual transformation form a critical part of the design.

Wetland adaptability over time is a function of soil accretion, which itself depends on using tidal sediment transportation patterns.

How does soil accretion work?

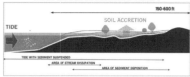

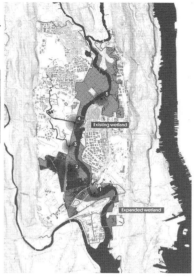

Data points

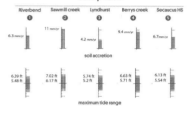

Riverbend	Sawmill creek	Lyndhurst	Berrys creek	Secaucus HS
❶	❷	❸	❹	❺
6.3 mm/yr	11 mm/yr	4.2 mm/yr	9.4 mm/yr	6.7 mm/yr

soil accretion

| 6.39 ft | 7.02 ft | 5.74 ft | 6.63 ft | 6.13 ft |
| 5.48 ft | 6.17 ft | 5.2 ft | 5.71 ft | 5.54 ft |

maximum tide range

MIT가 부분적으로 참여한 이 프로젝트에서 강조되는 것은 완화보다는 적응이다. 이 프로젝트는 폭풍우가 심해졌다가 누그러짐에 따라 높아졌다가 낮아지는 습지 해빈단구를 만들게 된다.

그 결과 해빈단구는 비야케 잉겔스 그룹의 프로젝트에서처럼 고정된 건조물로 유지되는 것이 아니라 형태가 변하게 된다. MIT 프로젝트는 그 적응력 덕분에 더 열린 것이 되었다.

가, 드라이라인 바로 건너편 스태튼섬 남쪽 토튼빌에 축조되고 있는 '살아 있는 방파제Living Breakwaters'다. 살아 있는 방파제는 '중첩된 방어 시스템'을 제공하는 일련의 단구들이다. 그것들은 해수면 상승 과정에서 서서히 침식했다가 저절로 새로 만들어질 것인데, 수문학hydrology(물의 생성, 분포, 순환, 생물계와의 상호작용 등을 포함한 지구상의 물과 관련된 학문 – 옮긴이)적 관점에서 말하자면 조류의 활동 때문이다. 이 프로젝트는 토튼빌의 굴 양식장 유지를 목표로 하기에, 드라이라인 같은 유희적인 측면은 없다. 살아 있는 방파제는 눈에 보이지 않는 생산적 이득을 가져다준다. 도시 거주자들은 이 사실을 지적으로 이해할 필요가 있다. 드라이라인은 이 점을 시각적으로 확인시켜준다. 드라이라인은 확실히 사용자 친화적이다.

버넘이 지은, 습지를 콘크리트로 덮어버린 공원에서는 불행히도 해빈단구를 통한 자연적인 물 관리가 어렵다. 땅에 대해 조금 더 융통성 있게 생각한다면, 해빈단구 건설은 단순한 토양 조성soil-shaping 프로젝트 이상의 것이 된다. 습지가 제대로 작동하게 하려면 무엇을 심어야 할까? 예를 들면 어류를 다시 불러오려면 페놀 오염수에 비교적 둔감한 외래종 갈대가 필요하다. 현재 주변의 생태가 원시적인 상태와 너무도 달라졌기 때문에, 아무 일도 하지 않고 원래 상태로 돌아가기를 기대할 수는 없다.

완화와 적응에 관한 토론에는 커다란 윤리적 이슈가 숨어 있다. 기후변화는 대체로 인간이 초래한 현상이다. 따라서 인간은 자연을 지배하려 하지 말고 자연과 함께 일하면서 좀 더 겸손한 기준에서 생각하려고 애써야 한다.

짓기와 거주하기

어두운 숭고함 태곳적부터 산은 그 야성 때문에 인간이 살 수 없는 곳, 길들임의 위력을 초월하는 곳으로 여겨졌다. 문명이 번성할 수 있는 곳은 계곡, 혹은 바다에 가까운 평지였다. 18세기 말, 미국의 문화사가 마저리 호프 니컬슨Marjorie Hope Nicolson은 이렇게 썼다. 인간이 자연 세계에 수평적으로 부과한 "패턴, 규칙성, 대칭성, 절제, 비례"와는 반대로, 높은 산맥은 "다양성, 차별성, 불규칙성, 그리고 무엇보다 (…) 불확정성과 광대함"을 상징한다고. 그리하여 바이런은 이렇게 썼다.

> 내 위에는 알프스,
> 자연의 궁궐, 거대한 벽이
> 눈 덮인 정수리가 구름 속에서 치솟았고
> 차가운 숭고함의 얼음 같은 홀에서
> 영원성이 왕좌에 올랐다.
> 그곳에서 형태와 폭포,
> 눈사태―눈의 벼락이!
> 영혼을 넓히면서도 오싹하게 만드는 그 모든 것이
> 이 정상의 주위에 모여드나니 (…)

이것은 어두운 숭고함을 가진 산의 파괴적 힘을 표현한 시다. 이러한 자연 앞에서 인간은 왜소할 뿐이다. 이제 해로운 장엄함을 상징하던 산의 자리를 물이 차지했다. 산은 움직이지 않고 움직일 수 없는 반면, 해로운 물은 허리케인이라는 형태로 우리에게 다가와 해를 입히거나 가뭄의 형태로 파업을 벌인다.[14, 15]

자연에 대한 경외감은 낭만주의 시대의 큰 주제로, 세낭쿠르의 글과 당대 풍경화에 구현되어 있다. 미국인들은 허드슨강 화파를, 유럽인들은 카스파어 다피트 프리드리히를 떠올릴 것이다. 이런 풍경화들에서 호모 파베르는 부재하고, 자연은 손 닿은 적 없는 거대한 존재로 그려진다. 프리드리히는 이러한 경외로운 자연에 그와 어울리는 공포감을 부여했다. 그가 그린 고독한 인간 형체는 계곡의 심연이나 급류 아래로 막 떨어질 찰나에 있는 것처럼 보인다. 그것은 월폴 같은 부류가 자연환경 속에서 편안함을 느꼈던 계몽주의 시대와는 전혀 다른 관점이다. 프리드리히의 풍경화는 계곡, 들판, 강의 형태를 보강하고 강조하기 위해 화폭에 장대한 건축물들을 삽입한 클로드 로랭Claude Lorrain의 풍경화와도 다르다. 클로드는 호모 파베르가 만든 건축물을 풍경의 연장으로 보지만, 프리드리히는 그렇지 않다. 그는 감상자인 인간이 자신의 하찮음을 느끼도록, 인간이 만든 것이 부재한 자연을 극적으로 표현한다.

낭만주의 작품에서 어두운 숭고함을 가진 존재로 묘사되던 자연이 계속 진화하여, 이제 현실에서 해로운 물로 나타났다. 그것은 호모 파베르가 초래한 자연의 반격이라고 생태학자들은 믿고 있다. 마르틴 하이데거가 살아 있었다면 틀림없이 이렇게 말했을 것이다. '여러분은 자연을 뜻대로 다룰 수 있을 것이라고 크게 착각했다.' 그가 도시에서 철수한 것은 나치 이데올로기와는 별개로, 자연과 더불어 덜 공격적이고 더 평화롭게 살고 싶은 욕구 때문이기도 했다.

2장에서 보았듯이, 도시 탈출의 계보는 로마를 떠난 베르길리우스로부터 시작된다. 18세기에는 월폴과 거의 동년배인 루소가 그 계보를 잇는다. 신선한 공기 속에서 단순하게 살고, 생후 1년이 넘도록 자식에게 모유를 먹이고, 집에서 짠 옷감으로 옷을 지어 입는 삶에 대한 루소의 송가는 동시대인들에게 호소력을 발휘했다. 그들은 그런 자연적인 생활 방식을 도시의 인공성과 대비시켰다. 산업 시대에 들어 마르크스의 눈에, 자연을 오염시키는 공장은 방치된 들판과 함께 현대 사회가 겪는 큰 변형의 일부였다. 자연은 프롤레타리아의 노동처럼 착취되었다. 《정치경제학 비판 요강Grundrisse》에서 그는 이렇게 썼다. "자연은 (…) 인간에게는 순수한 대상물, 그저 유용하기만 한 어떤 것이 되고 (…) 더 이상 스스로를 위해 작동하는 힘으로는 인식되지 않는다. (…) 인간은 소비 품목으로서든 생산수단으로서든 자연을 자신들의 욕구를 위한 필요에 종속시킨다."[16, 17]

특정 계층의 사람들만 우호적인 방법으로 자연과 친해질 수 있다는 사실에 주목할 필요가 있다. 집 안에서 여성이 루소 스타일의 단순하고 얇은 모슬린 드레스를 입고 지내려면 화덕에 불을 계속 활활 피워 집안 온도를 높여두어야 한다. 인간의 자연 상태는 벌거숭이나 마찬가지이므로 난방이 잘되는 집이 필요하다. 빈민이 사는 오두막은 엉성하게 지어졌기 때문에 언제나 옷을 잔뜩 껴입고 있어야 한다. 모슬린 직물과 비슷한 것을 현대에서 찾는다면 유기농 뮤즐리일 것이다. 그것은 단순하고 맛있고 비싸다. 녹색 생태학은 건설 환경 면에서는 스마트 시티인 마스다와 송도의 값비싼 건축물에 해당한다. 그렇다면 문제는 어떻게 하면 자연과 겸손하고 특권적이지 않은 관계를 맺을 수 있는가이다.

기후 위기를 다루는 데 있어 햄릿의 질문을 변형하여 '지을 것인가 짓지 않을 것인가'라고 묻는다면, 답은 명백하다. 지어야 한다. 다만 다르게 지어야 한다. 적응의 우선성을 인정하는 것이 도시에서의 윤리적 건설 방식이다. 완화에만 집중하는 것은 겸손하지 못한 전략이다. 해로운 물은 전복할 수 없는 힘을 우리에게 행사한다. 다른 분야에서도 그렇듯이, 우리는 적대적인 힘과 협력할 필요가 있고 이런 대책의 적용 범위는 넓다. 완화와 적응은 모든 건설의 기본 양식이다. 불규칙한 기후변화에 대응하는 이 두 가지 방식은 빌을 만드는 데 필요한 모든 작업을 자신의 거울로 삼는다.

파열과 결착 —
'정상적'인 도시 시간

빌은 두 가지 시간의 틀 속에서 건설된다. 첫 번째 틀에서 시간의 화살은 앞으로 꾸준히 나아간다. 건물과 공간은 환경에 서서히 추가된다. 새로 지어졌거나 개조된 집, 소규모 공원 같은 작은 것들도 종종 추가된다. 두 번째 틀에서 시간의 화살은 기존 환경 속에 있던 것을 파열시키는 크고 대담한 선언에 의해 전진한다. 그것은 바잘젯의 하수도, 오스만의 대로, 세르다의 블록, 옴스테드의 공원 같은 메가 프로젝트의 시간이다. 첫 번째 시간은 이미 만들어져 있는 것의 맥락을 감안하는 적응적 성격을 가지고 있다. 제인 제이콥스의 "느린 성장"의 영역이다. 두 번째 시간은 나쁜 시간으로 보일 수 있다. 르코르뷔지에의 부아쟁 계획이나 전통적 도시 형태의 파괴를 일삼는 여러 스마트 시티처럼 맥락을 위반하고 지워버린다. '지금'은 '예전'의 적이 된다.

적응과 결착accretion이라는 느린 성장의 영역은 우리를 감상적으로 끌어당기지만, 현대의 건설 환경에서 파열은 불가피하다. 현대의 건물들이 이전 시기의 건물들보다 수명이 짧기 때문이다. 지금까지 수백 년을 존속해온 조지아 시대의 테라스는 앞으로도 수백 년을 더 살아남을 수 있지만, 현대의 상업용 고층 빌딩은 35~40년이면 수명이

다할 것이다. 부실시공이어서가 아니라 융통성이 없어서다. 핵심 투자는 특정한 목적에 완벽하게 들어맞는 건물을 선호한다. 그래서 용도 변경이 요구되거나 주거 형태가 진화하면 기존 건물의 수명은 끝난다. 내가 Q 부인과 함께 목격한, 어디에도 닿지 못하는 상하이 고속도로도 이런 파열을 의미한다. 런던의 사우스뱅크 여러 지역에서도 비슷한 현상이 벌어지고 있다. 급속도로 진화하는 도시의 새 건물들은 그 형태와 기능이 더욱 경직되어 있기에 수명도 더욱 짧다. 현대 도시의 이런 카멜레온 같은 성격으로 인해, 오래된 것은 더욱 감상적인 아우라를 갖게 된다.

결착과 파열의 대비는 오늘날 전 세계에서 도시 발전에 대한 토론을 자극한다. 기존의 도시 직조를 파열하는 프로젝트는 힘을 과시하는 경향이 있는데, 특히 정치가들이 선호하는 상징적인 공공 구조물인 올림픽 경기장, 미술관, 수족관(몇 년 전 유행했던 고가의 시설물)이 이에 속한다. 그러나 도서 구입비를 마련하려고 애쓰는 학교에게 수족관은 별로 가치가 없다. 결착을 통한 성장은 도시의 하향식 발전과 반대되는 상향식 발전으로 보이기에, 그 매력이 강화된다.

하지만 시테에서, 자녀를 먼 동네에 있는 좋은 학교에 보내려고 애쓰는 아시아 이민자가 '인내심을 가져야 한다. 사람들의 태도는 천천히 변한다'는 말을 듣는다면, 그는 사회적 정의의 대리인으로서 파열을 고려할지도 모른다. 빌에서도 마찬가지다. 현대 메가 시티의 크기는 근본적으로 새로운 대규모 도시 형태의 필요성을 시사한다. 멕시코시티를 예로 들면 2500만 명 정도의 인구가 엄청나게 넓은 땅에 퍼져 살고 있다. 그들 대부분은 가난하고, 거주 지역에는 일자리가 없어 통근하는 데 두세 시간이 소모된다. 그들은 네덜란드 크기만 한 그 도시의 실패한, 점진적인 교통 대책보다 더 나은 대답을 필요로 한다. 무언가 큰 변화를 원하는 것이다.

이렇듯 파열과 결착에 관한 토론은 너무 복잡해서 하향식 대 상향식으로 단순화시키기 힘들다. 도시 시간에 대한 이해를 증진시킬 한 가지 방법은 그것을 기후변화의 시간과 연관시키는 것이다. 큰 파열은 도시를 강타하는 폭풍우에 비견할 수 있을까? 제인 제이콥스의 기준에서는 그렇다. 로버트 모지스가 원했던 뉴욕 워싱턴스퀘어를 관통하는 고속도로는 '대재앙' 프로젝트로, 벤저민 프랭클린식 진보라는 인간이 만든 폭풍우로 파괴의 씨앗을 뿌리려 했다. 파열은 곧 트라우마다.

기후변화에 대처할 때 적응과 완화 전략 모두를 구사해야 하듯이, 빌을 만드는 방식도 시간이 흐르면서 진행되는 결착과 설계에 의한 파열을 동시에 고려하는 것이 합리적이다. 멕시코시티 주민들을 위한 새 기차역 건설이나 베이징 석탄 발전소를 태양열 발전소로 바꾸는 것은 서서히 진행할 수 있는 프로젝트가 아니지만, 지역이 그런 변화에 적응하기까지는 오랜 시간이 걸릴 수도 있다.

배터리파크 시티 파열과 결착 간의 균형을 성찰하기 좋은 장소는 배터리파크 시티다. 그곳은 맨해튼 남단에 새로 조성된 지역으로, 허리케인 샌디의 직격타를 맞은 곳이기도 하다. 배터리파크 시티는 1980년대와 1990년대에, 동쪽 월스트리트의 오피스 타운보다 좀 더 혼성적인 지역을 만들기 위해 매립지에 건설되었다. 발상은 1811년에 맨하튼에 처음 적용된 격자를 다시 적용하여 그 도시의 다른 주거 지역과 유사한 빌을 짓자는 것이었다. 책임 설계자인 스탠튼 에크스텃Stanton Eckstut은 자신의 작업 신조를 직설적으로 표현했다. "거의 모든 건물은 배경이 될 수밖에 없지만 그중 일부는 스타가 될 수 있다. 하지만 최우선 순위는 잘 디자인된 거리다." 이렇듯 그의 신조는 르코르뷔지에의 부아쟁 계획과 정면으로 맞섰다. 기존의 거리 패턴을 모방하려는 그의 충동은 그와 유사한 계획으로 이어져 맨해튼 거리 벽을 다시 만들고, 어퍼이스트와 웨스트사이드 옆길에 있는 저층 타운하우스의 파사드를 모방하기도 했다. 조경 건축가 폴 프리드버그Paul Friedberg가 주도한 배터리파크 시티의 조경은 많은 뉴요커들이 바라던 뉴욕을 재현했다. 수십 년 동안 개가 오줌을 싸도 지장이 없는 좋은 나무 심기, 아무도 훔쳐가지 않는 예쁜 꽃이 심어진 콘크리트 화단 등. 전체 계획은 다음의 다섯 가지였다. 첫째, 작게 생각하기. 둘째, 기존의 것을 활용하기. 셋째, 통합하기. 넷째, 거리를 활용하여 장소 만들기. 다섯째, 디자인 가이드라인 확립하기.

비판자들은 배터리파크 시티가 오늘날의 상하이 신티엔디처럼 미화되고 이상화된 과거를 모방한 것으로 보인다고 말한다. 신티엔디의 다양성은 설계에 의해 즉각 달성된 것이다. 그러나 배터리파크 시티의 렉터 플레이스가 모방하는 거리들은 여러 세대에 걸쳐 서서히 다양성을 달성했다. 각 세대는 거리에 자신들의 디자인적 취향을 더했다. 게다가 블록 안쪽의 건물 형태의 변화, 그리고 블록 중심부의 낮은 건물과 블록 가장자리의 높은 건물의 관계는 여러 세대에 걸쳐 재산과 사는 방식이 다양해진 결과물이다. 거리가 복잡해 보이는 것은, 사람들이 사는 상이한 방식들이 거기에 축적되기 때문이다.

이러한 비평의 배후에 있는 시간 논리는 무엇인가? 결착되는 요소들은 건설되는 것과 사는 것의 교차점에서 창조되는 테마와 변주의 일반형이다. 가장 평범한 도시의 물체인 현관 입구 계단stoop을 예로 들어보자. 높은 현관 계단은 1890년대에 도시 빈곤 지역의 주택을 개혁한 뉴욕의 건축 법규가 지정한 입구 계단이다. 이런 넓은 계단은 그저 사람들이 드나드는 출입구로 설계되었다. 그런데 사람들이 점차 그 계단에 담요를 깔고 앉거나 테이블처럼 먹고 마실 것들을 놓으면서 그곳은 사교 공간이 되었다. 지독히 더운 뉴욕의 여름에는 더욱 그랬다. 이는 새 용도가 오래된 형태를 사용 불능으로 만든 것이 아니라, 더 복잡하고 열린(시스템의 기준에서 말하자면) 형태로 만든 사례다.

배터리파크 시티에서 결착은 일반형 건설의 특이한 종류다. 계획가들은 테마와 변주 방식 개발의 결과를 그 새로운 장소에 대규모로 적용했다. 그들이 변형 작업을 직접 하지 않고, 다른 곳의 사례를 전용한 것이다. 그런 행동은 사기처럼 보이겠지만, 매립지에 세워진 이 인스턴트 지역사회는 시간이 흐르면서 잘 발전했다. 배터리파크 시티는 본질적으로 중산층의 성격을 유지하고 있는 반면 그 주위 지역들—트라이베카와 월스트리트—은 가차 없이 부유층에게 넘어갔다. 그러나 거기서 거주하는 사람들도 이웃이다. 그곳에는 관광객들이 버린 쓰레기 청소에서부터 고층 빌딩 지하 회의실에서 열리는 행사 참여에 이르기까지 모든 일을 처리하는, 지역사회적으로 조직된 아주 다양한 그룹들이 있다.

그렇지만 이런 전용에는 문제가 있고, 그것은 아이들을 위한 놀이 공간에서 확연히 드러난다. 꼼꼼하게 갈퀴질된 모래판에서 신나게 뛰어다니는 유아들은 충분히 행복하지만, 머레이가와 워렌가 사이의 노스엔드가에 있는 구립 구기장들은 방치되기 일쑤다. 그 이유는 시내에서 10대들이 줄어드는 이유보다 더 심각하다. 6번가와 3번가가 만

짓기와 거주하기

나는 모퉁이에 있는 농구 코트들처럼 시내 어디서든 아이들이 지하철로 올 수 있는 곳이 아니기 때문이다. 농구 코트들 주변에는 철조망이 둘러쳐져 있고, 나무 몇 그루도 서 있다. 6번가를 올라오는 트럭 소음과 택시 경적 소리, 여기에 라디오에서 흘러나오는 라틴 음악과 랩 비트까지 더해져 귀가 먹먹할 정도다. 이런 혼잡한 놀이터에 있는 모든 것은 표면이 딱딱하다. 하지만 배터리파크 시티의 아이들을 포함한 10대들은 그곳으로 몰려든다. 원래 그들을 위해 만들어진 곳이 아니었지만, 그들 자신이 이 장소를 활용하기 위해 손을 보탰기 때문이다.

스탠튼 에크스텃의 지역사회 안에는 큰 파열이 하나 있다. 브룩필드 플레이스라 불리는 거대한 오피스용 복합 타워다. 세자르 펠리 César Pelli가 설계한 그 건물 1층 실내에는 열대식물 정원이 있고, 야외에는 요트 계류장이 있다. 그 건물은 인근의 기풍과 단절되어 있다. 열대식물은 뉴욕시의 공기에 노출되면 죽을 것이고, 요트 소유주들은 그곳 주민들이 아니다. 흉측하기는 해도 이 건물의 장점 하나는 인근의 맥락을 깨뜨린다는 사실을 숨기려고 애쓰지 않는다는 것이다. 프로젝트가 시작될 때부터 파열은 예정되어 있었다. 장소보다는 공간을 구매하는 핵심 투자자들의 국제적 자금으로 건설되었기 때문이다.

새로운 형태의 집단행동에 빠질 때 "인간은 자신을 인식하지 못한다"고 에밀 뒤르켐은 말했다. 이 말은 민간인들을 대상으로 기계화전을 처음 수행한, 뒤르켐 이전 세대인 미국 군인들에게 극적으로 들어맞는다. 기계화전은 미국 남북전쟁에서 처음 등장했고, 군인들은 스스로의 행동에 당황했다. 뒤르켐은 군인들의 당황스러움이 자아와 타자에 대한 의식을 잃게 만드는 파열을 일으킨다고 생각했다. 반면 파열은 행동을 부른다는 학설도 있다. 가령 급진적인 노동 운동가들은 파업을 단순한 협상의 기술이 아니라 정치적 각성으로 받아들인다. 파열은 시스템에 어떤 문제가 있는지를 명확하게 보여주기 때문이다.18

열린 시스템 사고방식은 파열을 전체 시스템을 바꿀 계기로 본다. 티핑 포인트를 만들어줌으로써 시스템을 깨워 일으키는 것이다. 나비가 폭풍우를 일으킨다는 말처럼 작은 변화는 더 큰 변화를 촉발한다. 닫힌 시스템에서는 작은 사건들이 축적되기만 할 뿐 티핑 포인트에 도달하지는 않는다. 그저 매끈한 일직선 형태로 단계적으로 쌓이기만 한다는 말이다. 따라서 닫힌 시스템에서 성장이 발생한다면, 그것은 기존 패턴의 파괴를 통한 갑작스러운 도약이 아니라 다른 어떤 것 때문이다.

뉴욕의 계획가들은 배터리파크 시티가 로어맨해튼에서 훨씬 더 큰 변화를 촉발하여 월스트리트를 금융 기계에서 주택, 학교, 사무실, 미술관, 작은 상점이 뒤섞인 지역으로 변모시키는 도시적 티핑 포인트가 되기를 원했다. 제인 제이콥스가 말하는 느린 성장의 확대, 트라이베카에서 월스트리트로 계속 퍼져나가는 성장은 계획가들의 바람처럼 오피스 구역에서 주거 구역으로의 변화를 급발진시킬 것 같지 않았다. 크고 극적인 프로젝트가 필요했다. 설사 그것이 도시의 나머지 부분과 똑같아 보이는 것을 추구했다 해도. 하지만 배터리파크 시티는 티핑 포인트에 도달하지 못했다. 그곳의 한쪽 면을 따라가는 왕복 8차로짜리 웨스트사이드 고속도로 때문이었다. 이 고속도로는 그 프로젝트가 여러 구멍을 통해 주변 환경에 젖어들게 만드는 울타리가 아니라, 그것을 주변과 단절시키는 장벽이 되었다.

세자르 펠리의 오피스용 복합 타워는 주거 환경과 오락 환경을 파

결착과 파열은 도시 건설의 근본적 리듬이다. 그 리듬은 윤리적 딜레마를 제기한다. 뉴욕주 배터리파크 시티에 있는 이 건물은 맨해튼의 다른 곳에 있는 아파트 건물들을 모방한다. 그곳 주민들은 지금 사람들이 누리는 것과는 아주 다른 가정과 직장 생활을 누린다.

열하는, 가치의 자의적 표시물이다. 비교할 수 없이 더 비싸기는 하지만 본질은 플라스틱 벤치와 똑같다. 그것은 이렇게 선언한다. '바로 곁의 여건이 어떻든 상관없이 자유의 여신상이 바라보이는, 목재 패널로 꾸민 사무실을 찾는 분들을 위한 것이 여기 있다.' 그 지역 거주민이라면, 혹은 멋진 건물을 좋아한다면, 펠리의 복합 타워는 부정적 표시물이다. 뉴욕은 건축가의 서류함에서 곧바로 지상으로 직행한 것 같은, 딱 펠리의 건물 같은 상업적 타워로 가득하니 말이다. 그러나 배터리파크 드림의 자의적인 파열에 대해서는 말해둘 것이 있다.

이렇게 임의로 부과되는 과제는 런던 도크랜드의 헤런 키스Heron

이와 대조적으로, 파리의 투르몽파르나스는 주위의 역사적 직조를 파열한다. 그것은 흉측하며, 우리 시대의 솔직한 모습이다. 도시 설계는 향수와 진실을 어떻게 중재해야 할까?

Quays 같은 수변 공간 프로젝트와는 상반된다. 헤런 키스에서는 도시의 한 부분을 다른 시간대에서 바라보는 느낌이 든다. 아주 큰 구조물을 마치 언제나 그곳에 있었던 것처럼 시뮬레이션하는 것은, 도시 직조에 끼어든 침투의 규모를 숨기는 한 가지 방법이다. 건물이 다른 시대에 있는 것 같은 착각을 만들어냄으로써 구조의 존재 자체가 합법화된다. 오래된 기정사실처럼 느껴지는 감각이 판단을 방해하지만 우리는 어떤 일도 할 수 없다. 그에 비해 여기서는 이 도시적 약점 때문에, 다른 가치를 강요하고 고집하는 것을 인식할 수밖에 없다. 내가

짓기와 거주하기

안타깝게도 깨닫게 되었듯이 그것은 경제적 사회적 규모의 반대쪽 끝에서, 퇴락한 건물 바로 앞에서, 여기에는 무언가 가치 있는 것이 있다며 맥락에 들어맞지 않는 어떤 것을 시도하려 하는 내 플라스틱 벤치의 선언이다.

이 측면에서 보면 르코르뷔지에는 파열의 잘못된 이미지를 물려주었다. 과거의 파열에 대한 그의 생각은 과거를 평평하게 밀어버린 뒤, 그 위에 새로 무언가를 지어서 도시 거주자들이 그곳에 무엇이 있었는지를 잊어버리게 만드는 것이었다. 그러나 예술에서든 삶에서든 제대로 된 파열은 지우개가 아니다. 현대 화가 사이 트웜블리Cy Twombly는 17세기 화가 니콜라 푸생Nicolas Poussin에게서 일부 작품의 제목과 그 이미지 조각까지 가져다 쓰지만, 결국은 물이 뚝뚝 떨어지고 물방울을 튀겨내는 자신의 선들을 부각시킨다. 이것이 좋은 파열의 예다. 또한 전통적인 근린 지역에 들어맞지 않는 비뚤비뚤한 건물, 하이라인처럼 평범한 유원지와는 다른 공원, 하수도 시설 위에 설치된 놀이터 같은 공공 공간은 설계에 의한 파열이다. 그것은 맥락을 부각시킴으로써 장소 의식consciousness of place을 창조할 수 있다.

맥락적 계획은 시간 속에서 성장한 환경을, 생활이 만드는 것과 건설되는 것의 교차를 존중하기 때문에 매력적이다. 따라서 르코르뷔지에처럼 평평하게 밀어버리고 새로 짓는 방식은 취하지 않는다. 조지아식 상인방을 교체하지 말라, 저 나무를 베어버리지 말라, 새 창문을 설치하려면 신중을 기하여 그것이 잘 어울리는지 살펴보라, 존중하라. 이것이 맥락적 계획이다. 하지만 모든 유혹적인 것이 그렇듯이 맥락적 계획은 기만적일 수 있다. 다시 말해 현대적 맥락은 다르다. 시카고와 상하이에 공통되는 거리 풍경의 맥락은 맥도날드, 스타벅스,

애플, HSBC 현금 출납기 등이다. 더 높은 가격대에는 구치와 BMW 쇼룸이 있다. 이런 동일성의 맥락은 사회 기반시설에까지 확장된다. 상하이와 시카고 타워들의 포장을 벗겨내면 철강 골조들은 구조상 대체로 동일할 것이다(실제로 두 도시의 대규모 토목 건설 회사들이 사용하는 철강은 십중팔구 같은 회사 제품일 것이다. 다른 건축 자재도 마찬가지다). 개성 없는 표준화가 현대적 빌의 '맥락'이다.

바로 여기서 일반 건물의 적응과 파열의 관계를 기후 위기에의 적응과 파열의 관계에 빗대어 평가하고 싶다. 윤리적 균형은 다르다. 기후변화에 적응한다는 것은 인간이 혼자 힘으로 위기를 벗어나지 못한다는, 인간의 한계를 인정하는 것이다. 일반 건물에서 적응이란 인간이 만든 힘에 대한 굴복일 수 있다.

맥락 속에서의 사유, 적응적 계획의 실천이란 기존 질서를 파괴하지 않고 변화를 서서히 도입하여, 그 변화가 전부터 있던 것 속에 서서히 흡수되고 통합되게 하는 것을 의미한다. 이런 점진주의는 갈등 없는 변화를 최우선으로 둔다. 그 변화는 성격상 보수적이다. 당신은 튀어 보이는 것은 짓지 못한다. 당신은 신중하며, 말썽을 일으키지 않는다. 요구는 있지만 절박하지 않다. 백인 학교에 입학하려는 흑인 아이는 기다려야 한다. 위기는 없다.

이미 일어난 일이라는 이유만으로 과거가 더 나을 까닭은 없다. 새것 역시 그것이 과거와 다르다는 이유만으로 더 나을 것이 없다. 예술적인 건축은 파열을 맹목적으로 숭배하는 경향이 있다. 미술관들이 도발적인 미술품을 팔아 부자가 되는 왕국, 테크놀로지 신생 기업들이 산업에 혁명을 일으키겠다고 약속하는 왕국, 투자 은행들이 이전 그 누구도 생각하지 않았던 금융 투자를 통해 돈을 벌려고 하는 왕국

짓기와 거주하기

의 시민들처럼 말이다. 그렇기는 해도 일반 건물의 파열 없이는 빌과 시테 모두 시들어버린다.

우리가 보았듯이, 기후변화의 영역에서 시간은 들쭉날쭉하게 펼쳐지는 단기적 기간과 그와 다른 장기적 기간에 각각 다른 종류의 그늘을 드리운다. 건물의 일상적 영역에서 시간은 서로 비슷한 두 차원으로 존재한다. 서서히 형태가 부착되는 장기적 차원과, 현재의 직조나 건물 유형을 파열시키는 단기적 차원이다. 건설 환경의 품질에 관한 질문에서 이런 그늘들은 정확히 어떤 차이를 만드는가?

여기에 대답하려면 장인의 기술craftsmanship에서 시간의 역할에 대해 생각해보는 것이 유용할 것이다. 공예 기술은 천천히 발달한다. 즉, 그것은 몸에 서서히 부착된다. 《장인》에서 내가 했던 계산은 이제는 익숙한 '1만 시간 법칙'으로 이어졌다. 프로 테니스 선수나 첼리스트, 혹은 좋은 외과의사가 되기 위해 복잡한 기술을 숙달하는 데 필요한 시간 말이다. 게다가 하나의 기예를 실행하는 데 필요한 각각의 기술은 맥락에 의존한다. 좋은 외과의사의 가위질 기술은 살 속을 신중하게 헤집는 기술, 그리고 수술 과정에서 발휘해야 하는 여러 다른 종류의 숙련된 동작과 연관된 것이어야 한다.

그렇지만 장인이 자신의 기술을 개선하려면 파열이 일어나야 하며, 기술의 폭풍이 필요하다. 뭔가가 어긋나면, 뭔가가 이미 알려진 영역에 동화될 수 없게 되면, 그 파열은 목수나 외과의사가 이미 알고 있던 것을 다시 생각하도록 자극할 수 있다. 장인의 기술 세계에서 이런 파열은 특별하고 귀중한 티핑 포인트다. 장인의 기술은 예기치 못한 일과의 만남을 거치면서 더 나아진다. 오래된 기술이 확장되거나 새 기술이 옛날 기술에 추가된다. 나는 이상적인 상태를 말하는 것이 아니라, 내가 연구한 거의 모든 장인이 자신들의 일을 더 개선시킨 수단에 대해 설명하고 있다. 그들은 결정적인 지점에서 그 이전에 자신들이 당연시해오던 것을 해체할 필요가 있었다. 같은 방식으로 페스팅어는 정해진 경로를 깨뜨리는 것이, 그렇게 하여 인지 부조화를 창출하는 것이 실험실 동물들을 도발하고 자극한다는 것을 발견했다. 또 스펙트럼의 다른 쪽 끝에서 존 듀이는 예술가들이 저항과의 만남을 통해 발전한다고 주장했다.

건설 환경에서 파열이 건설의 품질을 반드시 개선시키는 것은 아니다. 그것은 도발할 수 있고, 펠리의 타워처럼 주위 환경이나 대조적인 환경에 대한 인식을 일깨울 수 있다. 그러나 그 결과가 반드시 더 나은 건물을 만들어주지는 않는다. 상하이에서 시카고에 이르기까지 우리가 조사한 도시들 중 어느 한 곳도, 어떤 건물이나 계획이 새 형태를 가졌거나 기존 직조를 찢어버린다는 사실 그 자체로 건설 환경 품질이 개선되지는 않았다. 베네데토 크로체 같은 관념주의 철학자―듀이의 우호적인 적대자―라면 물론 사물의 품질은 그것이 존재하는 시간과 별개의 것이라고 말할 것이다. 하지만 당신이 실제적 사고방식을 가진 사람이라면, 그런 단언이 당혹스럽게 느껴질지도 모른다. 건설도 실기實技가 아닌가? 그렇다면 그것도 숙련 기술의 규칙을 따라서, 시간에 따른 결착과 파열의 상호작용을 통해 개선되어야 하지 않을까?

이런 윤리적 머뭇거림과 비교는 다음과 같은 예리한 논점에 도달한다. 장인의 기술과 마찬가지로, 좋은 품질의 환경이란 수선될 수 있는 것을 말한다.

짓기와 거주하기

수선
—품질 테스트

클리셰 구해내기 '복원력resilience'과 '지속 가능성sustainability'이라는 단어는 오늘날 도시계획을 지배하는 클리셰다. 무슨 의미인지 상관하지도 않고 누구나 그것을 지지한다. 유엔, 록펠러 재단, 마스다의 건설자들 등. 사실 거의 모든 건설자는 좋은 나쁘든 무차별적이든 도시 개발을 합법화하려고 전력투구한다. 그러나 이 클리셰의 파트너들은 그들과 다르다. 음악에서 계류음은 시간을 유보하는 성질을 띤다. 건설에서도 지속 가능성은 지속적이고 영구적이고 오래 견딘다는 의미다. 반면 복원력이란 시간 속에서 발생하는 힘이나 압력에서의 회복을 뜻한다. 복원력 있는 금속은 압력을 흡수하기 때문에 깨지거나 영구적 형태 변형이 일어나지 않는다. 변했다가 되돌아온다. 공예 작업에서 복원력 있는 사물은 수선될 수 있다. 복원력 있는 환경 역시 그렇다. 시간이 흐르면 다시 튀어 오를 수 있다.

도시는 끊임없이 수선을 필요로 한다. 이는 여기저기 파인 도로를 헤쳐나가는 도시 주민이나 정전으로 고생하는 사람들, 노후한 대중교통을 타고 다니는 사람들에게는 새로운 이야기가 아니다. 실제적인 문제로 돌아가서, 결함 있는 건축물을 수선하는 것은 애당초 올바르게 짓는 것보다 비용이 많이 든다. 한 푼이라도 아끼려고 교통수단의 유지 관리를 늦추다가는, 뉴욕과 런던의 통근 열차가 그렇듯 수리가 더 힘들어진다. 제대로 여유 있게 형태와 기능을 조합했더라면, 지금 어디에도 닿지 않는 상하이의 도로를 수리하느라 새로 거액을 투자하지 않아도 되었을 것이다. 폐쇄적 시스템에서는 한 요소에서 뭔가가 잘못되면 전체 시스템이 기능을 멈추거나 무너질 수 있다. 하향식 경영에서 잘못된 명령이 내려오면 전체 기업이 피해를 입는 것과 마찬가지다.

일반적으로 열린 도시는 닫힌 도시보다 수선하기가 더 쉽다. 그것은 더 느슨하게 작동하며, 권력 관계가 지시적이 아니라 상호적이기에, 무언가가 잘못되거나 쓸모를 다해도 적응과 재정비가 가능하다. 원칙적으로는 그렇다. 현실에서는 열린 도시를 어떻게 수선하고, 어떻게 회복력 있게 만들 수 있을까?

도시계획가는 수선에 관해 장인에게서 특별히 배워야 할 내용이 있다. 부서진 꽃병을 수리할 때 장인이 세울 수 있는 전략은 세 가지다. 복원restoration, 교정remediation, 재구성reconfiguration. 도시가 기후변화로 공격을 받거나 내부가 파열될 때 바로 이 세 전략을 쓸 수 있다.[19]

수선 형식 꽃병을 복원할 때 장인의 목표는 그것이 새것처럼 보이게 하는 것이다. 그는 깨진 도자기 조각을 최대한 활용하면서 원래 공식에 따라 만들어진 재료를 메워 넣고 투명한 접착제를 쓴다. 그림 복원의 경우, 수선은 더 복잡해진다. 복원가가 판단해야 할 것이 있기 때문이다. 가령 초기 르네상스 풍경화의 복원 기준을 원래 그림이 완성된 시점으로 할지, 아니면 그 후 2세기가 지나 그 그림이 유명해진 시점으로 할지 결정해야 하는 것이다. 하지만 두 경우 모두, 그림에서 장인의 노동은 눈에 보이지 않아야 하고 시간은 중단된 듯 보여야 한다.

꽃병은 교정함으로써 두 번째 방식의 수선을 받을 수 있다. 이런 종류의 작업에서 장인은 원래 공식을 모방하지 않고 현대의 도자기 공식을 사용한다. 그리고 원래 것보다 더 강하지만 표면에 자국이 드러나는 접착제를 사용하여 조각들을 붙인다. 부서진 기계를 수리할 때

개량된 새 메모리칩을 바꿔 끼워 더 빨리 작동하게 하는 것과 동일한 종류의 교정이다. 그렇게 교정해도 그 대상은 원래 하기로 되어 있는 일을 한다. 꽃병은 같은 분량의 물을 담는다. 기계는 같은 프로그램을 돌린다. 그리고 장인의 손길이 확실하게 가해진 그 교정된 물건은, 어떤 측면에서는 원래 것보다 더 낫다.

세 번째 종류의 수선은 재구성이다. 여기서, 어딘가 부서진 물건을 기능과 형태 모두 이전과 다르게 만들 기회가 생긴다. 장인은 깨진 꽃병 앞에서, 그것으로 꽃병이 아니라 접시를 만들 수 있는지 판단한다. 그 깨진 가장자리에 부식성 접합제를 묻혀 날카롭지 않게 만들면 과일이나 고기를 담을 수 있는, 오래되었지만 새로운 물체가 탄생한다. 그것은 형태뿐 아니라 기능도 개조한 것이다. 현대에 이르기까지 알뜰한 도예가들은 이런 일을 항상 해왔다. 그래서 귀중한 재료를 거의 낭비하지 않았다. 이와 비슷하게 알뜰한 기계 활용에서도 재구성이 이루어진다. 낡은 자동차에서 유리와 강철을 뜯어내어 녹인 다음 건물용 창문과 철강 빔을 만든다. 재구성을 할 때 장인들은 타인이 구상한 형태의 하인이 아니라 형태의 발명가가 된다. 원래 물건은 시간 속에서 앞으로 흘러가는 작업의 재료로 쓰이며, 그 질료는 루크레티우스적인 것(물질은 운동하는 원자들의 체계로 이루어지며, 변화는 불변적인 원자들의 가감이나 재정돈이라는 루크레티우스의 입장 – 옮긴이)이 된다. 그의 재료 재구성이 그 어떤 미리 예정된 형태나 운명도 갖고 있지 않은 것처럼 말이다.

이 세 가지 형태의 수선은 닫힌 형태에서 열린 형태에 이르는 모든 영역을 포괄한다. 복원은 닫힌 종류의 수선이다. 그 모델이 물질, 형태, 기능을 지배한다. 교정에서 재료는 자유로워지지만 여전히 형태와 기능이 엄격하게 결합되어 있다. 재구성에서는 여전히 원래의 재료인데도 형태와 기능 간의 결합은 느슨해진다.

복원, 교정, 재구성을 도시에서 유추해보면 복원력이 더 잘 이해된다. 상하이의 빅토리아시대 마을이나 바우하우스 타운의 시뮬레이션은 현대 제작자의 손이 드러나지 않도록 만든 복원물이다. 멈퍼드의 전원도시 같은 교정 작업은 오래된 것과 새것, 농장과 공장이라는 다양한 재료를 사용했지만 형태와 기능의 결합은 단단했다. 도시의 재구성은 8장에서 서술된 열린 형태를 채택한다. 일반형은 변주 과정을 가능케 하고, 빌은 동시성의 창출을 통해 더 복잡해지고, 불완전한 형태 덕분에 덜 단호해지고, 일부러 구멍을 낸 다공적인 가장자리 덕분에 사회적 교류가 많아진다. 이 모든 이유로 인해 형태와 기능 사이의 결합은 느슨해지고, 도시는 열린 상태로 자유롭게 진화한다.

이런 기준에 따라 진행되는 수선 작업에는 정치적 메아리가 있다. 부서진 꽃병을 원래대로 되돌리는 복원 작업을 사회적으로 해석하면 곧 어떤 문화를 그 기원으로 되돌리려는, 혹은 인간이 순수하고 진정한 방식으로 살았던 에덴 시대로 돌아가려는 욕구다. 이를테면 세르비아 민족주의자들은 그들의 문화가 13세기에 순수한 상태로 존재했다고 믿었다. 그래서 그 현대의 세르비아 복원가들은 순수성 복원을 위해 700년 동안 함께 살아온 이웃 무슬림들을 상대로 전쟁을 일으켰다. 민족적 순수성의 복원은 폐쇄적인 종류의 복원력이다.

교정은 정부 내 권력 균형에 대한 미국의 전통적 신념처럼 더 중도적이고 혼성적 성격을 띤다. 국가 기구는 그것을 구성하는 인간 재료가 변하더라도 계속 작동할 수 있다. 미국 헌정 체제의 틀을 짠 사람들은 정부의 세 개의 가지 각각이 나머지 둘의 결점을 교정해주면서 시스템이 균형을 유지할 수 있다고 믿었다(따라서 이들은 바로 지금

짓기와 거주하기

처럼, 같은 당파가 가지 셋을 모두 지배하는 것이 독재의 비법이라고 믿었다). 분석적으로 말하자면, '지속 가능성'과 '복원력'은 이런 종류의 교정과는 갈라선다. 당신은 한 당이나 파벌이 시간을 초월한다는 의미에서 지속 가능하기를 원하는 것이 아니다. 당신이 원하는 것은 어느 한 부분이 불충분하고 무능하더라도 탄력 있게 되살아날 수 있는 시스템의 복원력이다.

마지막으로 혁명은 재구성의 정치적 버전으로, 국가라는 꽃병이 깨졌으니 뭔가 다른 것을 만드는 것이다. 현실에서의 급진적 정치적 변화는 기존의 관료제, 군인, 물리적 자원을 새 접착제를 써서 재구성하는 것이다. 부서진 파편으로 꽃병을 재구성하는 것과 똑같다. 러시아 혁명 때는 물론이고 볼셰비키 치하에서도 군 생활의 낡은 방식은 변하지 않았다. 지휘 서열제가 여전했다. 이 서열제는 더 엄격해져, 전장에서의 부대 자율권이 제국 시대보다 줄어들었다. 더 개방적인 방향의 정치적 재구성은 기존 권력을 삭제하는 것이 아니다. 그 요소들이 어떻게 들어맞거나 들어맞지 않는지를 재고하는 것이다.

이 모든 것은 기후변화로 고통받는 도시의 수선 방법에 대한 생각과 이어진다. 비야케 잉겔스가 제안한 단구는 지속 가능성을 약속한다. 그러니까 그것은 홍수나 바람을 견딘다는 것이다. 살아 있는 방파제가 만들어내는 단구는 재구성 양식으로 수선되는 복원력을 약속한다. 그것은 변화에 저항하기보다는 그것과 함께 작동한다.

오늘날 기후변화에 대해, 특히 도시에 영향을 미치는 기후변화에 대해 생각할 때 루크레티우스는 좋은 조언자다. 그는 시간의 소용돌이에 맞서 싸우지 말고, 그것을 받아들여 그것과 함께 살고 함께 일하라고 권한다. 형식의 파열과 결착 간의 갈등 또한 그렇다. 이런 "충돌과 결합은 물질적 재료를 예측 불가능한 경로에 가져다 놓는다." 루크레티우스는 수동적으로 살면서 아무 일도 하지 말고 셸리식 절망에 빠지라고 말하는 부류의 스토아 사상가가 아니다. 사실 고대 스토아 사상가 중 운명에 대한 무기력한 굴복을 권장한 사람은 없다. 고대 그리스에서 '크리시스krisis'라는 단어는 상황이 급박해지고 더 이상 회피할 수 없을 때 내려야 하는 결단을 의미했다. 루크레티우스의 라틴어는 위기에 직면했을 때 무엇을 해야 할지를 침착하게 결정해야 한다고 말함으로써 그 그리스어를 조금씩 변화시켰다. 스토아 사상가들은 히스테리나 공포감에 내몰리는 위기적 정신 상태를 경멸했다. 복원력의 기술들이 도시에서 되살려야 하는 것은 바로 이 고대의 정신이며, 그 기술 중 재구성이 가장 귀중하다.

결론: 여럿 중의 하나

칸트슈트라세 길고 넓고 곧은 거리인 칸트슈트라세는 서베를린의 상
업 지구에서 시작하여 사비니플라츠 주위의 좀 점잖은 지역을 횡단한
다음 시내의 아시아인 지역사회 중심지가 되고, 마지막으로 베를린의
구 노동계급 구역 중심가가 된다. 나는 뇌졸중 발작을 계기로 칸트슈
트라세를 연구하기 시작했다. 두뇌가 충격을 받으면 그 즉시 체력도
쇠약해지는데, 회복하려면 꾸준히 운동을 하는 수밖에 없다. 나는 칸
트슈트라세를 따라 오래 걸으면서 몸을 단련했다. 그렇게 거닐다보니
그 거리가 도시 윤리의 집약체처럼 보였다.

제국주의와 나치와 공산주의 베를린의 흔적인 기념비적 건물과 공
공 공간은 거기에 없다. 1차 세계대전 전에 세워진, 놀랍도록 허영에
찬 데스 베스텐스 극장이 그 거리 상업 지구의 출발점이며, 그 근처
파사넨슈트라세에는 건축가의 자의식적 발언이 담긴 베를린 증권거

래소가 있다. 그 건물의 정면은 맥도날드의 3차원적인 간판과 무서울 정도로 닮았다. 그런 곳들 외에 그곳의 주택, 상점을 포함한 풍경에는 별로 특기할 만한 것이 없다.

칸트슈트라세는 베를린 도심과 동쪽으로 몰려다니는 트렌디한 젊은이들은 좀 무시하는 곳이다. 그래도 활기가 넘치고, 긴 거리 전체에 온갖 개성적 흥밋거리가 가득하다. 칸트슈트라세의 한두 장소는 눈에 띄게 공동체적이다. 예를 들면 나처럼 연로한 부르주아 보헤미안들이 죽치고 있는 파리 바Paris Bar 같은 곳이 그렇다. 하지만 더 전형적인 곳은 서로를 알지 못하는 젊은 고객들이 밤새 몰려드는 슈바르체스 카페다.

다른 대도시처럼 베를린에도 독신자가 많이 산다. 인구 200만이 넘는 이 도시에서 독신자 비율은 25~30퍼센트에 이르는데, 성인이 된 뒤 곧바로 결혼해서 자식을 가져야 할 필요가 사라졌고 평균 수명도 길어졌기 때문이다. 이 독신자들이 칸트슈트라세에 늘어선 시설들의 주 고객이다. 편의점만 해도 1인분 테이크아웃 음식이나 낱개로 포장된 바나나와 양파 등을 판다. 그러나 그 거리를 수많은 독신자가 채운다고 해도 분위기가 황량하지는 않다. 그들은 낮 동안에는 거기서 상업 활동을 하며, 밤에는 사교적 활동을 하기 때문이다.[1]

지역 주민들은 거리에서 낯선 사람들과 어울리지만, 또한 그들과 거리를 유지한다. 일례로, 지난 3년 동안 아주 훌륭한 악기 상점이었던 곳이 보다 상류층을 대상으로 하는 곳으로 바뀌었다. 본인도 아마추어 바순 연주자인 그곳 매니저에게 내막을 알아보니, 그 회사가 가격을 올려 음악가들을 몰아낸 것이었다. "임대료가 터무니없이 높아요!" 그러나 물건 값을 계산하려는 고객을 응대하러 가면서 그녀는

짓기와 거주하기

내게 말했다. "그때는 그랬다고요." 한 베트남계 야채 상인은 나와 같은 앵글로색슨인이 지금 자신의 고국에서 매우 환영받는다면서, 내게 매운 고추를 팔면서 "독일 놈과 사이 나쁜 것"이라 말하고는 웃었다. 내 사회학적 촉수에 신호가 왔다. 나는 그에게 혹시 사는 곳의 분위기가 적대적인지 물어보았다. 그는 어깨를 으쓱했고, 나는 더 이상 물을 수 없었다.

칸트슈트라세의 분리disengagement 현상은 내가 발작을 겪은 뒤 더 뚜렷하게 자각되었다. 발작 후유증으로 흔히 현기증이 나타나는데, 특히 힘든 운동을 하면 그렇다. 칸트슈트라세에서 걷기 운동을 하는 동안 나는 수시로 건물 벽이나 상점 쇼윈도에 등을 기대고 몸을 추슬러야 했다. 이런 행동은 다른 보행자들의 눈길을 끌곤 했지만, 대부분은 한번 쳐다보고 그만이었다. 어떤 면에서 나는 그런 태도가 반가웠다. 장애인 취급을 받아 소동을 야기하고 싶지 않았기 때문이다. 하지만 노인이 벽에 기대어 몸을 추스르는 모습이 칸트슈트라세에서 흔한 광경은 아닐 텐데, 왜 쳐다보기만 하고 그 이상의 반응은 하지 않는지가 궁금했다.

누가 봐도 분명한 이유를 대라면, 칸트슈트라세가 지멜이 묘사한 도시적 여건을 대표하기 때문이다. 사람들과 그들의 활동이 모두 잡다하기에 자극이 강한 그곳은, 서로에게 따뜻한 반응을 보이는 지역사회는 아니다. 칸트슈트라세에서 사람들은 지멜의 가면을 쓰고 서로 개입하지 않으며, 감정적으로 차단된 채 살아간다. 이런 설명은 그 거리에 이름을 준 이마누엘 칸트에게는 너무 쉬워 보일 수도 있다. 그에게는 사람들이 서로에게 낯선 채로 살아가는 지역이, 코즈모폴리턴 방식으로 보다 개방된 곳으로 보일지도 모른다.

칸트 1784년에 쓴 에세이에서 칸트는 코즈모폴리턴이라면 어떤 장소나 민족과 깊이 동일시하지 말아야 한다고 단언했다. 우리가 아는 대로 16세기에는 이곳에서 저곳으로, 이 문화에서 저 문화로 원활하게 이동할 수 있는 외교관이 코즈모폴리턴의 화신이었다. 칸트는 코즈모폴리턴이라는 형태를 확장하여 '우주 시민'의 대표로, 지역적 관습과 전통을 초월하는 인류의 상징으로 삼았다. 칸트의 에세이가 나온 지 4년 뒤 그의 제자 크리스토프 마르틴 빌란트Christoph Martin Wieland는 스승의 단언을 이렇게 설명했다. "코즈모폴리턴은 (…) 지구상의 모든 민족을 (…) 이성적 존재로 구성된 한 가족의 수많은 가지로 본다." 하지만 칸트 본인은 코즈모폴리턴의 조건이 그리 달콤하다고는 믿지 않았다.[2]

칸트는 코즈모폴리터니즘을 기본적인 인간적 긴장에 대한 반응으로 여긴다. "인간은 타인들과 연합하고자 하는 의향이 있다. (…) 그와 동시에 타인들로부터 자신을 떼어놓으려는 강한 성향도 갖고 있다." 칸트는 이 긴장을 "비사회적 사회성"이라고 부르는데, 이는 곧 "한편으로는 사회로 들어가려 하지만 한편으로는 끊임없이 사회를 깨부수려고 위협하는 성향"을 의미한다. 인간의 경험을 비틀리게 만드는 것은 이런 긴장이다. 사람들은 타인과 엮이는 것을 필요로 하면서도 두려워한다. 이 '비사회적 사회성'을 극복하고 살아남으려면, 상호 거리를 설정하고 사람들을 냉정하고 비개인적으로 대해야 한다.[3]

사회비평가 애시 아민은 칸트식 코즈모폴리턴을 "차이에 무관심해진indifferent to difference" 사람, 그리하여 관용을 실천할 수 있는 사람으로 묘사한다. 관용은 칼 포퍼가 열린 사회를 규정할 때 핵심적 덕목이었다. 이사야 벌린도 어떤 하나의 진리가 아니라, 다분히 상충하면서도 비슷하게 타당한 진리들이 있기 때문에 관용이 필요하다고 했다. 말하자면 관용은 진리에 대한 무관심, 적어도 진리를 생사가 달린 문제로 보지 않는 무관심에 의존한다. 칸트는 이런 자유주의적 의미의 코즈모폴리턴은 아니다. 그는 이렇게 단언한다. "인간은 (…) 자신의 의지를 꺾고 보편타당한 의지에 따르도록 강제하는 주인을 필요로 한다." 그가 말하는 주인은 지도자 역할을 하는 사람이 아니다. 사람들을 자기 자신으로부터 끌어내어 개인적 기준이 아니라 보편적 기준에 따르게 하는 일련의 원리다.[4, 5]

만약 칸트가 극단적이라고 생각된다면 기독교의 심장부에 있는, 차이에 무관심한 코즈모폴리턴의 모습을 숙고해보라. "신의 나라는 관습, 법률, 제도의 차이에 관심이 없다." 아우구스티누스는 이렇게 썼다. 이 신성한 코즈모폴리턴은 더 높은 진리를 포용하기 위해 지역과 특정성을 초월한다. 네 개의 복음서는 예수를 방랑자로, 어디에도 속하지 않는 인간으로 묘사한다. 그의 진리는 모든 곳에서 타당하다.[6]

세속적 기준에서 칸트식 코즈모폴리턴 시민은 특정한 종류의 정당성을 가지고 있다. 권력에게 '너희가 나를 해친다'고 부르짖는 것이 아니라 '너희가 하는 일은 잘못이다'라고 진실을 선언하기 때문이다. 《정신현상학》의 유명한 구절에서 헤겔 역시 그와 동일한 비개인성으로의 이동을 주장했다. 노예는 갈등의 조건에서 개인적 속성을 삭제함으로써, 주인에게 그의 행동을 원칙적 합리적으로 정당화하라고 요구함으로써, 주인이 채운 족쇄에서 스스로를 해방시킨다. 그렌펠 타워 화재 사건에서 드러났듯이 비개인성은 정의를 무력화할 수도 있지만, 도시를 지배하는 무관심은 여전히 행위적 사실인 동시에 윤리적 난문제다.[7]

칸트적 시테? 칸트는 도시에서 상연되고 있는 커다란 드라마의 조건을 설정한다. 칸트가 생각하는 개입하지 않는 코즈모폴리턴의 이미지는 현재 도시를 변형시키고 있는 지구적 시민 및 지구화 세력을 설명해줄 수 있다. 3장에 나오는, 현대의 도시 투자를 지배하는 핵심 투자자들은 장소와 무관하게 전 세계의 자본을 움직이고 자신들이 투자한 장소에 대한 감정이나 애착의 차원을 넘어 솟아오르는 칸트식 백성으로 얼마든지 등장할 수 있다. 그렇지만 가난한 이민자들 역시 칸트식 백성이다. 메데인 출신의 적응력 강한 어린 여성 사서처럼, 오로지 국지적 관습과 전통의 한계 너머를 볼 수 있기 때문에 성공한 사람들 말이다.

토크빌이 말한 종류의 무관심은 시테에서는, 빗장 공동체의 인종적 계급적 저장고에 현현되어 있는 악덕이다. 이 내향적 후퇴는 구글플렉스처럼 건축 형태로 바뀌어 표현될 수 있다. 런던 클러큰웰에서 강도 사건으로 인해 갈등이 벌어진 뒤 사람들이 구사했던 피상적 예의범절 역시 타인들을 밀어낸다. 유대인과 무슬림이 서로에 대해 느낀 진실은 눈에 보이지 않게 은폐되어 있다.

페르디난트 퇴니에스는 공동체의 온기가 무관심의 해독제라고 본다. 그의 사고방식에서는 사람들이 더 친밀해질수록 서로에게 더 따뜻하게 대한다. 하지만 이혼 결정이 내려질 때마다 이 견해는 오류로 판명 난다. 또 비공식적 도시 관계의 기준에서 봐도 이 견해는 적합하지 않다. 친밀성은 미스터 수디르 같은 사람에게는 위험으로 작용한다. 그의 생존은 고객과 친해지거나 이웃을 더 잘 알게 되는 데 달려 있지 않다. 그는 장물을 취급하기 때문에 사실 익명으로 사는 편이 더 낫다. 네루 플레이스에서 비공식적 영토는 영속적이지 않다. 상점 주인들은 나타났다가 사라진다. 그 야외 시장에 줄지어 서 있는 건물 속의 신생 기업 사무실들은 두어 달마다 거주자가 바뀐다. 이런 물질적 여건은 친밀한 관계에 대한 미스터 수디르의 욕망에 영향을 미친다. 그가 내게 개인 사정을 털어놓은 것은 막간의 일이었고, 내게는 의미심장했으나 그에게는 별것 아닌 일이었다. 나는 내게 차를 대접한 그가, 한 시간 뒤에는 나를 잊었으리라 생각한다.

그러나 무관심에는 또 다른 긍정적 면모가 있을 수 있다. 칸트슈트라세에서 내가 혼자 몸을 추슬렀다는 사실은, 사람들이 개입할 필요가 없었음을 뜻한다. 그들에게 어떤 행동도 요구되지 않기 때문이다. 메데인의 스트리트 스마트들은 자신의 행동을 필요로 하지 않는 것들로부터 필요로 하는 것들에게로 신체적 감지 방향을 바꾸었다. 동시적 공간인 고대 아고라에서, 사람들은 동시에 벌어지는 관심을 끄는 행동들 가운데 반응이 필요한 행동, 즉 신전을 가리키는 것 같은 행동에 초점을 맞추었다. 상인들이 외치는 '올리브 사세요' 같은 요구는 걸러내도 되는 소음으로 취급한 것이다. 나중에 알게 되었지만, 칸트슈트라세에서의 시선은 행위와 존재 사이의 구분을 반영했다. 낯선 사람은 또 다른 낯선 사람에 대해 아무것도 할 필요가 없는 것이다.

그 구분은 능동성과 수동성을 대비시킨다. 전자 기기에서 사용자 친화적 프로그램은 사용자에게 규칙을 따르는 것 외에 다른 일을 요구하지 않는 데 반해, 오픈 소스 프로그램은 사용자에게 그가 사용하는 프로그램을 제작하라고 요구한다. 처방적 스마트 시티는 주민들에게 거의 아무것도 요구하지 않는 반면, 조정적 스마트 시티는 많은 것을 요구한다. 보스턴 제빵사들의 사례에서 입증되었듯이, 만드는 자들 사이의 사회적 관계는 절제하며 섞여 살아가는 이웃 관계보다 여러 면에서 더 만족스럽다. 또 공적인 '자문 기구'는 대중을 '수동적'으로 만들지만, 공동 제작은 대중에게 더 능동적인 역할을 맡으라고 요청한다. 이 책에서 논의된 모든 열린 형태는 적극적인 참여를 요청한다. 그 누구도 안정적이거나 자족적인 사람이 아니기 때문이다.

열린 시테가 존재의 장소라기보다 행위의 장소라면, 타인에 대한 공감 유발은 그런 행위 가운데 포함되지 않는다. 애덤 스미스는《도덕 감정론The Theory of Moral Semtiments》에서 공감이 어떻게 작동하는지에 대한 최초의 생리학적 설명을 제시했다. 거리에서 어떤 사람이 넘어지는 것을 보면 당신은 그에게 달려가서 도우려고 한다. 마치 당신 자신의 무릎뼈가 부서진 것처럼 그의 고통을 상상할 수 있기 때문이다. 칸트슈트라세에서 내가 몸이 불편하여 벽에 기대서 있을 때, 애덤 스미스를 따르는 행인들이었다면 본인들이 그런 일을 겪는 모습을 상상하고는 도울 일이 있는지 내게 물어보았을 것이다.[8]

황금률은 이 신체적 생리학적 반응을 윤리적 명령으로 번역한다. 예를 들면 이슬람 경전 하디스는 이렇게 전한다. "사람들이 너희에게 해주는 대로 그들에게 행하라. 또 네가 당하기 싫어할 일은 그들에게 행하지 말라." 타인을 자신처럼 다루는 일은 호혜성을 함축한다. 신학적 지침서라기보다는 윤리적 지침서에 가까운 공자의《논어》에는 다음과 같은 내용이 나온다. "자공子貢(공자의 제자)이 물었다. 평생 지침으로 삼을 한마디가 있습니까? 스승은 대답했다. 서恕(호혜성)는 어떻겠는가? 네 자신이 하지 않을 일을 타인에게 요구하지 말라."[9, 10]

이런 격언은 타인과의 동일시가 갖는 힘을 기초로 한다. 한 전직 미국 대통령은 "나는 여러분의 고통을 느낍니다"라고 말하면서 자신을 타인에게 완전히 열어놓았다. 공감하는 귀를 모든 유권자에게 빌려주는 것은 물론 표를 얻는 데 필수적이지만, 이 선언에는 심각하게 잘못된 점이 있다. 무엇보다 대통령의 주문 속에는 일종의 도덕적 제국주의가 설정되어 있다. 모든 사람과 동일시할 수 있다는 것은 그들이 경험하는 어떤 것도 자신의 손을, 자신이 느끼고 감식하는 힘을 벗어나지 못한다는 뜻이다. 여기서 타인의 경험에 동화되지 않는다면 나는 더 이상 그에게 신경 쓰지 않는다는 결론이 나올 수도 있다. 내게 낯설고 본질적으로 다리를 놓을 수 없는 타자인 사람들에게 나는 무관심하다. 황금률 속에는 이런 편벽성이 들어가 있다.

스웨덴에서 나는 뿌리를 상실한 타자와의 동일시가, 난민들에게 어떻게 적용될지 생각해보았다. 유대교 전통은 칸트의 제자 빌란트가 그랬듯이 인류 공통의 연대를 강조하지만, 거기에는 비극적인 이유가 있다. 레위기 19장 34절에는 이런 내용이 있다. "너희와 함께 거주하는 이방인을 너희 본토인처럼 대하고, 너희의 몸과 같이 사랑하라. 너희도 이집트 땅에 살 때는 이방인 신세였다." 보스니아 난민의 방랑이 스웨덴에서 끝나고 처음에 낙관주의가 솟구쳤을 때도, 그들과 스웨덴인 간의 동일시가 쉽게 이루어지지 않으리라는 것은 자명했다. 그러니 이방인들은 스웨덴어를 배우기 위해 전력투구해야 할 것이다. 스웨덴인들은 베일 쓴 여학생들을 교실에 받아들여야 할 것이다. 지난 30년 동안 여론의 추는 앞뒤로 계속 흔들렸음에도 불구하고, 스웨덴은 계몽된 사회답게 여전히 외국인을 거부하지 않으려 한다. 하지만 스웨덴이나 난민에게 관대한 다른 나라나, 이민족의 윤리적 가치를 동일시하겠다는 것이 곧 완전히 열린 자세로 그것을 모두 수용하겠다는 뜻은 아니다. 마찬가지로 난민들도 호스트국에 완전히 개방적이될 수는 없다. 사실 어느 쪽도 동일시는 불가능하다.

게오르크 지멜은 《대도시와 정신적 삶》의 자매편 에세이 〈이방인Exkurs über den Fremden〉에서 황금률에 반대하며, 이방인들은 기존의 지역사회와 그 생활 방식을 비춰주는 거울 역할을 한다고 썼다. 폐기다 행진자들도 이방인들의 모습 속에서 결코 보고 싶지 않았던 스스로의 모습을 발견했을 것이다. 오스카 와일드의 《도리안 그레이의 초상》처럼 말이다. 뮌헨 기차역에 나타난 사람들처럼 자신을 잊고 이방인들의 요구에 부응하는 경우도 있다. 그들은 난민들이 배가 고프다는 것을 안다. 거기서 끝이다. 난민들이 그들을 배고프게 하지는 않을 테니까.[11]

시테를 위한 칸트식 원칙은, 시테가 동일시에 지배되지 말아야 한다는 것이다. 동일한 맥락에서, 사람들은 '차이에 무관심'해져야 한다. 인류학이 뭐라고 하든, 그런 다음에야 같은 장소에 살고 있는 자신과 다른 사람들에게 마음을 터놓을 수 있다. 칸트는 알렉산더 게르첸과 테주 콜에게 당신의 뿌리 상실을 애석해하지 말라고, 바로 지금을 위해 행동하라고 조언할 수도 있다.

코즈모폴리턴적인 고통 나를 가르쳤던 한나 아렌트의 삶을 통해 나는 이런 조언을 가까이에서 보았다. 1950년대에 구상된 저서 《인간의 조건》에서, 그녀는 각자의 특별하고 사적인 상황에서 차단되어 자유롭고 평등하게 논의하고 토론할 수 있는 장소로서의 공적 영역을 상상했다. 그 뒤에 쓴 글에서는 정체성에 기초한, 특히 인종에 기초한 정치를 반대하는 주장을 폈다. 하지만 그녀가 말하는 공적 영역은 칸트의 그것과는 달리 장소에 의존한다. 고대 아테네의 아고라, 중세 시에나의 피아자, 뉴욕 어퍼웨스트사이드의 커피숍, 그리고 또 어디든 서로 다른 그룹들이 직접 얼굴을 보고 이야기할 수 있는 곳이면 된다.

아렌트는 훌륭한 열린 시스템 이론가가 되었을 것이다. 그녀는 밀집한 도심지에서의 만남은 안정된 진실을 만들어내지 않는다고 보았다. 그녀가 '탄생성 Natality'(개인의 실존으로서의 시작의 의미. 세상에 아이들이 끊임없이 태어난다는 아주 평범한 사건 속에서 새로운 시작의 가능성을 찾을 수 있다는 아우구스티누스의 사상을 인용하여, 아렌트는 인류가 만들어지는 것이 아니라 태어난다는 사실 자체가 행위를 시작할 수 있는 인류 능력의 조건이라고 본다 – 옮긴이)이라 부른 것은 소통과 상호작용의 끝없는 과정으로서 타인과의 삶을 개작하려는 노력, 또는 그녀의 표현을 따르자면, 재탄생의 노력이다. 탄생성이란 수학자 닐 존슨이 주장했듯이, 시간 속에 질서의 포켓을 만들어낸다. 그것은 바흐친의 설명대로 대화적 교환을 요구한다. 그리고 시간이 흐르고 협력하는 법을 배우면서, 사람들은 '탄생성'을 점점 더 잘하게 되어 유능한 도시인이 되어간다.

하지만 이 모든 이론은 아렌트가 엄청난 대가를 치르고 얻은 것임을 나는 이제서야 깨달았다. 그 사실은 아렌트와 제인 제이콥스의 대비에서 드러난다. 두 사람은 같은 시기에 뉴욕에 살았지만, 내가 아는한 서로 접점은 없었다. 제이콥스는 뉴욕의 지역사회 보호에 그토록 헌신했지만 베트남 전쟁 기간에 생긴 국가에 대한 혐오감, 그리고 가족을 위해 기꺼이 그곳을 떠났다. 아렌트는 선택이 아니라 강제로 이민 온 사람으로서, 제이콥스와는 다른 딜레마 앞에 놓였다. 그녀는 여러 측면에서 미국을 경멸했지만, 그래도 그곳을 떠나지 않기로 결심했다. "뒷걸음질로 걸을 수는 없네." 그녀는 내게 클레의 천사에 관해 그렇게 말한 적이 있다. 그렇지만 제이콥스가 캐나다에서 잘 살면서 언제나 지역 문제에 몰두했던 반면, 아렌트는 가끔 뭔가의 부재로 인해 불편해지는 징후를 드러냈다. 그녀가 표현의 부족을 느끼고 독일어로 후퇴한 뒤 침묵 속으로 움츠러들 때, 그런 징후가 나타났다.

삶이 지속적으로 다시 만들어져야 한다는 그녀의 믿음은, 아기 요람과 비슷한 오두막의 안전을 떠나 힘든 도시 속으로 들어가는 가스통 바슐라르의 인물에 공명한다. 도시를 건설하는 작업 역시 파열과 단절을 수반한다. 이것이 행하기doing의 영역, 재구성의 영역이다.

열린 하나의 빌로서 칸트슈트라세는 열린 형태다. 그곳에 줄지어 늘어선 건물들 안에는 야채 가게, 주방용품점, 병원, 레스토랑이 뒤섞여 있다. 이런 건물들은 1층이 끊임없이 개조될 수 있고 또 개조되고 있다는 의미에서 불완전한 형태. 적응은 사비니플라츠의 철로 아래 공간을 활용하는 데서 나타난다. 이 아치형 구조물에 이제 서점, OK 레스토랑, 저가 의류 상점이 들어서 있다. 다공성은 칸트슈트라세가 더 노동계급적인 영역까지 연장되면서 남쪽으로 뻗은 고가화된 철로에 인접한 옆길에서 나타난다. 이곳의 건축 형태는 도로 쪽 파사드 뒤편에서 불규칙해진다. 1층 위쪽에는 아시아계와 독일계가 사는 공동주택이 있다. 칸트슈트라세와 나란히 달리는 쿠르퓌르슈텐담은 극장, 사치품 상점, 유명 호텔 등이 있어 칸트슈트라세보다 훨씬 더 화려하여 관광객들을 끌어들였는데, 지금은 그런 매력이 시들었다. 칸트슈트라세 사람들 사이의 미묘한 차이는 갑작스럽게 나타나는 것이 아니라 점진적으로 나타나며, 길모퉁이보다는 블록 중간에서 나타난다.

칸트슈트라세가 형태상으로는 열려 있어도, 도시계획가와 주민의 공동 제작이라는 의미에서 열린 거리는 아니었다. 부분적으로는 2차 세계대전과 관련이 있는데, 연합군의 폭격으로 베를린 일부가 파괴되자 신속하게 새 건물을 올려야 할 필요가 있었다. 느리고 신중한 공동 제작 과정을 택할 여유가 없었다. 그 이후 수십 년 동안 베를린은 내내 분단된 도시였고, 자유 베를린을 과시하려고 안달이 난 당국은 그 도시를 엄격하게 통제하여 개발했다. 이런 역사적 이유에서 형성된 곳이므로, 그 도시의 거리는 열린 빌의 완벽한 모델은 아니었다.

그러나 오스만의 파리처럼, 베를린도 만든 사람들의 의도에서 독립하여 자체의 생명력을 얻었다. 1960년대의 베를린 도시계획가 중 그 누구도 그곳에 아시아인들이 오리라고 예견하지 못했지만, 이제 베를린은 그들을 흡수하고 수용할 수 있게 되었다. 추상적으로 말하자면, 형태는 시간이 흐르면서 그 자체의 주체성을 획득한다. 형태는 그것을 만든 사람의 의도에 한정되지 않는다. 시테처럼 빌도 시간 속에 열려 있다.

지역사회 사이의 다공성 세포막, 장소에 따라 달라지는 일반형, 그것들을 분배하는 씨앗 계획. 이 모두가 적용되는 범위는 지역을 넘어서지만, 그런 형태의 개성은 압도적이거나 장대하지 않다. 열린 빌은 그 표시물의 불규칙성과 불완전성 덕분에 개성으로 가득 차 있다. 오스만이 대로를 기념비적이고 위풍당당하게 만들려고 했음에도 불구하고, 거리는 칸트적인 '비틀림'을 얻었다. 전쟁은 칸트슈트라세에게 그와 동일한 일을 행했다. 이런 거리들은 말하자면, 자신을 내세우지 않는 표정을 대규모로 획득했다.

오스만의 대로는 지금 같은 대로가 되지 않을 수도 있었다. 델리는 비공식성을 수용하지 못할 수도 있었고, 칸트슈트라세는 지금과 같은 규모의 다양성을 수용하지 못할 수도 있었다. 그럼에도 불구하고, 도시계획가들은 그런 과정을 지원할 수 있다. 형태를 제안하고, 필요하다면 열린 방식으로 살고 있지 않은 사람들과 대면하기도 하면서. 그러나 통제와 질서를 자기 파괴에 이를 정도로 강조했던 것이 도시계획의 문제다. 형태 자체의 진화를 의도적으로 방해한 지난 세기의 아테네 헌장이 그 예다. 도시계획가와 도시 주민의 윤리적 연결은 어떤 종류의 겸손함을 실천하는 데 달려 있다. 자신의 반영물이 아닌 세계에 참여하여, 여럿 중의 하나로 살아가는 것이다. 로버트 벤투리의 말을 빌리자면, 여럿 중의 한 사람으로서 살아가면 "의미의 명료함보다는 의미의 풍부함"이 가능해진다. 이것이 열린 도시의 윤리이다.

짓기와 거주하기

감사의 말

몇 년 전에 뇌졸중이라는 모습을 한 저승사자가 내게 사전 답사하러 왔다. 이때 나를 치료한 사람은 의사 롬 나이두와 물리치료사 제인 웨지였다. 내 의붓아들인 힐러리 쿱사센은 치료 교관 노릇을 해주었다. 도미닉 파추크, 이언 보스트리지, 루카스타 밀러는 나와 함께 산책을 다녔다. 유달리 우울해졌을 때 볼프 레페니스는 인생관이 의학 통계에 휘둘리면 왜 안 되는지를 설명해주었다.

중병을 앓은 뒤 사람들이 흔히 그러듯, 나는 무엇이 내게 진정으로 중요한지 알게 되었다. 돌이켜보면 나는 15년 전 런던 정경대학에서 리처드 버넷과 함께 만든 도시 연구 프로그램을 특히 좋아했다. 리키와 내가 착수한 프로젝트는 도시 건설 방식과 주민들의 생활 방식을 연결하는 것이었다. 그것이 이 책의 주제다. 이 책을 리키와 그의 아내 미카에게 헌정한 것은 그 때문이다.

내가 젊었을 때 처음 함께 연구했던 존 린지는 만인에게 열린 뉴욕이라는 꿈을 갖고 있었다. 그는 첨예한 경제적 분열과 물리적 퇴락, 인종적 폭력과 민족 간 긴장이 팽창하는 한복판에서 그 신념을 굳게 지켰다. 그런 문제들을 해결하지 못했다고 해서 그의 비전이 틀린 것이 될 수는 없다. 나는 이 책을 쓰면서 그의 꿈이 어떻게 추진될 수 있을지, 어떻게 하면 우리 시대의 도시들이 열릴지 알려고 노력했다.

이 책을 만들어나가는 과정에서 함께 논의하고 도움을 준 고마운 사람들은 다음과 같다. 고故 재닛 아부루고드, 고 스튜어트 홀, 애시 아민, 콰미 앤서니 애피아, 호미 바바, 존 빙엄홀, 크레이그 캘훈, 대니얼 코엔, 다이앤 데이비스, 미첼 더네이어, 리처드 폴리, 데이비드 하비, 에릭 클리넨버그, 욘 융클라우센, 애덤 카사, 모니카 크라우스, 라울 메로트라, 카를레스 무로, 헹크 오빙크, 앤메리 슬로터, 그리고 30년간의 동반자이며 평론가, 인생을 즐기는 사람이자 놀이 친구인 사스키아 사센. 내가 도시 생활의 윤리적 차원을 처음 알게 된 것은 아내 덕분이다. 귄터 가스너는 하버드대학 디자인 대학원과 MIT의 도시연구 및 계획학과의 내 제자들이 그랬듯, 건설 환경을 탐색하는 데 도움을 주었다.

마지막으로, 이 책을 제작한 사람들, 특히 가장 신중한 독자인 두 편집자 알렉산더 스타와 스튜어트 프로핏, 언제나 빈틈없고 배려하는 에이전트 컬런 스탠리, 나의 조교였고 지금은 친구이자 동료로서 나를 떠 있을 수 있게 해준 도미닉 배그나토에게 감사한다.

짓기와 거주하기

해제

세넷이 즐겨하는 상상 속의 여행처럼, 이 글은 상상 속의 인터뷰를 하는 내 마음 속 이야기이다. 옆에는 세넷이 앉아 있고, 여러분들에게 세넷이란 사람을, 세넷이 최근에 쓴 책《짓기와 거주하기》를 말한다. 개인적으로 옆 사람에게 하고 싶은 말, 물어보고 싶은 말이 많지만, 앞에 앉은 여러분들은 그런 토론의 자리에 초청된 사람들이 아니다. 오늘은 세넷의 생각을 내가 조금 더 쉬운 말로 풀어주고, 또 그의 생각들에 질문을 던져보는 짧은 시간이다. 먼저 내가 생각하는 세넷의 장점과 한계들을 정리해본다.

세넷의 생각은 간단하지만 그의 지식은 여러 학문에 걸쳐 있다. 철학, 사회학, 인류학, 건축학, 도시계획, 심리학 등등 책에서 언급된 사람들의 분야는 종합대학을 세울 만큼 방대하다. 사람들이 살던 시대 또한 다양하다. 고대의 그리스 철학자부터 현대의 MIT 미디어랩 교수진까지, 사람 이름을 줄치고 읽다 보면 2천 년의 사상가들 목록이 나온다. 그들이 살았던 장소 역시 전 지구에 흩어져 있다. 이 다양한 사람들을 부르는 세넷의 취지는 일관되지만, 읽는 이는 시대와 장소, 분야를 넘나들며 움직여야 한다. 독자는 책 한 권을 읽을 동안 고대 유적지부터 소비의 핫플레이스까지를 포함하는 짧은 여행을 한다. 책을 다 읽은 독자라면 차를 한잔하는 휴식이 필요하고, 읽기 전 이 글을 보는 이는 꽤 숨찬 여행을 앞두고 있다. 세넷의 명쾌한 목적, "그래서 당신은 어떻게 할 겁니까?"라는 질문에 답을 찾기 위해서.

세넷을 마주하기 위해 먼저 읽은 사람으로서 나는 몇 가지 상황을 설명해야 한다. 우선, 세넷의 세상은 온통 '역동'이 지배한다. 그의 책에 언제부터일지 모르는 옛것들이 변치 않고 이어지는 도시는 없다. 대를 이어 농사를 짓는 사람들의 이야기는 더더군다나 없다. 건물이 올라가고 파괴되고, 길이 뚫리고 고속도로가 되고, 습지가 공원이 되고 방치되고 등등 세넷은 늘 변화의 한가운데에 있다. 도시와 건축, 공간을 말하는 비평가처럼 보이지만, 그의 이야기에서 핵심은 시간 속 변화이다. 빠르게 변하는 곳, 도대체 무슨 일이 벌어지는지 모르는 세상 속에서 어떻게든 다른 사람들과 함께 살아가는, 고향을 떠난 사람들, 이들이 세넷 책의 주인공이다.

두 번째로 세넷은 좋은 것과 나쁜 것을 나누며, 이 둘의 한계 속에서 자신의 위치를 찾아간다. '열린'이란 말은 '닫힌'의 반대편으로 좋은 것이고, '빌'만 챙기는 것은 '시테'만 보는 것보다 나쁘고, '복잡'한 것은 '명확'한 것보다 좋고 등등 독자는 끊임없이 세넷의 가치지향을 보게 된다. 두 개의 도시, 두 명의 사람, 두 개의 생각 등등 복수의 것

짓기와 거주하기

들이 나오는 순간 가치의 갈림길을 기대할 수 있다. 그렇다고 이 둘 중 한편만 추종하는 것은 아니다. 비록 세넷의 선택을 받지 못했던 것들도 순수 '악'으로 존재하는 것이 아니라 시대와 장소적 맥락이 있고, 세넷의 마음을 끌었던 것들도 다른 사람들이 거부할 이유가 있다. 이 양쪽의 이야기를 세넷은 놓치지 않고 독자들에게 전한다. 이 부분은 그동안 살면서 많은 사람을 만나 대화하고 생각했던 노학자이기에 가능한 지점이기도 하다.

세 번째로 세넷이 호출한 다양한 분야와 사람들의 이야기는 해당 분야를 전공한 사람들에게는 깊이 내려가지 않은 이야기일 수 있다. 세넷이 말하는 세르다의 격자는 이를 평생 판 학자들에겐 단편적인 이야기, 혹은 세르다 외부의 이야기이고, 시카고학파가 시테만 보고 빌을 보지 않았다는 세넷의 판결은 전공자라면 수많은 반례를 제시할 수 있다. 마치 《살과 돌》이 서양사학자들에게는 1차 사료를 보지 않고, 2차 연구물을 모은, 그들은 '모두' 아는 에세이인 것처럼, 《짓기와 거주하기》에서 자기 분야를 마주친 사람들은 단순해진 자기 전공 내용의 빈약함과 이를 과감하게 재단하는 세넷의 편견을 욕할 것이다. 도시의 '복잡함'을 찬양하고 '명확함'이 사람들을 바보로 만든다는 세넷이 정작 다양한 학문의 복잡함을 몇 문장의 말로 단호하게 선언하는 것은 아이러니이다. 하지만 세넷의 이야기는 각 학문의 대상을 엄밀하고 세밀하게 탐구하는 것이 아니라 이를 관통하는, 현재의 대도시를 보는 '직관'을 찾는 여정이다. 세넷은 이야기의 일관성을 추구한다.

네 번째로 세넷의 책에는 밑줄을 그어가며 인용할 만한, 외워두고 써먹을 만한 생각과 말들이 곳곳에 숨어 있다. 학문적으로 누구나 받아들이는 상식이 아니기 때문에, 즉 논쟁적이기 때문에 이 말들은 더 가치가 있다. 예를 들어, "가정법을 쓰는 사람들은 더 개방적이 될 수 있고, 더 자유롭게 이야기하며, 덜 긴장하고, 덜 방어적으로 행동할 수 있다"는 말은 누구든 이해할 수 있지만, 누구나 동의할 수는 없는 말이다. 또 최근 우리 사회에서 첨예하게 등장했던 시사문제와 관련이 있는 말로, "실력주의는 평등한 출발점에 대한 믿음과 불공평한 결과의 합법화를 합친 것이다"란 문장은 '믿음'이라는 개인들의 생각과 '합법화'라는 제도를 한 문장으로 연결해 '실력주의'라는 말이 딛고 있는 토대를 드러낸다. 객관적으로 보이는 사실들을 설명하는 와중에 갑자기 등장하는 세넷의 개인적인 생각, 3인칭 시점에서 서술하다 갑자기 개인의 일상사를 말하는 듯 1인칭으로 들어오는 말들은 다른 학술서에서 느낄 수 없는 쾌감을 주기도 한다.

　마지막으로 세넷은 20세기 중반에 서구에서 태어난 백인 학자이다. 이 지점은 생각보다 중요하다. 인도와 남미는 서구의 도시학자들에게 지적 영감을 주는 장소이다. 그들은 마치 순례의 장소처럼 이런 곳을 방문하고 놀라워하며 깨달음을 얻고 온다. 마이크 데이비스의 《슬럼 지구를 뒤덮다》(2006)에서, 에드워드 글레이저의 《도시의 승리》(2011)에서 비판과 희망이란 상반된 가치를 발견할지언정, 그곳은 지금껏 보이지 않던 것이고 무언가 말을 해야만 하는 곳이다. 아픈 몸으로 윤리를 이야기하는 세넷의 이 책에서도 인도와 남미의 이야기는 제이콥스의 질문에 대답할 수 있게 만든, 혹은 막힌 생각을 열어줄 수 있는 열쇠로 등장한다. 서구 학자들의 글과 말에서 읽을 수 있는 것은 '다른 곳'에도 관심을 가져야 하고, 이를 종합해서 '보편적' 교훈 내지 법칙을 발견해야만 한다는 그들의 욕망이다. 세넷에게 이 보편성은 '시간'과 얽혀 오늘날의 칸트슈트라세부터 고대 그리스의 철학과 동양의《논어》까지 포함해 그의 생각을 엮는다. 지리, 역사 분야 교양서를 읽는 국내의 독자들이라면 그간 읽었던 책들을 이 관점으로 정리해보라.《총, 균, 쇠》부터 유사한 분야의 글들이 오고가는 시간과 공간의 스펙트럼은 마치 글쓰기의 법칙처럼 일관된 기호의 서사를 만든다. 번역본 베스트셀러를 읽을 때 마음 한편에 있던 찜찜함은 주로 이 서사에서 나올 때가 많다. 하지만 당연히 이는 세넷 이야기의 단점이라 할 수 없고, 서구의 서사가 아닌 우리 이야기를 만들어야 하는 우리의 숙제이다.

이렇게 내가 떠올리는 세넷을 정리하고, 질문에 들어간다. "그래서 당신은 어떻게 할 겁니까?"라는 질문의 답을 쉽게 끌어낼 수 있을까? 내가 궁금한 것이 아닌 앞의 여러분들이 궁금한 것을 감히 요약할 수 있을까? 이야기를 들은 다음 세넷에 대한 새로운 호기심을 열 수 있도록 어떤 말들을 끌어내야 하는가? 나는 국내에서 번역본이 나오고 이미 몇 번 회자된 내용들, 즉 우리에게 익숙한 사람과 책, 제인 제이콥스의《미국 대도시의 죽음과 삶》을 호출하기로 한다. "이 책을 읽어보신 분 있나요?"란 질문을 앞의 청중에게 던진다. 과연 몇 명이 끄덕일지 모르는 질문이지만 그녀의 이야기를 몇 문장으로 추리며 넘어간다.
제인 제이콥스에게는 그녀를 '도시계획의 어머니'라 부를 만큼 강한 추종자들이 있다. 그녀는 1950년대 자동차 중심의, 인간 척도를 무시한 도시변화에 맞서서, 전문가들의 보고서에 등장하는 숫자로는 사람이 살고 있는 도시를 파악할 수 없다고 주장했다. 특히 주거, 상업, 공업, 녹지로 공간을 구획하는 기능주의 도시계획의 폐해를 이야기했고, 사람들의 눈이 서로를 바라보는 길의 활력을 주장했다. 공원

등 면적 중심의 기능에 따른 공간보다, 파악하기 힘들지만 사람들이 주인이 되는 거리가 더 좋다는 그녀의 철학은 이후 도시계획과 도시 설계에 영향을 주었다. 비록 그녀의 팬들이 다수였던 적은 없지만, 언제나 목소리를 내는 강력한 소수였다. 세넷 또한 제이콥스의 영향을 많이 받았다고 말하며, 책에서는 그녀와 멈퍼드를 이항으로 놓고 설명한다. "그래서 당신은 어떻게 할 겁니까?"도 제이콥스가 세넷에게 던진 말로, 그는 살면서 이 질문의 답을 띄엄띄엄 떠올린다. 아마도 세넷은 이 책에서 그 답을 나름대로 내렸다고 생각할지 모른다. 제이콥스의 어깨 위에서 세넷이 보는 세상은 무엇인가?

두 번째 질문은 이 책에서 등장하지 않는 질문에 대한 세넷의 생각이다. 이 책은 '윤리'라는 말이 처음으로 제목에 등장한다. 서문 격인 책의 1장은 "윤리가 도시 설계의 형태를 결정할 수 있을까?"로 끝나고 결론 장도 "이것이 열린 도시의 윤리이다"가 마지막 문장이다. 사실 세넷의 책에서 '윤리'가 등장하지 않았던 적은 없다. 그럼에도 책의 부제를 '도시를 위한 윤리'로 정할 만큼 이 책은 규범적이다. 그렇다면 그 윤리는 누구의 윤리인가? 때론 도시에 사는 사람 모두에게 해당될지 모른다. 세넷의 세상이 언제나 변화하는 도시, 움직이는 사람인 것처럼 그 윤리는 도시에 사는 우리가 언제나 새로운 사람과 마주쳐야 하고 긴장해야 하고 함께 살아가는 법을 배워야 한다고 말한다. 감히 여기서 도발적인 질문을 던진다면 어떨까? "왜 다른 낯선 사람들을 끊임없이 받아들이고 살아야 하는가?" 잘사는 유럽 국가들의 정치를 뒤덮은 중동 이민자들의 유입과 이에 대한 저항을 세넷은 어떻게 생각하는가? 보통 이렇게 큰 질문에 아주 멋있는 답변을 기대할 수는 없다. 특히 세넷처럼 도시를 역동으로 바라보는 인식론에서 위

질문은 존재하지 않는다.

세넷의 윤리는 도시를 만들고 참여하는 전문가들, 즉 제도의 틀을 만드는 사람들의 윤리일 수 있다. 세넷은 스마트 시티를 이야기하며 처방과 조정을 말하고, 협의와 공동 제작을 말한다. 이 또한 좋은 쪽, 나쁜 쪽이 있다. 처방은 나쁘고 조정은 좋다. 협의는 나쁜 결과를 갖고 오고 공동 제작은 좋은 품질은 아니지만 바람직하다. 즉 도시에 자신의 이상을 투여하고 이를 집행했던 권력-도시계획가들의 목소리가 아닌, 사는 사람들이 실제 생활을 개선하고 목소리를 내는, 요즘 유행하는 말로 시민참여 거버넌스와 관련된 윤리이다. 이 윤리는 제이콥스의 한계, 마을만 보고 도시 전체를 볼 수 없는 어려움을 테크놀로지로 극복할 수 있을지 모르고, 도시 전체 비전은 사라지고 프로젝트에 먹혀버린 도시계획을 되살릴 수 있는 길이기도 하다. 세넷의 윤리가 이런 시스템 관리자를 향한 것이라면, 이 행동을 이끌기 위한 실천전략들이 필요하다. 하지만 세넷은 자신의 사례를 언급하는 데서 멈추는데, 도시와 거대 자본의 이야기, 이를 극복하기 위한 가이드를 만들려면 책 한 권의 이야기로는 부족하기 때문이다. 오히려 이 주제는 세넷의 아내인 사스키아 사센의 주제이기도 하며, 세넷의 에토스를 공유하는 다른 저작들도 함께 봐야할 것이다.

따라서 이 책의 3부 '도시의 개방'은 '도시를 위한 윤리'의 핵심이지만 정리된 매뉴얼이 아닌 실험과 도전으로 읽힌다. 삐딱하게는 삶의 방식을 바꾸라고 나무라는 도덕 교과서로 읽힐 수 있다. '유능한 도시인'은 '편안히 잘 사는 도시인'이 아니며, 끊임없이 새로운 사건을 경험하고, 긴장하고 불안해할 줄 알고, 언제든 새로운 장소로 이동하며 불안하지만 암울하지 않게 살아야 하는 사람들이다. 도시를 만드는 사람들은 공공의 막대한 돈을 쓰지만 구체적인 상을 모두 완성해 고정하지 말고 씨앗만 던져야 한다. 사람들의 연대는 서로 적당히 모르는 관심, 즉 너무 깊지도 너무 얕지도 않은 관계를 유지하며 접촉을 늘려가야 하며, 그냥 옆에 있는 친한 이방인이어야 한다. 세넷이 권유하는 이 윤리에 나는 때론 고개를 끄덕이기도 하고, 내 이웃들을 떠올리며 고개를 젓기도 한다. 이렇게 성공과 실패가 교차하는 이야기를 들으며 그에게 질문을 던지는 것은, '바람직한 상'이 아니라 그곳으로 가는 여정, 당연히 좋은 쪽으로 가기도 하고 나빠지기도 할 텐데, 그 여정에서 우리가 판단해야 하는 기준들을 묻는 일이다.

마지막으로 세넷에게 던지는 질문은 그보다 젊은 사람들을 위한 것이다. 생각했던 모든 꿈을 누구나 이룰 수는 없다. 학자로서 읽은 책보다 쓴 책이 더 적고, 빠져들었던 생각 중 정리도 못하고 망각하는 것들이 대부분이다. 세넷의 수많은 생각도 대부분 사라질 것이다. 이 책은 그의 생각 중 극히 일부를 활자로 박제한 작업일 것이다. 그렇다면 세넷의 글 중 우리는 어느 부분을 이어가고 발전시킬 것인가? 그의 생각 중 어느 부분에 우리의 시간과 노동을 투입할 것인가? 인터뷰의 끝은 상투적인 질문일 수 있지만, 후학들에 대한 바람, 도시의 미완성이 아닌 자기 생각의 미완성, 누군가 해결해주었으면 하는 바람들이다. "당신은 자신의 생각 중 어느 부분이 가장 부족하다고 생각하고, 우리가 어느 부분을 더 발전시키길 바랍니까?" 보통 이 질문은 독자들이 책에 물음표를 찍고 밑줄을 긋는, 책에 담긴 내용인 내부와 책에 담기지 못했던 외부가 만나는 부분이며, 바로 이 부분이 책의 가치를 결정한다. 이제 저자의 시간은 끝나고 독자의 시간이다. 독자가 남긴 흔적들은 앞으로의 세넷과 그 동료들의 책으로 이어지며 다른 시대, 다른 도시에 사는 사람들에게 새로운 직관을 줄 것이다. 20대부터 시작해 근 50년 동안 발전해온 세넷이 생각하는 '도시와 사람'이 '도시를 위한 윤리'로 이 책에 담겨 있고, 우리는 여기에 밑줄을 치고 질문을 던진다.

2019년 12월

임동근

임동근 | 서울대학교 도시공학과를 졸업하고 동 대학원에서 공학석사를, 프랑스 파리7대학에서 지리학 박사학위를 받았다. 공간연구집단 연구원으로 활동했으며, 서울대학교 지리학과에서 학생들을 가르치기도 했다. 〈문화과학〉 편집위원이며 주요 저서로 《서울에서 유목하기》《메트로폴리스 서울의 탄생》(공저) 등이, 주요 역서로 리처드 세넷의 《살과 돌》, 데이비드 하비의 《신자유주의의 세계화의 공간들》 등이 있다.

옮긴이의 말

호모 파베르 3부작이라고도 불리는 사회적 인간 탐구 연작의 세 번째 책 《짓기와 거주하기》에서 세넷이 꺼내 든 키워드는 '열린'이다. 도시를 열린 곳으로 만들려면 어떻게 해야 하는가? 이것이 그의 주제다. 도시라고 하지만 시골과 대비되는 그런 의미는 아니다. 인간이 거주하는 공간 일반을 가리키는 의미로 보면 된다. 열린 도시. 공간과 그 속에 있는 인간은 어떻게 하면 열린 관계에 있을 수 있는가?

'열린' 관계는 구성원들이 서로를 배제하지 않고 포용하고 배려하는 관계, 정보의 흐름이 차단되지 않고 소통하고 교류하는 관계로 이해할 수 있다. 공간과 인간만이 아니라 물질과 정신, 자연과 인간, 타자와 나 등 모든 상대적 관계에서 서로 영향을 주고받음이 가능한 관계, 그럼으로써 스스로 변화 가능하며, 외부의 변화에도 잘 적응할 수 있는 관계다. 열려 있다는 것은 이상한 것, 궁금한 것, 미지의 것, 가능성을 수용한다는 의미이기도 하다.

열린 시스템은 학습과 진화를 통해 복잡한 집합적 행동, 정교한 정보처리 과정, 적응을 발생시키는 시스템이다. 그런 시스템은 출발할 때부터 미리 지정되어 있고 설정되어 있는 어떤 목적하에 존재하는 것이 아니라 피드백과 정보 변동을 겪으면서 출현한다. 그것은 변화와 파열, 혼합과 융해를 거친 새로운 실체의 탄생을 수용한다.

'열린'은 이 책만이 아니라 호모 파베르 3부작 전체를 관통하는 개념이기도 하다. 제일 먼저 출간된 《장인》에서 다루는 장인의 노동에서 물질 세계는 인간에게 닫혀 있지 않고, 정신과 물질은 심신이원론의 주장처럼 근본적으로 분리된 영역이 아니다. 설사 분리되어 있었더라도 사회적 인간으로 살기 위해서는 그 경계를 넘어가서 만나야 하는 영역이다. 물질 세계는 정신과 만나 함께 발전해나간다. 그것은 인간의 원초적 정체성이 표현되는 무대다. 인간의 정체성은 고정된 어떤 것이 아니라 일, 즉 몸과 사물의 대화, 몸과 사물의 열린 관계를 통해 형성된다. 물질 세계와 인간 신체는 고립되고 차단된 세계가 아니라 소통할 수 있는, 서로 영향을 주고받음이 가능한 관계다.

두 번째로 나온 《투게더》는 그 일을 하려면 타인들과 함께 해야 한다는 판단에서 출발한다. 실제로 일을 해내려면 협력이라는 사회적 자질이 필요하다. 닫힌 관계에서는 협력이 불가능하며, 협력 없이는 일을 제대로 해낼 수 없다. 다른 사람과 함께 활동하려는 성향은 인간의 유전자 속에 각인되어 있다. 타인은 나에게 닫힌 세계가 아니다. 타인과 나는 협력을 통해 열린 관계를 맺는다.

세넷에게서 사회적 인간 탐구의 중심은 물질과 부대끼는 삶의 현장이다. 3부작의 마지막 권인 《짓기와 거주하기》의 주무대는 그런 삶의 현장으로서의 거주 공간이다. 인간과 별개인 건물이 아니라 그 속에 인간이 거주하는 도시 전체가 그의 탐구 대상이다. 건설 환경, 즉 자연적으로 주어진 환경이 아니라 인간의 힘이 가해져 변형된 환경 속에서 인간은 어떻게 살아가는가? 여기서 강조점은 '어떻게'에 있다. 인간은 단순명료한 직선이 아니라 복잡하고 비틀어진 존재다. 인간관계든 생명 현상이든 모두 다면적이고 복잡하고 풍부하며 또 애매모호하다. 그런 현상을 수용하고 지속시키려면 열린 관계, 열린 시스템이 필요하다. 인간의 거주 공간이 열린 시스템이 될 수 있을까? 그 물음과 그에 답하는 과정이 이 책의 내용이다.

세넷은 먼저 도시계획의 진화 과정을 살펴본다. 19세기 이후 도시계획가들은 사는 것과 지어진 것, 생활과 건설 환경을 이어주려고 애썼지만 실패했다. 그들은 왜 실패했는가? 그런 다음, 사는 것과 지어진 것 간의 균열이 불평등 같은 인류의 큰 이슈에 어떤 영향을 미치는지를 탐구한다. 그리고 도시가 열린 곳이 된다면 어떤 성과가 있는지, 열린 도시란 어떤 형태를 취하는지 따져본다. 마지막으로는 도시에 존재하는 근본적인 균열이 시간의 흐름에 의해서든 자연에 의해서든 터져나올 때 그것을 어떻게 처리할 것인가 묻는다. 도시계획가는 그런 과정을 어느 정도까지 통제할 수 있는가? 통제된 계획이 어느 정도로 유효할까? 도시계획은 사회를 있는 그대로 나타내는 것인가, 아니면 어떤 목표를 지향하는 변화를 추구해야 하는가? 윤리가 도시 설계에 영향을 미칠 수 있을까? 세넷은 열린 도시의 윤리란 그 도시 안에서 사람들이 어떤 단일한 가치가 아니라 각기 다른 여러 가치 중 하나를 추구하며 함께 살아갈 수 있게 하는, 의미의 풍부함 속에서 살아갈 수 있게 하는 것이라고 본다. 사람이 집을 만들고 집이 그곳에 사는 사람을 만든다고 하지 않는가.

도시에는 빌과 시테라는 두 가지 의미가 있다. 빌은 큰 전체 도시 또는 그 물리적 공간, 시테는 작은 지역사회, 또는 그것에 관련된 감정과 의식을 가리킨다. 세넷은 빌과 시테 사이에 균열이 있을 수 있다고 본다. 사람들의 생활 방식, 즉 사는 것이 도시의 건설 방식, 즉 지어진 것과 어긋날 수 있다는 것이다. 단적으로 그는 빌과 시테는 이혼했다고 선언한다. 그런 다음 어떻게 하여 이혼하게 되었는가? 재결합은 가능한가? 등의 질문을 던진다. 파리, 바르셀로나, 뉴욕 등 여러 도시의 도시계획과 주민들의 생활과의 관계에 대한 묘사는 그 질문에 대한 대답이다. 도시계획가가 추구하는 가치와 대중의 가치가 일치하지 않는 경우가 있다. 그런 어긋남은 열린 시스템을 통해 더 나은 방향으로 해결될 수 있다. 세넷은 닫힌 도시와 열린 도시의 다양한 유형들을 살펴보면서, 단일 건물에서 도시, 도시계획, 자연에 대한 대처 방안 등으로 탐색 범위를 넓힌다.

제인 제이콥스와 멈퍼드의 대비, 게오르크 지멜과 막스 베버의 비교, 오스만의 파리 개조 계획, 세르다가 기획한 바르셀로나 에익삼플레의 격자식 도시 블록, 옴스테드의 뉴욕 센트럴파크 설계 등 정말 많은 내용을 다루지만, 그중에서도 인도 델리의 시장인 네루 플레이스에서 저자가 직접 만난 한 핸드폰 노점 상인의 사례가 특히 흥미롭다. 이는 도시와 그곳 주민들이 불법과 합법이 뒤섞인 접경지역에서 함께 적응해나가는 열린 관계의 좋은 예다.

뒤섞임, 복잡성, 혼란스러움을 배격하고 명료성과 기능성에 집중한 르코르뷔지에의 부아쟁 계획, 그리고 스마트 시티로 계획된 우리나라 송도 신도시가 사용자 친화성이 지나쳐서 오히려 거주민을 바보 취급하는, 스마트하지 못한 폐쇄 도시가 되어버린 사례도 관심을 끈다. 사용자에게 불친절한 여건, 말하자면 저항이 존재하는 작업 과정은 단순한 불편함이 아닐 수 있다. 목공 장인이 나무에 있는 옹이를 살려 작품의 무늬로 삼는 것처럼 저항은 재료와 친숙해지는 과정일 수 있다. 저항 요소에 부딪힐 때 장인은 잠시 주의를 돌려 재료 전체를 바라보면서 다른 시각에서 바라볼 여유를 갖는다. 그런 여유에서 전체를 보는 시각과 창의적 아이디어가 생길 수 있다. 그런 의미로, 작업에 방해되는 요소를 최소화하고 직장 생활에만 집중할 수 있게 설계된 구글플렉스는 송도와 비슷한 경우로 예시된다. 구직자들에게 꿈의 직장으로 불리는 구글플렉스가 사실은 개인주의적 특권의 아이콘으로서, 일 외에 다른 모든 관계를 차단한 폐쇄된 지역사회라는 것이다. 그곳은 뉴욕 거리 속에 고립된, 소통하지 않는 섬으로 존재한다.

건축과 도시계획에 관한 책은 많지만 세넷처럼 노동에서 시작하여 도시계획에 이르는 넓은 범위를 포괄하는 저술가는 보기 드물다. 또 세넷처럼 건물, 거리, 도시, 기반시설이 일상 생활에 어떻게 작용하는지를 피부에 와닿도록 묘사하는 사회학자는 쉽게 만날 수 없다. '거리를 보는 눈'이라는 말에서도 알 수 있듯이, 그는 가령 도로 형태가 그 지역 사람들의 삶에 어떤 영향을 미치는지 그곳에 실제로 살고 있는 것처럼 설명한다. 그가 제인 제이콥스를 좋아한 것도 그런 맥락에서다. 도시의 구조적, 제도적 차원, 건물과 도시 하드웨어의 물리적 차원, 그 속에서 수행되는 개인적 활동을 최대한 고려하면서 지역사회에서 삶이 영위되거나 거부당하는 모습을 구체적으로 묘사한다.

세넷의 글은 특색이 있다. 그의 글은 본인이 자주 말하는 '대화적 대화'의 좋은 예다. 이 책에서도 그렇듯이 그는 자신의 구체적인 경험을 이야기하다가 그것을 곧바로 사회학적 이론과 사회 현실의 논의로 연결하며, 수시로 화제를 바꾸면서 좌충우돌하는 것 같지만 어느새 핵심을 말하고 있다. 구체적인 사례와 사회학적 이론이 지극히 유연하게 연결된다. 그에게서 학자연하는 태도는 찾을 수 없다. 소소한 일상에서의 행위와 사건에서 사회학적 의미를 뽑아내는 능력은 세넷의 장기라 할 만하다. 그는 사회학, 민족학, 일상 관찰, 공예, 조각, 건축, 음악 등 여러 분야에서 추출해낸 세부적 사실과 동작이 가진 중층적 의미를 관찰하고 분석한다. 또 지금껏 생각지 못했던 새로운 의미, 새로운 관련성을 포착하고, 기존의 개념이 가졌던 의미 지평을 넓히고 새로운 시각을 추가하여, 그것이 지닌 가치를 확장한다. 《장인》에서 자신의 첼로 연주 경험을 장인 노동에 연결한 것이나, 이 책에 소개된 콜롬비아 메데인에서 길 안내하는 소년들과의 경험이 좋은 예다. 깊은 학문적 통찰과 함께 세심한 관찰, 대상에 대한 배려가 그처럼 활발하고 생생한 글쓰기의 바탕에 깔려 있다.

워낙 풍부한 내용이 담겨 있어 재미는 있지만 그 풍부한 내용을 제대로 이해하기는 결코 쉽지 않은 것이 세넷의 글이다. 이 책에서 줄곧 느껴지는 것은 사회적 관계에 대한 윤리적인 관심이다. 어떻게 하면 누구도 배제되지 않는, 모두에게 열린 도시를 만들 수 있을까 하는 것이 책 전반을 이끌어나가는 물음이다. 현실에서는 사회적 경제적 불평등이 심화되는 추세지만 그래도, 아니 그렇기 때문에 이런 관심은 가치가 있다. 저자의 말대로 닫힌 사회의 문제를 해결하지 못했다고 열린 도시라는 비전이 틀린 것은 아니니까 말이다. 저자가 평생을 지켜온 그 신념과 열정에 경의를 표하지 않을 수 없다.

이 귀중한 책을 소개할 기회를 주신 김영사 편집부의 이승환님께 큰 감사를 전한다. 읽는 분들도 세넷의 열정과 지혜에 깊이 감응하시리라고 믿는다.

2019년 12월

김병화

1장. 서문: 비틀린, 열린, 소박한

1. Jacques Le Goff, *La Civilisation de L'occident medieval* (Paris: Flammarion, 1997).

2. Immanuel Kant, *Idea for a Universal History from a Cosmopolitan Point of View* (1784) 최고의 영어 번역은 *Kant: On History* (New York: Bobbs-Merrill, 1963)에 실린 루이스 화이트 벡(Lewis White Beck)의 것이다. "비틀린 재목"은 논지 6에 나온다.

3. Jerome Groopman, "Cancer: A Time for Skeptics," *The New York Review of Books*, 2016년 3월 10일.

4. Francis Crick, *What Mad Pursuit: A Personal View of Scientific Discovery* (London: Penguin Books, 1990).

5. Melanie Mitchell, *Complexity: A Guided Tour* (New York: Oxford University Press, 2009), p. 13.

6. Steven Strogatz, *Sync* (London: Allen Lane, 2003), pp. 181-2.

7. Flo Conway & Jim Siegelman, *Dark Hero of the Information Age: In Search of Norbert Wiener, the Father of Cybernetics* (New York: Basic Books, 2005).

8. Robert Venturi, *Complexity and Contradiction in Architecture* (New York: Museum of Modern Art, 1966), p. 16.

9. William Mitchell, *City of Bits* (Cambridge, Mass. : MIT Press, 1996), p. 7.

10. Aristotle, *The Politics*, T. A. Sinclair의 번역(1962). Trevor J. Saunders의 번역으로 나온 개정판(1981) (London: Penguin Books, 1992).

11. William James, "Pragmatism, Action and Will", *Pragmatism: The Classic Writings*, ed. H. S. Thayer (Cambridge, Mass.: Hackett, 1982), p. 181.

12. Yochai Benkler, "Degrees of Freedom, Dimensions of Power", *Daedalus* 145, no. 1 (2016): 20, 23. 또 볼 만한 것들로는 Shoshana Zuboff, "Big Other: Surveillance Capitalism and the Prospects of Information Civilization", *Journal of Information Technology* 30, no. 1 (2015): 75-89. 그리고 Tim Wu, *The Master Switch: The Rise and Fall of Information Empires* (New York: Knlpf, 2010)가 있다.

13. 부르크하르트 문장의 영어판은 에른스트 카시러의 "Force and Freedom: Remarks on the English Edition of Jacob Burckhardt's Reflections on History", *The American Scholar* 13, no. 4 (1944):409-10에 실려 있다.

14. Giovanni Pico della Mirandola, "Oration on the Dignity of Man", *The Renaissance Philosophy of Man*, ed. Ernst Cassirer, Paul Oskar Kristeller & John Herman Randall, Jr. (Chicago: University of Chicago Press, 1948), p. 225.

15. Michel de Montaigne, "Same Design: Differing Outcomes", *The Complete Essays*, M. A. Screech의 영어 번역(London: Penguin, 2003), pp. 140-49.

16. Bernard Rudofsky, *Architecture Without Architects: A Short Introduction to Non-Pedigreed Architecture* (Albuquerque: University of New Mexico Press, 1999). 아이러니하게도 원래 책은 루도프스키가 예술 스타일의 보루인 뉴욕 현대미술관 MOMA에서 1964년에 개최한 전시회 카탈로그로 되어 있다.

17. Gordon Cullen, *Townscape* (London: The Architectural Press, 1961), pp. 175-81.

18. Richard Sennett, *The Craftsman* (New Haven: Yale University Press, 2008), pp. 197-9.

19. Richard Sennett, *Together: The Rituals, Pleasures and Politics of Cooperation* (New Haven: Yale University Press/London: Allen Lane, 2012).

짓기와 거주하기

2장. 불안정한 기초

1. Ildefons Cerdà, *Teoria de la construccion de las Ciudades* (Theory of City Construction) (1859) (Barcelona: Ajuntament de Barcelona, 1991).

2. 이것은 내가 허구 형식인 내 소설 《팔레루아얄Palais-Royal》(New York: Knopf, 1986)에서 말하고자 했던 이야기다. 더 일반적인 그림이 필요하면 Roy Porter, *Disease, Medicine and Society in England, 1550-1860*, 2판 (Cambridge: Cambridge University Press, 1995), pp. 17-26을 보라.

3. David L. Pike, *Subterranean Cities: The World beneath Paris and London, 1800-1945* (Ithaca: Cornell University Press, 2005), p. 234.

4. Friedrick Engels, *The Condition of the Working-Class in England in 1844*, Florence Kelly Wischnewetzky의 영역 (London: Allen & Unwin, 1892), p. viii.

5. Peter Hall, *Cities in Civilization* (London: Weidefeld and Nicolson, 1998), pp. 691-93.

6. Karl Marx & Friedrick Engels, *The Communist Manifesto*, http://www.gutenberg.org/ebooks/61.

7. Charles Baudelaire, "The Painter of Modern Life", *Baudelaire: Selected Writings on Art and Artists*, 영어 번역은 P. E. Charvet (Cambridge: Cambridge University Press, 1981), pp. 403, 402.

8. Zygmunt Bauman, *Liquid Modernity* (Cambridge: Polity Press, 2000).

9. Cf. David H. Pinkney, *Napoleon III and the Rebuilding of Paris* (Princeton: Princeton University Press, 1972), 그리고 Charles E. Beveridge, *Frederick Law Olmsted: Designing the American Landscape* (New York: Rizzoli International Publications, 1995).

10. Antoine Paccoud, "A Politics of Regulation: Haussmann's Planning Practice and Badiou's Philosophy", London School of Economics and Political Science (LSE), 박사학위 논문, 2012.

11. Richard Sennett, *The Fall of the Public Man* (1977) (New York: W. W. Norton, 2017).

12. K. C. Kurt Chris Dohse, "Effects of Field of View and Stereo Graphics on Memory in Immersive Command and Control", Iowa State University, 석

사학위 논문, 2007, Retrospective Theses and Dissertations 14673.

13. Roberto Calasso, *La Folie Baudelaire* (London: Allen Lane, 2012), p. 171에 인용된 드가.

14. Joan Busquets, *Barcelona: The Urban Evolution of a Compact City* (Rovereto: Nicolodi, 2005), p. 129.

15. Joseph Rykwert, *The Idea of a Town: The Anthropology of Urban Forms in Rome, Italy and the Ancient World* (Cambridge, Mass. : MIT Press, 1988).

16. Ildefonso Cerdà, *Teoría general de la urbanizacion* (General Theory of Urbanization) (1867) (Barcelona: Instituto de Estudios Fiscales, 1968-71).

17. Lewis Mumford, *The City in History* (New York: Harcourt, Brace & World, 1961), p. 421. Peter Marcuse, "The Grid as City Plan: New York City and Laissez-Faire Planning in the Nienteenth Century", *Planning Perspectives* 2, no. 3 (1987): 287-310.

18. Eric Firley & Caroline Stahl, *The Urban Housing Handbool* (London: Wiley, 2009), p. 295.

19. Arturo Soria y Puig (ed.), *Cerda: The Five Bases of the General Theory of Urbanization* (Madrid: Electa, 1999).

20. Anne Power, *Estates on the Edge: The Social Consequences of Mass Housing in Northern Europe* (New York: St Martin's Press, 1997).

21. Frederick Law Olmsted, "Public Parks and the Enlargement of Towns", *Frederick Law Olmsted, Essential Texts*, ed., Robert Twombly (New York: W. W. Norton, 2010), pp. 225ff.

22. www.insecula.com/CentralPark에 나온 지도.

23. Michael Pollak, "What is Jamaica, Queens, Named After?", *The New York Times*, 2014년 7월 3일.

24. 비공식성에 관해서는 Charles E. Beveridge & David Schuyler (eds.), *The Papers of Frederick Law Olmsted, Vol.3: Creating Central Parl, 1857-1861* (Baltimore: Johns Hopkins University Press, 1983)을 보라.

25. Marcia Reiss가 *Central Park Then and Now* (San Diego, CA.: Thunder

짓기와 거주하기

Bay Press, 2010)에 수록한 사진들을 보라.

26. Olmsted, "A Consideration of the Justifying Value of a Public Park", *Frederick Law Olmsted: Essential Texts*, ed., Robert Twombly (New York: W. W. Norton, 2010), pp. 283ff.

27. Piet Oudolf and Noel Kingsbury, *Planting Design: Gardens in Time and Space* (Portland, Oregon: Timber Press, 2005), pp. 36ff. J. Philip Grime, *Plant Strategies, Vegetation Processes, and Ecosystem Properties* (Chichester: Wiley, 2001)에서 유래한 유형론(typology).

28. Gustav Le Bon, *The Crowd: A Study of the Popular Mind* (1895), 영어 번역은 Jaap van Ginneken (Kitchener, Ontario: Batoche Books, 2001), pp. 14-17.

29. Sigmund Freud, *Group Psychology and the Analysis of the Ego* (1921) (New York: W. W. Norton, 1975).

30. Elias Canetti, *Crowds and Power* (New York: Viking Press, 1962).

31. Jose Ortega y Gasset, *The Revolt of the Masses* (1930) (New York: W. W. Norton, 1964).

32. Georg Simmel, "The Metropolis and Mental Life", *Georg Simmel, On Individuality and Social Forms: Selected Writings*, ed., Donald N. Levine (Chicago: Chicago University Press, 1971), pp. 324-39.

33. 내가 직접 번역한 게오르크 지멜의 문장을 인용한다. Georg Simmel, "The Metropolis and Mental Life", *Classic Essays on the Cuture of Cities*, ed., Richard Sennett (New York: Appleton-Century-Crofts, 1969), p. 48.

34. 앞의 책.

35. 앞의 책.

36. 앞의 책, p. 47.

37. Greg Castillo, "Gorki Street and the Design of the Stalin Revolution", *Streets: Critical Perspectives on Public Space*, ed., Zeynep Celik, Diane Favro, Richard Ingersoll (Berkeley: University of California Press, 1994), pp. 57-70.

38. James Winter, *London's Teeming Streets, 1830-1914* (New York: Routledge, 1993), p. 100.

39. Cf. 그 작업은 런던 대학 바틀렛 건축학교(Bartlett School of Architecture, University College London)의 스페이스 신택스 실험실(Space Syntax Laboratory)이 수행했다. 인구밀도에 관한 그 실험실의 작업은 Nick Stockton, "There's a Science to Foot Traffic, and It Can Help Us Design Better Cities", *Wired Magazin*, 2014년 1월 27일, www.wired.com/2014/01/space-syntax-china/에 설명되어 있다.

40. Spiro Kostof, *The City Assembled: The Elements of Urban Form through History* (Boston: Little Brown, 1992), p. 214.

41. William H. Whyte, *The Social Life of Small Urban Spaces*, DVD/video, Direct Cinema Ltd., Santa Monica, California, 1988.

42. Henry Shaftoe, *Convivial Urban Spaces: Creating Effective Public Spaces* (London: Routledge, 2008), pp. 88–91.

43. Marianne Weber, *Max Weber: A Biography*, Harry Zohn의 영역. (New York: John Wiley & Sons Inc., 1975).

44. Jonathan Steinberg, *Bismark: A Life* (Oxford: Oxford University Press, 2011), p. 86.

45. Stefan Zweig, *The World of Yesterday* (1942), 영어 번역은 Anthea Bell (London: Pushkin Press, 2009), 8장, "Brightness and Shadowa over Europe".

46. 원래 참고문헌은 Max Weber, *Wirtschaft und Gesellschaft* (Tubingen: J. C. B. Mohr (P. Siebeck), 1922), p. 00; 그 에세이는 1922년에 첫 출간되었고, 집필 시기는 아마 1917년이었을 것이다. 영어 번역은 필자.

47. Max Weber, *Economy and Society: An Outline of Interpretive Sociology*, ed., Guenther Roth & Claus Wittich, Vol. 1 (New York: Bedminster Press, 1968), p. 4.

3장. 시테와 빌의 이혼

1. William I. Thomas & Florian Znaniecki, *The Polish Peasant in Europe and America* (New York: Knopf, 1927).

2. Harvey W. Zorbaugh, *The Gold Coast and the Slum* (Chicago: University

of Chicago Press, 1929).

3. Martin Bulmer, *The Chicago School of Sociology: Institutionalization, Diversity, and the Rise of Socialogical Research* (Chicago: University of Chicago Press, 1986), pp. 59-60.

4. Richard Sennett, *Families against the City* (Cambridge, Mass.: Harvard University Press, 1970).

5. 어머니는 샬럿 타운의 *Common Human Needs* (Washington, D.C.: Federal Security Agency, 1945)을 위해 이 주제로 여기저기서 현장 조사를 행했다.

6. Robert Park, "The city: Suggestions for the Investigation of Human Behaviour in the Urban Environment", Richard Sennett이 편집한 *Classic Essays on the Cultures on the Water* (New York: Appleton-Century-Crofts, 1969), pp. 91-130에 수록된 부분, 특히 p. 91.

7. Louis Wirth, "Urbanism as a Way of Life", *American Journal of Sociology* 44, no. 1 (1938): 20.

8. Michael Dennis, *Court & Garden: From the French Hotel to the City of Modern Architecture* (Cambridge, Mass.: MIT Press, 1986), p. 213.

9. Le Corbusier, *When the Cathedrals Were White*, Francis E. Hyslop, Jr.의 영역으로.(New York: Reynal & Hitchcock, 1947), p. 47.

10. 전반적으로 훌륭한 설명이 필요하다면 Eric Mumford, *The CIAM Discourse on Urbanism, 1928-1960* (Cambridge, Mass.: MIT Press, 2000).

11. Le Corbusier, *The Athens Charter*, 영어 번역은 Anthony Eardley, (New York: Grossman Publishers, 1973), p. 65 (dwelling, no.29), p. 70(recreation, no. 37)m p. 76(work, no. 46), pp. 84-5 (transport, no. 62와 64).

12. James Holston, *The Modernist City: An Anthropological Critique of Brasilia* (Chicago: Chicago University Press, 1989), pp. 77.

13. Corbusier, *The Athens Charter*, p. 88(no. 70).

14. José Luis Sert, *Can Our Cities Survive?: An ABC of Urban Problems, Their Analysis, Their Solutions, Based on the Proposals Formulated by the C.I. A M., International Congresses for Modern Architecture* ··· (Cambridge, Mass.: Harvard University Pres, 1944).

15. Jonathan Barnett, "The Way We Were, the Way We Are: The Theory and Practice of Designing Cities since 1956," *Harvard Design Magazine*, no. 24, "The Origins and Evolution of Urban Design, 1956-2006", 2006.

16. Alex Krieger, "HDM symposium: Can Design Improve Life in Cities? Closing Comments or Where and How Does Urban Design Happen?", 앞의 책에서.

17. Barnett, "The Way We Were, the Way We Are."

18. Aristotle, *Politics*, 책으로는 11-12장. http://www.gutenberg.org/files/6762/6762-h/6762-h.htm#link2HCH0090.

19. Richard Sennett, "An Urban Anarchist: Jane Jacobs," *The New York Review of Books*, 1970년 1월 1일.

20. Lewis Mumford, *Technics and Civilization* (Chicago: University of Chicago Press, 1934), pp. 344-58.

21. 이것들은 미국 국립 고속도로와 운송 사무국 연합이 사용하는 표준이며, 중국의 민간 토목기사들도 이를 채택했다. http://www.aboutcivil.org/typical-cross-section-of-highway.html을 보라.

4장. 클레의 천사, 유럽을 떠나다

1. Rana Dasgupta, *Capital: The Eruptiion of Delhi* (London: Canongate Books, 2015), p. 362.

2. Helge Mooshammer, Peter Mortenbock, Teddy Cruz & Fonna Forman (eds.), *Informal Market Worlds Reader: The Architecture of Economic Pressure* (Rotterdam: Nai010 Publishers, 2015)

3. Eric Firley & Caroline Stahl, *The Urban Housing Handbook* (London: Wiley, 2009).

4. Teresa P. R. Caldeira, "Peripheral Urbanization: Autoconstruction, Transversal Logics, and Politics in Cities of the Global South", *Environment and Planning D: Society and Space*, 35, no. 1 (2017): 3-20.

5. D. Asher Ghertner, *Rule by Aesthetics: World-Class City Making in Delhi* (New York: Oxford University Press, 2015), p. 9.

6. 이런 변화에 대해 알려주는 현재 최고의 전체 안내서는 유엔이 내놓은 *World Urbanization Prospects*의 2014년 개정판이다. 전자서로는 https://esa. un.org/unpd/wup/publications/files/wup2014-highlights.Pdf.

7. Saskia Sassen, *Expulsion* (Cambridge, Mass.: Harvard University Press, 2014).

8. 델리의 인구밀도 수치는 Regustrar General & Census Commissiioner's Office, http://www.censusindia.gov.in/2011-Common/CensusData2011. html에서 가져왔다. 프랑스의 수치는 http://www.insee.fr에서 볼 것.

9. Jean Gottmann, *Megalopolis: The Urbanizaed Northeastern Seaboard of the United States* (New York: Twentieth Century Fund, 1961).

10. Cf. Steef Buijs, Wendy Tan, & Devisari Tunas (eds.), *Megacities: Exploring a Sustainable Future* (Rotterdam: Nai010 Publishers, 2010).

11. Cf. Saskia Sassen, *The Global City* (Princeton: Princeton University Press, 1998).

12. William H. Janeway, *Doing Capitalism in the Innovation Economy: Markets, Speculation and the State* (Cambridge : Cambrideg University Press, 2017), 4장 여기저기.

13. Saskia Sassen, *Cities in a World Economy*, 4판 (Los Angeles: Sage Publications, 2012).

14. Liu Thai Ker, "Urbanizing Singapore," *Megacities*, ed., Buijs, Tan and Tunas, pp. 246-7. 싱가포르는 이 법칙의 예외로서 두드러지는 사례다.

15. Ravi Teja Sharma, "Floor Area Ratio, Ground Coverage Increased in Delhi; Move to Benefit Buyers," *The Economic Times* (India), 2014년 11월 27일.

16. Martin Rama, Tara Beteille, Yue Li, Pradeep K. Mitra, & John Lincoln Newman, *Addressing Inequality in South Asia* (Washington, D. C. : World Bank Group, 2015).

17. Hai-Anh H. Dang & Peter F. Lanjouw, "Poverty Dynamics in India between 2004 and 2012: Insights from Longitudinal Analysis Using Synthetic Panel Data," Policy Research Working Paper 7270, World Bank Group (2015).

18. 하우스 데어 쿨투렌 데어 벨트(Haus der Kulturen der Welt)에서 열린 영화 시사회 뒤의 대중 토론회를 보라. http://hkw.de/en/app/mediathek/video/26489.

19. 와이탄 및 순수하게 중국적인 것과 그것의 관계에 대해 알려면 Harriet Sergeant, *Shanghai* (London: Jonathan Cape, 1991)을 보라.

20. 도시적 중국에 관한 일반 입문서가 필요하면 Rhomas J. Campanella, *The Concrete Dragon: China's Urban Revolution and What It Means for the World* (New York: Princeton Architectural Press, 2008).

21. Bob Liu Roberts에게, *Shanghai Statistics Yearbook, 2004년*(Shanghai: Xuelin, 2004)에 실린 그의 논문 "Development of Old Neighborhoods in Central Shanghai"에서 Xu Mingqian을 경계하라고 알려준 점에 대해 감사를 전한다. 아래의 것도 읽어볼 것: Xuefei Ren, "Forward to the Past: Historical Preservation in Globalizing Shanghai," Breslauer Graduate Student Symposium, "The Right to the City and the Politics of Space", University of California, Berkeley, 14-15, 2006년 4월.

22. 2016년 베네치아 비엔날레에서 열린 Urban Age "Shaping Cities" 총회 발표문에 인용된 통계수치. https://urbanage.lsecities.net/conferences/shaping-cities-venice-2016.

23. Cf. Philip P. Pan, Out of *Mao's Shadow: The Struggle for the Soul of a New China* (New York: Simon & Schuster, 2008).

24. Xuefei Ren, *Building Globalization: Transnational Architecture Production in Urban China* (Chicago: University of Chicago Press, 2011), pp. 50-58.

25. Joseph Alois Schumpeter, *Capitalism, Socialism and Democracy* (1942) (London: Routledge, 2010), pp. 73, 77-9.

26. 하워드에 대해서는 Richard T. LeGates & Frederic Stour, *The City Reader* (London: Routledge, 1996)을 볼 것. 코르뷔지에의 경우, 28층짜리 건물은 각각 9백 명을 수용할 수 있다. 처음에 코르뷔지에는 그 계획을 타워 50동으로 구상했다.

27. Florian Urban, *Tower and Slab* (London: Routledge, 2012), pp. 148-64.

28. Campanella, *The Concrete Dragon*, pp. 144-71, 특히 pp. 163ff를 볼 것.

29. 마크 프리드 역시 20세기 중반 보스턴에서 시행되던 허물고 다시 짓는 도시 개조 프로젝트가 심각한 사회적 혼란을 야기했다는 사실을 알아냈다. Marc Fried, "Grieving for a Lost Home: Psychological Costs of Relocation," *Urban Renewal: The Record and the Controversy*, ed., James Q. Wilson (Cambridge, Mass.: MIT Press, 1966), pp. 359-79.

30. Herbert J. Gans, *The Urban Villagers: Group and Class in the Life of Italian-Americans* (New York: Free Press, 1982).

31. Sharon Zukin, *Loft Living: Culture and Capital in Urban Change* (Baltimore: Johns Hopkins University Press, 1982).

32. Richard Florida, *The Rise of the Creative Class: And How It's Transforming Work, Leisure, Community and Everyday Life* (New York: Basic Books, 2002).

33. Patti Waldmeir, "Shanghai Starts Search for Its Heritage," *Financial Times*, 2013년 2월 22일, p. 8.

34. James Salter, *Light Years* (New York: Random House, 1975), p. 69.

35. Marc Masurovsky, "Angelus Novus, Angel of History, by Paul Klee,"을 보라. *Plundered Art*, Holocaust Art Restitution Project (HARP), 2013년 2월 26일에 게재됨. http://plundered-art.blogspot.co.uk/2013/02/angelus-novus-angel-of-history-by-paul.html.

36. Walter Benjamin, *On the Concept of History*, Gesammelte Schriften I:2 (Frankfurt am Main: Shrkamp Verlag, 1974). 번역은 필자.

37. Walter Benjamin, *Moscow Diary*, 영어 번역은 Richard Sieburth (Cambridge, Mass.: Harvard University Press, 1986), p. 126.

38. 앞의 책.

5장. 타자의 무게

1. 외국인 독자들은 이 사건의 훌륭한 설명을 다음에서 읽을 수 있다. "Germans Take to the Streets to Oppose Rise of Far-Right 'Pinstripe Nazi' Party," *The Guardian*, 2015년 1월 5일; https://www.theguardian.com/world/2015/jan/05/germans-march-oppose-pegida-far-right-racism-

tolerance.

2. Charles Westin, "Sweden: Restrictive Immigration Policy and Multi-culturalism," Migration Policy Institute Profile, 2006년 6월 1일, http://www.migrationpolicy.org/article/sweden-restrictive-immigration-policy-and-multiculturalism/

3. 전체적인 개괄이 필요하면, Michael R. Marrus, *The Unwanted: European Refugees in the Twentieth Century* (Oxford: Oxford University Press, 1985).

4. 아이러니 하나: 바그너가 활용한 자료 출처 가운데 하나는 하인리히 하이네가 쓴 이야기다. 그 이야기에 나오는 끝없는 여행은 유대인들의 삶을 나타낸다(바그너는 유대인들에게 아무런 공감을 갖지 않았던 것으로 악명 높다).

5. Dennis Hirota, "Okakura Tenshin's Conception of 'Being in the World'", *Ryukoku Daigaku Ronshu*, no. 478 (2011): 10-32.

6. Adam Sharr, *Heidegger's Hut* (Cambridge, Mass.: MIT Press, 2006), p. 63.

7. Paul Celan, "Todtnauberg", *Selected Poems* (London: Penguin, 1996).

8. Paul Clean, "Hut Window" ("Hüttenfenster"), *Selected Poems*.

9. Elfriede Jelinek, *Totenauberg: Ein Stück* (Hamburg: Rowohlt, 2004).

10. Susan Buck-Morss, *The Dialectics of Seeing: Walter Benjamin and the Arcades Project* (Cambridge, Mas.: MIT Press, 1991), pp. 34ff.

11. Martin Heidegger, "Building Dwelling Thinking," Albert Hofstadter의 영역, *Poetry, Language, Thought* (New York: Harper and Row, 1971), p. 362.

12. Richard Sennett, *The Foreigner: Two Essays on Exile* (London: Notting Hill Editions, 2017), pp. 1-45.

13. Emmanuel Levinas, "Martin Buber and the Theory of Knowledge", Maurice Friedman & Paul Arthur Schilpp (eds.), *The Philosophy of Martin Buber* (London: Cambridge University PRess, 1967), pp. 133-50 (1958년에 집필된 에세이, 1963년에 독일어로 처음 출판됨.)

14. Richard Sennett, *The Corrosion of Character: The Personal Consequences of Work in the New Capitalism* (New York: W. W. Norton, 1998).

15. Paul Willis, *Learning to Labour* (London: Routledge, rev. edn., 2000);

Katherine S. Newman, *Falling from Grace: Downward Mobility in the Age of Affluence* (Berkeley and Los Angeles, Calif.: University of California Press, 1999).

16. 이에 더하여 내가 쓴 것으로는 다음의 것들이 있다. Richard Sennett & Jonathan Cobb, *The Hidden Injuries of Class* (New York: W. W. Norton, 1972); Sennett, *The Corrosion of Character* ; Richard Sennett, *Respect: The Formation of Character in an Age of Inequality* (New York: W. W. Norton and London: Allen Lane, 2003); Richard Sennett, *The Culture of the New Capitalism* (New Haven: Yale University Press, 2006).

17. 젠트리피케이션에 관한 고전적인 연구는 Sharon Zikin, *Loft Living: Culture and Capitalism in Urban Change* (Baltimore: Johns Hopkins University Press, 1982). "알박기(Holdouts)"에 대해서는 지역사회 조직인 ShelterForce 가 설명한다. shelterforce.org을 볼 것.

18. Rachel Lichtenstein, *Diamond Street: The Hidden World of Hatton Garden* (London: Hamish Hamilton, 2012).

19. Robert D. Putnam, *Bowling Alone: The Collapse and Revival of American Community* (New York: Simon & Schuster, 2000).

20. Robert Frost에 대해서는 Thomas Oles, *Walls: Enclosure and Ethics in the Modern Landscape* (Chicago: University of Chicago Press, 2015), pp. 608.

21. Cf. John Demos, *A Little Commonwelth: Family Life in Plymoth Colony*, 2판 (Oxford: Oxford University Press, 1999), pp. 148-9.

22. Russell Hurdin, *Trust* (Cambridge: Polity Press, 2006), pp. 26, 90-91, 특히 "약한 신뢰(weak trust)"에 관한 토론 부분.

6장. 테크노폴리스의 토크빌

1. Alexis de Tocqueville, *Democracy in America*, Henry Reeve의 영역, vol. 2 (New York: The Modern Library, 1981).

2. Richard Sennett, *Together: The Rituals, Pleasures and Politics of Cooperation* (New Haven: Yale University Press/London: Allen Lane, 2012), pp. 24-9.

3. Nathan Heller, "California Screaming", *The New Yorker*, 2014년 7월 7일, pp. 46-53; 그 수치는 49쪽에 인용되어 있다.

4. Richard Sennett, *The Culture of New Capitalism* (New Haven: Yale University Press, 2006), pp. 15-83. 나는 1996년에서 97년까지 팔로알토 소재 행동과학 고등연구 센터에서 펠로로 있으면서 실리콘밸리에서 한동안 지낼 수 있었다.

5. Frank Duffy, *Work and the City* (London: Black Dog Publishing, 2008).

6. 사무실 설계 일반에 관한 탁월한 연구로는 Nikil Saval, *Cubed: A Secret History of the Workplace* (New York: Doubleday, 2014)가 있다.

7. John Meachem, "Googleplex: A New Campus Community," 2004, http://www.clivewilkinson.com/case-studies-googleplex-a-new-campus-community/

8. Paul Goldberg, "Exclusive Preview: Google's New Built-from-Scratch Googleplex", *Vanity Fair*, 2013년 2월 22일자에 인용된 래드클리프.

9. John Dewey, *Art as Experience* (New York: Perigee Books, 2005), p. 143.

10. Richard Sennett, *The Craftsman* (New Haven: Yale University Press, 2008).

11. George Packer, *The Unwinding: An Inner History of the New America* (New York: Farrar, Straus and Giroux, 2013), Bill Gates, *The Road Ahead* (New York: Viking Press, 1995), pp. 180-82.

12. Paul Merholz, " 'Frictionless' as an Alternative to 'Simplicity' in Design", 블로그 Adaptive Path, 2010년 7월 22일 ; http://adaptivepath.org/ideas/friction-as-an-alternative-to-simplicity-in-design/

13. Evgeny Morozov, *To Save Everything, Click Here: Smart Machines, Dumb Humans, and the Myth of Technological Perfectionism* (New York: Perseus Books, 2013).

14. Nicholas Carr, *The Shallows: What the Internet Is Doing to Our Brains* (New York: W. W. Norton, 2011).

15. Sherry Turkle, *Alone Together: Why We Expect More from Technology and Less from Each Other* (New York: Basic Books, 2012).

16. Norman J. Slamecka & Peter Graf, "The Generationa Effect: Delineation

of a Phenomenon", *Journal of Experimental Psychology: Human Learning and Memory* 4, no. 6 (1978): 592-604.

17. Christof van Nimwegen, "The Paradox of the Guided Usere: Assitance Can Be Counter-Effective", SIKS Dissertation Series no. 2008-09, University of Utrecht, 2008.

18. 퍼스와 건축의 관계에 대해 알려면 Alexander Timmer, "Abductive Architecture," MArch thesis, Harvard University Graduate School of Design, 2016.

19. Leon Festinger, *A Theory of Cognitive Dissonance* (Stanford: Stanford University Press, 1057), p. 3.

20. Leon Festinger & James M. Carlsmith, "Cognitive Consequences of Forced Compliance," *Journal of Abnormal and Social Psychology* 58, no. 2 (1959): 203-10.

21. 기술적 논문 여러 편 중에서도 다음의 두 편: Jeffrey D. Holtzman, Harold A. Sedgwick & Leon Festinger, "Interaction of Perceptually Monitored and Unmonitored Efferent Commands for Smooth Pursuit Eye Movements," *Vision Research* 18, no. 11 (1978): 1545-55; Joel Miller & Leon Festinger, "Impact of Oculomotor Retraining on the Visual Perception of Curvature," *Journal of Experimental Psychology: Human Perception and Performance* 3, no. 2 (1977): 187-200.

22. Elijah Anderson, *Code of the Street: Decency, Violence, and the Moral Life of the Inner City* (New York: W. W. Norton, 2000).

23. Maarten Hajer and Ton Dassen, *Smart about Cities: Visualising the Challenge for 21st Century Urbanism* (Rotterdam: Nai010 Publishers, 2014), p. 11.

24. Adam Greenfield, *Against the Smart City: A Pamphlet* (New York: Do Projects, 2013).

25. Dave Eggers, *The Circle* (New York: Vintage Books, 2014).

26. Anthony M. Townsend, *Smart Cities: Big Data, Civic Hackers, and the Quest for a New Utopia* (New York: W. W. Norton, 2013), pp. 93-115.

27. Greengfield, *Against the Smart city*.

28. http://www.masdar.ae/en/masdar-city/the-built-environment.

29. Sam Nader, "Paths to a Low-Carbon Economy – The Masdar Example", *Energy Procedia* 1, no.1 (2009): 3591-58.

30. Suzanne Goldenberg, "Climate Experts Urge Leading Scientists' Association: Reject Exxon Sponsorchip," *The Guardian*, 2016년 2월 22일.

31. Norbert Wiener, *Cybernetics*, 개정판 (Cambridge, Mass.: MIT Press, 1965), 특히 2판 서문, pp. vii-xiii.

32. Gianpaolo Baiocci & Ernesto Ganuza, "Participatory Budgeting as of Emancipation Mattered," *Politics & Society* 42, no. 1 (2014): 29-50.

33. Carlo Ratti and Anthony Townsend, "Harnessing Residents' Electronic Devices Will Yield Truly Smart Cities," *Scientific American*, 2011년 9월호.

34. Animesh Rathore, Deepi Bhatnagar, Magui Moreno Torres & Parameteeta Kanumgo, "Participatory Budgeting in Brazil" (Washington, D. C.: World Bank, 2003), http://siteresources.worldbanl.org/INTEMPOWER4657_Partic-Budg-Brazil-web.pdf.

35. "Supporting decision making for long term planning," ForCity, http://www.forcity.com/en/

36. Robert Musil, *The Man without Qualities*, Vol. 1: *A Sort of Introduction and Pseudoreality Prevails*, 영어 번역은 Sophie Wilkins & Burton Pike (London: Picador, 1997), pp. 26, 27.

7장. 유능한 도시인

1. Tom Feiling, *Short Walks from Bogota: Journeys in the New Colombia* (London: Allen Lane, 2012), p. 00.

2. William James, *The Principles of Psychology*, Vol. 1 (New York: Henry Holt, 1890), 9장.

3. Sara Fregonese, "Affective Atmospheres, Urban Geopolitics and Conflict (De)escalation in Beirut", *Political Geography* 61, (2017): 1-10.

4. James, *The Principles of Psychology*, Vol. 1, pp. 403-4.

5. Frank R. Wilson, *The Hand: How Its Use Shapes the Brain, Languagem*

and *Human Culture* (New York: Pantheon, 1998), pp. 99.

6. Clifford Geertz, *Local Knowledge: Further Essays in Interpretatice Anthropology* (New York: Basic Books, 1983), p. xi.

7. Morris Bishop, *Petrarch and His World* (Bloomington: Indiana University Press, 1963), pp. 102-12.

8. Iain Sinclair, *London Orbital: A Walk around the M25* (London: Penguin Books, 2009).

9. Rebecca Solnit, *Wanderlust: A History of Walking* (London: Granta, 2014), pp. 173-80.

10. 여기서 토대가 되는 작업은 David Marr, *Vision* (Cambridge, Mass.: MIT Press, 2010)이다. 내가 설명하고 있는 것은 '입체시각(stereopsis)', 특히 심층 운동 지각(motion-in-depth perception)이다.

11. Yi-Fu Tuan, *Space and Place: The Perspective of Experience* (Minneapolis: University of Minnesota Press, 2003), p. 71.

12. Michel Lussault, *L'Homme spatial* (Paris: Seuil, 2007), pp. 64ff.

13. Geoffrey Scott, *The Architecture of Humanism: A Study in the History of Taste* (1914) (New York: W. W. Norton, 1999), p. 159.

14. Allan B. Jacobs, *Great Streets* (Cambridge, Mass.: MIT Press, 1995), pp. 272-80.

15. Jan Gehl, *Cities for People* (Washington, D. C. : Island Press, 2010), pp. 34-5.

16. M. M. Bakhtin, The Dialogic Imagination: Four Essays, ed., Michael Holoquist, 영어 번역은 Caryl Emerson & Michael Holoquist. University of Texas Press Slavic Series 1 (Austin: University of Texas Press, 1981), p. 291.

17. Michael Holoquist, *Dialogism: Bakhtin and His World* (London: Routledge, 1990)을 보라.

18. Bakhtin. *The Dialogic Imagination*, p. 323.

19. Bernard Williams, *Truth and Truthfulness: An Essay in Genealogy* (Princeton: Princeton University Press, 2002), p. 107.

20. 예를 들면, Horace R. Cayton & St Clair Drake, *Black Metropolis* (London:

Jonathan Cape, 1946)을 보라.

21. Holoquist, *Dialogism*, p. iv.

22. Bakhtin, *The Dialogic Imagination*, pp. 262-3.

23. Teju Cole, *Open City: A Novel* (New York: Random House, 2011), p. 155.

24. Richard Sennett, *The Foreigner: Twe Essays on Exile* (London: Notting Hill Editions, 2017).

25. Gaston Bachelard, *The Poetics of Space*, 영어 번역은 Maria Jolas (Boston: Beacon Press, 1969), pp. 27, 239.

26. Gaston Bachelard, *The New Scientific Spirit*, 영어 번역은 Arthur Goldhammer (Boston: Beacon Press, 1985).

27. Louis Althusser, *Essays in Self-Criticism*, 영어 번역은 Graham Lock. (London: New Left Books, 1976), pp. 107-17.

8장. 다섯 가지 열린 형태

1. John M. Camp, *The Athenian Agora: Excavations in the Heart of Classical Athens* (London: Thames and Hudson, 1986), p. 72.

2. 이 계획의 최고 설명은 여전히 Sigfried Giedion, "Sixtus V and the Planning of Baroque Rome", *Architectural Review* III (1954년 4월): 217-26.

3. Manuel de Sola-Morales, "Cities and Urban Corners", Cities, Corners 전시회, The B. MM Monographs 4 (2004), pp. 13104, http://www.publicacions.bcn.es/b_mm/abmm_forum/131-134ang.pdf.

4. Sunniva Harte, *Zen Gardening* (New York: Stewart, Tabori & Chang, 1999), p. 18.

5. 놀리의 프로젝트에 대한 간략하고 훌륭한 설명은 온라인상의 Allan Ceen, "The Nolli Map and Cartography", http://nolli.uoregon.edu/nuovaPianta.html 에 나온다.

6. Spiro Kostof, *The City Assembled: The Elements of Urban Form through History* (Boston: Little, Brown, 1992), pp. 28-33.

7. R. Murray Schafer, *The Soundscape: Our Sonic Environment and the Tuning of the World* (New York: Knopf, 1994), p. 11.

8. 리처드 세넷이 발걸음으로 잰 거리.

9. Schafer, *The Soundscape*, pp. 77-9.

10. Alexander Cohen et al., "'Sociocusis'-Hearing Loss from Non-Occupational Noise Exposure", *Sound and Vibration* 4, no. 11(1970), pp. 12-20.

11. Todd Longstaffe-Gowan, *The London Square: Gardens in the Midst of Town* (London and New Haven: Yale University Press, 2012), pp. 202-4, 209.

12. 이런 계산은 조경 건축가의 성서라 할 Robert Holden & Jamie Liversedge, *Construction for Landscape Architecture* (London: Laurence King Publishing, 2011), pp. 114-17에서 가져왔다.

13. Gaston Bachelard, *The Poetics of Space*, 영어 번역은 Maria Jolas (Boston: Beacon Press, 1969), p. xv.

14. Roland Barthes, *A Lover's Discourse: Fragments*, 영어 번역은 Richard Howard (New York: Hill and Wang, 2010), p. 31.

15. Richard Sennett, *The Craftsman* (New Haven: Yale University Press, 2008), pp. 125-6.

16. Marta Bausells, "Superblock to the Rescue: Barcelona's Plan to Give Streets Back to Residents," *The Guardian*, 2016년 5월 17일.

17. Kevin Lynch, *The Image of the City* (Cambridge, Mass.: MIT Press, 1960), pp. 9-10.

18. Kevin Lynch, *Good City Form* (Cambridge, Mass.: MIT Press, 1981), pp. 37-50.

19. Colin Rowe & Fred Koetter, *Collage City* (Cambridge, Mass.: MIT Press, 1979), pp. 168ff.

20. Edward R. Tufte, *The Visual Display of Quantitative Information*, 2판 (Cheshire, Conn.: Graphics Press, 2001).

21. Larry A. Hickman (ed.), *The Correspondence of John Dewey*, 1871-1952 (Carbondale: Southern Illinois University Press, 1999-2004), Vol. 3, 1949년 9월 25일, Letter 11135, http://www.nlx.com/collections/132.

22. Henri Focillon, *The Life of Forms in Art* (New York: Zone Books, 1992).

9장. 만들기의 연대

1. Michel Callon, Pierre Lascoumes and Yannick Marthe, *Acting in an Uncertain World: An Essay on Technical Democracy*, 영어 번역은 Graham Burchell (Cambridge, Mass.: MIT Press, 2011).

2. Richard Sennett, *The Craftsman* (New Haven: Yale University Press, 2008), pp. 39-45.

3. Samir Khalaf and Philip S. Khoury (eds.), *Recovering Beirut: Urban Design and Post-War Reconstruction* (Leiden: E. J. Brill, 1993).

4. Sennett, *The Craftsman*, pp. 84-8.

5. Richard Sennett & Jonathan Cobb, *The Hidden Injuries of Class* (New York: W. W. Norton, 1972).

6. Richard Sennett, *The Corrosion of Character: The Personal Consequences of Work in the New Capitalism* (New York: W. W. Norton, 1998).

7. Richard Sennett, *Together: The Rituals, Pleasures and Politics of Cooperation* (New Haven: Yale University Press/London: Allen Lane, 2012), pp. 38-40.

8. 이 사건의 설명을 다음에서 보라. http://en.wikipedia.org/wiki/Grenfell_Tower_fire, 그와 함께 내가 위키피디어 항목에 수록한 경고도 같이 볼 것.

10장. 시간의 그늘

1. Stephen Greenblatt, *The Swerve: How the World Became Modern* (New York: W. W. Norton, 2012).

2. Titus Lucretius Carus, *De rerum natura* (On the Nature of Things) (London: Macmillan, 1893, et seq. editions), 2. 216-224, 2.256-567.

3. Horace Walpole이 Sir Horace mann에게 보낸 서한, 1754년 1월 28일, *The Yale Edition of Horace Walpole's Correspondence*, ed. W. S. Lewis (New Haven: Yale University Press, 1937-83), vol. 20: *Horace Walpole's Correspondence with Sir Horace Mann IV* (1960), ed., W. S. Lewis, Warren Hunting Smith & George L. Lam, pp. 407-8.

4. Sandra Banholzer, James Kossin, & Simon Donner, "The Impact of

Climate Change on Natural Disasters," University of British Columbia, Vancouver, Canada, https://earthobservatory.nasa.gov/Features/RisihgCost/rising_cost5.php.

5. Pei Li, Jinyuan Xin, Yuesi Wang, Guoxing Li, Xiaochuan Pan, Shigong Wang, Mengtian Cheng, Tianxue Wen, Guangcheng Wang & Zirui Liu, "Association between Particulate Matter and Its Chemical Constituents of Urban Air Pollution and Daily Mortality or Morbidity in Beijing City", *Environmental Science and Pollution Research* 22, no. 1 (2015); 358-68.

6. 이 복잡한 주제에 관한 훌륭한 전체 조망은 Francois Gemenne, "The Anthropocene and Its Victims," Clive Hamilton, Christophe Bonneuil and Francois Gemenne (eds.), *The Anthropocene and the Global Environmental Crisis: Rethingking Modernity in a New Epoch* (New York: Routledge, 2015).

7. Philipp Rode & Ricky Burdett, "Cities: Investing in Enegy and Resource Efficiency," *Towards a Grees Economy: Pathway to Sustainable Development and Poverty Eradication* (United Nations Environment Programmem 2011), pp. 331-73.

8. Neil Johnson, *Simply Complexity: A Clear Guide to Complexity Theory* (London: Oneworld, 2009), pp. 39-40. 원래는 2007년에 *Two's Company, Three is Complexity* 라는 제목으로 출판되었다.

9. Geert Mak, *Amsterdam: A Brief Life of the City*, 영어 번역은 Philipp Blom (New York: Vantage, 1999), p. 5.

10. Richard Sennett, "The Public Realm", Quant Foundation 의 2002년 7월 콜로키움에서 실시된 강연.

11. Michael Hough, *Cities and Natural Process: A Basis for Sustainability*, 2판 (London: Routledge, 2004), p. 31.

12. 'Rebuild by Design'은 지구 전역에서 이루어진 그와 같은 노력 수백 건 중의 하나지만, 이런 수많은 국제적 이니셔티브를 이끌어나가는 모델이다. 그 작업은 'Rebuild by Design'의 온라인 사이트에서 찾아볼 수 있다. http://www.rebuildbydesign.org.

13. 이 프로젝트에 대한 균형 잡힌 설명이 필요하다면 Jessica Dailey, "See the

10-Mile 'Dryline' That Could Protect NYC's Waterfront", 2015년 3월 10일,
http://my.curved.com/2015/3/10/9982658/see-the-10-mile-dryline-
that-could-protectnycs-waterfront.

14. Marjorie Hope Nicolson, *Mountain Gloom and Mountain Glory: The
Development of the Aesthetics of the Infinite* (1959) (Seattle: University
of Washington Press, 1997) p. 16.

15. Lord Byron, *Childe Harold's Pilgrimage* (1812-16), Canto III, stanza
LXII.

16. William Leiss, *The Domination of Nature* (Montreal: McGill-Queen's
University Press, 1994), p. 73에 영역되어 인용된 마르크스.

17. Karl Marx, *Grundrisse der Kritik der politischen Ökonomie* (1857-8)
(Moscow: Verlag für Fremdsprachige Literatur, 1910).

18. Emile Durkheim, *The Elementary Forms of Religious Life* (Oxford:
Oxford University Press, 1912), p. 42.

19. Richard Sennett, *Together: The Rituals, Pleasures and Politics of
Cooperation* (New Haven: Yale University Press/ London: Allen Lane,
2012), pp. 212-20.

결론: 여럿 중의 하나

1. Eric Klinenberg, *Going Solo: The Extraordinary Rise and Surprising
Appeal of Living Alone* (New York: Penguin Books, 2012).

2. 인용문은 Christoph Martin Wieland, "Das Geheimniss des Kosmopoli-
tenordens" (1788), Kwame Anthony Appiah, *Cosmopolitanism: Ethics in
a World of Strangers, Issues of Our Time* (New York: W. W. Norton, 2006),
p. xv에 영역되어 수록되었음.

3. Immanuel Kant, *Idea for a Universal History from a Cosmopolitan Point
of View* (1784). 내가 쓴 것은 Lewis White Beck의 표준 영역본인데, 그 판
본에서는 긴 독일어 제목을 "On History"라는 영어 제목으로 줄였다. (New
York: Bobbs-Merrill, 1963). "Unsocial sociability"는 논지 4에 나온다.

4. Cf. Ash Amin, *Land of Strangers* (Cambridge: Polity Press, 2012), p. 00.

5. Kant, *On History*, Thesis 6.

6. Augustine of Hippo, *The City of God* (426), XIX, xvii.

7. G. W. F. Hegel, *Phenomenology of Spirit*, 영어 번역은 A. V. Miller (Oxford: Oxford University Press, 1977), pp. 111ff.

8. Adam Smith, *The Theory of Moral Sentiments*, ed., D. D. Raphael & A. L. Macfie (Oxford: Oxford University Press(Glasgow Edition), 1976), Part 1, Section 1, Chapter 1-2.

9. Muhammad ibn Ya'qub al-Kulayni, *Al-Kafi*, Vol. 2, p. 146.

10. Confucius, *The Analects*, 영어 번역은 David Hinton (Washington, D.C.: Counterpoint, 1998), XV.24.

11. Georg Simmel, "Der Fremde", *Soziologie* (Leipzig: Duncker and Humblot, 1908)에서. 영어 번역은 필자.

짓기와 거주하기

짓기와 거주하기

짓기와 거주하기

짓기와 거주하기